통합적 접근으로 바라보는

커플·가족치료

Jay L. Lebow 저 ㅣ 최연실·안미옥 공역

학지사

역자 서문

몇 년 전 이 책을 접하고는 설레서 두근거렸던 심정이 기억 난다. 가족치료 전공자로서 오랫동안 공부하고 상담과 슈퍼비전을 해 오면서 자주 느꼈던 역자들의 문제의식을, 이 책의 저자가 정확히 공유하고 있다는 생각이 들어서였다. 가족치료 분야에 널리 퍼져 있는 특정 모델 중심의 접근을 뛰어넘는, 보다 통합적인 방향으로의 전환이 필요하다는 생각을 하던 차에 커플·가족치료에서의 통합적 접근에 대한 문제의식을 제기하고 다양한 측면에서 실질적인 내용을 제시하는 이 책을 만나게 된 것이었다.

근래에 와서는 조금씩 변화의 바람이 불고 있기는 하지만, 그동안 가족치료 분야는 상당히 '모델 중심적'인 사고가 지배해 왔고, 종래의 우리나라 학계와 실천 현장에서는 그러한 경향이 특히 두드러졌다. 소위 가족치료의 '브랜드'를 내세워 '보웬(Bowen)의 다세대 모델'을 단일한 중심치료 접근으로 따랐고, '미누친(Minuchin)의 구조적 모델'로 모든 사례에 접근하거나, '사티어(Satir)의 경험적 모델'에만 집중하고 '해결중심 모델'의 추종자로서 자신의 치료자 정체성을 한정시키는 등의 방식으로 접근하였다.

이같이 하나의 특정 모델을 중심으로 커플·가족치료를 수행하게 되는 배경에는 여러 가지 이유가 있다. 또 이렇게 접근하는 방식에는 장점도 있다. 먼저, 치료자들이 단일한 시각으로 사례에 접근하는 이유를 여러 가지 측면에서 생각해 볼 수 있다.

첫째, 치료자 개인의 역량과 관련된 측면이다. 치료자가 가족치료 분야에서 개발된 다양한 모델을 모두 숙련된 수준으로 사용하기까지는 오랜 공부와 훈련 경험이 필요하므로, 특히 초보 상담자들은 여러 치료 모델을 능숙하게 사용하기가 쉽지 않을 것이다.

둘째, 치료자 개인의 인성이나 상담 철학과 관련된 측면이다. 치료에서 가장 본질적이고 핵심적인 것이 치료자와의 치료적 관계라고 볼 때 여기에 가장 큰 영향을 미치는 요인은 치료자의 인성이나 상담 철학이라고 할 수 있다. 이를 보면 치료자가 자신의 인성이나 상담 철학에 가장 잘 부합하는 치료적 모델을 선호하고 그 모델에 집중하는 것이 당연하다고도 볼 수 있다.

셋째, 치료자의 지식과 기술을 둘러싼 현실적인 여건과 관련된 측면이다. 그동안 국내 가족치료 분야는 교육과 양성 측면에서 모두 인프라 구축이 미흡했다고 볼 수 있다. 가족치료는 아직도 대학이나 대학원에서 공식적인 교육으로 체계화되는 과정 중에 있고, 임상 훈련의 장치도 정비되어 가고 있는 단계에 있다. 가족치료는 특히 실제 사례 개입에 기술적 역량이 절실하게 요구되는 심리치료 분야이므로, 공식적인 학위과정 외에도 추가적인 개입기술을 위해 연구소 등에서 훈련을 받는 경우가 흔하다. 이런 경우 특정 모델 중심의 훈련을 받을 가능성이 크다.

한편, 이러한 특정 모델 중심의 접근 방식이 갖는 장점도 있다. 일단 치료자 입장에서 볼 때는 본인이 가장 잘 숙지하고 있는 지식과 연마된 기술을 적용할 수 있으므로 자신 있게 사례 개입을 진행시킬 수 있을 것이다. 또한 자신의 상담 철학에 맞고 인성에 부합되는 치료 모델을 채택함으로써 치료자의 정체성과 치료적 일관성을 유지할 수 있을 것이다.

하지만 임상현장의 현실과 임상가가 맞닥뜨리는 사례들은 상당히 복잡하게 전개된다. 따라서 이러한 사례들에 효과적으로 개입하기 위해서는 현실적으로 다양한 접근과 전략이 요구된다. 단일한 치료 모델을 능숙하게 사용하는 유능한 치료자라고 할지라도 때로는 다른 치료 모델들에서 사례를 개념화하는 시각을 빌려 올 수 있고, 또 다른 접근들에서 개발한 전략과 기술을 구체적인 사례에 적용하는 것이 도움이 될 때가 있다. 따라서 순수하게 단일한 치료 모델만을 고집하기에는 현실적으로 불가능하다. 이러한 인식은 현장에서 내담자들을 만나 본 치료자들이라면 대부분 공감할 것이다.

이 책의 저자인 제이 르보(Jay Lebow) 박사는 일찍이 커플·가족치료 분야에서 이러한 문제의식을 제기하고, 2009년에 더그 스프렌클(Doug Sprenkle) 교수, 션 데이비스(Sean Davis) 교수와 함께 『커플·가족치료에서의 공통요인 Common Factors in Couple and Family Therapy』(최연실 역, 2022)이라는 책을 쓴 바 있다. 이 책에서 저자들은 특정 모델 중심의 접근도 필요하지만, 치료에서의 공통요인을 살펴보려는 노력도 중요하다는 것을 주장하면서 커플·가족치료 분야에서의 통합적 접근에 눈을 돌리도록 하였다. 즉, 바로 이러한 노력의 연장이 통합적 접근을 보다 본격화하는 시도 중의 하나로 평가될 수 있는 것이다.

앞에서 말했듯이 이 책은 기본적으로 커플·가족치료에서의 통합적 접근을 염두에 두고 서술되었지만, 그렇다고 해서 통합적 접근만을 강조하고 집중하지는 않았다. 오히려 커플·가족치료의 주요 이슈들을 통합적 시각에서 온전하게 다루는 '교과서'에 가깝다는 인상을 준다. 특정 모델을 중심으로 가족 문제에 접근하는 관점을 취하는 대신, 구체적인 사례들에 맞춤 방식(tailoring)의 개입을 도모하면서 여러 모델의 가정, 목표, 전략, 기술을 동원하는 기본적인 치료적 자세를 갖출 수 있도록 도움을 주고자 한 것이다.

총 11개의 장으로 구성된 이 책의 내용을 간략하게 살펴보면 다음과 같다. 먼저, 제1장에서는 통합적인 방향으로의 변화 추세를 감지하면서 통합적인 접근을 커플·가족치료의 토대로 제시한다. 이와 더불어 역사적인 맥락도 살피면서 커플·가족치료의 전반적인 이슈들에 대해 논의한다. 제2장에서는 본격적으로 통합적 관점을 제시하면서도 커플·가족치료의 기저에 있는 개념적 렌즈들을 조망한다. 상당한 분량을 할애하고 있는 제3장에서는 과학과 실천의 연계 속에서 커플·가족치료를 수행하는 경험적 연구기반을 강조하고 있다. 제4장에서는 커플·가족치료에서의 처치 모델들에 관한 설명을 초기 모델과 제2세대 모델로 나누어 전개한다. 여기서 눈여겨볼 점은 최신의 통합적 모델까지 추가해서 소개하고 있다는 것이다. 제5장에서는 공통요인을 다루고 있는데, 전반부는 개인 심리치료에서의 전통적인 공통요인을 소개하고 있으며, 후반부에서는 공통요인에 관한 논의를 커플·가족치료로 확장해 가고 있다. 제6장에서는 커플·가족치료 개입에서의 전략과 기술을 다룬다. 이 장은 다양한 이슈를 다루고 있는데, 구체적 처치 목표 설정, 심리교육, 신경생물학적 이해, 사회적 행동, 인지, 정서, 가족조직, 치료자 입장, 근거기반 원칙까지 최근 커플·가족치료에서 주목받고 있는 다양한 주제를 포섭하고 있다. 제7장에서는 치료의 단계를 계약과 참여, 사정, 치료의 중간 단계 그리고 종료에 이르는 치료과정을 나누어서 접근하고 있다. 제8장에서는 특정 문제에 대한 특수한 치료전략들을 설명하고 있다. 이 장은 아동과 청소년, 성인에게서 나타나는 문제들과, 관계 문제, 건강 문제를 포괄적으로 다루고 있다. 제9장에서는 상당히 흥미로운 내용을 담고 있는데, 이 장의 성격을 요약하자면 가족치료의 다양한 이슈를 둘러싸고 서로 대립하는 관점들을 변증법적으로 종합하고자 하는 저자의 의지를 담고 있다고 할 수 있다. 제10장에서는 윤리와 가치 문제에 관심을 돌린다. 마지막으로, 제11장에서는 이 책에서 주장한 바를 총체적으로 응집시켜 커플·가족치료 개입에서 치료자가 개별화시킨 접근(individualized approach)을 형성할 것을 권고하면서 마무리하고 있다. 이 장에서 제시하는 가이드라인 23가지는 가족치료를 공부하는 전공자나 연구자 그리고 현장에서 일하는 임상가 모두 새겨들어야 할 방향을 제시하고 있다.

3년여에 걸친 긴 시간을 공들여 작업한 이 역서가 아무쪼록 학문적, 실천적 차원에서 국내 커플·가족치료의 발전에 기여하기를 바란다. 이 책이 대학에서 커플·가족치료를 공부하거나 가르치는 분들뿐만 아니라 인접 심리치료 분야에서 공부하는 분들에게 유익하기를 바라는 마음이 크다. 더 나아가 이 책이 내담자들에게 헌신적 열정과 노력을 쏟는 현장 치료자들에게도 실천적인 개입 방향의 설정에 도움이 될 수 있기를 기대한다.

끝으로, 이 책의 출판을 수락해 주신 학지사 김진환 사장님과 편집에 노고
와 정성을 기울여 주신 김지수 선생님께 깊은 감사의 말씀을 드린다.

2023년 9월

역자 일동

저자 서문

　'커플·가족치료'라는 말을 들으면 많은 치료자는 〈OK목장의 결투〉[1]를 상상하곤 한다. 변화와 통제력을 두고 때로는 가족들끼리, 때로는 치료자와 가족들 사이에 결투가 벌어지는 것을 상상하게 된다는 것이다. 아마도 이러한 상상은 〈치료에서In Therapy〉[2](Alvarenga, 2009), 〈커플치료Couples Therapy〉[3](Moawad, 2012), 그리고 〈더 레프The Ref〉[4](Simpson & Bruckheimer, 1994)와 같은 영화나 TV 프로그램에서 보여 주는 장면의 영향이기도 하지만, 초기 커플·가족치료가 보여 주었던 현장감 있는 치료 장면의 영향도 있을 것이다. 초기 가족치료에서는 가족 간에 존재하는 항상성 모델을 많이 다루었는데, 즉 문제적 상황으로 복귀하려는 체계의 힘이 강해서 변화를 위한 시도가 항상성을 이겨 내지 못하고 실패한다고 보았다. 그 때문에 커플과 가족으로부터 변화를 끌어내 새로운 삶을 살아가도록 하기 위해서 극적인 실연을 개입 전략으로 사용하곤 하였다(S. Minuchin, 1974; Napier & Whitaker, 1988).

1) 역자 주: 미국 서부 개척시대의 유명한 결투를 다룬 영화로, 1957년에 상영되었다.
2) 역자 주: 삶에 불만을 가진 주부가 상담을 받는 것을 주제로 한 드라마다.
3) 역자 주: 연예인 커플들의 갈등을 커플치료자가 다루었던 미국의 리얼리티쇼다.
4) 역자 주: 1994년에 개봉된 블랙코미디 영화로, 도둑인 거스(Gus)가 역기능적 가족에 휘말리게 되고 상황의 진상을 파악해 가는 과정에서 가족들의 갈등 해결을 돕게 된다.

이 책은 그 후로 수십 년에 걸쳐 등장한 다양한 버전의 커플·가족치료를 다루고 있다. 특히 과학적 연구와 임상 경험을 토대로 하며 커플·가족치료의 관념적인 측면보다는 실용적인 측면에 초점을 맞추고 있다. 가족이란 긍정적이지만 복잡한 삶을 살아가고 있다는 가정하에 가족과의 동맹을 치료에 필수적인 것으로 여기고, 가족과 협력하여 치료하며 가족체계에서 일어나는 일을 기반으로 각각의 커플이나 가족에 적합한 접근법을 찾는다는 것이 이 책의 핵심 관점이다. 이러한 노력은 가족의 기능과 가족 문제를 다각도에서 바라보면서 가장 효과적이고 내담자들이 잘 받아들일 수 있었던 개입을 바탕으로 한 전략들의 핵심을 정리하고 있다.

그동안은 특이하고 논쟁을 불러일으키는 방법들이 많은 주목을 받아 왔고, 그러다 보니 이렇게 소란스러운 경쟁자들에게 밀려 실제로 효과적인 커플·가족치료 방법들이 외부에 덜 알려졌을 것이다. 인간 기능의 한 측면만을 변화의 딱 한 가지 초점으로 맞추거나, 커플과 가족이 이미 가지고 있는 변화를 하나의 측면으로 바라보는 방법들에 비해 이 방법들은 상대적으로 주목을 받지 못했다. 그러나 오늘날 대부분의 커플·가족치료자는 변화를 위한 복합적이고 통합적인 견해를 선호하게 되었다. 역설적 지시와 같이 매우 특별하고 (때때로 반직관적이기까지 했던) 전략의 개입과 함께 체계가 문제라는 불변의 약속에 기초하여 가족치료가 등장했지만, 그 치료적 진화는 주로 실제적인 방법으로 이루어져 왔다. 실용주의적 작업은 각기 다른 통로를 통해 변화과정을 이끌어 내는 다양한 방법에 주목하고, 이 방법들이 가지고 있는 개념과 전략들을 논의하고 공유하며 발전되어 왔다.

아이러니하게도, 낡은 이데올로기에 집착하고 있는 사람들은 가족치료가 1960년대와 1970년대의 전성기를 보내고 이제는 쇠퇴한 것으로 여기며, 오늘날 가족치료의 다양성과 가족치료 범위를 제대로 인식하지 못하고 있다. 1세대 모델이 예전처럼 많이 사용되고 있지는 않지만, 아직도 커플·가족치료에 미치는 영향력이 있다. 그런가 하면 새로운 형태의 커플·가족치료가 폭넓게 수용·통합되고 있는데, 이 작업을 하고 있는 임상가들 중 많은 사람은 자신들을 커플·가족치료자로 여기고 있지 않다(Orlinsky & Ronnestad, 2005b). 커플·가족치료를 할 때 당면하는 많은 문제는 더 이상 개념적인 도전, 예를 들면 가족 구성원들이 함께 있어야 하느냐 마느냐 하는 것들이 아니다. 오히려 여러 명의 가족과 스케줄을 잡아야 하는 것, 단기상담을 해야 하는 환경, 한 사람이 아닌 여러 사람과 치료적 동맹을 맺어야 하는 데서 오는 긴장감이다.

많은 선구자의 놀라운 업적이 오늘날의 가족치료 속에 녹아들어 있다. 그들 중에는 커플·가족치료에 대한 웅대한 비전을 언급한 사람들도 있고(Bowen, 1978; Haley, 1987; S. Minuchin, 1974), 어떤 이들은 특정 관점에서 커플·가족생활의 구체적인 양상을 집중적으로 연구하기도 했다(Doherty, 1999; Masters & Johnson, 1970; Mitchell, 2003). 이 책은 이와 같은 가족생활과 가족치료에 대한 정교한 전문지식을 활용하여 효과적인 치료로 변환하는 것을 다루고 있다.

내(Lebow)가 이 책을 쓰기로 했던 이유는 문헌들 속에서 발견되는 차이점들을 메꿀 필요가 있다고 생각했기 때문이다. 실제로 커플·가족치료자들 사이의 공통점에도 불구하고, 커플·가족치료에 대한 글이나 연구발표의 대부분은 제한된 내용의 가족치료 과정과 가족치료법을 묘사하는 모델에 초점을 맞추고 있다. 이러한 모델 중심 관점은 사례의 자료와 이에 관한 연구를 소개하고 정보를 해석하는 방법에 영향을 미친다. 모델 중심의 발표가 도움이 되긴 하지만 이미 해당 모델에 친숙한 사람들은 이 모델 외에도 효과적인 다른 모델이 있다는 것을 간과하기 쉽고, 낯선 이들에게는 왜곡된 견해를 제공할 수 있다는 한계가 있다.

이 책의 목적은 두 가지다. 첫째는 커플·가족치료에 있어서 과학과 실천의 자리매김을 정리해 보는 것이다. 둘째는 첫 번째 목적과 연결된 것으로, 커플·가족치료 작업의 개념과 개입전략을 새로이 경쟁하고자 하는 모델이 아닌, 통합되고 진화된 예술과 과학의 맥락에서 보고자 하는 것이다.

이 책은 새로운 치료법에 대한 것이 아니고 효과적인 전략들을 모아 치료 모델로 만든 책도 아니다. 또한 내가 어떻게 치료를 하고 있는가를 말하려고 하는 것도 아니다. 물론 내가 선호하는 아이디어, 이론, 기법은 있지만 말이다. 그 대신에 나는 오늘날 커플·가족치료자들에게 널리 알려진 기법들, 자주 토론의 대상이 되는 주제들 그리고 치료자들이 직면해야 할 문제가 무엇인지를 밝히기 위해 커플·가족치료를 설명하고자 한다. 이 책이 기대하고 있는 독자층은 주로 커플·가족치료자와 커플·가족치료자가 되기 위해 훈련받고 있는 사람들이고, 두 번째는 커플·가족치료자는 아니지만 이 분야에 관심을 가지고 자신의 치료영역에 커플·가족치료를 포함하여 상담의 영역을 확장하고자 하는 사람들이다. 나는 임상가들과 임상 수련생들이 자신의 기법을 가장 잘 대변할 수 있는 방법과 과학적이고 효과적인 방법으로 커플·가족치료를 통합해 나가는 것을 돕고자, 통합적 실천 운동에 기반을 두고 이 책을 집필하였다.

이제 그 시작에 있어서 몇 가지 유념할 사항이 있다. 이 책은 오늘날 사용되는 커플·가족치료의 모든 주요 방법을 상세하게 다루고 있지 않다[상세한 설명은 내가 편집한 『가족치료임상핸드북Clinical Handbook of Family Therapy』(Lebow, 2005)을 참고로 할 수 있다]. 또한 나(Lebow)의 관점에서 바라본 커플·가족치료 분야에 대해 집필하였다는 점이다. 오늘날 커플·가족치료의 한 가지 공통점은 모든 관점이 관찰자에 의해 반영되고 영향을 받는다는 것이다. 특히 치료적 통합과 치료 현장에서 공유되고 수집된 이해의 출현에 대한 열정을 가진 관점이 반영되었다. 따라서 여기서 설명되는 내용 대부분이 이미 알려지고 대부분의 임상가가 실천하고 있는 것이라고 믿지만, 내 견해의 일부 혹은 대부분에 동의하지 않을 수도 있다고 생각한다. 단일 모델 하나만 가지고 성공적으로 치료하며 다른 방법들을 거부하는 사람들이 있는 것도 분명한 사실이다. 나는 커플·가족치료에 대한 대안과 오늘날 치료 실천의 공통점을 제시하고자 한다.

이 책에 나오는 개념들을 개발하는 데 큰 도움을 주신 많은 분에게 깊은 감사를 드린다. 나의 임상 동료들은 모두 이 책이 제시하는 방향에 관한 훌륭한 사례들을 제공하였다. 그중에서도 특별히 노스웨스턴 가족연구소Family Institute at Northwestern의 빌 핀소프(Bill Pinsof), 더그 브룬린(Doug Breunlin)과 빌 러셀(Bill Russell)로 구성된 문제중심/메타틀작업Problem Centered/Metaframeworks이 지난 20여 년간 나의 연구에 아주 많은 영향을 미쳤다. 또한 지난 몇 년간 함께 작업해 준 동료, 협력자들과의 작업이 매우 중요했으며, 그중에서도 프로마 월시(Froma Walsh), 존 롤랜드(John Rolland), 앨런 거먼(Alan Gurman)과 더그 스프렌클(Doug Sprenkle)의 역할이 매우 컸다. 궁극적으로 이 책에 있는 아이디어들은 임상 작업을 관찰하고 다른 사람들의 글을 읽고 함께 치료하며 이야기를 나누었던, 일일이 거론하기조차 힘든 많은 동료로부터 나온 것이다. 특별히 미국심리학회출판사APA Books의 수잔 레이놀즈(Susan Reynolds), 주디 네메스(Judy Nemes), 안나 디볼트(Anna DeVault)와 직원들에게 특별한 감사의 말을 전하고 싶다. 그들의 도움과 엄청난 인내심 덕분에 이 책을 마무리할 수 있었다.

차례

제9장 │ 변증법과 논쟁 • 281

제1장

커플·가족치료의 기초

이 책은 커플·가족치료couple and family therapy의 실천에 관한 책이다. 그러나 다른 종류의 책들과는 달리, 이 책은 하나의 특정한 실천 방법이나 처치 모델을 제시하기 위한 것이 아니다. 오히려 이 책은 관계적인 체계를 통해 치료의 본질을 이해하기 위한 것이다. 요즘 실제로 행해지는 것을 살펴보면, 커플·가족치료에는 같은 목적이지만 서로 다른 경로들을 가지고 여러 방식으로 개입하는 체계론적 세계관이 스며 있다.

나(Lebow)는 효과적인 전략이 중요하지 않다고 말하는 것이 아니다. 여러 사람으로 이루어진 체계를 변화시키는 일은 대부분 적극적인 처치 전략을 필요로 한다. 개인치료에서는 때때로 운이 좋아 긍정적 치료동맹이 변화와 원하는 결과를 만들어 낼 수도 있지만, 관계적인 체계에서 이런 일은 거의 일어나지 않는다. 가족치료의 초기에 논의되었듯이(보다 최근에는 때때로 잊기도 했지만), 항상성을 유지하려는 힘 때문에 종종 변화를 만들고 유지하는 것이 어려워진다(Watzlawick, Weakland, & Fisch, 1974). 연구들은 바로 이러한 관점을 지지해 주고 있다. 예를 들어, 결혼생활에서 어려움을 겪고 있는 커플들 중 자발적으로 변화하는 커플의 비율이 너무 낮아서, 커플치료를 연구하는 가장 저명한 연구자들 사이에서는 통상 처치 연구의 필수조건이 되는 통제집단이 그리 필요하지 않다는 합의가 존재하기까지 한다. 그 이유는 개입 없는 변화가 일어날 가능성이 그렇게 크지 않기 때문이다(Baucom, Hahlweg, & Kuschel, 2003).

변화해 가는 커플 · 가족치료

내가 이 글을 쓰고 있는 이 순간에도, 커플·가족치료 분야는 변화를 겪고 있는 중이다. 가족치료의 초기 역사는 이전의 심리치료를 특징 짓는, 오로지 개인에게만 초점을 맞추는 세계관에 대한 저항의 이야기라고 할 수 있다 (Beels, 2011). 심리치료와 정신약리학이 발달하는 가운데 심리학과 정신의학은 맥락을 고려하지 않은 채 개인에게만 초점이 맞춰져 있었다. 이렇게 초점을 두면서 개인의 어떤 측면이 가장 중요한 것인가에 대해서는 견해 차이가 컸다. 어떤 사람들은 행동이 가장 중요하다고 보는 것에 반해, 다른 사람들은 인지, 정서, 혹은 내적 역동의 많은 요소 중 하나를 강조하기도 했다. 하지만 이러한 견해 차이로 인해 핵심적인 합의점, 즉 처치의 대상인 내담자야말로 변화의 중심이자 변화의 궤도에 있어야 한다는 사실이 모호해졌다. 이것은 프로이트(Freud, 2003)와 같이 개인 생물학과 원시적 충동 극복에 초점을 두거나 프랭클(Frankl, 1963)과 같이 실존적 관심을 갖게 하거나, 혹은 인지치료 (Beck, 1991; Ellis, 1962)나 행동치료(Bandura, 1969)와 같이 변화에 이르는 사고 교정과 행동 변화를 강조하거나 간에 모두 마찬가지였다. 사회체계의 역할에 대해 말하는 몇몇의 목소리가 있었지만(Sullivan, 1953), 처치는 항상 개인에게 초점이 맞춰져 있었다.

대조적으로, 1세대 가족치료자들은 인간은 오로지 맥락 안에서만 존재하고, 변화를 위한 자연스러운 단위는 가족이거나 더 나아가 서로 밀접하게 연결된 사회체계 안에 있는 사람들이라고 대담한 주장을 했다. 비록 머레이 보웬(Murray Bowen, 1978), 칼 휘태커(Carl Whitaker, 1992), 살바도르 미누친 (Salvador Minuchin, 1974), 그리고 네이선 애커만(Nathan Ackerman, 1958)과 같이 이 메시지를 공식화한 많은 사람이 개인 정신분석 전통 안에서 훈련을 받았지만, 그들의 메시지는 '기존 체제'에 대한 의도적인 도발이었다. 그들은 인간을 개인으로 바라보는 관점이 본질적으로 제한된 견해라고 주장했는데,

이것은 마치 밥 딜런(Bob Dylan)이 그 비슷한 시기에 "시대는 변하고 있어."(Dylan, 2004)[1]라고 외치는 것과 같았다. 이것은 정신건강 문제, 더 일반적으로는 가족을 어떻게 볼 것인지에 대한 혁명을 요청하는 것이었다.

　50년간의 연구와 임상 경험은 이러한 선각자들의 핵심적인 통찰력이 정확했다는 것을 분명히 보여 주었다. 가족이 중요한 것이다. 개인과 가족의 어려움 사이의 연관성(Whisman & Uebelacker, 2003) 또는 문제를 해결하는 데 있어서 사회적 지원의 역할(Kessler, Price, & Wortman, 1985)을 똑같이 보여 주는 결과들은 사회과학에서 거의 찾아보기 힘들다. 그러나 시간의 관점에서 보면 체계나 개인 중에 어느 것이 더 중요한지 선택하도록 강요하는 이러한 양자택일식의 주장은 인위적일 수 있다. 50년간의 연구가 보여 주듯이, 개인의 성격 또한 중요한 것이다(Hertherington, Parke, Gauvain, & Locke, 2005; McAdams, 2006). 현재에 있어서 커플·가족치료, 그리고 더 광범위하게 심리치료는 체계와 개인 내부를 모두 강조해야 한다.

도전의 시대

　커플·가족치료는 합동처치conjoint treatments[2]라는 독특한 가치를 지지해 주는 인상적인 논리와 강력한 증거에도 불구하고, 지금은 이러한 커플·가족치료를 실천하는 데 있어서 도전의 시대라고 할 수 있다. 이념적·경제적인 힘

---

1) 역자 주: 〈The Times They Are A-Changin〉은 밥 딜런이 만들고 1964년 발표한 앨범의 타이틀곡으로서 시대의 변화를 포착하는 주제곡을 만들겠다는 의도가 반영되었다. 이 곡이 발표된 후 평론가들은 이 곡에 대해 대중의 사회를 보는 눈을 높인 좋은 예이며, 변화에 대한 영원한 메시지를 준다는 평가를 내렸다. 가사의 많은 부분이 시민운동과 관련되어 있으며, 좌절한 젊은이들에 대한 송가 또는 히피들의 반체제적인 노래로도 읽힌다. 특정 사건을 지칭하지 않고 보편적이고 일반적인 의미에서의 변화를 이야기하고 있지만, 사회적 부정의에 대한 시각과 변화를 주저하는 정부를 비판하는 의미를 담고 있다고 보는 사람들도 있다.
2) 역자 주: 커플이나 가족이 한 치료 회기에 같이 참여하는 치료 방법

때문에, 이러한 방법들은 실천현장에서 다소 배제되고, 개인치료보다 연구에 대한 재정적인 지원을 덜 받고 대중의 관심도 덜 받는다. 가족치료는 정신건강 시장에서 자주 소외되며(Shields, Wynne, McDaniel, & Gawinski, 1994), 특별한 상황에서만 대접을 받는다. 흔히 가족치료를 받게 되는 경우는 처치를 받고 싶지 않은 가난한 가정의 청소년이 의무적인 처치를 받아야만 하는 경우와 같이, 개인 처치만으로 해결되지 않을 문제 상황일 때다(Henggeler, Sheidow, & Lee, 2009). 커플·가족치료가 명백히 근거에 기반해서 선택한 처치일 때에도(그리고 아마도 유일하게 실행 가능한 처치일지라도), 종종 다른 형태의 치료가 대신 제공된다. 더 나아가, 커플·가족치료의 전달도, 숙련된 치료자보다는 다중체계적 치료multisystemic therapy(Henggeler, Schoenwald, Borduin, Rowland, & Cunningham, 1998)와 같은 방법으로 특별히 훈련받은 준전문가들para-professionals에 의해 이루어질 수 있다.

많은 20세기와 21세기 문화의 토대가 되는, 인간에 대한 고도의 개인주의적 관점(Lasch, 1979)으로 인해 미국과 다수의 선진국에서는 커플·가족치료의 과소평가가 증폭되고 있다. 강점과 문제는 대개 개인 안에 존재하는 것으로 간주되며(Walsh, 1998b), 소비자나 의사, 교사 그리고 정신건강 서비스를 의뢰하는 기타의 사람들은 종종 문제해결에 있어 관계적 체계의 잠재적 역할을 고려하지 않는다. 뉴스와 광고에서 문제 증상에 대한 의학적 모델과 그와 관련된 처방들이 그 문제 증상을 이해하고 해결하기 위한 경로로 가장 자주 고려되며, 그중 개인치료가 일차적인 대안이 된다. 따라서 사람들은 대개 부모-자녀 또는 커플 관계에서의 문제와 같이 합동처치가 강하게 요구되는 상황에서도 개인처치를 추구한다(Doherty, 2001).

훈련 패턴이 이러한 문제들을 증가시킨다. 커플·가족치료자, 가족심리학자, 가족상담자가 출현하면서, 커플·가족치료에서의 훈련이 엄청나게 확대되었지만, 이 전문직들은 여전히 정신건강 인력의 작은 부분으로 남아 있다. 그러한 프로그램들 외에 커플·가족치료에서의 훈련은 입문 세미나 이상으로 확장되는 경우가 거의 없다. 가족모델로 훈련을 별로 받지 못한 사람들이 처치에서 가족을 통합하는 것이 중요하다고 보지 않을 것이 분명하다.

이렇게 커플·가족치료를 잘 사용하지 않는 경향은 합동치료 형식이 맞닥 뜨리는 현실로 더욱 강화된다. 치료자들은 한 명 이상의 사람들이 함께 회기 에 참석할 수 있도록 복잡하고도 불편한 일정 변경을 처리해야 한다. 커플이 나 가족들이 치료에 참석하기 가장 편한 시간에 상담을 실시하고자 하는 치 료자들은 비교적 소수에 불과하다. 보험과 관리치료managed care[3] 이해 당사 자들이 가지고 있는 비체계론적인 관점에서 볼 때는, 개인이 아닌 가족을 처 치하는 데 드는 추가 비용과 시간은 보장되지 않으며, 환급을 크게 늘릴 가치 가 분명하지 않다. 서비스 임상 실천에 대한 일반적인 비용에 있어서, 내담자 는 개인처치보다 관계적 문제와 처치에 대한 보험금 상환을 받는 것이 더 어 렵다(Hoyt & Gurman, 2012).

이러한 요소들로 인해, 커플·가족치료는 그것을 쉽게 포함시킬 수 있는 특 수한 프로그램과 문제 상황에서 가장 자주 사용된다. 가족치료는 그 처치를 하는 데 있어 한 명 이상으로 확장되고 동시에 한 명 이상의 내담자 이슈를 다루기 때문에 효과 대비 비용이 더 들지만, 이러한 경향은 계속된다(Crane, 2008). 커플치료는 고통스러운 관계에 대한 처치로서 압도적으로 중요하기 에 가족치료보다 더 나은 결과를 가져왔다. 그러나 아주 현저하게, 일부 정신 건강 전문가들은 곤란한 결혼생활이 문제가 되고 다른 한쪽 파트너가 기꺼이 커플치료에 참여하려고 할 때조차도, 여전히 습관적으로 한쪽 파트너만 혼자 치료받는 방식으로 문제를 해결하려고 한다. 이러한 개인치료에서는 (대개 가장 결정적으로 중요한) 관계의 상호작용 측면이 다루어질 수 없기 때문에 그 러한 틀을 설정하는 것은 불가피하게 성과에 영향을 미친다.

따라서 가족체계 관점이 점점 소외되고 드물게 실행되면서, 커플·가족처

---

3) 역자 주: 관리치료는 선불 의료치료로서 19세기 미국에서 시작되었다. 시간이 흐르면서 처음 의 미와는 달라졌는데, 21세기에는 적은 비용으로 효과적인 치료를 하기 위해 의료보험회사 등의 관 리하에 치료를 제공하는 것을 의미한다.

치가 단순히 개인중심 변화에서 보조적인 위치로 밀려날 수 있다. 커플·가족을 만나는 방법이 발전해서 이제는 성숙하고 근거가 충분하고 지지되는 일련의 개입전략이 되었는데도, 수십 년 전에 미누친, 휘태커, 애커만, 보웬 그리고 다른 1세대 가족치료자들이 직면했던 것처럼, 실천가들은 여전히 보수적이고 의심 많은 세상을 직면하고 있다.

이 책의 한 가지 목표는 커플·가족치료를 정신건강 처치의 세계에서 하나의 필수적인 요소로서, 그리고 체계론적 관점을 인간의 기능을 이해하는 데 결정적으로 중요한 것으로서 제시하는 것이다. 치료자들이 인지와 정서를 가지고 어떻게 상담하는지를 파악하는 것이 필수인 것처럼, 모든 치료자가 어떻게 가족을 참여시키고 함께 상담하는지를 아는 것은 필수적인 역량이다. 가족에 대한 이해를 포함하지 않거나 커플 및 가족과 함께 상담하는 방법을 모르는 것은 인간의 문제를 너무 단순화시키는 것이다. 이론상으로, 치료자들은 체계론적 관점을 가질 수 있고, 적절하다면 합동치료로 사례를 의뢰할 수 있지만, 관리치료 시대의 실천은 그러한 의뢰를 권장하지 않는다. 내담자들은 대개 한 명의 치료자와 연결된다. 효과성을 넘어서, 접근성, 의뢰에 대한 진료체계 내의 제약, 첫 회기가 발생하면 치료가 시작된다는 단순한 사실 등 다양한 이유로 치료자가 선택된다. 따라서 필수적인 커플·가족치료 기술은 오늘날 모든 치료자에게 없어서는 안 될 것이며, 더 나아가 커플·가족치료 분야의 전문가에 대한 필요성은 아주 크다.

누가 커플 · 가족치료를 행하는가

오를린스키와 론네스태드(Orlinsky & Ronnestad, 2005a, 2005c)가 전 세계에 있는 치료자들을 대상으로 실시한 설문조사에서 서방 세계의 치료자들 중 대략 62%가 최소한 어느 정도는 커플·가족치료를 수행하고 있다는 것이 밝혀졌다. 그 조사에서는 또한 커플을 치료한다고 답한 심리치료자들이 34%(미국의 경우 50%)였던 반면, 가족치료를 한다고 답한 사람은 27%(미국의 경우 36%)에 불과한 것으로 나타났다. 이 치료자들 중 대다수는 개인치료도 수행한다. 오직 7%의 치료자들만이 그들의 치료를 커플치료나 가족치료로 제한하고 있었다. 미국에 국한된 유사한 한 설문조사에 따르면, 치료자의 49%가 커플을 치료하고, 34%가 적어도 일부 가족을 치료하는 것으로 나타났다(Berke, Rozell, Hogan, Norcross, & Karpiak, 2011).

이러한 통계는 오늘날 세계에서 커플 · 가족치료의 실천에 대해 많은 것을 말해 준다. 개인 진단과 처치를 지향하는 건강관리 체계의 힘에도 불구하고, 많은 치료자가 최소한 어느 정도는 커플 · 가족치료에 관여한다. 치료자들은 가족치료보다 커플치료에 더 많이 참여한다. 그리고 오늘날 커플 · 가족치료에 종사하는 거의 모든 사람은 개인치료도 실시한다. 커플 · 가족치료를 하는 대부분의 치료자가 받는 제한된 훈련을 감안해 본다면 이러한 실천의 빈도로 인한 약간의 우려가 제기될 수 있다. 예를 들어, 충분한 훈련을 받지 못한 채 커플치료가 제공되고 있다는 것은, 커플치료가 임상실험에서 연구되었을 때는 매우 효과적인 결과(Shadish & Baldwin, 2003; D. Snyder, Castellani, & Whisman, 2006)를 가져왔음에도 불구하고, **컨슈머 리포트**Consumer Reports에 의해 실시된 심리치료 내담자들에 대한 가장 큰 규모의 설문조사에서는 왜 커플치료가 다른 형태의 심리치료보다 소비자 만족도와 효과성에서 훨씬 낮은 평가를 받았는지를 설명할 수 있다(Kotkin, Daviet, & Gurin, 1996; Seligman, 1995). 이 설문조사는 훈련 중인 치료자를 전혀 통제하지 못했는데, 평가된 사람들 중 많은 사람이 자격증이 없는 상담자일 수도 있었다.

이러한 통계자료가 가족치료의 실천에 관해 제시하는 문제는 아주 다르다. 가족치료는 소수의 치료자들만 사용하는 실천양식이며, 그것도 가끔씩만이다. 관찰에 따르면, 가족치료의 실천은 그것을 관리 체계 안에 보급하려는 특수한 노력에 따라 매우 달라지는 것으로 나타났다. 임상실험에서 다루기 어려운 문제를 가족치료가 풀어내는 감동적인 성과에도 불구하고, 가족치료와 같은 처치는 내담자의 이용가능성 측면의 제약(낮 시간에 여러 사람을 모으는 것은 매우 어렵다.), 기울여야 되는 부가적인 노력, 그리고 보험금 환급에 대한 제약으로 인해 심리치료자와 관리 체계에는 덜 매력적일 수 있다. 또한 가족치료는 커플치료(한 사람을 만나는 방법은 두 사람을 만나는 것으로 더 쉽게 확장된다.)보다 전형적인 치료자 전문성 영역의 밖에 있다고 더 많이 느낄 수 있다. 자녀 문제로 상담을 받아야 할 때 자녀만을 보는 것과 같이 쉽게 사용할 수 있는 대안은 가족을 만나는 방법family method이 궁극적으로 더 효과적인 것으로 보일 때에도 가족치료로 확장해 가는 것을 약화시킬 수 있다. 이와는 대조적으로 오늘날 커플들은 커플 문제가 있을 때 대개 커플치료를 기대하고, 치료자들은 대체로 이러한 기대를 수용할 준비가 되어 있는 것으로 보인다.

특히 오를린스키와 론네스태드(2005b)는 또한 설문조사에서 커플·가족치료를 사용하는 치료자 중 58%가 자신의 상담이 일반적으로 효과적이고, 활력 있으며, 긍정적이라고 보고한다는 것을 발견하였다. 이는 개인치료 그리고/또는 집단치료로 자신의 상담을 제한시키는 치료자들에게서 발견한 것보다 훨씬 더 높은 만족도라고 할 수 있다. 커플·가족치료의 실천에는 치료자들이 활력 있고 효과적으로 느끼도록 하는 무언가가 있는 것 같다.

가족 중심 관점 대 개인 중심 관점

오늘날 커플·가족치료를 한다는 것은 무엇을 의미하는가? 커플·가족치료는 처치 형식 그 이상이다. 이 방법의 중심에 자리 잡은 체계론적 관점은 인간 기능화에서 관계적 삶이 핵심적인 중요성을 지닌다는 믿음에 기초해 있다. 고립된 시대에, 가족과 다른 관계망들은 개인이 자신의 어려움을 처리하도록 도와주고, 개인의 필요와 욕구를 뛰어넘어 더 큰 단위에 초점을 맞추는 연결을 제공한다. 이런 방식으로, 커플·가족치료자들은 개인을 지향하는 정신건강 전문가와는 다른 틀에서 내담자의 삶과 어려움에 접근한다. 커플·가족치료에서는 인지, 감정, 생물학, 그리고 무수한 다른 요인들에 대해 고려할 여지가 충분히 있기는 하지만, 가족들이 함께 문제를 해결할 수 있고, 해결해야 한다는 공통된 기본 가정이 있다. 따라서 가족체계의 관점에서 볼 때 합동치료는 결혼생활의 어려움이나 부모—자녀 문제와 같은 모든 관계 문제뿐만 아니라 가족 구성원들이 해결책의 일부가 될 수 있는, 개인 문제로 간주되는 대부분의 문제에 대해서도 선택할 수 있는 처치가 된다. 문제를 해결하는 데 있어 합동으로 접근하는 것과 개인으로 접근하는 것 간에 성과가 똑같더라도 가족으로 보는 관점은 문제를 해결하는 데 가족을 참여시키는 것 안에 본질적인 가치가 있다고 주장한다. 그러한 가족의 참여는 종종 '개인' 문제에 대해서도 성과를 개선시킨다(Sprenkle, 2012).

우리 사회와 정신건강 전문가들 사이에서 보다 공통되는 관점은 개인의 내부에서 오는 힘에 의해 움직이면서 맥락을 벗어나 개인의 행동을 보는 것이다. 그러한 견해에는 약간의 장점이 있다. 즉, 모든 사람은 유전적 구성, 그들 자신의 생화학, 그들 자신의 생각과 개인사를 가지고 있으며, 이 모든 것은 현재의 그들과 많은 관련이 있다. 그러나 사람들은 사회적 맥락 내에서 그들의 삶을 살며, 그들의 많은 감정과 행동이 그들의 사회적 삶의 본질, 기본적으로는 그들 가족의 삶으로부터 유래한다. 무엇이 중요한가에 대한 이 논쟁의 현명한 결론은 두 가지 모두라는 입장인데, 즉 가족과 개인 둘 다 중요하거나, 대체로 개인을 가족의 맥락 안에서 볼 수 있다는 입장인 것이다.

하지만 그러한 양자 모두를 취하는 입장은 심리치료에 관한 논문 발표와 글에서는 상대적으로 많지 않다. 생각의 역사와 실용적인 실천 세계 모두에서, 집단을 우선시하는 사람들과 개인을 우선시하는 사람들 사이에 충돌이 있었다. 심리치료에 대한 근대적 표현을 보면, 개인의 필요가 대개 집단의 필요보다 더 중요하게 여겨져 왔다. 예를 들어, 엘리스(Ellis, 1962)는 그의 매우 영향력 있는 합리적 정서치료rational-emotive therapy에서 집단의 이익보다 개인의 선택을 더 명백히 강조하였다. 엘리스는 "무엇을 해야만 한다는 것은 빌어먹을 일이다!Should-hood is shit-hood!"(Ellis & Dryden, 1997, p. 206)라고 말하곤 했

는데, 여기서 해야만 한다는 것은 종종 집단의 필요를 표현하는 것이다. 많은
사람에게 그렇듯이, 엘리스에게 있어 집단은 초자아superego와 관련되는데, 여
기서는 초자아의 유익한 부분을 말하는 것이 아니다. 심리치료는 대개 집단
에 대한 처치가 아닌 개인에 대한 처치로 남아 있다. 이로부터 많은 것이 자연
스럽게 흘러나온다. 대부분의 치료에서, 개인 내담자들은 그들 스스로를 돌
보도록 배운다. 치료자에 따라서는 내담자들이 자신을 준거로 하여 내린 결
정은 문제삼을 수 없으며, 가족을 강화하는 해결책을 찾는 것은 더 매력적이
라고 느껴지는 해결책을 찾는 것에 의해 밀려날 수 있다(Doherty, 1997). 개인
중심의 정신(Lasch, 1979)이 근대의 미국을 자주 곤란에 빠뜨리는 것과 마찬가
지로, 장기적인 이익은 단기적인 자기 관리에 희생된다. 용감하고, 용기 있고,
생기 넘치는 등의 단어들은 전형적으로 개인 중심의 해결책과 관련된다. 지난
50년 동안 이혼율이 증가하고 확대가족 안에서 친밀감이 감소했다는 사실은
그러한 생각들에 뿌리를 둔 문화 안에서는 놀랄 일이 아니다.

그러나 더 넓은 사회적 배경을 거스르는 심리치료에서의 움직임이 갖는 의
미를 고려한다는 것은 또한 맥락을 존중하고, 단순하게 '가족과의 연결은 좋
고, 자기self는 나쁘다.'라는 관점을 넘어설 것을 요구한다. 심리치료는 그 정
신ethos에 어울리는 맥락에서 번성한다(그리고 가장 유익하다). 성적으로 억압
되었던 20세기 초의 중부 유럽 세계는 관습적인 이해에 도전하는 움직임과
더불어, 정신분석의 발전에 완벽한 지형을 제공하였다. 마찬가지로, 유럽은
제2차 세계대전으로 인한 참화 이후 몇 년 동안 실존적이고 탈근대적인 치료
들을 자연스럽게 받아들였고, 미국은 방향 잡힌 노력을 통해 변화하는 인간
능력에 대한 미국적 낙관주의에 부합하는 (인지행동치료와 같은) 실증주의적
치료positivist therapies에 원동력을 제공하였다(London, 1964).

오늘날 더 넓은 사회에서의 가족에 대한 많은 생각은 심리치료에서 가족
이 어떻게 고려되는가에 영향을 미친다. 우리는 가족 구성원들이 서로 일차
적 충성심을 가지고 있었던 19세기 작은 마을의 세계와, 확대가족들이 여전
히 가깝게 그리고 연결되어 있을 것이라는 기대감으로부터 계속 멀어져 가고

있다. 1960년대와 1970년대에 가족치료가 처치의 전면에 등장하게 되었던 것은 아마도 이러한 단절감과 소외감이 커졌기 때문일 것이다. 최근에 점점 더 많이 사용되고 있는 "마을이 필요하다takes a village."라는 슬로건은 개인에게 공동체가 중요하다는 것을 인식시키고, 가족 간의 애착을 고양하고 소중하게 여겨야 할 필요성을 시사한다. 이러한 맥락에서 가족은 종종 친척뿐만 아니라 가까운 친구를 포함하는 것으로 재정의되고 있다.

　가족을 향한 모든 움직임이 긍정적인 것은 아니다. 오늘날 미국 문화의 또 다른 긴장은 가족생활에 대한 보수적인 선택으로 심하게 몰아가고 있다. 가족이라는 단어는 종종 정치적으로 보수적인 의미를 갖는 것으로 연결되며, 개인의 이해관계와 탐욕까지도 포함하는 것으로 보인다. 또한 분명히 유익하지 않은 가족 구성원의 행동은 상관치 않고 가족에 충성할 것에 대한 강력한 집단적 신념과 전통이 존재한다. 어느 날, 저녁에 지역 뉴스를 시청하기만 하면 살인을 저질렀거나 학대를 가한 가족 구성원이 '착한 소년'이었다고 묘사되는 것을 듣게 된다. 가족의 충성심은 가치가 있지만, 어느 정도까지만이다. 이상적으로 말하자면, 삶을 안정되게 정착시켜 주는 긍정적인 가족은 자아 감각이 발전해 가는 것에 연결되겠지만, 광범위한 문화에서 이러한 개념들은 종종 적대적인 것으로 묘사된다. 커플·가족치료는 오늘날 가족의 이러한 긴장된 다른 의미들 간의 맥락 내에서 행해진다.

독립형 처치 대 다중양식형 처치의 요소

　커플·가족치료에 대한 논의에서는 처치에 대한 많은 시각과 용도가 경쟁을 벌이고 있다. 커플·가족치료를 완전한 처치complete treatments로 볼 것인가 아니면 다중형식형 치료multiformat therapies의 요소로서 볼 것인가 사이에 하나의 대조가 존재한다. 가장 초기의 가족치료에 뿌리를 두고 있는 전자의 시각에서는 커플·가족치료를 그것 하나만으로도 성공적인 성과를 만들어 내는 독립형 치료stand alone treatments로 간주한다. 최근에 사용되고 있는 대안은 커플·가족 처치를 다중방법형 처치multimethod treatment의 요소로 생각하는 것이다. 이러한 처치는 '개인' 장애의 맥락에서 점점 더 흔해지고 있다(Chambless, Miklowitz, & Shoham, 2012). 이러한 후자의 처치는 오늘날 '확인된identified' 환자가 가족을 위한 기능을 제공할 수 있다는 초기 가족치료 관점으로부터의 외침과는 거리가 먼, 개인 내부에 문제가 존재한다는 관념을 포함하고 있다. '가족치료'는 오늘날 가족치료를 실행 가능한 독립형 처치로 간주하는 치료와 가족회기가 다중양식형 처치multimodal treatment의 일부(그리고 종종 부속적인 부분)가 되는 치료 모두를 포함한다.

커플·가족치료는 또한 합동치료가 시행되는 이유에 따라 다른 형태를 취하고 있다. 보컴, 위스먼과 파프로키(Baucom, Whisman, & Paprocki, 2012)는 커플치료를 뚜렷한 목표에 따라 세 가지 유형으로 구분하였다. 이러한 유형들은 가족치료로 쉽게 확장된다. **커플-가족 지원 개입**couple-family assisted intervention은 개인의 변화 과정을 돕기 위한 변화의 주체로 가족을 참여시킨다. 여기서 합동처치는 변화에 대한 개인의 노력을 전적으로 지지하며, 관계적 고통에 대해서는 전혀 초점을 두고 있지 않다. 보컴과 동료들이 장애에 **특화된 개입**disorder specific intervention이라고 부른 것은 범불안장애를 가진 사람들이 가족 구성원들에게 지나친 의존을 하게 되는 경향과 같이, 초점이 맞춰진 장애에 직접적으로 관련되는 패턴들을 유형화하는 관계적 패턴만을 목표로 한다. 이러한 처치의 궁극적인 목표는 완전히 개인의 변화에 있다. 커플·가족치료에 대한 보컴과 동료들의 세 **번째 변형**만이 커플·가족치료와 관련된 관계적 어려움들을 보다 광범위한 표적으로 삼고 있다. 이 분류에서 나타나는 중요한 교훈은 모든 유형의 커플·가족치료가 관계적 어려움에 초점을 맞추고 있지는 않다는 것이다. 이렇게 다른 표적들을 목표로 하는 치료들은 매우 다르게 보이고 초점도 다르다. 이에 따라 치료자는 처치 전략을 적절한 범주에 맞춰야 한다. 예를 들어, 파트너를 돕는 역할로 참여시키는 것은 많은 문제와 관련하여 상당한 가치가 있지만, 그 커플들에게 존재하지 않는 관계

적 고통을 표적으로 삼는 치료를 제공하게 되면 동맹을 잘 맺지 못하고 성과
도 안 좋을 수 있다.

   이 책의 중심에 있는 커플·가족치료에 대한 통합적인 전망은 커플·가족치
료의 이 모든 용도를 포괄한다. 그것은 커플·가족치료가 체계론적 관점을 유
지하는 것이 핵심이라고 주장하지만, 또한 특정 목적을 향해 커플·가족치료
를 활용하기 위한 다양한 경로를 구상한다.

역사적 맥락

   가장 초기의 커플·가족치료는 주로 정신분석 중심이었던 당시의 지배적
인 개인치료에 영향을 받았다가 커플·가족치료의 맥락으로 옮겨 갔다. 가장
흔하게는, 이것은 어려운 관계에 있는 커플들을 돕기 위한 것이었다. 이 작업
은 대개 심리치료의 두드러진 중심에서 벗어나서 많은 사람에게 심리치료와
는 다른 어떤 것으로 간주되었지만, 이러한 초기 방법은 치료실 안에서 한 명
이상의 내담자와 함께 작업하기 위한 첫 번째 시도라는 점에서 혁신적이었다
(Gurman & Fraenkel, 2002). 의사소통 훈련의 초기 형태도 이러한 맥락에서 개
발되었다. 그러나 치료자들은 합동치료에서 함께했던 것처럼 두 파트너들과
별도의 회기에서 만나는, 소위 **동시치료**concurrent therapy[4]에서 내담자를 만날
가능성이 높았다. 진정한 치료자들에 의한 '진정한real' 치료는 정신분석적이
고, 전이에 초점을 두었으며, 문제가 커플이나 가족 문제일지라도(자주 그러
했다.) 개인치료로 시행되었다.

   커플·가족치료는 제2차 세계대전 동안 정신건강 서비스의 증대가 필요함
에 따라 인정받는 분야가 될 수 있었다. 전쟁의 스트레스 때문에 처치에 대
한 수요가 엄청나게 확대되자 혁신적인 방법들이 허용되었다. 칼 휘태커,

---

4) 역자 주: 한 가족 내담자를 다른 치료 회기 속에서 병렬적으로 보는 것을 가리킨다.

머레이 보웬, 그리고 다른 정신건강의학과 의사들은 처치에 가족들을 참여시
킴으로써 괄목할 만한 성과를 거두었다. 가족들은 기뻐했고, 목표 달성은 유
망해 보였다. 이러한 가족(치료)을 만나는 방법은 서로 상당히 겹친 부분이
있었으며, (처치 모델에 대한 이후의 움직임을 감안해 본다면) 역설적으로 광범
위한 개입전략들이 처치의 일부로서 포함되었는데, 이는 보다 최근에 나타난
후기모델postmodel에 상응하는 전기모델premodel이었다. 가족치료의 초기 거장
들을 관찰한다는 것은 그들이 역사를 탐색하고, 경계를 바꾸기 위해 직접 개
입하며, 연민을 갖고 증인되기witnessing 같은 다양한 전략을 사용하는 것을 지
켜보는 것이다.

진정한 가족 기반 치료를 향한 대부분의 시도는 가족 구성원 중 한 명이 조
현병과 같은 심각한 정신병리로 고통받는 가족들과 함께 작업하는 맥락에
서 나타났다. 칼 휘태커(1958), 머레이 보웬(1978)과 라이먼 윈(Lyman Wynne)
(Wynne, Ryckoff, Day, & Hirsch, 1958)은 각자 이러한 가족체계를 배우고 처
치하는 데 초점을 둔 프로젝트를 이끌었다. 1950년대에 그레고리 베이트슨
(Gregory Bateson)과 동료들(Bateson, Jackson, Haley, & Weakland, 1956)은 널
리 알려진 조현병에 대한 이중구속 이론double bind theory과 이중구속을 식별하
고 도전하는 데 기반을 둔 처치 전략을 개발하였다. 이 이론은 그것이 공표된
직후에 반증되었지만(이중구속을 연구하는 학문은 이중구속이 무엇인지 확실하
게 명명조차 할 수 없었다.), 이 이론은 가족에게 심리적으로 유발되는 공모적
이고 체계론적인 경로의 중요성을 시사하면서 가족치료의 발전에 큰 영향을
미쳤다(Beels, 2011).

이와 같은 가족치료에서의 초기 처치는 향후 20년간의 커플·가족치료에
매개적인 역할을 했다. 가족과정family process[5]에 대한 관찰은 이론들과 개입
방법으로 변환되었다. 물리학, 생물학, 의사소통 연구, 인류학과 철학을 포함

5) 역자 주: 가족과정(family process)은 가족에서 발생하는 사건들을 중심으로 가족원들 간의 관계
역동이 일어나는 것을 가리킨다.

한 광범위한 사상 세계에서의 움직임도 이 모델들에 상당한 영향을 미쳤다. 저술과 논문 발표는 실천만큼이나 인식론에 초점을 맞출 수 있었다. 가장 특별하게, 체계이론과 사이버네틱스는 사물 간, 사람 간 상호연계 의식에 대해서, 그리고 모든 상호작용을 설명할 수 있는 원리에 대해 거론하였다. 프로이트와 그의 추종자들의 작업에서 드러나는, 사람들 내부에서 일어나는 것을 설명하는 근대론자의 초점은 사람과 사물에 영향을 미치는 힘에 대한 체계론적 시각으로 상당히 대체되었다. 일부 체계이론은 심지어 개인에 대한 관심을 완전히 배제하여, 그 사람을 공학적인(그리고 인간이 사라진) 치료자가 영향을 미칠 수 있는 '블랙박스black box'로 간주하였다(Watzlawick et al., 1974). 이 공학적 은유는 그 당시의 몇몇 치료들에 반영되었는데, 그것들은 인간적 요소들이 가장 적은 치료로 꼽히는 것이다. 그럼에도 불구하고, 가족 분야는 사상적인 면에서 여전히 다양했는데, 몇몇 관점들은 두드러진 개인적 초점을 가지고 있었다(Ackerman, 1968).

합동가족치료는 1950년대 후반과 1960년대에 점차 더 두드러지게 되었다. 이러한 움직임을 보여 준 두드러진 선구자들은 살바도르 미누친(1974), 네이선 애커만(1968), 이반 보조르메니-나지(Ivan Boszormenyi-Nagy)(Boszormenyi-Nagy & Spark, 1973), 머레이 보웬(1961), 제이 헤일리(Jay Haley, 1963), 도널드 잭슨(Donald Jackson)(Jackson & Haley, 1963), 제임스 프라모(James Framo, 1979), 버지니아 사티어(Virginia Satir, 1967), 칼 휘태커(1973)와 라이먼 윈(1988) 등이 있었다. 이 가족치료의 상징적인 창시자들은 가족체계의 중심성에 초점을 맞췄고, 문제 발달과 처치에 대한 전통적인 개인지향적 틀에 반대하였다.

이 분야 발달의 다음 단계에서 이러한 개척자 중 몇 명은 가족체계가 어떻게 작동하는가에 대한 구체적인 이론을 수립했고, 관련된 개입전략을 개발하였다(예: Ackerman, 1970; Boszormenyi-Nagy & Spark, 1973; Bowen, 1972; Haley, 1963; Satir, 1988; Whitaker & Bumberry, 1988). 이러한 접근방식들에 걸쳐 있는 공통점 중 하나는 일반체계이론과 사이버네틱스 측면의 통합이었다. 이러한 각각의 접근들에서 두드러진 특징은 인과관계가 순환과정이며, 개인의 행동은 상호 의존적이고 상호 영향을 받는다는 생각이었다. 이러한 관점에서 볼 때, '확인된' 환자들(문제나 정신병리를 나타내는 사람들)의 행동은 그 기저에 깔린 가족과정을 반영하는 것으로 보였다. 가족은 문제발달의 중심이자 처치를 위한 가장 중요한 자원으로 여겨졌다.

이 1세대 가족치료자들은 체계론적인 개념들을 강조하였다. 그들은 진실을 발견했다고 믿는 사람들에게서 전형적으로 발산되는 열정을 지니고 있었다. 또한 개인을 사회체계의 자연스러운 맥락에서 분리되는 것으로 보는 이전의 개입방법에 대해 매우 비판적이었다. 커플치료가 가족치료의 하위범주로 여겨지게 된 것도 이 기간 동안이었는데, 이는 가족치료의 핵심 개념을 통해 커플 하위체계를 이해할 수 있었기 때문이다. 따라서 체계론적 개입방법을 취하지 않는 개인치료는 초점이 틀린 것은 아닐지라도 최소한 비효율적인 것으로 보여졌다(Haley, 1975).

이 가족치료자들 세대의 배경은 정신분석학(예: Nathan Ackerman, James Framo), 인류학(예: Gregory Bateson, John Weakland), 공학(예: Paul Watzlawick), 의사소통학(예: Jay Haley) 등 다양했다. 초기 개척자들의 다양한 배경은 전통적인 정신건강 처치의 '상자 밖에서의' 사고를 용이하게 만들었으며, 그렇게 해서 새롭고 흥미로운 아이디어들이 장려되었다. 예를 들어, 제이 헤일리(1985)는 최면치료자이자 정신건강의학과 의사인 밀턴 에릭슨(Milton Erickson)의 작업을 널리 알리면서 역설적인 개입을 통합시키는 것에 대해 많은 사람이 관심을 갖게 만들었다. 이 역설적인 개입은 치료자들이 심리적인 반발과 역효과를 일으킬 목적을 가지고서, 내담자가 추구했던 것을 반대로 제안하는 것이었다. 역기능적 가족의 의사소통에서 나타나는 일탈된 패턴의 중요성을 이해하는 것 또한 큰 영향을 끼쳤다. 이것은 인류학과 의사소통학에서 끌어냈는데, 문제 있는 의사소통 패턴을 바꾸는 데 초점을 맞추도록 하였다. 이러한 초점은 베이트슨과 동료들(1956)의 상담과 윈(Wynne & Singer, 1963)과 리즈(Lidz, 1959)의 연구에서 분명히 드러났다. 특히 그러한 움직임

가운데 있던 사람들 중에는 경험적 연구에 대한 관심은 있었어도, 방법론적 훈련을 받은 사람이 거의 없었고, 따라서 양적 연구를 통한 검증을 거치지 않은 많은 아이디어가 번성하였다.

1970년대와 1980년대의 강조점은 분명히 가족치료의 공통적인 토대에서 다양한 체계론적 관점들 간의 차이와 방법들 간의 경쟁으로 이동해 갔다. 이 기간 동안, 각각 별도의 훈련 장소와 방법을 가진 뚜렷한 가족치료학파들이 초기의 저명한 가족치료자들의 방법으로부터 진화해 갔다. 일부 학파들은 개인치료로부터 온 개념을 통합하여, 정신분석적(Ackerman, 1968; D. Scharff & Scharff, 1987), 경험적(Whitaker, 1992), 그리고 행동적(Baucom & Epstein, 1990) 치료와 같이 개인치료의 형태와 나란히 하는 학파들을 만들었다. 다른 학파들은 가족구조(S. Minuchin, 1974), 가족항상성의 극복(Watzlawick, 1978), 또는 세대 간 과정(Boszormenyi-Nagy & Spark, 1973; Bowen, 1972)과 같은 사회체계의 측면에 오로지 초점을 맞추어 개인 처치 모델들의 거의 모든 측면을 거부하였다. 체계론적 학파들 중 이 후자 집단의 대부분은 가족을 그러한 패턴으로부터 벗어나도록 언어적 유도judo 버전을 수행하는 강력한 치료자(때로는 문자 그대로 마법사로 언급되었다.)를 등장시켰다. 이 시기에 가족치료는 큰 인기를 끌었고, 임상 실천에서 주류로 진입하기 시작하였다.

따라서 가족치료는 공유된 전망이 강조되면서 흥미진진하게 시작됐는데, 그 이후에는 모델들 간 갈등의 시기가 이어졌다. 대중적인 대안적 모델들이 만들어지면서 그것들 모두 체계론적 개념에 기반을 두고 있었지만 근본적으로 강조점이 서로 달랐다. 체계론적 가설의 고유한 가치, 가족생활에 내재한 극적인 사건, 초기 저명한 가족치료자들의 특별한 카리스마, 그리고 특수한 개념들의 호소력은 이러한 각각의 치료들에 대한 엄청난 관심을 불러일으켰고 상당한 추종자를 낳았다.

이 치료들은 놀라운 많은 방법을 개발하였다. 오늘날 사용되는 커플·가족에 대한 거의 모든 개입전략은 이러한 방법들로 거슬러 올라갈 수 있다. 그러나 통일된 실천 방법에 대한 관념은 사라졌다. 치료자들은 종종 상이한 치료 방법의 경계에 의해 분리되었고, 특정 하위집단의 정체성이 자라남에 따라 공통의 정체성은 희미해졌다. 치료자가 내적 과정의 중요성을 믿는다고 할지라도, 개인을 단순히 '블랙박스'로 본 초기의 전략적 치료의 주창자와는 공통점을 찾기 힘들어졌다.

이러한 분리의 한 가지 주목할 만한 측면은 행동적(후에는 인지행동적) 방법의 발전을 다른 실천 방법과 거의 완전히 분리한 것이다. 인지행동적 방법은 학문적인 뿌리를 가진 반면, 가족치료는 가족연구소와 임상적 환경에서 성장하였다. 인지행동 처치 역시 처음에는 가족치료자들 중 소수였던 심리학자들의 영역이었다.

비록 이런 종류의 사건들이 심리치료의 발달에서 낯설지는 않지만(비슷한 패턴을 찾기 위해서는 단지 정신분석의 초기 역사를 회상해 보면 된다.), 이 분야의 진정한 다학제적 특성은 문제를 잠재하고 있었다. 가족치료자들은 대개 가족치료에 더해서 전문직에 종사하고 있었으며, 그러한 전문직들은 대개 외부 세계로부터 보호받는 학술지와 모임을 가지고 있었다. 치료자들은 또한 가족치료라는 광범위한 분야보다 한 가지 접근의 지향에 대해서 더 많은 정체감을 느끼게 되었다. 이에 따른 예를 들자면, 인지행동 커플·가족치료자는 다른 가족치료자보다 다른 인지행동치료자와 훨씬 더 많이 접촉할 가능성이 있었다. 가족학과 가족치료에 초점을 맞춘 사람들은 임상가로부터 멀어지는 경향이 있었는데, 이것은 심리치료에서의 광범위한 학문-실천의 격차를 상징하는 것이다. 미국가족치료학회American Family Therapy Academy와 같은 단체들은 그 격차를 다소 좁혔지만, 회원 자격에서 기본적으로는 몇몇 특정한 처치 지향들을 지니고 있어서 그 격차는 여전히 남아 있다. 그래서 다양한 언어와 지향의 바벨탑이 만들어졌고, 심지어 유사한 개념들도 다른 이름으로 불리게 되었으며, 그 결과 공통의 기반은 인지되지 못하였다.

1990년대에는 1세대 가족치료 학파에 대한 많은 비판이 등장하였다. 가장 두드러진 것은, 페미니스트들이 대부분의 가족치료 모델에 포함된 수많은 사회적 성gender에 기반을 둔 가정에 주의를 기울였다는 것이다. 원래 1950년대의 가족을 중심으로 형성되었던 이 초기 가족치료들은 종종 아버지들이 더 많은 권력을 가지고 있다는 사고를 포함하고 있었고, 고정관념적인 성 역할을 은근히 지지하였다. 버지니아 골드너(Virginia Goldner)와 레이첼 혜어-머스틴(Rachel Hare-Mustin)과 같은 치료자들은 성 평등을 적극적으로 장려하는 더 평등주의적인 가족치료(Goldner, 1985a; Hare-Mustin, 1992)를 구상하였다. 다른 이들은 가족치료 모델에서 문화에 대한 불충분한 관심을 강조하여 다양한 문화적 맥락에 맞추어서 가족치료를 실천할 필요성을 인식시켰고(Boyd-Franklin, 2003; Falicov, 1998; McGoldrick, 1998, 2001; McGoldrick, Preto, Hines, & Lee, 1991), 또 다른 사람들은 LGBT[5] 가족들에 대한 관심 부족과 초기 가족치료의 이성애적 차별 기반을 부각시켰다(Green, 2007).

다른 사람들은 가족들이 변화에 저항하는 것으로 간주했던 1세대 모델에서의 항상성(체계가 이전의 균형 잡힌 문제적 상태로 돌아가는 경향) 강조를 비판하였다. 이는 가족탄력성(Walsh, 2003b)을 기반으로 개발된 대안적 관점을 이끌었고, 이 분야가 가족을 역기능의 원천으로 보는 부정적인 관점보다는 자원으로 보는 긍정적인 관점에 중심을 두는 상전벽해와 같은 변화로 이끌었다. 이 후자의 수정(긍정적인 관점으로의 변화)과 더불어, 대부분의 초기 가족치료 모델에서 나타났던 변화의 강력한 행위자로서 치료자의 역할도 도전받게 되었다. 내러티브에 대한 사고와 사회구성주의에 기반하여, 치료자-내담자의 동등한 협력(H. Anderson & Goolishian, 1992)과 자신의 내러티브를 개인적으로 구성하는 것(White & Epston, 1989)을 강조하는 치료 모델이 개발되었다.

아주 다른 시각의 관점을 취하는 사람들은 이러한 초기 실천 방법의 증거기반이 부족함을 비판하였고 이러한 초기 치료의 변형을 개발하고 연구하기 위해 과감히 연구에 뛰어들었는데, 이것이 증거기반 치료evidence based therapies가 되었다(Sexton et al., 2011). 이러한 발전과 함께 가족과 가족치료에 대한

---

5) 역자 주: 성적 소수자들을 이르는 말이다. 레즈비언(Lesbian)과 게이(Gay), 양성애자(Bisexual), 성전환자(Transgender)의 첫 글자를 따서 만들었다.

기본적인 연구는 많은 가족치료를 개발하고 성련시키는 데 필수적이 되었다. 이 증거들 중 일부는 그 분야의 주요한 변화를 촉발시켰다. 예를 들어, 이중구속 이론(가족이 두 가지 상반된 존재방식을 동시에 요구함으로써 '확인된 환자'의 조현병을 생성했다는 주장; Bateson et al., 1956)은 대개 이러한 가족들에 대한 연구가 이 이론을 뒷받침하지 못하기 때문에 거부되었다(Goldstein et al., 1989). 주요 정신병리학과 관련된 가족과정에 대한 이 이론은 이러한 가족들에서 **정서 표출**expressed emotion(높은 수준의 비난과 과잉 개입)의 독성효과 같은 증거기반 개념을 공통적으로 이해하게 되면서 대체되었다(Miklowitz & Hooley, 1998). 심각한 정신병리가 있는 가족 속에서 정서 표출을 표적으로 삼는 처치가 가장 효율적인 가족치료 중 하나로 확립된 것이다(Falloon, 2001; Lebow & Gurman, 1995; Miklowitz, 2007).

그러나 다른 사람들은 여전히 커플·가족치료자의 관점을 커플이나 가족을 넘어서 찾으려고 했다. 심지어 일부는 체계론적 치료의 기본적인 재정의를 주장하면서, 가족들을 포함하지만 가족에 국한되지 않는 광범위한 사회체계 영역으로 가족을 넘어선 초점으로 확대하였다(Madsen, 2011; Wynne, McDaniel, & Weber, 1988). 개인, 커플, 가족과 더 큰 체계에 대한 개입을 망라하는 통합적 관점이 출현한 것이다(Breunlin, Schwartz, & Mac Kune-Karrer, 1997; Lebow, 1997, 2002, Schoenwald, Borduin, & Henggeler, 1998). 지난 20년 동안 커플치료는 또한 고유의 문헌, 연구기관, 그리고 가족 처치 모델의 변용과 함께 뚜렷한 정체성을 발전해 왔다(Bradbury, Fincham, & Beach, 2000; J. M. Gottman & Notarius, 2000; Gurman, 2008, 2010, 2011).

21세기의 두 번째 십 년을 시작하면서, 커플·가족치료는 가족 내의 관계적·개인적 어려움을 표적으로 하는 과학 기반의 처치와 함께 성숙한 분야로 부상하였다(Sexton, Weeks, & Robbins, 2003). 그럼에도 불구하고, 커플·가족치료는 광범위한 아이디어, 개념, 사정방법과 개입전략을 포함하는, 지속적으로 발전해야 할 분야로 남아 있다.

누가 치료에 참여하는가

초보 커플·가족치료자에게 혼란스러운 부분은 다른 어떤 형태의 처치보다 커플치료나 가족치료를 가장 잘 실시할 수 있는 사람이 누구인가에 대한 질문이다. 커플·가족치료에 가장 적합한 사례와 다른 치료형식에 가장 적합한 사례를 구별 짓는 것은 무엇인가?

이 질문에 대해 커플·가족치료자들이 제공하는 수많은 다양한 답변이 있어 왔고, 지금도 여전히 존재한다. 1세대 가족치료에 강한 뿌리를 두고 있는 한 가지 대답은 모든 내담자가 커플·가족치료를 통해 최상의 서비스를 받을 수 있다는 것이다. 즉, 그것은 문제 또는 드러나는 상황에 개의치 않고, 선호되는 처치 양식이라는 것이다. 하지만 일부 치료자들이 오늘날 이 자리를 유지하고 있을지라도, 커플·가족치료를 수행하는 비율은 점차 위축되고 있다. 오늘날 가족의 참석 여부에 대한 대부분의 결정은 대개 문제(일차적으로 관계체계에 초점을 맞출 수도 있고 그렇지 않을 수도 있다.), 가족 구성원의 참여 여건(어떤 가족 구성원은 단순하게 치료에 참여하지 않으려 하고, 또 다른 가족 구성원은 시간 제약과 같은 실용적인 우려를 갖고 있다.), 그리고 가족치료의 수용가능성(내담자들이 가족이 처치의 일부가 되어야 한다는 시각을 공유할 수 있는가의 여부)과 같은 처치의 실용적 측면에 기초하여 이루어진다. 더욱이, 이러한 각각의 고려사항은 부분적으로 치료자와의 상호작용에 영향을 받으며, 치료자의 행동과 숙련도에 따라 달라진다. 오래전 당초에는 미누친(S. Minuchin & Fishman, 1981), 휘태커(Whitaker & Bumberry, 1988)와 다른 치료자들이 합동치료를 내켜 하지 않는 내담자들과 함께 상담하는 데 필요한 치료자의 기술을 길게 설명하였다. 합동치료의 장점에 대해 돋보이는 설명을 하고, 첫 전화통화 시점부터 모든 가족 구성원과 접촉을 하며, 가족 구성원의 관심을 증가시키는 방법에 주의를 기울이고, 가족 구성원을 계속 참여시키는 것에 신경을 씀으로써 그들을 참여시키는 최상의 기회를 마련한다.

오늘날 대부분의 커플·가족치료자는 언제, 누구를 관련시킬지에 대한 비공식적인 알고리즘에 해당하는 것을 따르는데, 이 알고리즘 안에서 커플과 가족은 일차적으로 어떤 상황에서 사용할 하나의 형식a set of formats으로 간주된다. 그러한 알고리즘에서, 어떤 사례는 다른 사례보다 커플과 가족을 훨씬 더 많이 끌어들인다.

월리엄 핀소프(William Pinsof, 1995)는 그가 직 · 간접적 환자체계direct and indirect patient systems라고 부르는 것 간의 매우 유용한 구분을 제시하였다. 커플·가족치료자는 항상 모든 가족 구성원을 간접적인 환자체계의 일부로 본다. 그들이 처치에 적극적으로 참여하는지 여부와 관계없이, 모든 가족 구성원은 어떤 치료가 제공되든 이해 관계자로 간주되어야 한다. 가족 구성원들은 거의 항상 그 치료에 대해 의견을 가지고 있으며, 그들의 반응은 내담자들의 삶과 치료에서 무슨 일이 일어나고 있는지를 완전히 이해하는 가운데 고려되어야 한다. 그러나 간접적인 환자체계의 구성원들이 반드시 치료에 참여하게 되는 것은 아니다.

핀소프의 직접적인 환자체계는 치료를 받고 있는 사람들을 가리킨다. 사람들이 직접적인 환자체계에 들어가는 방법에는 차이가 있지만, 내담자는 대개 제한된 방식으로 커플·가족치료에 적극적으로 참여하게 된다. 때때로 내담자의 문제가 커플·가족치료를 강력하게 제안하기도 한다. 이것의 가장 좋은 예는 고통스러운 관계에 대한 커플치료인데, 여기에서는 문화적 기대, 내담자 선호, 임상 경험과 연구 증거가 모두 커플이 고통을 겪는 문제가 커플치료에 잘 맞는다는 것을 보여 준다. 마찬가지로, 주된 불만이 부모와 자녀 또는 커플과 인척과 같은 가족관계와 관련되는 상황은 강력하게 커플·가족치료 쪽으로 끌어당긴다. 커플·가족치료가 특히 돋보이는 두 번째 경우는 도움이 가장 필요한 것으로 보이는 잠재적 내담자가 변화에 대한 동기가 낮거나 문제가 있음을 인정하지 않는 경우다(Norcross, Krebs, & Prochaska, 2011; J. O. Prochaska & Norcross, 2002). 여기에서 가족 구성원으로부터 시작하여 치료를 내켜 하지 않는 장애를 가진 가족 구성원을 포함시키는 몇 가지 처치 프로토콜이 개발되었다(Haaga, McCrady, & Lebow, 2006). 커플치료나 가족치료와 잘 맞는 세 번째 경우는 처치에 가족 구성원을 참여시키는 것이 고유한 해결책이라는 강력한 증거가 있는 문제들이 있다. 예를 들어, 조현병과 양극성장애가 있는 사람들은 가족이 참여할 때 더 나은 성과를 나타낸다(McFarlane, 2002; Miklowitz & Morris, 2003). 이것은 아동과 청소년의 거의 모든 문제에도 해당된다. 그러나 커플·가족치료를 제안하는 또 다른 상황은 커플이나 가족이 문제의 공식화에 관여되는 상황이다. 또한 커플·가족치료는 문제와 상관없이, 가족 구성원이 처치에 참여하기를 원하는 모든 상황에서 소집될 수 있다. 그러한 참여는 거의 제한되지 않기 때문에(예: 실제로 통제력의 표현인 참여에 대한 욕망), 이것도 또한 커플·가족치료를 시행할 수 있는 빈번한 경로가 된다.

커플치료나 가족치료가 가장 많이 나타나고 특정한 상황을 암시하는 알고리즘이 정해지면, 이것은 한 명의 내담자와 치료자에게 치료에 대해 많은 것을 알려 준다. 오늘날의 실용적인 커플·가족치료는 어떤 경우에는 최고의 대안으로서 그리고 다른 경우에는 커플·가족치료를 가장 잘 수반할 수 있는 추가적인 치료형식으로서 모두 개인치료의 여지를 찾아낸다. 한때는 이념적인 문제(합동치료 또는 개인치료 중 선택)로 여겨졌던 것이 지금은 특정한 내담자를 위한, 가장 적절한 치료형식을 선택하는 문제로 여겨지고 있다. 그러나 여기에서 '개인'치료에서조차 간접적인 환자체계를 어떤 방식으로든 처치에 포함시키는 것이 적절함을 추가적으로 언급해야 한다. 엘렌 바텔(Ellen Wachtel, 1992)이 그러한 방법에 대해 설명하였고, 많은 사람이 그 입장을 따르게 되었는데, 즉 그것은 가족 구성원들을 개인 내담자와의 단일 치료 회기에 포함하는 방법이었다. 그 방법은 가족 구성원들에게 치료에 대한 관련 정보와 의견을 제공하고 치료 진행에 도움을 줄 기회를 마련하였다. 체계론적 관점은 가족이 직접적인 환자체계의 일부가 아닐 때에도 가족을 고려할 것을 요청하며, 내담자만을 보게 되는 대부분의 치료는 바텔의 절차를 통한 혜택을 받을 수 있다.

요약하자면, 커플·가족치료는 오늘날 가장 관련성이 높은 일련의 상황에서 주로 사용된다. 더욱이, 실용적인 고려사항으로 인해 커플·가족치료는 다양한 치료 회기 형식을 활용하는 쪽으로 이동해 갔다. 대부분의 커플·가족치료자에게 있어서, 모든 사례에 체계론적 렌즈를 적용하는 것은 변함이 없지만, 누가, 언제, 그리고 어떤 상황에서 볼 것인지에 대한 선택은 실용적인 고려사항이 되었다.

커플치료 대 가족치료

커플·가족치료는 점점 더 커플(J. M. Gottman & Gottman, 2008; Johnson, 2008) 또는 가족(Alexander & Sexton, 2002; Henggeler, Schoenwald, Borduin, Rowland, & Cunningham, 2009)을 대상으로 하는 다양한 모델을 사용하여 뚜렷이 구분되는 활동(Gurman, 2008; Russ & Ollendick, 1999)으로 제시되고 있다. 그러나 이러한 커플치료와 가족치료의 형식들에 모두 걸쳐 있는, 관계 문제들을 다루는 핵심적인 원칙과 방법은 동일하다. 과업에 따라 맞춘 관계적 처치의 유사하고 핵심적인 방법들을 사용하여 커플 또는 가족과 상담하는 것이다. 비록 그 내용은 이러한 처치 형식 간에 매우 다르게 보일 수 있지만(커플치료에서 성관계와 이혼의 가능성, 청소년기의 문제행동 표출 또는 가족치료에서 노부모와의 문제), 핵심적인 개입전략과 기법들에서는 차이점보다 공통점이 훨씬 더 많다. 아마도 이와 같은 이유로, 이러한 방법을 요약한 핸드북과 책 대부분에는 커플치료와 가족치료가 모두 포함되는 경향이 있을 것이다(Bray & Stanton, 2009; Lebow, 2005; Sexton et al., 2003).

이러한 활동들과 그것들의 공통된 기반에 얽혀 있는 역사를 고려할 때, 이 책에서 커플치료는 동일한 관계과학과 실천 기량에서 끌어낸 가족치료의 하위집합으로 다루어진다. 비록 모든 심리치료가 공통의 기반을 갖는다고 비슷하게 말할 수 있겠지만(따라서 커플이나 가족을 별도의 실천 영역으로 지정할 필요가 없다고 말할 수 있겠지만), 합동치료는 한 사람 이상이 처치를 받는 체계에 초점을 맞추는 방법을 사용한다는 점에서 한 사람을 별도로 살펴보는 개인치료와 충분히 구분된다는 차이점이 있다. 개인치료에 차이가 있다고 해도 전략과 기술에서 상당히 겹치는 점들로 인해 커플·가족치료와 연결될 수 있긴 하지만, 커플·가족치료는 도전과 전략의 일관성으로 말미암아 그 영역에 강한 별도의 지침이 있다. 물론 커플치료는 가족치료가 다루지 않는 이슈들(예: 커플이 함께 있어야 한다, 커플의 친밀감)을 다루어야 하고, 가족치료는 커플치료에서 다루지 않는 이슈들(예: 참여 의사가 별로 없는 청소년들을 어떻게 참여시킬 것인가)을 다루어야 한다. 이렇게 특정한 맥락 각각에 맞게 일반적인 커플·가족치료의 기술을 추가로 조정할 필요가 있는 것이다.

오늘날의 커플 · 가족치료: 일관된 접근방식을 향하여

커플과 가족에 대해 작업하는 많은 방법이 제안되어 왔다. 대규모의 도서관은 커플·가족치료에 대한 많은 처치 접근을 설명하는 책들로 쉽게 채워질 수 있다(Gurman & Kniskern, 1981, 1991; Lebow, 2005; Sexton, Weeks, & Robbins, 2003). 증거기반 모델들만 해도 수십 개에 이른다. 모델의 지지자들은 성공의 비밀이 그들의 특정한 방법을 고수하는 것에 있다고 주장하면서 그들의 접근법이 우월하다고 논쟁한다. 이 분야에서 40년 동안 종사하면서, 나(Lebow)는 특정한 접근의 개발자가 그 접근에 대해 단지 몇 가지 효과적인 접근 중 하나라고 인정하는 것을 여태껏 들어 보지 못했다. 이러한 영업방식은 치료자들에게 한 가지 접근에 대한 깊은 믿음을 갖게 하는 데는 도움이 될 수 있어서 그 처치에서 생겨난 희망이라는 공통요인을 더 쉽게 가질 수 있게 한다. 하지만 그것은 또한 치료의 개입 범위를 제한적인 견해로 이끌면서 그 접근이 높은 수준의 동맹을 맺게 하고, 치료를 허용하게 하며, 최상의 처치 결과를 이끌어 낼 가능성을 감소시킬 수 있다. 비록 정서, 인지, 행동, 체계 조직, 의식 고양, 무의식적 요인, 그리고 무수한 특정 개입전략을 강조하는 방법의 우수성을 위해 설득력 있는 주장들이 만들어질 수 있지만, 궁극적으로 그러한 주장들은 사용 가능한 증거를 넘어서 그 처치만이 지닌 고유한 장점을 제안한다. 상담을 실행하는 임상가와 기량을 연마하는 학생들은 넓은 시야에서 이 분야를 보고 가장 유용한 것을 끌어내는 것이 훨씬 더 좋다.

커플·가족치료는 복잡한 시도다. 그것의 핵심은 커플이나 가족의 삶을 개선하도록 관계체계를 돕는 것이다. 이 목적을 향해, 오늘날 커플·가족치료에는 공유된 전망과 수없이 많은 구체적인 접근이 모두 포함된다. 이 책은 이 분야의 다른 모델들과 경쟁하기 위해 커플·가족치료에 대한 한 가지 접근법을 제시하려 하지 않는다는 점에서 이 분야의 다른 책들과 다르다. 대신에, 이 책의 목적은 그동안 등장한 커플·가족치료의 실천에 대한 핵심적 합의의 요점, 그 합의에 대한 논쟁, 그리고 그러한 논쟁이 있을 때 강조되는 문제들을 설명하고자 하는 것이다. 이 관점에서 나(Lebow)는 방법의 통합이 이미 아주 많이 진행되어 왔으며, 이제는 치료자 대부분이 지금까지 개발된 주목할 만한 실천을 위해서 일관된 틀로 옮겨 갈 때라고 주장하는 바다.

커플·가족치료는 가족치료자 1세대의 기발한 아이디어, 특히 체계론적 관점에 뿌리를 두고 있다. 그러나 이것은 이념보다는 실용적인 고려가 지배하는 치료의 형태로 진화하고 있다. 초기의 이상한 형태를 취했던 치료 대부분은 이제 오르곤 상자Orgone Box[6]처럼 역사의 뒤안길로 사라졌다. 비록 오늘날 많은 커플·가족치료가 있지만, 이것들은 대부분 공통의 기반을 공유하고 있다. 이 책의 목표는 지식의 공유된 기반과 치료자들이 어떻게 그 기반을 가지고 가장 잘 상담할 수 있는지를 명확히 하는 것이다. 치료의 구체적인 변형 가능성은 늘 있었는데, 그러한 가능성을 추구하는 과정에서 특별한 가치

---

6) 역자 주: 오르곤 상자는 '오르곤 에너지 집적기'라고 불리는데, 오스트리아의 정신분석학자 빌헬름 라이히(Wilhelm Reich)가 자신의 오르곤 에너지 학설에 근거하여 고안해 낸 것이다. 나무나 주석 따위로 만들어진 상자 모양의 장치로서, 이 속에 앉으면 오르곤 에너지가 회복되기 때문에 음위(陰痿), 암, 냉증 따위의 치료에 효과가 있다고 한다(네이버 지식백과).

를 발견하는 내담자들과 치료자들에게는 특히 그렇다. 그러나 이 작업조차
도 커플·가족치료를 위한 단일한 방법보다는 많은 경로 중 하나를 추구한다
는 맥락에서 보는 것이 가장 좋다.

나(Lebow)는 통합적 커플·가족치료에 대해 광범위하게 저술해 왔다
(Lebow, 1987a, 1987b, 1997, 2001, 2003, 2006a, 2008a; Lebow, Chambers,
Christensen, & Johnson, 2012; Lebow, Mikesell, Lusterman, & McDaniel, 1995;
Lebow, Rekart, & Jordan, 2008). 이 책에는 그런 목소리가 담겨 있다. 이 책은 특
히 통합적 실천 방법의 장점, 다양한 관점에서 가족을 이해하는 것, 연구 결과
가 실천에 대해 알려 주는 것, 실천에 대한 증거기반 원칙을 명확히 하는 것,
치료자들이 그들 자신에게 최상의 처치 전략이 되는 조합을 찾아내게 하는 것
에 대해 말하고 있다. 주로 나(Lebow)는 커플·가족치료에 대해 알려진 것과
논의되는 것 그리고 이러한 논의의 상태에 대한 의견을 제시하고자 한다.

이 책의 구성

이 책에서 내(Lebow)가 제공하는 관점은 하나의 일관된 상담으로서의 커
플·가족치료에 대한 것인데, 이것은 가족과 커플·가족치료에 대한 연구들로
부터 얻은 광범위한 지식 기반 및 가족과 함께 상담하기 위한 실용적인 전략
의 범위를 포함한다. 가족에 대한 이해와 실천을 돕고 접근법을 초월한 원칙
들이 등장하기 시작하였다. 30년 전 골드프리드(Goldfried, 1982)가 시사했듯
이, 왜 누가 어떻게 변화하는지 보자면 이론보다는 처치 전략의 수준에서 그
일관성이 가장 명확하다. 이 책은 가족과 커플·가족치료, 그리고 실천원리라
는 떠오르는 영역territory(Benson, McGinn, & Christensen, 2012; Breunlin, Pinsof,
Russell, & Lebow, 2011; Castonguay & Beutler, 2006; Pinsof, Breunlin, Russell, &
Lebow, 2011)에 대해 알려져 있거나 알려지지 않은 것을 탐색한다. 이 책은
협소한 처치 모델을 넘어서 커플·가족치료를 어떻게 연습하고 실천에 대해

생각할 것인가의 더 넓은 관점을 지향한다.

이 책은 다양한 다른 렌즈를 통해 커플·가족치료 분야를 살펴본다. 나는 독자 여러분이 커플·가족치료의 실천에 대한 예술과 과학의 상태를 지향하고, 커플·가족과의 상담에 따르는 불가피한 딜레마와 계속 씨름해 가면서, 이 분야가 발달의 다음 단계로 향하는 여행에 함께하기를 바란다.

제1장은 이 분야의 개관을 제공하고 실천의 통합적 관점을 위한 단계를 설정한다. 제2장은 통합적 접근의 이론적인 근거를 설명하고, 커플·가족치료에 영향을 주며 또 그것을 형성한 가장 중요한 아이디어를 요약한다. 제3장은 임상 실천을 위한 다른 여러 종류의 토대, 즉 커플과 가족, 그리고 커플·가족치료에 대한 기초학문에서 나오는 연구를 요약한다.

제4장에서는 이 분야에서의 개념, 전략과 기법을 발전시킨 과거와 현재의 가장 인기 있는 처치 모델들을 살펴본다. 다음 세 개의 장에서는 실천 방법의 기저에 깔린 공통의 기반을 살펴본다. 제5장은 모든 커플·가족치료의 실천에 필수적이고 공동처치의 기초가 되는 핵심적인 공통요인을 추출한다. 제6장은 이러한 공통요인을 넘어 처치 모델을 초월한 개입을 위해 공유된 목표, 전략과 기법을 제시한다. 제7장은 처치 시작하기, 종결하기, 치료 계약 맺기, 그리고 사정과 같은 개입과정의 실용적이고 일반적인 측면을 강조한다.

이 책이 지니는 통합적 전망의 맥락과 일치되게, 그다음 몇 장은 치료에 대한 공유된 기반을 벗어나 차이의 문제를 고려해 본다. 제8장은 이 책의 핵심 개념의 맥락에서 특정한 문제를 위해 개발된 특정한 처치로의 움직임과, 특정한 장애에 대한 치료의 역할(그리고 거의 항상 그러한 특정한 초점을 가지고 있는 증거기반 치료)을 검토한다. 제9장은 그 분야의 변증법과 논쟁, 즉 완전히 해결될 것 같지 않은 딜레마들을 조명하고 그것들과 씨름한다. 제10장은 커플·가족치료의 실천에서 윤리와 가치의 중심적이고 특별한 역할을 고찰한다. 이 책의 마지막 장인 제11장은 치료자들이 커플·가족치료의 공유된 효과적인 요소들로부터 자신만의 최상의 실천 방법을 형성할 수 있도록 사용할 구조를 제시한다.

제2장

통합적 관점

오늘날 커플·가족치료의 현장은 특정 모델을 지지하는 사람들과 통합 모델을 시도하는 사람들로 나누어진다. 하나의 치료 모델을 만들고 이를 엄격하게 따르는 사람들은 자신들의 모델에만 초점을 맞추는 배타적인 공동체를 만든다. 그리고 이들은 이 모델과 함께 최상의 방법으로 일하기 위한 프로토콜을 만들고 기법을 수정·보완해 나가는 특권을 가지고 있다. 예를 들어, 내러티브치료를 하는 사람들은 삶에 관한 이야기로 상담하는 방법을 방대한 카탈로그로 개발하였고(Dickerson & Crocket, 2010; Freedman & Combs, 1996, 2008), 인지행동치료를 하는 사람들은 인식 변화와 행동 변화에 중점을 둔 실용적이고 구조화된 개입전략을 따른다(Kazdin, 2005).

하지만 스펙트럼의 반대편에는 매우 다른 관점이 등장한다. 이 관점이 바라보는 최고의 상담은 어느 상황이든 적용할 수 있는 이론이나 그 이론의 개입법들을 선택하는 여부에 달려 있지 않다. 오히려 커플·가족치료는 통합된 상담으로서 포괄적이며 일관된 노력의 현장이 되어야 한다고 여긴다. 이러한 현장에서 이루어지는 임상적 결정은 각각의 사례와 호소 문제에 따라 내담자와의 상담을 수용적이고 효과적으로 진행할 수 있는 가장 적절한 개념과 개입전략을 탐색함으로써 내려진다(Fraenkel, 2009; Pinsof, Breunlin, Russell, & Lebow, 2011; Sprenkle, Davis, & Lebow, 2009). 이 방법론을 가지고 치료자들은 변화와 개입의 서로 다른 여러 가지 이론과 전략을 혼용하게 된다.

나(Lebow)는 가족생활에서 중요한 것이 무엇인지, 치료에서 중요한 것이 무엇인지, 그리고 커플과 가족을 어떻게 변화시킬 수 있는지에 관한 폭넓은 합의가 커플·가족치료 현장에서 나타나고 있다고 생각한다. 그렇다고 해서 모든 사람이 커플·가족치료의 기법이나 통합적 접근이 주는 유익한 점에 동의한다는 것은 아니다. 많은 사람이 변함없이 특정 전통을 신뢰하고 연습하며, 심지어 통합되지 않은 한 가지 이론만을 순수하게 훈련받은 치료자의 우월성을 주장하기도 한다(Dickerson, 2010; Simon, 2012a). 그러나 통합을 향한 움직임은 임상가들의 실천에서나 이들의 실천을 연구한 조사를 통해서 쉽게 관찰할 수 있는 추세다(Orlinsky & Ronnestad, 2005b). 한 분야의 성숙한 경지에 이른 사람들이라면 비록 모든 면에 다 동의하지는 못하더라도, 변화 과정에 있어 중요한 본질과 효과적으로 변화시키는 요소에 관해서는 당연히 동의할 것이다. 커플·가족치료의 통합을 위한 방법들에 대해서 이미 소리 없는 혁명과 실용적인 기류들이 흐르고 있음은 언급한 바가 있다(Lebow, 1997).

하지만 이러한 소리 없는 혁명이 커플·가족치료 현장에서 특정한 모델을 지지하는 사람들과, 폭넓은 통합적 비전을 가지고 치료하는 사람들 사이의 변증법적인 논의가 지속되고 있음을 부인하는 것은 아니다. 이 변증법은 처음부터 가족치료 현장에서 사용되었으며, 공유된 방법을 쓸 것인가 아니면 차별화된 방법을 쓸 것인가는 일종의 음양이론이라 할 수 있다. 초기 가족치료는 실험적이었고, 체계적인 관점을 탐구하면서 가족치료의 개척자들이 실전에서 시도하고 탐색했던 것들을 많이 사용하였다. 그러므로 학파들의 연구가 발달되고 개선되어 가면서 학파 간의 가족체계 양상과 탐구하는 방법의 큰 차이들을 강조하게 되었다. 따라서 일부는 가계도를 치료에 이용하여 현재 상황에 영향을 미친 과거에 초점을 두는 반면(Bowen, 1978), 다른 사람들은 과거와 관계없이 가족의 현재 구조를 변화시키는 것에 중점을 둔 개념화와 일련의 방법을 근거로 삼기도 하였다(S. Minuchin, 1974).

심리치료의 한 형태로서의 커플·가족치료는 실천 방법에 있어서 분열되기 쉽다. 경험의 한두 가지 측면만 강조하는 독특한 방법이 매력적으로 보일 수 있는데, 이 방법들은 치료법을 배울 수 있는 구조, 비전을 공유하는 동료, 그리고 인지도 있는 브랜드까지 제공한다. 게다가 커플·가족치료는 교육기관이나 학회의 맥락 속에서 진화되어 가며 자신들의 특정 모델이 다른 방법보다 우수하다고 가르쳐 왔다. 이들의 글과 연구 발표는 종종 다른 접근법의 존재조차 인정하지 않기도 하였다.

인간 조건의 어느 한 측면을 강조하는 모델은 같은 측면을 강조하는 사람들과 자연스럽게 어울리며 살아가게 된다. 예를 들어, 감정을 강조하는 세계관을 가진 사람들은 정서중심의 접근방식에 가장 편안함을 느낄 것이며, 엔지니어처럼 기능을 선호하는 사람들은 전략적 접근방식이 잘 맞는다고 생각할 것이다. 훈련받을 치료자가 훈련받을 방향을 선택하는 한(커플·가족치료 분야에서 종종 일어나는 일인데), 자신의 이념과 프로그램이 서로 잘 어울리는 것은 제한된 세계관을 체계적으로 강화하기 쉽다. 더 나아가 특정 접근법은 마케팅에 유리하다. 이러한 접근법은 매력적인 이름을 부여받을 것이고 손쉽게 쓸 수 있는 간결한 책이 출판되며, 짧은 시간 내에 많은 양의 정보를 제공하는 워크숍과 훈련 프로그램이 마련될 것이다. 이러한 이점들은 영향력과 선택 가능성을 극대화한다. 치료 개발자를 위한 인센티브 또한 명확하다. 일단 치료법에 이름이 주어지고 체계화되어 개발에 성공한다면, 종종 이 기법에 대한 연구기금 확보라든지 이 기법에 대해 배우고자 하는 사람들이 생기면서 지지자가 늘어나게 된다. 또한 특정 모델 지지자들의 주장에 따르면, 일관성 있는 치료법과 기법의 전파가 상대적으로 간편하고 매뉴얼에 따른 무선임상실험randomized clinical trials을 통해 구체적인 증거들을 모을 수 있다고 한다(Liddle, 2010; Sexton & Ridley, 2004). 이러한 견해에 대한 증거의 대부분은 증거기반 처치 운동에서 나온 것이지만, 다른 많은 접근법도 사례에 나타나는 한 가지 일관된 세계관과 일련의 유사한 개입전략을 특징으로 한다. 예를 들면, 내러티브치료(White & Epston, 1989)와 보웬의 접근법(Kerr & Bowen, 1988)이 있다.

커플·가족치료의 또 다른 복잡성은 주요 모델의 대부분이 통합적인 성향을 가지고 있다는 것이다. 구조주의 가족치료(S. Minuchin, 1974)와 팔로 알토(Palo Alto)의 전략 요법과 같은 몇 가지 '순수한 형태'의 1세대 커플·가족 치료법이 있지만, 대부분의 가족치료법은 체계적인 견해와 다른 개념을 통합한다.

예를 들면, 애커만(1958)은 체계이론과 정신분석을 통합했고, 보웬(1978)은 체계이론과 초기 인지치료, 정신역동을 통합하였다. 후속 세대의 커플·가족 치료 기법은 이미 통합된 접근법을 가지고 요소들을 연결하고 통합할 가능성이 높다. 따라서 이러한 모델은 제한된 개념과 개입전략을 가진 특정 치료 모델이지만, 이미 상당히 광범위하게 통합되어 있다고 볼 수 있다. 예를 들면, 다중차원적 가족치료multidimensional family therapy(Liddle, 2009)는 구조주의와 인지행동, 그리고 개인발달에 중점을 둔 요소를 통합하고, 기능적 가족치료 functional family therapy(Alexander, Sexton, & Kaslow, 2002)는 행동주의와 전략주의 접근적 요소를 통합했으며, 통합적 행동 커플치료integrative behavioral couples therapy(Christensen, Jacobson, & Babcock, 1995)는 행동주의, 인지주의, 정서중심주의 접근법들을 통합하였다. 이러한 접근법들이 말하는 '특정 처치specific treatment'의 의미는 이전 시기에 언급된 것과는 조금 다르다. 이들은 일반적으로 둘 이상의 이론과 실천 방법에서 비롯된 복합적 개입법의 패키지이지만 어떤 개념, 전략 및 개입들이 포함되었는지 또는 포함되지 않았는지를 명시하는 치료 매뉴얼이나 안내문이 있다.

특정 접근법의 개입 범위를 확대하려는 경향도 최근 몇 년 동안 뚜렷이 나타났다. 보다 효과적이고 포괄적인 방법을 도입하여 기존의 방법에 동화시키는 전략과 개입의 무수한 사례가 등장하고 있는 것이다(Lazarus & Messer, 1991; Lebow, 1987b). 이렇게 해서 인지적 전략이 행동치료 모델에 추가되어 오늘날 인지행동치료로 알려진 치료법이 만들어졌다. 마음챙김mindfulness 치료법도 이와 같이 통합된 모델에 다른 여러 가지를 포함하여 만들어졌다. 이와 유사하게 변증법적 행동치료dialectical behavior therapy 방법도 정신역동적 도식을 행동주의 치료와 통합하였고, 행동주의에서 사용하는 과제behavioral homework와 의사소통 훈련communication training은 커플·가족치료의 다양한 분파에서 당연한 규칙처럼 사용되고 있다.

통합integration과 **절충주의**eclecticism는 치료학파들의 개념과 개입의 적용을 설명하기 위해 종종 경계를 가로지르며 상호 교환적으로 사용되지만, 이 둘 사이에는 아주 중요한 개념적 차이가 있다. **절충주의**는 원칙적으로 실용적인 사례 기반 방식으로, 서로 다른 개념의 구성요소들이 하나의 개념적 골격을 이루지 않은 채 사용되는 기법을 말한다. **통합**은 아이디어와 전략적 요소들이 서로 어떻게 어울리는지를 설명하는 메타 수준의 골격을 만들고, 접근방식을 보다 광범위하게 혼합시켜 가는 것을 전제로 한다.

심리치료가 이론, 전략, 개입 등 여러 단계로 구성되어 있기 때문에 종종 치료가 통합적인지 또는 절충적인지는 식별하기 어려울 때가 많다(Goldfried, 1982). 예를 들어, 하나의 접근법이 한 학파의 이론적 틀(예: 인지행동)을 사용하면서, 그 이론의 맥락은 전략과 중재를 사용하는 데 있어 절충적일 수 있다. 그러한 접근법은 개념적 수준에서 통합을 하고 있지는 않지만, 전략과 개입의 수준에서의 학문적 교류를 포함한다고 할 수 있다. 예를 들어, 통합적 행동 커플치료(Christensen & Jacobson, 2000)는 행동이론적 개념을 기반으로 한 행동적 접근을 명확하게 제시하지만, 보다 경험적이고 인본주의적인 접근 안에 자리 잡고 있는 수용acceptance 방법과 폭넓게 통합되어 있다.

통합의 유형

심리치료 통합 문헌을 보면 네 가지 유형의 통합 실천이 발전되어 가고 있는 것을 알 수 있다(Castonguay, Reid, Halperin, & Goldfried, 2003). 이러한 통합 시도는 주로 개인치료에서 시작되었지만 커플·가족치료에도 똑같이 적용된다.

첫 번째 유형은 **이론적 통합**theoretical integration으로, 학문적 이론을 포함한 실천에 대한 상위 통합이론을 만들어 내는 데 중점을 두고 있다. 이러한 이론적 통합을 시도한 예로는 폭넓은 메타 수준의 이론들로, 통합적 문제중심 메타틀작업integrative problem-centered metaframeworks(Breunlin, Pinsof, Russell, & Lebow, 2011)과 다중체계적 치료multi-systemic therapy(Henggeler, Schoenwald, Borduin,

Rowland, & Cunningham, 1998), 그리고 구분이 확실했던 접근들을 독특하게 결합한 기능적 가족치료functional family therapy(Sexton & Alexander, 2005)와 다중차원적 가족치료multidimensional family therapy(Liddle, Rodriguez, Dakof, Kanzki, & Marvel, 2005) 등이다. 두 번째는 기술적 절충주의technical eclecticism라고 부르는데, 이론을 무시하고 전략 차원에서 특정 상황이나 문제에 대해 가장 효과적인 작업을 위한 알고리즘과 개입법을 만드는 것이다. 그루네바움(Grunebaum, 1988)은 특정한 사례에 적용 가능한 변화 전략들을 사용한 기술적 절충주의의 깊이 있는 사례를 제공하였다. 세 번째 유형인 공통요인common factors은 성공적인 치료의 기반이 되는 치료동맹이나 희망의 생성과 같은 기본 속성의 공유를 강조한다. 이와 같은 방법들은 공통요인에 대한 인식 증가와 존재의 중요성을 최우선시한다. 스프렌클과 동료들(Sprenkle & Blow, 2004; Sprenkle et al., 2009)은 특정 전략의 가치도 인정하면서 공통요인도 수용하는 중도적 입장을 취하였다. 반면 밀러(Miller), 던컨(Duncan)과 동료들(Hubble, Duncan, & Miller, 1999; S. Miller & Duncan, 2000)은 보다 철저한 공통요인 접근common factor approach을 주장하였다. 통합의 네 번째 유형인 동화assimilation는 기본 이론을 바꾸지 않고 주요 접근법에 다른 접근법을 접목하는 것이다. 예를 들면, 인지행동치료에 마음챙김을 통합하는 것과 같은 것이다. 동화에 있어서 접근방식의 핵심은 새롭고 다른 방식으로는 변화시키지 않는다는 것이다. 예를 들면, 인지행동치료 안에 마음챙김은 이완훈련과 집중훈련에 대한 확장으로 간주된다.

비록 이 네 가지 유형은 이론의 중요성에 대해서는 서로 다른 입장이지만 공통된 유용성이 있다. 대부분의 통합적인 접근방식은 각 유형의 일부 측면을 포함하는데, 즉 이론적 통합, 전략과 기술을 함께 사용할 수 있는 실용적인 노력, 그리고 공통요인에 관해 일정 부분 주의를 기울이고 있다.

통합적 치료에는 여러 가지 형태가 있다. 그 각각은 장점이 있고 모범적인 치료의 기초가 될 수 있다. 분명한 것은 이 모든 방법이 편협한 것에 기반을 둔 방법보다 비교적 우위에 있다는 것이다. 변화를 위한 '최고'의 길과 방법이 오직 하나만 있다고 믿는 것은 그것이 비록 특정한 내담자의 상황이라 할지라도 본질적으로 제한적이다. 목표에 다다르는 길은 적어도 한 가지 이상의 길이 있고, 다양한 방법이 가능한 상황이라면 많은 유익이 있을 것이다.

통합을 향한 변화의 뿌리

통합을 향한 패러다임 전환은 다음과 같은 많은 원천으로부터 발전되어 왔다.

- **통합적 관점의 바탕이 되었던 논리**: 통합적 상담은 변화 과정을 파노라마 식으로 볼 수 있게 한다. 파노라마식 관점은 사례 개념화에 있어서 사례 들 사이의 미묘한 차이를 설명할 수 있으며, 이는 결국 치료에 개입할 수 있는 선택권을 확장해 주기 때문에 융통성이 있다. 또한 치료의 수용성 과 효과성을 증진시킨다. 왜냐하면 내담자에게 적절하고 잘 맞는 치료법 을 쉽게 찾을 수 있기 때문이다.
- **우리 시대의 시대정신**zeitgeist: 통합을 향한 추세는 단일 모델들이 주장하고 있는 무한 가능성에 대한 믿음에서 벗어나 단일 관점의 한계에 대한 포 스트모던적 이해와 일치한다. 한때는 단일 해결책으로 인간의 모든 문제 를 해결할 수 있다는 약속이 거의 이루어진 것처럼 보인 적도 있었다. 수 많은 단일 해결책은 지난 100여 년간 우리의 상상력을 사로잡았지만, 그 효과에 있어서는 제한적이었다(D. Snyder & Halford, 2012). 그렇기 때문 에 변화를 필요로 하는 여정 앞에서 우리는 겸손하면서도 지혜로운 자세 가 필요하다.
- **다양한 모델 지지자들 간의 향상된 소통**: 한때 치료자들은 이론적 모델의 범주 안에서 훈련을 받고 그 안에 머물렀다. 훈련받은 모델에 대한 도전 은 물론이고 심지어 논쟁조차도 이단시되던 시기였다. 하지만 오늘날

의 훈련과 상담의 실천은 상담 커뮤니티를 가로지르며 서로 다른 접근법으로부터 자료와 아이디어를 접하고 교환하고 있다. 서로 다른 이론적 배경을 가진 치료자들, 예를 들어 미국가족치료학회American Family Therapy Academy, 미국심리학회American Psychological Association, 미국결혼가족치료학회American Association of Marriage and Family Therapists 등과 같은 단체의 맥락 속에서 활발한 만남이 이루어지고 있다. 서로 간의 만남과 효율적 소통은 아이디어와 방법론의 교환에 박차를 가하고 있다.

- 임상 실천의 필수요건: 심리 상담의 현장은 항상 실용적이었고 다수의 개입법을 사용하는 다양한 임상 실천을 유지해 왔다. 사례관리의 출현과 함께 정신건강 관리 서비스 제공 및 자금 조달 패턴의 변화는, 실천가가 광범위한 내담자에게 적절한 치료를 제공해야 할 필요성을 증가시켰다.
- 연구의 출현: 연구는 어느 방법이든 한 가지 치료만으로는 우수성이 부족하고 개입에 있어서 공통요인(예: 치료동맹)의 중요성을 보여 주고 있다. 또한 연구는 특정 상황에 대해 다양한 개입법을 쓸 수 있음을 지지해 왔다(Lambert & Bergin, 1994; Lebow & Gurman, 1995). 더 나아가서, 물질사용장애, 식이장애, 불안, 조현병, 우울증과 같은 문제를 치료함에 있어서 한정된 학파가 독점적으로 개발한 배타적 전략은 변화를 촉진하고 유지하는 데 한계가 있는 것으로 나타났다.

통합의 유익과 주의할 점

통합치료는 매력적이고 효과적이며 많은 장점이 있다. 그럼에도 불구하고, 이러한 방법은 주의가 필요한 결점이 잠재되어 있다.

장점

1. 통합적 처치integrative treatments는 광범위한 이론적 근거에서 도출된다. 그렇기 때문에 간단하고 단순한 설명과는 다르게 정교한 방식으로 인간의 경험을 설명하고, 인간 행동의 범위를 더 잘 설명할 수 있다. 일반적으로 처치 모델들은 대부분 인간의 상태를 단일틀로 보는 경향이 있지만, 인간이 경험하는 것은 많은 요인의 복합적 결과다. 행동이 발생할 때 생물학적·대인관계적 영향, 내적 갈등, 인지, 우발적 행동, 그리고 더 큰 체계를 포함한 다수의 요소가 중요하다는 강력한 증거가 있다. 이렇게 다중차원적인 인간 경험 중에 하나만을 기반으로 사례 개념화를 한다면 매우 제한적인 개념이 될 것이다. 가족이나 개인의 행동 범위를 설명하지 못하고 정상 행동과 비정상 행동이 어떻게 발생하는지에 대한 연구 결과도 설명하지 못하게 된다. 예를 들어, 조현병 환자를 생각해 보자. 최근 신중하게 통제된 연구 결과에서는 조현병 발달에 유전적 연관성이 있음을 분명히 보여 주긴 하지만 유전학만으로는 조현병의 출현과 진행 과정을 예측하기 어렵다 (Tienari et al., 2003). 유전적 영향을 설명할 수 없는 이론은 결함이 있는 이론이지만, 동시에 유전적인 원인으로만 전부 설명하려는 것도 마찬가지로 결함이 있다고 본다. 정확히 묘사하기 위해서는 천성nature과 양육 nurture, 그리고 조현병과 같이 복잡한 행동을 설명할 많은 개념이 필요하다. 정신병리학의 일반 이론이나 문제의 원인과 지속되는 이유를 하나의 답으로 설명할 수 있다는 개념은 매력적이지만 드러난 증거와 일치하지 않는다.

   치료에 대한 다양한 이론 사이의 관계성을 이해하는 통합적 임상가들은 장점이 있는 것에서부터 시작할 것이다. 그들은 편협하게 훈련받은 임상가들보다 더 넓은 범위의 병인학적인 구성을 고려할 수 있을 것이고, 그것이 맞지 않는 이론의 영역이나 사례를 부적절하게 확장하는 실수를 저지를 확률도 줄어들 것이다.

2. 통합치료는 또한 이미 진행하고 있는 커플치료나 가족치료에 유연성을 더하고 치료의 효용성과 수용가능성을 증진시킬 기회를 제공한다.　통합치료자의 열린 자세는 각각의 사례에 관한 문제 형성과 해결을 위한 개념화와, 방대한 전략 및 기술을 바탕으로 한 다양한 치료의 선택권을 만들어 낼 수 있도록 한다.

치료자는 자신의 세계관에 쉽게 구속될 수 있다. 거의 모든 단계에서 기능적 결함이 발생할 수 있다는 증거는 모든 사례에 존재한다. 문제가 발생했을 때는 언제나 구조적 문제, 인지적 오류, 정신 내적 고착, 정서 등이 연결되어 있다. 특정 유형의 문제만을 찾는 치료자들에게는 자신이 추구하던 유형의 문제들만 보일 확률이 높다. 중요한 것은 제시된 문제와 문제해결에 가장 적합한 관점이 무엇인가를 고려하는 것과, 어떤 개입유형이 가장 효과적일까 하는 질문인데, 이에 대한 답은 사례마다 다를 것이다.

통합적 임상가들은 잠재적 해결 방법의 대안을 찾아 변경하는 것이 가능하다. 따라서 개인들이 제시하는 호소 문제와 치료 목표를 가장 효과적으로 처리할 수 있는 상담에 개입할 기회가 많아진다. 이와 같은 개입법의 변경은 단순히 같은 수준의 다른 개입 형태를 수반할 수도 있고 탐색을 위한 대안적 수준(예: 행동, 체계, 정신역동)으로의 변경일 수도 있으며, 또는 상담에 참석하는 구성원의 변경(예: 원가족 초대, 자녀의 참석이나 제외, 개인·집단·부부·가족 양식의 활용)일 수도 있다. 이러한 유연성은 효과성을 극대화할 수 있다.

3. 통합적 처치는 좁은 범위에 초점을 맞추고 있는 접근보다 넓은 내담자층에 적용이 가능하다.　내담자의 필요에 가장 적합한 개입전략을 선택할 수 있도록 참석하는 내담자 유형, 치료 장면, 사용 가능한 시간 등을 고려하여 기술과 목표를 조절할 수 있다.

이러한 치료 방법의 적용 범위는 내담자가 치료자를 선택하는 방식을 고려해 볼 때 더욱 중요하다. 일반 의학에서는 1차 의료 제공자가 자문이나 추가 치료를 위해 적절한 전문가를 선택하고 의뢰 결정을 내린다. 정신보건 시스템의 의뢰 과정은 이에 비해 체계적이지 않다. 심리치료를 의뢰하는 것은 문제의 유형이나 필요에 따라 이례적인 경우에만 이루어진다. 대신, 치료자들은 기본적으로 광범위한 인간 문제를 다룰 준비가 되어 있고 고려 중인 문제 영역에 대한 접근방식을 적용한다. 상담 철학이나 재정적 요인도 이 선택에 영향을 미친다. 방법론의 광범위한 적용에 대한 확신 외에도 개인 상담실을 운영하는 상담자들은 그들에게 오는 내담자들을 얼마나 소화해 낼 수 있는가로 자신들의 능력을 측정한다. 집단상담을 하거나 클리닉에서 일하는 상담자들은 종종 치료를 받기 위해 온 대다수의 내담자를 받아들여야 하는 기관의 압력을 받을 때가 많다. 정신건강 치료 분야에 있어서 추천하고 의뢰하는 네트워크가 원활하게 돌아간다는 것은 일상적이라기보다는 예외적인 상황이다.

상담받기 원하는 내담자가 미리 광범위한 상담자의 리스트를 가지고 그 중에서 선택할 수 있다면 내담자와 치료자가 서로 맞는 사람끼리 만나야 한다는 문제를 효과적으로 대처할 수 있을 것이다. 만약 그럴 수 있다면 내담자들은 자신들이 가지고 있는 어려움을 해결하는 데 적합한 훈련을 받은, 가장 적절한 상담자를 만나게 될 것이라는 기대를 할 수 있을 것이다. 불행하게도 이 정도의 지식을 가지고 서비스를 찾는 경우는 거의 없거나 매우 제한적이다. 요약하자면 내담자와 치료자들이 적절하게 연결되는 경우가 별로 없다는 것이다. 결국 치료자들은 다양한 내담자가 가지고 오는 광범위한 사례를 보게 될 것이기 때문에 치료자의 유연성은 장점으로 부각될 것이다.

4. **통합치료자는 자신이 제공하는 치료를 문제의 발달배경 및 변화에 대한 개념과 성격 특성에 더 잘 맞출 수 있다.**   이는 치료자로 하여금 인위적인 접목으로서의 치료가 아닌 유기체적인 적합성을 개발해 나갈 수 있게 한다. 이러한 적합성은 몇 가지 중요하고 긍정적인 영향을 미친다. 치료자들은 자신들에게 가장 잘 맞는 개입전략을 제공하기 마련인데, 그러면 치

료 기술도 뛰어나고 효과성도 증가하게 된다. 더 나아가, 치료자의 성격에 가장 잘 맞는 실천 방법을 선택하면 치료 성과에서 중요하게 여겨지는 공통요인(예: 공감, 긍정적인 고려)의 영향을 극대화할 가능성이 높아진다(제5장 참조).

5. 통합치료자는 개별 접근의 주요한 이점들을 결합할 수 있다. 커플·가족치료에 대한 각각의 접근은 특정한 장점을 가지고 있다. 행동치료는 내담자의 기술과 역량을 강화하는 데 유용하다. 정신역동적 접근과 다세대적 접근은 유전적 통찰과 무의식적 과정에 대한 이해를 강조하고 과거의 영향력을 탐색하는 데 효과적인 방법들을 개발했으며, 치료자-내담자 관계의 본질에 대해 통찰하고 있다. 경험적 접근은 정서와의 재결합을 촉진시키고 있다. 통합치료자들은 특정한 치료 모델들이 가진 각각의 장점들을 자유롭게 활용할 수 있다.

6. 통합치료자는 변화 전략을 선택할 때 객관성을 더 많이 고려한다. 정해진 특정 상담 모델을 사용하는 경우 그 적절성 여부를 확인하는 데 많은 투자를 하지 않는 경향이 있지만, 통합치료자들은 특정 기법의 적절성과 연관된 문헌을 탐색하고 실험하는 데 있어서 자유롭다. 이는 인지적 부조화로 인한 관점이 오염될 위험이 적고 결과적으로 정보처리 능력이 향상될 수 있다.

7. 통합적 처치는 효과성이 입증된 새로운 기술을 쉽게 수용하고 적용한다. 심리치료는 끊임없이 새로운 접근과 기술이 소개되고 발전하는 분야다. 통합적 접근은 폭넓은 시야 덕분에 쉽게 진화하는 예술이며 과학이 되었다.

8. 통합적 처치는 훈련상의 장점들을 가지고 있다. 이 훈련은 단일 학파의 훈련보다 광범위한 경험을 제공한다. 통합적 관점을 습득한 훈련생들은 여러 단일 모델의 방법에 익숙해지고 접근법 간의 유사점과 차이점에 대한 이해도가 향상되어서 다른 치료자와 개념에 대한 소통 능력이 좋아진다. 통합적 훈련은 또한 치료자로 하여금 개방적인 태도를 갖게 하는데,

각 치료적 접근의 장점과 유익함을 이해하고 '옳다' '그르다'라고 하는 비생산적인 논쟁을 피하게 된다. 이러한 과정은 또한 치료 전문가의 비판적 능력을 발전시킨다. 모든 접근방식에는 장점이 있다고 가정하지만, 그 어느 접근도 신성불가침적이거나 비난할 여지가 없는 것으로 보지 않는다. 통합적 훈련은 반드시 다양한 전략과 기술, 철학, 융통성 있는 개발의 촉진, 정보력 있는 치료자를 포함한다.

해결해야 할 잠재적 문제들

앞에서 언급한 통합적 접근을 채택할 때의 장점 목록을 생각해 볼 때, 왜 커플·가족치료가 아직도 경쟁 모델을 뛰어넘어 완전한 확장을 이루지 못했는지 의아해할 수 있을 것이다. 이 의문점에 대한 대답의 하나로, 통합의 발달과정을 생각해 볼 수 있다. 그동안 많은 사람이 제한된 모델로 훈련을 받았고, 자신이 받은 훈련 모델에 충성하고 의리를 지키고자 했다는 점이다. 그 외에도 통합적 접근이 주는 유익성에 의문을 제기한 사람들이 있다 (Dickerson, 2010; Messer, 1990; Simon, 2012b). 단일틀로 초점을 잡고 집중적으로 일하는 것과 비교할 때 통합적 상담은 다음과 같은 잠재적 문제들이 있을 수 있다.

1. 통합적 접근법은 이론적 근거, 엄격한 개념 정리, 인간의 상태와 상담을 개념화하는 연결고리가 약하다. 때때로 이 비판은 정당화된다. 일부 절충주의 치료는 중심이 없이 일시적으로 유행하는 포푸리 방향제[1] 같은 이론에 기반을 두기도 하였다. 다행히 통합치료들은 오늘날 이러한 우려를 염두에 두고 구성되어서 개입을 위한 명확한 알고리즘을 제시한다.

---

1) 역자 주: 포푸리 방향제는 악취의 근원을 없애지 못한 채 일시적인 향기로 악취를 덮어 버리는 것과 같이 통합적 접근이 이론적 근거나 엄격한 개념정리가 약할 수 있다는 뜻이다.

2. 통합치료에는 경계가 명확한 심리치료 학파에서 발견되는 일관성이 결여되어 있다. 다시 말하지만, 이것은 일부 방법의 문제라 할 수 있다. 이 문제는 어떤 상황에서는 매우 특별한 의미를 가진 전략이 다른 상황에서는 아주 다르게 적용될 때 두드러진다. 예를 들어, 증인되기witnessing는 내러티브치료의 맥락에서 협력한다는 핵심적인 의미가 있다.[2] 하지만 치료자가 내러티브치료와는 전혀 다른 전문가로서의 위치에 서 있다면 증인되기의 의미는 변형된다. 특히 지시적인 치료와 비지시적인 치료의 전략을 함께 사용하려 한다면 불일치할 수 있다. 통합치료라는 말 자체가 복잡함을 의미하며, 따라서 단순한 방법보다 내담자와 치료자가 더 노력할 필요가 있다. 하지만 주의를 기울이면 이 문제는 극복될 수 있다. 통합적 커플·가족치료자는 일반적으로 명확한 로드맵의 맥락에서 상담한다. [리들(Liddle, 1982)이 제시했듯이] 일종의 이념적 점검표ideological checkup를 통해 임상가가 자신의 접근법이 내적으로 일관성이 있는지를 검토하는 것은, 그러한 비일관성을 방지하거나 비양립적 요소들이 함께 존재하지 못하게 하는 데도 상당한 도움이 된다.

3. 통합치료는 모든 어려움을 해결한다는 웅장한 목표를 설정하고 유토피아적인 견해를 제안한다는 비판을 받아 왔다. 거대한 도구 상자가 주어진다면, 처치 성과에 대한 완벽주의적 태도와 수많은 목표를 만들어 이를 이루려다가 초점을 잃기 쉽다. 그러나 오늘날 대부분의 통합 상담은 이 점에 있어서 매우 엄격한 경향이 있다(Pinsof et al., 2011). 목표 설정은 오히려 비통합된 접근들보다 간단하거나 단순하기도 하다.

4. 통합적 접근법은 복잡하고 습득하기가 어려울 수 있다. 통합적이고 절충적인 접근은 제한된 관점을 가진 접근보다 복잡한 치료적 선택을 하게 된다. 치료자들은 다양한 개념, 전략, 기술 등을 포함한 로드맵을 만들어

---

2) 역자 주: 내러티브치료 맥락 속에서 증인이 되어 주는 사람은 상담자가 아닌 초대된 제3자로서 한국에서는 "외부 증인"이라고 자주 표현된다.

내고 따라갈 능력이 있어야 한다. 이 복잡성을 극복하기 위한 전략 계획
의 필요성은 절실하다. 그러나 치료자는 일반적으로 다양한 접근방식을
학습하고 개입법을 선택하는 노력과 헌신을 기꺼이 받아들일 뿐 아니라
이러한 기회를 환영하기까지 한다. 대부분의 치료자는 유연성을 향상하
고 소진 가능성을 줄이며 복잡한 중재 방법을 익히는 데 성공한 광범위
한 치료적 장치를 갖고 싶어 한다(Orlinsky & Ronnestad, 2005b). 통합적
프로그램은 또한 이러한 치료를 실천하는 상황에서 능숙해질 수 있도록
임상가들을 훈련시키는 자연스러운 경로가 된다.

5. 심리치료 분야의 발전에 있어서 이 단계에서의 통합은 이론과 실천의 발전 가
능성을 감소시킨다. 왜냐하면 방법론들이 주로 실천학과 안에서 개발되
었기 때문이다. 이러한 우려를 뒷받침할 만한 근거는 거의 없다. 통합적
이고 절충적인 방법의 개방성은 새로운 이론과 기술 개발을 위한 새로운
실험을 만들어 내기 때문이다. 또한 지금은 대부분의 치료적 전략이 탐
구된 시대이기도 하다. '새로운' 것이란 결국 오래된 와인을 새 병에 넣
는 것과 같다.

6. 커플 · 가족치료의 효능에 대한 증거가 구체적인 실천 방법을 통해 나타났기
때문에 통합치료의 영향력에 대한 증거는 제한적이다. 이러한 비판은 그럴
만한 사실적 기조를 가지고 있다. 연구비를 지원하는 순환구조는 이미
연구되었고 입증된 치료만 지원하기 때문이다. 또한 그러한 연구는 연
구자가 장애에 초점을 둔 연구를 할 의향이 있다고 가정하더라도 통합치
료를 위해 작성하기에는 어려운 장애중심 치료disorder-centered treatment 매
뉴얼을 요구하고 있다. 따라서 치료자들이 일반적으로 시행하는 통합은
거의 연구되지 않는다. 그럼에도 불구하고 커플·가족치료의 현장에서,
많은 커플·가족치료자는 효과성에 대한 증거를 가지고 있는데, 기능적
가족치료(Sexton & Alexander, 2005)나 다중차원적 가족치료(Liddle, 2009)
와 같은 통합적 방법의 특정한 형태다. 비슷한 요소들을 결합해서 비슷
한 계획이나 전략을 사용한다면 다른 사람이 사용하는 방법이 내가 택한

방법보다 못하다고 믿을 만한 이유는 없을 것이다.

7. 통합치료는 특수 기술을 요하는, 어렵고 특별한 문제를 성공적으로 다룰 수 있을 만큼 구체적이지 않다.   해결하고자 하는 문제에 대해 구체적인 치료법을 만들거나, 특수한 프로토콜을 잘 따르는 것이 광범위한 치료법보다 성공적인 치료가 될 수 있는 문제가 있다는 것은 사실이다. 그러나 최첨단 통합치료는 이러한 특정 문제를 위한 효과적인 치료 방법에서 정확하게 도출된다. 통합적이라고 해서 특정 내담자에게 가장 효과적인 특정 전략이 있다는 증거를 무시하는 것은 아니다. 대신에, 최상의 통합은 사례 개념화와 치료계획을 형성해 가는 가장 효과적인 방법을 도출해 내는 것에 기반을 두고 있다.

기본적인 개념의 렌즈

커플·가족치료는 가족생활에 있어서 대인관계 체계의 과학과 윤리를 적용하고 있다. 이에 사회심리학, 성격심리학, 철학, 의미론, 과학철학, 사회학, 인류학, 윤리학 등 다양한 분야의 지식을 통합하게 된다. 따라서 커플·가족치료의 복잡한 상담 과정을 이해할 필요가 있는데, 즉 치료자는 효과적인 치료를 위해 이 치료 방법들과 가족 안의 다양한 관점에 대한 정보들을 연결해야만 한다. 커플·가족치료는 변화를 위한 효과적인 증거기반evidence-based 전략을 적용하는 한편, 가족의 문화적 맥락을 이해하고 설명해야 하며 인간관계에 대한 균형과 공정성을 가져야 한다.

이 책은 커플·가족치료의 기저에 흐르고 있는 공유된 개념으로부터 공통요인과 전략에 이르기까지 핵심적인 이해와 방법론을 다루고 있다. 크게는 전 세계적으로 커플·가족치료자의 대부분이 공유하는 몇 가지 주요 개념적 렌즈가 있다. 그다음은 이러한 커플·가족치료에 광범위하게 영향을 미치고, 개념 렌즈를 아우르며 방법론의 기초가 되는 상담 목록이 있다. 이 중 일부는 과학에 기초를 두고 있고 일부는 철학에 기초를 두고 있으며 일부는 가족에 대한 신뢰에 기초를 두고 있다. 그렇다면 의미상으로 이러한 목록은 제각기 다르고 관찰자의 안목에 의해 영향을 받을 것이다. 이러한 논의는 아직 추상적인 수준에 머무를 수밖에 없지만, 구체적이고 특수한 개념과 전략이 제5장과 제6장에서 설명하면서 보완될 것이다. 비슷한 아이디어들이 또 다른 방법으로 제시되는데(Benson, McGinn, & Christensen, 2012), 아마도 독자들은 이미 나열된 개념에 설명을 추가하거나 다른 용어로 묘사할 수 있는 개념을 가지고 있을 것이다. 커플·가족치료자들마다 이러한 렌즈를 모두 상담에 사용하지는 않겠지만, 이 렌즈들은 오늘날의 커플·가족치료에 광범위하게 직·간접적인 영향을 미치고 있다. 이 목록은 오늘날의 커플·가족치료를 개혁하기 위한 새로운 커플·가족치료의 틀이 되는 목록으로 제시된 것이 아니다. 오히려 상담의 기저에 놓여 있으며 널리 받아들여진 이해에 대해 대화를 나누어 보려는 출발점으로 삼고자 할 뿐이다. 가장 중요한 것은 많은 커플에게 정보를 제공하는 포괄적인 체계가 있다는 것과, 이것이 통합적 상담을 하는 데 있어서 핵심 역할을 한다는 것을 수용하는 것이다.

생물-행동-심리사회적 기반

전형적인 커플·가족치료는 생물-행동-심리사회적bio-behavioral-psychosocial 기반을 가지고 있다. 사회체계는 개인의 삶에 영향력을 행사하지만 영향력을 행사하는 유일한 요소는 아니다. 초기 가족치료 모델들은 개인심리학, 행동의 생물학적 근거, 사회심리학과 학습원리들을 기피했지만, 부상하고 있는 모델들 대부분은 커플과 가족에게 영향을 미치고 체계적 패턴에서 역할을 수행하는 많은 요인을 포용하고 있다.

지난 수십 년 동안, 행동의 생물학적 근거는 잘 확립되었다. 가족치료의 초기 버전에서는 생물학적 근거에 대한 생각이 조현병이나 양극성장애와 같은 가장 심각한 문제에서조차 간과되었다(Haley, 1997). 그 당시 가족치료 분야의 지도자들은 원시적인 생물학적 이론(전혀 근거 없는 주장이지만)에 반하는 체계론적 관점의 우월성을 가지고 강력한 주장을 했었다. 그러나 실증적 연구와 임상 실천의 세대를 거치면서 이러한 모습은 매우 변화되었다. 생물학적 행동의 기원은 여전히 심각하게 과장되기도 하고 축소되기도 하지만, 이제 개인의 기능이나 가족 안에서의 관계가 이루어지는 과정에 대한 생물학의 영향은 잘 정립되었다. 생물학은 특정한 행동 패턴과 장애의 기원과 발달에 영향을 미치는 것으로 입증되었다. 생물학, 유전학 및 신경과학에 대한 새로운 지식은 최근의 다양한 가족치료의 개입법, 주의를 요하는 위험 요소에 대한 정보, 약물을 통한 증상 개선, 심리교육을 통해 가족원들의 상태를 이해하도록 돕는 방법 등에 영향을 미치고 있다. 이러한 지식은 가족, 환경의 자극, 신경학적 반응 간의 체계적인 피드백 고리와 생각하고 행동하고 느끼는 동안 뇌 안에서 일어나는 일들을 가족들에게 이해시키는 방법 등에 대해 많은 것을 알려 주고 있다(Fishbane, 2007). 이와 같은 이해의 중요성은 생물학적 원인으로 심리적 장애를 가진 사람(예: 심각한 정신질환, 주의력 결핍 장애, 비정신병적 질환 등으로 어려움을 겪는 사람)을 치료할 때 가장 뚜렷하게 나타났다.

생물학과 커플·가족치료의 통합을 고려할 때는 세 가지 면에서 주의할 필요가 있다. 첫째, 비록 생물학이 중요하다는 데에는 동의하지만 얼마나 중요한지에 대한 합의가 없다. 커플·가족치료자 중에는 생물학적 해석을 완전히 받아들여서 조현병이나 주의력 결핍 장애와 같이 뚜렷한 증거가 있는 경우뿐만 아니라 우울증이나 관계의 어려움과 같이 증거가 약한 분야까지도 적용하는 사람들이 있다. 또한 생물학적 해석에 따라 약물의 역할을 문제해결의 중심에 두는 치료자가 있는가 하면 그렇지 않은 치료자들도 있다. 이러한 차이는 특히 조현병과 같은 주요 정신장애를 다룰 때 두드러진다. 둘째, 생물학과 가족체계는 서로 영향을 미치는 순환 구도다. 즉, 생물학이 사회체계에 미치는 영향은 일방통행이 아니라는 것이다. 조현병과 같이 유전적이고 생화학적 원인이 명확한 장애조차도 가족들의 문제 대응 정도나 초기 개입이 기능장애 정도에 엄청난 영향을 미친다(Lucksted, McFarlane, Downing, & Dixon,

2012). 셋째, 커플·가족치료자는 생물학적 분야를 치료계획에 포함시킬 때 조심해야 할 부분이 있다. 내담자와 전문가 둘 다 종종 생물학적 이해를 장애의 의학적 모델로 전환하면서 의료적 치료를 주요 개입법으로 보고 커플·가족치료를 부수적인 것으로 간주하는 경우가 있다. 생물-행동-심리사회적 이해는 각각의 변화에 따른 영향과 동일하게 중요한 것으로 여겨지는 가운데, 사례에 따라 미치는 영향력이 구체적으로 다르다는 점을 감안해야 할 것이다. 심지어 내담자에게 이제는 구식이라 여겨지는 정서적 뇌 활동에 대해서 언급하는 것조차 생물학적 결정론으로 받아들일 수 있다는 것이다. 이러한 생물학적 이해의 오용은 1세대 가족치료자들이 생물학적 모델을 걱정했던 이유가 되지만 현재는 거의 관계가 없다.

　사회심리적 그리고 사회학적 합의도 전형적인 커플·가족치료에 잘 통합되고 정립되었다. 고전적 조건형성, 조작적 조건형성, 모델링, 내현적 학습, 사회학습, 사회적 역할 및 사회적 교환 등 이 모든 것이 가족 구성원의 삶에 영향을 미치고 있음은 명확하다. 또한 이러한 이론들은 수많은 개입전략 개발에 상당한 영향을 미치는 것으로 입증되었다. 의사소통, 친밀감, 문제해결 기술, 사회적 교환 등과 같이 커플·가족치료에 특별히 큰 도움이 되는 기술들은 수정 발전되면서 커플·가족치료의 가장 핵심적인 방법론으로 자리매김하고 있다.

　개인의 심리 과정도 오늘날의 커플·가족치료에 매우 중요한 역할을 하고 있다. 인지와 정서 그리고 이 두 과정에 등장하는 내적 정신역동은 고려해 볼 만한 중요한 렌즈를 제공한다. 인지를 강조하는 사람, 정서를 강조하는 사람, 또는 내적 과정이나 마음챙김의 실천을 강조하는 사람들이 있지만, 개인의 내면에서 일어나고 있는 일에 대한 수용과 개인의 문제가 각각의 경로를 가지고 있다는 인식은 공유되고 있다. 이러한 체계의 상호 영향력은 매우 강해서 비록 신경과학이 하나의 체계나 또 다른 체계가 활동하는 것을 보여 줄 수 있다 하더라도 이러한 기능들을 따로 분리한다든지, 어느 것이 다른 어느 것에 영향을 주고 있다고 판독하는 것은 매우 어렵다(Siegel, 2012). 이러한 현상들은 내적 체계에 상호 영향을 준다.

체계론적 이해

체계론적 사고는 대부분의 커플·가족치료 중심에 항상 존재하였다. 그러나 체계론적 사고는 시간과 함께 진화해 왔다. 가족치료에 있어서 가족에 대한 초기 개념들이 무생물 체계에서 온 순환적이고 항상성에 대한 견해를 원칙적으로 적용해 온 반면, 현대의 치료는 인간 기능에 대한 또 다른 지식으로 보충되어 보다 미묘한 시각을 끌어낸다. 가장 기본적으로 초기 체계이론의 변화에 대한 결정론적이고 비관적인 견해는 변화 과정에 대해 훨씬 더 개방적이고 긍정적인 관점으로 발전하였다.

초기의 체계이론에서 많은 이탈이 있었지만 아직도 체계의 중요성은 상호작용의 영향성과 더불어 커플·가족치료의 전반에 있어서 매우 핵심적인 요소다. 이 간단한 개념은 개인만을 향했던 배타적인 초점에서 과감히 벗어난 후 끝없는 연구를 통해서 확인되고 있다(제3장 참조).

일반체계이론

현재 커플·가족치료의 모든 모델은 생물과 무생물을 이해하는 방법으로 개발되었던 일반체계이론general systems theory(Bertalanffy, 1973)의 영향을 받았다. 대부분의 경우 이 영향력은 직접적이고 명확했으며, 간혹 가족치료의 새로운 모델을 사용하는 것처럼 다른 경로를 통할 때는 직접적인 영향력이 감소되는 경우가 있기도 했다. 한때 어떤 가족치료는 체계론적이지 않다는 논란도 있었지만(Gurman & Kniskern, 1978), 원래 체계론적 관점을 강조하지 않았던 인지행동치료나 내러티브치료가 체계론적 관점과 통합하면서, 체계론적 관점을 가지지 않은 가족치료자들은 역사적 유물처럼 여겨졌다. 그러나 일반체계이론의 관점은 선택적으로 가족체계의 관점과 통합된다. 모든 체계론적 전제가 같은 수준의 영향력을 미친 것은 아니다.

일반체계이론의 중심 교리와 오늘날 가족치료의 핵심으로 남아 있는 이론은 전체가 각 부분의 합보다 크다는 것과, 그렇기 때문에 한 부분(예: 개인)을 이해하기 위해서는 그 부분이 속해 있는 전체와의 관계를 파악해야 한다는 것이다. 이 틀 안에서 인간은 '열린open' 체계의 한 부분으로 개념화된다. 열린 체계는 체계의 외부(개인들, 가족들, 다른 체계들)와 지속적인 소통을 하기에, 체계의 내부와 외부로부터의 영향은 체계에 영향을 미친다. 가족과 같은 체계는 또한 부부, 형제, 부모-자녀와 같은 하위체계와 상호 영향을 주고받으며, 하위체계들의 합보다 큰 체계를 만든다.

일반체계이론에서는 모든 행동을 그 행동이 발전되어 온 맥락 안에서 어떤 기능을 해 왔는가로 이해한다. 행동의 의미가 상황에 따라 크게 달라진다는 개념은 바츨라빅, 위클랜드와 피시(Watzlawick, Weakland, & Fisch, 1974)가 오리를 향해 꽥꽥거렸던 한 남자의 이야기를 예로 들어 설명할 때 가장 명쾌하게 이해가 간다. 만약 그 남자가 콘라트 로렌즈(Konrad Lorenz)라면 각인에 관한 실험에 종사하는 과학자로서 그의 행동은 정상적이고 뛰어난 것으로 받아들여지지만, 이러한 맥락적 정보가 없다면 그의 행동은 정신병으로 간주될 것이다. 이러한 사고를 확장해 나가면서 체계이론은 가족 구성원의 행동이 가족체계 안에서 그 행동의 기능을 추론 가능할 때 이해될 수 있다고 주장한다. 그러한 체계론적 틀을 엄격하게 적용하다 보니 심지어 심각한 정신병리까지도 매우 병적인 가족과정의 맥락에서 개념화되었다. 이 논리에 따라 정신병리나 문제행동을 보여 주는 가족 구성원은 확인된 환자identified patient로 불리었으며, 이는 문제가 개인이 아니라 체계 안에 상주하고 있다는 것을 의미하였다(Haley, 1973). 비록 확인된 환자라고 하는 급진적인 표현과 이 용어의 사용까지도 이제는 역사의 일부가 되었지만, 문제의 맥락과 기능을 이해하는 것은 대부분의 커플·가족치료에 핵심 개념으로 남아 있다.

일반체계이론은 또한 인과관계에 대한 순환적 관점을 강조한다. 하나의 행동이 다른 행동을 유발한다고 하는 인과관계의 선형적 이해는 대부분의 정신건강 분야 이론의 기초가 되는데, 이와는 대조적으로 순환적 인과관계는 상호작용과 양방향에서 서로 영향을 미치며 반복되는 패턴을 강조한다. 한 사람의 행동이 다른 사람의 행동에 영향을 미칠 때(예: 아버지가 자녀에게 벌을 줄 때), 체계론적인 관점을 가진다면 두 번째 사람의 반응이 첫 번째 사람의 행동에 어떤 영향을 미치는가를 이해하는 것도 똑같이 중요하다고 여기며 인과관계의 원형 사슬을 파악한다(예를 들면, 자녀의 공격적인 행동이 부모의 처벌을 유도하고 부모의 처벌이 자녀의 행동을 일시적으로 멈추지만, 그다음에 더 큰 공격적인 행동으로 이어지는 것과 같다).

일반체계이론의 초기 모델에 대한 비판은 순환적 인과관계 개념만을 보유하는 것의 한계를 지적하였다(Dell, 1986; Goldner, 1985a). 이는 행동에 대한 책임을 모든 가족 구성원이 동등하게 나누어서 진다고 하는 암시적 결론이 가져올 수 있는 위험을 강조하였다. 대표적인 예가 가정폭력이다. 가해자와 피해자가 동등하게 책임을 지게 되는 잘못된 결론이 생기지 않도록 폭력행동에 대해 개인 책임과 선형적 인과관계를 강조했던 것이다(McGoldrick, Anderson, & Walsh, 1989). 현재 인과관계에 대한 순환적 개념은 내담자가 가지고 있는 어려움이나 인과관계의 차별성을 포함하기 위해 수정되어야 한다는 점에 많은 동의가 이루어지고 있다. 비록 행동과 반응의 순환은 항상 고려되어야 하지만, 때로는 문제가 한 사람에게만 있을 수도 있다.

일반체계이론의 다른 측면들은 오늘날 거의 영향을 미치지 않는다. 예를 들어, 동일결과성equifinality의 원리는 체계의 독특한 구성이 여러 가지 방법으로 발전할 수 있다는 것을 의미하며, 중요한 것은 최종 상태이지 그 상태에 도달하기 위한 특별한 경로가 아닌 것이다. 이 동일결과성의 원리를 가족체계에 적용했던 초기의 많은 가족치료자는 가족이 어떠한 경로를 통해서 현재의 상태에 이르게 되었는가보다는 현재의 가족 상태에 초점을 두었다. 그러나 생물-심리사회적 관점에서의 통합은 대부분의 커플·가족치료에 있어 개념을 조직화할 때 동일결과성의 영향력을 약화시켰다.

사이버네틱스

사이버네틱스cybernetics는 존재론적 이론 렌즈로서 일반체계이론과 밀접하게 관련되어 있으며, 종종 혼합되어 사용된다. 사이버네틱스는 인간과 기계의 소통과 통제의 과학이다(Wiener, 1961). 사이버네틱스는 피드백에 영향을 받아 끊임없이 자기를 수정해 나가는 것이 체계라고 보고 자기 수정의 과정을 설명한다. 사이버네틱스의 기본 공식에 따르면, 항상성은 체계를 안정된 상태로 유지하기 위해 조직화해서 변화를 저지하며, 이전의 방법으로 이동하는 지배적인 힘으로 간주되었다. 사이버네틱스는 두 가지 유형의 피드백을 제시하는데, 하나는 정적 피드백positive feedback(안정적 상태에서 편차를 증가시킴)이고, 다른 하나는 부적 피드백negative feedback(안정적 상태에서 편차를 감소시킴)이다. 초기 가족치료에서는 사이버네틱스가 일반체계이론과 결합되어 인간체계, 즉 가족이 기본적으로 항상성, 다시 말해 필연적으로 이루어지는 변화를 감소시키기 위해 움직인다고 보았다. 결과적으로, 대부분의 초기 가족치료는 변화를 가져오기 위해 항상성을 극복할 수 있는 강력한 개입전략의 중요성을 강조하였다.

인류학을 연구하고 커플·가족치료에 심오한 영향력을 미쳤던 그레고리 베이트슨은 개인, 사회 및 생태계를 궁극적으로 마음을 구성하는 전체의 일부로 보았다(Bateson, 1967, 1972a, 1972b; Bateson & Donaldson, 1991; Bateson et al., 1992). 베이트슨은 이러한 각 체계가 사이버네틱스 과정의 영향을 받는데, 이 과정은 항상성과 적응의 피드백에 의해 움직이며 인간의 통제를 벗어난다고 보았다. 그는 서구 사상들이 체계의 성과를 통제할 수 있다는 환상에서 벗어나야 하며, 인간의 통제력이 한계가 있음을 받아들여야 한다고 주장하였다.

사이버네틱스는 변화를 향해 체계를 움직이는 힘인 형태형성morphogenesis을 매우 강조하고, 항상성homeostasis은 덜 강조하는 방향으로 커플·가족치료 안에서 발전해 왔다. 이런 관점에서 볼 때, 작은 변화가 다른 변화를 촉진하고 체계 내에서 움직임을 만들어 감을 알 수 있다. 비슷한 맥락에서 마투

라나(Maturana)는 살아 있는 체계의 내적 구조가 행동과 진화를 촉진하는 것을 자가 생성autopoesis이라고 부르며, 이러한 과정을 강조하였다(Dell, 1987; Maturana & Varela, 1980). 형태형성을 강조하는 것은 커플·가족치료에 있어서 항상성과는 아주 다른 함의를 갖는다. 즉, 전자(형태형성)는 일어나는 변화에 대한 낙관성을 촉진하고 다른 변화를 촉발하는 일련의 과정을 시작하게 하지만, 후자(항상성)는 시간이 지나면 지날수록 변화를 어렵게 한다.

생태체계이론

유리 브론펜브레너(Urie Bronfenbrenner, 1979)는 체계이론을 확장했는데, 이를 생태체계이론ecological systems theory이라 부르며 체계이론이 임상 실천에 적용되는 방법을 갖추어 가는 데 영향을 주었다. 브론펜브레너는 체계의 단계를 구분하고 단계 간 발생하는 상호작용에 집중하였다. 브론펜브레너는 가족이나 학교와 같은 특정 단체를 설명하는 미시체계microsystem, 두 개의 미시체계가 접촉하는 위치를 기술하는 중간체계mesosystem, 직장에서와 같은 간접적인 영향을 기술하는 외체계exosystem, 그리고 더 큰 사회문화적 틀을 기술하는 거시체계macrosystem라는 명칭을 사용하였다. 브론펜브레너의 개념화는 영향을 받을 수 있는 다양한 단계의 체계와 이러한 단계 사이의 체계적 상호작용에 관심을 집중시켰다. 이 틀은 가족치료의 한 형태인 다중체계적 요법multisystemic therapy의 기초를 직접적으로 제공하며(Henggeler et al., 1998), 많은 다른 실천 방법에 간접적인 영향을 미쳤다(Robbins, Mayorga, & Szapocznik, 2003).

가족구조

가족의 조직은 성공적인 가족생활을 위해서 필수적이다. 살바도르 미누친(1974)은 자신의 치료 모델인 구조적 가족치료와 결합하여 가족구조의 핵심 구성요소를 경계, 동맹, 그리고 권력의 분배로 설명하였다. 경계는 누가 어떤 작업을 하고 있는지, **동맹**은 누가 누구와 편을 맺고 있는지, 그리고 **권력**은 그 체계에 대해 각 구성원들의 상대적인 영향력이 어떤지와 각각 관련이 있다. 이러한 항목들은 제4장의 구조적 가족치료에서 자세히 설명할 것이다. 구조적 가족치료를 뛰어넘어 확장하고 가족구조를 살피며 치료하는 것은 대부분의 커플·가족치료자의 실천을 위한 기반으로 통합되어 왔다.

의사소통

의사소통 과정은 체계 간에 정보를 교환하는 운송 수단이 된다. "의사소통 없이 살 수 있는 사람은 없다One cannot not communicate."(Watzlawick, Bavelas, & Jackson, 1967, p. 48)라는 생각에서 시작한 가족치료는 의사소통의 의미를 이해하고 의사소통 과정을 개선하는 데 있어서 강력한 기반을 가지고 있다. 의사소통에 대한 초기 연구는 의사소통의 패턴과, 특히 의사소통이 원활하지 않는 부분을 탐색하며 가족체계 안에서 소통을 개선하고 보다 효과적인 기능을 할 수 있는 데 역점을 두었다(Watzlawick, Beavin, & Jackson, 1969). 의사소통의 과정은 오늘날에도 경험주의 전통의 중심적 개념이다. 커플 사이의 상호작용 과정에 대한 존 고트먼(John Gottman, 2011)의 연구처럼 의사소통에 대한 연구는 파트너 간에 일어나는 상호작용에서 복잡한 언어 및 비언어 의사소통 경로를 설명하고자 한다.

가족생활주기

가족의 삶은 멈춰 있지 않고 진화한다. 이렇게 전개되어 가는 것을 가족 **생활주기**family life cycle라고 한다(B. Carter & McGoldrick, 1988; E. A. Carter & McGoldrick, 2005). 전형적인 발달과 생활주기에 걸쳐 실행 가능한 선택 범위의 이해는 커플·가족치료자들에게 필수적인 전문지식이다. 왜냐하면 가족에 대한 규범이 시간이 지남에 따라 변하기 때문이다. 아기가 태어나고 처음 몇 년 동안 하루에 24시간, 일주일에 7일간 관찰하는 것이 당연하고 도움이 되지만 다른 생활주기에서는 역기능이 될 수 있다. 브룬린과 동료들(Breunlin & Mac Kune-Karrer, 2002; Breunlin et al., 2011)은 가족의 삶을 고려하기 위한 핵심적인 틀을 발달로 보았다.

가족들은 발달단계에 따라 다르게 주어지는 과제, 즉 예측 가능한 문제들의 도전에 직면한다. 이러한 도전에는 자주 등장하는 패턴이 있다.[1] 즉, 두 사람이 만난다. 그리고 그들은 강한 정서적·성적 관계를 맺으며 연애를 한다. 오늘날은 종종 파트너를 찾아 관계를 구축하는 기간이 연장되면서(적어도 서구 문화에서는 그렇다.) 지속적인 헌신의 관계를 형성해 나간다. 자녀의 출생은 여러 가지 방법으로 가족을 변화시킨다. 커플 만족도는 새로이 신경을 써야 할 의무와 커플 친밀도에 영향을 미치는 새로운 어려움 때문에 감소된다(Cowan & Cowan, 1992). 이 시기에 자주 등장하는 것이 재정적 문제다. 자녀 양육을 하는 과정에서 기쁨과 더불어 갈등도 발생한다. 자녀가 청소년기에 접어들면서 새로운 문제들이 발생하고 자녀를 관찰하기도 하지만 점차 자녀와 부모의 연결상태는 분리되기 시작한다. 자녀가 성인이 되면서 이러한 상태는 다시 오늘날의 전형적인 형태로 변모하는데, 이 변화에는 자녀가 성인이 되는 것 외에 또 다른 위치의 변환이 발생한다. 어느덧 부모는 도움이 필요하고 타인에 의해 관찰받아야 하는 상태, 즉 자녀들에게 의지해야 하는 노년기로 접어든다는 것이다.

자녀의 독립기와 성인기로의 확장과 노년기로의 진입으로 이어지면서, 이 시기의 서구사회에서의 정상적인 가족생활주기는 이전 세대와는 매우 다르게 보인다. 더욱이, 이러한 생활주기에 대한 고정관념은 선진국에서 끊임없이 변형된다. 이러한 패턴은 서로 다른 문화와 사회경제적 집단에 걸쳐 다양하기 때문에 문화는 매우 중요한 역할을 한다. 예를 들어, 어떤 가족은 자녀들이 결혼할 때까지 함께 살 것을 기대하는가 하면, 자녀가 15세가 되었는데

---

1) 예시로 제시된 가족은 핵가족의 발달과정이다. 다른 가족의 형태는 다른 관계적 패턴을 보여 준다.

도 어떤 직업을 가질지 모르고 있거나 부모에게서 독립하지 않는 것을 문제로 여기는 가족도 있다. 어떤 가정은 배우자와 거의 접촉이 없거나 전혀 지원을 받지 못하지만 다른 가족이나 친구로부터 많은 지원을 받으며 자녀를 양육하기도 한다. 그런가 하면 이혼, 재혼, 또는 결혼은 하지 않은 채 자녀를 키우는 커플들이 이러한 다양성을 확대하고 있다. 결혼 전에 아이를 먼저 가지는 것이 자연스러운 나라나 하위집단도 많다.

　가족생활주기는 무엇보다 가족생활에 결정적 요소로 남아 있는 것이 분명하지만, 현재 우리가 살아가고 있는 시대는 한 세대 전까지만 해도 정상 여부를 판가름하던 절대성에 더 이상 닻을 내리지 않고 있다(Walsh, 2003a, 2012). 커플은 자녀 없이 서로 많은 시간을 함께 보내는가 하면 많은 사람이 자녀를 전혀 선택의 문제로 여기지 않기도 한다. 커플 둘 다 동성the same gender일 수도 있다. 이제 동성 커플의 가족생활주기에 대한 규범적인 개념이 나타나기 시작하였다. 서구의 많은 지역의 이혼율이 50%에 이르고 거기다가 비혼가족이나 아동의 부모가 생모나 생부가 아닌 가족들이 점점 증가하고 있다. 또한 수명이 연장되면서 노년기가 늘어나고 건강의 쇠퇴는 생의 마지막에 가서야 나타나곤 한다. 가족 단위는 많은 연령대와 복잡한 관계의 구성원들을 포함하고 있다. 오늘날의 가족 단위는 종종 여러 연령대의 구성원과 복잡한 관계를 포함한다. 이 모든 변형으로 오늘날 가족생활주기는 무수히 많은 변형이 있으며, 그 각각이 예측 가능한 도전을 하고 있는 유동체로 보는 것이 가장 적절할 것이다.

민족, 문화, 그리고 더 큰 체계

　문화는 커플·가족치료를 위한 또 하나의 주요한 렌즈다. 문화마다 가족은 삶의 비전, 서로를 연결하는 최적의 방법, 문제를 구성하는 요소에서 매우 다르다. 물론 가족치료가 아닌 다른 형태의 치료에서도 문화의 영향을 파악해야 하지만, 커플·가족치료에 있어서 문화의 역할은 더욱 중요하다. 왜냐하면 가족의 개념 자체가 문화에 크게 영향을 받는 경향이 있기 때문이다. 커플·가족치료는 모든 가족에 적용 가능한 보편적 과정이 있는가 하면, 가족이 가지고 있는 문화적 독특성도 고려해야 한다는 역설을 가지고 있다. 즉, 가족 생활에서 중요한 차원, 삶의 사건, 요소들에 대한 포괄적인 이해가 존재하지만, 이러한 삶의 양상이 어떻게 작용하는지에 대한 표현은 가족의 준거집단과 사회 규범에 의해 큰 영향을 받는다. 예를 들어, 트라우마로 인한 상실은 문화를 막론하고 보편적 의미가 있지만, 트라우마로 인한 상실에 대한 반응은 그 문화 안에서의 상실의 빈도와 문화적 규범의 맥락에서 이해되어야 한다(Walsh & McGoldrick, 1991). 비슷한 방식으로, 가족 내의 융합과 단절의 문제를 가리키는 징후들이 있다(제4장 참조). 그러나 수년 전까지만 해도 문화적 맥락을 고려하지 않은 평가로 인해 속박과 지나치게 강압적인 부모의 통제로 분류되었던 것 중의 일부가, 최근에는 아시아계 가족에게 문화적 측면에서 규범적이고 심지어 도움이 되는 것으로 확인되었다(R. K. Chao & Aque, 2009). 수년 전에 미누친과 피시먼(S. Minuchin & Fishman, 1981)이 지적한 바와 같이 동맹 구축을 위한 가장 적합하고 효과적인 전략들은 문화적 맥락에 따라 다를 수 있다. 이들의 주장은 내담 가족과 협력하며 치료적 개입을 하는 데 특정한 맥락에서 특정한 변형이 이루어져야 한다는 연구가 뒷받침되고 있다(Bernal, 2006; Santisteban et al., 1996).

최근 들어, 문화와 민족성을 고려했던 성공적인 커플·가족치료 사례에 상당한 관심이 몰리고 있다(Boyd-Franklin, 2003; Falicov, 1995, 1998; McGoldrick, 1998, 2001; McGoldrick, Giordano, & Garcia-Preto, 2005; McGoldrick & Hardy, 2008; McGoldrick, Preto, Hines, & Lee, 1991). 아프리카계 미국인(Boyd-Franklin, 2003; Boyd-Franklin, Kelly, & Durham, 2008)과 라틴계 미국인(Bernal & Domenech Rodríguez, 2009; Falicov, 1998; Parra Cardona et al., 2012; Santisteban et al., 2003)을 위해 그들을 위한 몇 가지 특수성을 고려하여 수정된 처치들이 제안되었다. 또한 다중차원적 가족치료에서와 같이 광범위한 처치들이 가족들의 문화적 배경을 고려하며 적용되고 있다. 한편, 내러티브

치료와 같이 사회구성주의에 기반한 접근은 가족을 상담하는 데 있어 지배적 문화의 신념이 가지고 있을 수 있는 파괴적인 측면과 사회적 정의의 개념에 대한 이해를 향상시키려고 한다(White & Epston, 1989). 팔리코프(Falicov, 1998)의 다중차원적 생태체계 비교 접근multidimensional ecosystemic comparative approach은 개인의 문화적 정체성의 다중차원적인 면을 설득력 있게 강조하는데, 이는 인종과 민족뿐만 아니라 성적 취향, 성별, 사회 계급, 종교 및 다중차원적 문화적 맥락에서의 결정을 하는 데 있어서 기타 여러 가지 요소와 치료의 필요성을 보여 주고 있다. 오늘날 대부분의 커플·가족치료는 문화에 대한 이해를 치료와 통합한다. 그럼에도 불구하고, 아직은 치료가 문화적 영향성에 쉽게 둔감해지는 상황이기에 탐색과 발전이 더 필요한 영역이다.

사회적 역할

사회학으로부터 나온 사회적 역할 이론social role theory(Mead, 1954)은 가족에 대한 이해를 위한 또 하나의 중요한 틀로서 커플·가족치료의 방법론에 합류되고 있다(Epstein, Bishop, & Levin, 1978). 사회적 역할 이론과 이와 관련된 사회 이론은 사회 구조와 기대가 개인의 행동에 큰 영향을 미친다고 본다. 사회적 역할은 사회적 상황에서 다양한 위치에 대해 행위자가 생각하는 권리, 의무, 행동, 신념 및 규범이다. 사회적 역할은 사회적 규범에 적절하고 허용되는 행동 양식을 제안한다. 사회적 역할은 사회 구조를 위해 노동의 분업과 사회가 기대하는 바를 모두 지원한다. 가족 안에서 각 개인은 몇 가지 특정한 사회적 역할이 주어지고, 주어진 역할을 얼마나 잘 수행했는가에 의해 전형적으로 평가된다. 사회적 역할은 가족의 삶 속에서 원활한 기능을 할 수 있도록 하지만 역할에 오점을 남기게도 한다. 특수한 문제들이 이러한 상황 속에서 일어날 수 있는데, 즉 가족 구성원에게 부여된 역할이 원하지 않는 것이라든가 수행할 수 없다든가 또는 개인이 변하거나 상황이 변해서 이전의 역할을 더 이상 긍정적으로 경험할 수 없을 때다.

성별

성별은 커플·가족치료에 있어서 또 다른 광범위한 렌즈다. 1970년대 후반과 1980년대 초반에 여성주의자들은 대다수의 가족치료 모델에 녹아들어 있는 성차별적 가정들(예: 아버지가 가장 큰 권력을 가져야만 한다.)에 주의를 기울이기 시작했고 평등을 고려한 가족치료가 이루어져야 한다고 주장하였다(Braverman, 1988a, 1988b; Goldner, 1985a; Hare-Mustin, 1992). 다수의 여성주의자들이 커플·가족치료에 필요한 접근을 개발하였다(Goldner, Penn, Sheinberg, & Walker, 1990; Knudson-Martin & Huenergardt, 2010; Knudson-Martin & Mahoney, 2009a, 2009c; Silverstein & Goodrich, 2003). 여성주의적 접근방식들이 각각의 독특하고 서로 다른 면이 있지만, 성별과 권력에 대한 이해, 공정성과 균형 감각 등이 가족치료에서 민감하게 다루어져야 하고 가장 중요한 목표라는 점에서 공통점을 가지고 있다. 오늘날의 거의 모든 커플·가족치료는 성별에 대한 이해를 하고 있다(Breunlin, Schwartz, & Mac Kune-Karrer, 1997).

사회적 교환

사회적 교환에 관한 이론들은 가족치료 실천과 큰 관련이 있다. 이 영역에서 가장 유명한 이론은 티보와 켈리(Thibaut & Kelley, 1959)의 사회교환이론social exchange theory으로, 인간은 교환을 할 때 자신의 비용편익을 극대화하려고 노력한다고 주장한다. 이 이론은 대인관계의 교환에 있어서 선택을 해야 할 때 어떻게 사람들이 행동하는가를 평가하는 게임이론game theory의 상담과 관련이 있다(Leonard, 2010). 사회교환이론은 합리적이고 긍정적인 관점을 가지고 있는데, 가족에게 적용할 때 가족 구성원들이 결과를 극대화하기 위해 함께 노력한다고 제안한다. 이 이론은 초기의 행동적 커플·가족치료를 자극하였다. 초기 가족치료는 주로 가족 구성원들이 스스로 자각할 때 보상과 처벌의 합리적 교환을 위해 협상하고 수행할 것이라는 생각에 기반하였다 (Jacobson & Margolin, 1979; Stuart, 1980).

그러나 완전히 의도적이고 의식적인 선택이 커플과 가족의 가장 중요한 교환의 기저가 된다는 생각은 상당한 비판을 받고 있다. 거먼과 동료들 (Gurman & Knudson, 1978; Gurman, Knudson, & Kniskern, 1978)은 이러한 가정에 입각한 접근의 영향력을 제한하고 반대해 왔던 여타의 정서적·정신 역동적 힘을 고려하지 못한 것이 무엇인지를 오랫동안 탐구하였다. 광범위하게는 사회심리학에서 커너먼(Kahneman)과 동료들(Gilovich, Griffin, & Kahneman, 2002; Kahneman, 2011; Kahneman & Tversky, 2000)이 갈등 상황(예: 손실과 이익의 상대적 무게를 결정할 때)에 해야 할 일을 선택하는 과정에서 일어나는 복잡한 인지-정서적인 요인들을 통합하기 위해 사회교환이론을 수정하였다. 나아가, 관계과학에서는 파트너 간에 어떻게 느끼고 행동할 것인가를 결정하는 데 사랑과 보살핌과 같은 사정하기 힘든 요소들이 게임이론이나 합리적인 사회교환이론을 넘어서는 힘을 가지고 있다는 것이 널리 받아들여지고 있다(Reis, 2012). 이 모든 것은 사회교환이론이 수정된 버전의 출현으로 요약되는데, 이는 사회적 교류에서 판단을 내리는 다양한 감정적 요인, 커플이나 가족과 상담하고 커플·가족치료의 실천의 광범위한 영향을 통합하는 것이다.

사회학습

다양한 행동이론은 커플·가족치료를 행하는 데 중요하며, 이는 특히 인지행동 방법론으로 발전되었다(제4장 참조). 그중에서도 사회학습이론이 가장 큰 영향력을 미쳤다(Bandura, 1977). 강화와 처벌을 통해서 학습이 이루어지는 것처럼 모델링이나 부지불식간에 이루어지는 학습이 사회적 맥락 안에서 이루어진다. 임상 환경에 적용된 사회학습이론은 가족 구성원들이 의사소통 및 문제해결과 같은 기술을 배우는 데 다양한 형태의 훈련을 제공하였다

(제4장과 제6장 참조).

포스트모던 관점

포스트모던 사고는 관계과학에서 말하고 있는 방법론과는 매우 다른 담론인 문학, 언어학, 철학에서 시작되었다. 포스트모더니즘 이론은 여러 학자 중에서도 하이데거(Heidegger, 1993), 데리다(Derrida)(H. Anderson & Levin, 1998; Derrida & Stocker, 2007), 쿤(Kuhn, 1970), 푸코(Foucault, Rabinow, Hurley, & Faubion, 1997) 등에 뿌리를 두고 있다. 이 담론의 다양한 변형은 실천과 매우 관계가 깊은 핵심 개념을 공유하고 있는데, 지식이라고 하는 것은 항상 개인적 경험에 종속되어 있기 때문에 전문가의 견해도 그저 여러 관점 중 하나로 보는 것이다. 이러한 견해에 따르면, 후기구조주의에서 저자가 의도했던 의미는 독자가 인식하는 의미보다 덜 중요하다는 것이다. 마찬가지로, 구성주의적 관점에서 사람들은 자신에게 맞는 현실을 만드는 주체적인 행위자다. 사회구성주의는 이러한 개념을 사회집단으로 확장하여 그들만의 사회적 현실을 구축한다. 커플·가족치료에서 포스트모더니즘의 영향은 치료자가 아닌 가족이 그 자체로 최고의 전문가라고 생각하고, 치료 전문가는 전문가의 자세를 피한다고 하는 대화식 접근방식이 개발되는 데 영향을 미쳤다(제4장 참조). 이러한 특정 방법 외에도 포스트모던 개념은 커플·가족치료자들에게 대화의 촉진, 가족 모두의 의견 듣기, 가족 모두의 관점 존중하기, 그리고 치료자들이 가족체계에 미칠 영향에 대해 인식하기가 중요함을 널리 알렸다.

포스트모더니즘에는 사회정의적 요소가 포함되어 있으며 이는 커플·가족치료에 상당한 영향을 미친다(Derrida & Stocker, 2007). 화이트와 엡스턴(White & Epston, 1989)은 내러티브치료 접근의 핵심을 사회구성주의로부터 가져왔다. 사회에서 억압받은 사람들이나 지배적 담론으로 인해 무시되는 '타자other'의 목소리에 권위를 부여하고 귀담아들어야 한다고 주장하였다. 사회정의의 행위자로서 커플·가족치료자의 역할에 대한 이러한 아이디어는 특정 방법 이상의 상당한 영향을 미치고 있다. 포스트모던 관점은 커플·가족치료에 있어 증거기반 경험주의와 균형을 이루는 데 한몫을 하고 있다.

개인의 기능과 성격

초기 커플·가족치료는 거의 독점적으로 가족체계에 초점을 두었다. 후속 실험에서는 가족체계 작업에 하위체계가 포함되어야 함을 제안하고 있다. 커플·가족치료에서 개인과 체계 사이에서 일어나는 것만큼 중요한 변증법적dialectic 대화는 없을 것이다. 개인과 체계는 서로에게 많은 영향을 끼친다. 커플 관계에 문제가 있을 때 일반적으로 체계적 패턴과, 이러한 패턴에 기여하고 있는 개인의 취약성이 둘 다 영향을 미친다는 것은 명백하다(Scheinkman & Fishbane, 2004). 개인의 패턴은 체계 패턴에서 인과관계의 양극으로 작용한다. 비록 이따금 문제가 완전히 체계에서 온 것이거나 한 개인으로부터 나온 사례가 다루어지기도 하지만, 대부분의 커플·가족치료의 현장은 개인과 체계의 두 단계에 의미를 두고 있다.

개인 심리학이 체계에 영향을 미치는 한 가지 방법은 성격의 역할을 고려하는 데 있다(McAdams, 2006). 예를 들어, 가장 연구가 많이 된 성격이론인 성격의 5요인에 대해서 생각해 보자. 이른바 '빅 파이브Big Five' 이론은 개방성, 성실성, 외향성, 친화성, 신경성이 개인 간 차이의 대부분을 설명한다고 제시한다(Eysenck, 1994; McAdams, 2006). 이러한 관점에서 보면, 가족 간의 상호작용은 성격의 유사점과 차이점을 이해하고 타협하는 상호작용으로 볼 수 있다(Gattis, Berns, Simpson, & Christensen, 2004; Whisman, Uebelacker, Tolejko, Chatav, & McKelvie, 2006).

'개인individual' 처치 모델로부터 통합된 내적 과정과 개입전략에 관한 이론들이 커플·가족치료에 매우 중요한 영향을 미쳤다. 몇몇 중요한 이론들은 행동을 수정하고 사고를 변화시키는 데 있어서 생각의 힘을 강조하였다. 벡(Beck, 1976)의 인지치료cognitive therapy와 엘리스(1962)의 합리적 정서치료

rational emotive therapy는 그들이 주장하는 근거를 실험함으로써 도전적이고 변화하는 역기능의 개념을 불러일으켰으며, 이는 인지행동적인 커플·가족치료법의 핵심이 되었다. 객관적 현실에 대한 의문을 가지고 다른 관점의 생각을 우선시하는 구성주의자들과 내러티브 이론들은 내담자와 함께 새로운 이야기를 구체화시키는 작업인 내러티브치료의 방법론을 만들어 냈다(Freedman & Combs, 1996). 이 외에도 인지와 내러티브에 초점을 두는 것이 오늘날 커플·가족치료에 널리 퍼져 있다.

그 외에도 감정의 처리를 강조하는 초기 이론이 있다. 일부 커플·가족치료는 자신을 진정시키고 정서적 경험을 조절할 수 있는 힘을 얻는 전통적인 방법과의 통합을 시도했는데, 보웬의 가족체계치료family systems therapy(1978)나 마음챙김기반치료mindfulness-based therapy(Siegel, 2007) 등이 이에 속한다. 정서중심치료emotion-focused therapy(Greenberg & Elliott, 2002; Johnson, 2008)나 게슈탈트치료gestalt therapy(Perls, 1969), 그리고 기타 경험적 치료들(Geller & Greenberg, 2012b; Gendlin, 1978; Watson, Goldman, & Greenberg, 2011)과 같은 여러 영향력이 매우 다른 방식으로 경험을 심화시키고 정서의 과정을 강조하며 발전하였다. 대부분의 커플·가족치료자는 어느 정도 이러한 정서 작업을 진행한다.

그런가 하면 정신역동과 같이 내적 과정에 초점을 두고 통찰력, 자기self, 초기 경험의 중요한 역할, 전이 등을 강조하는, 여전히 영향력 있는 이론들이 있다(J. Scharff & deVarela, 2000; P. Wachtel, 2011). 이러한 내적 과정을 설명하는 이론들 중에 대상관계이론과 애착이론이 커플·가족치료에 특별히 중요한데, 왜냐하면 이 두 이론은 밀접한 관계의 사람들이 상호작용하는 내적 과정을 강조하기 때문이다. 두 이론 모두 초기 경험이 이후의 관계 경험에 미치는 영향력을 강조하고 있다.

대상관계는 개인 간에 서로에 대한 투사를 중시하고 있다. 특히 중요한 것은 투사적 동일시로서, 한 사람이 다른 사람으로 하여금 자신에게 화를 내도록 유도하고, 결국 다른 사람이 화가 났음을 확인하는 것과 같이 다른 사람에게 존재하는 것처럼 경험되도록 자아의 일부를 분리하는 것이다(J. Scharff & Scharff, 2008). 최악의 경우, 나쁜 대상과 좋은 대상이 한 사람 안에서 서로 분열되어 존재하고 한 사람이 다른 사람을 이상적인 상태 혹은 끔찍한 상태로 경험하게 한다. 대상관계이론object relations theory에 따르면 비록 의식적인 상태에서는 바라는 것이 아님에도 불구하고 인식하지 못한 채 상대에게서 추구하던 것을 찾아낼 수 있다고 본다. 세이거(Sager, 1976)는 이러한 개념을 확장하여 인식하지 못한 상태에서 일어나는 상호 교환을 마치 이미 존재하는 방식이라고 여기며 커플들 간에 계약이 일어나고 있다고 설명한다. 예를 들면, 돌봄을 받고자 하는 사람의 욕구와 다른 사람의 과기능이 서로 짝이 되는 것과 같은 상황이다.

존 볼비(John Bowlby, 1988)가 개발한 애착이론attachment theory은 부모와 자녀 사이의 유대관계가 성인 애착관계로 확장된다는 것을 강조하였다. 이 관점에서 보면, 관계 맺기는 어린 시절 관계의 안전보장을 위한 기능이다. 어린 시절 양육의 경험이 신뢰할 만하고 안정 애착을 형성하면 안전한 성인 애착관계로 연결된다. 그러나 부모와의 관계가 신뢰할 만하지 않고 바람직하지 못한 애착이었다면 회피 애착, 저항 애착, 혼란 애착이 형성되며, 이 모든 상태는 미래의 관계에 어려움을 가져오게 된다. 존슨(Johnson)의 정서중심치료와 같은 치료들은 성인 애착을 매우 강조한다(Johnson, 2008). 넓은 의미에서 대상관계나 애착과 같은 개념은 생의 초기 경험이 온전히 의식적으로 인지하지 못한 상태에서 현재의 관계에 영향을 준다는 견해를 표방하며, 오늘날의 커플·가족치료의 실천에 많이 통합되어 있다.

내적 과정의 각 모델은 개인의 마음 안에서 일어나고 있는 일들에 대한 설득력 있는 비유를 나타내고 있다. 각 이론은 자기 탐색의 심오한 과정에 내담자와 합류하며 변화를 일으키는 데 중요한 역할을 하고 있다. 대부분의 경우에 이러한 모델들은 개인이 자신의 가족생활에 잘 적응하고, 변화를 향해 체계를 움직이는 데 매우 유용한 개념에 주목하도록 강조하고 있다. 또한 각 방법은 내적 과정이 문제의 원인이 될 수도 있다는 것을 인정하게 하고 변화에 대한 일련의 메커니즘을 제공할 뿐만 아니라 발생하는 문제에 책임을 질 수 있도록 한다.

의도성

도허티(Doherty, 1997)는 가족들이 의도적으로 그들의 가치와 일치하는 방식으로 행동하고 목표와 열망을 향해 나아가고 있다고 주장하였다. 이 견해는 의도에 대한 가족 수준을 보여 주고 있다. 프로이트까지 거슬러 올라갈 수 있을 정도로의 많은 사람은 장기적 목표와 지속적이고 의도적인 사고과정이 일치하는 의사결정을 가능하게 한다고 주장하였다. 이러한 중심적 구성 개념을 설명하는 데 사용된 언어가 많이 있는데, 이것은 또한 커플·가족치료를 인도하는 강력한 렌즈이기도 하다.

가족을 치료하기

커플·가족치료는 가족들이 경험하는 깊은 감정, 가족 간의 연결성, 그 연결성이 궁극적인 치유로 연결된다는 믿음, 그리고 의미 있는 삶을 구축하기 위해서는 온 마을 전체가 필요하다는 생각으로 이어진다. 문화적 맥락이나 접근방식이 무엇이든 간에, 가족과의 치료 경험이 주는 가치는 가족치료가 가지고 있는 많은 비전의 핵심이 된다.

결론: 다양한 이해의 맥

이 장은 커플·가족치료의 통합적 관점의 가치와 실천 방법을 강조하였다. 또한 대부분의 커플·가족치료와 거의 모든 통합 실천 모델에 기저를 이루고 있는 공유된 관점과 기본 개념들을 점검하였다. 커플·가족치료는 다양한 이해관계의 영향을 받아 왔다. 모든 치료자가 이러한 개념들을 다 강조하고 있지는 않지만, 이러한 견해의 영향은 커플·가족치료의 실천에 있어서 공명되어 갈 것이다.

제3장

경험적 기반: 과학과 실천

커플·가족치료는 과학science이자 기예craft다. 때때로 그것에는 커플이나 가족과 함께 그들의 삶에 관한 이야기를 공동으로 창조하면서, 그림이나 소설과 같은 방식으로 감상할 수 있는 미학을 가지고 있다는 점에서 예술에 필적할 만한 특성도 있다(Keeney & Sprenkle, 1992). 커플·가족치료의 실천이 과학의 출현보다 앞서 있었기 때문에 대부분의 커플·가족치료는 과학보다 이론과 기예에 그 기원을 두고 있다. 이러한 상황은 직업들이 발전해 가는 역사 초기에 드물게 일어나는 일이 아니다. 의학도 처음에는 정제된 기예로부터 시작되었고 나중에 학문적 논의를 거쳐 가면서 발전되어 갔다. 그러나 커플·가족치료는 연구와 평가에서 나온 결과가 점점 더 통합되고 실천에 필수적으로 적용되는 진화의 단계를 겪고 있는 중이다. 그러한 진화는 커플·가족치료가 성숙한 분야로 등장하기 위한 필수조건이다(Sexton et al., 2011).

실천에 대한 과학의 관련성

과학은 두 가지 수준에서 실천과 관련이 있다. 지역적 수준에서 볼 때, 각 치료자는 스트리커(Stricker)가 이상적으로 지역 임상학자local clinical scientist라고 부르는 사람들이다(Stricker & Trierweiler, 1995). 이들은 사례에서 나타나는 관련 자료를 과학에 근거해서 면밀히 살펴보고 임상적 결정을 내리는 일을 한다. 이 일은 처치를 받고 좋아졌는지 알기 위해 측정도구를 사용하는 공식적인 일이 될 수 있거나, 혹은 명시적인 양식과 척도 없이 이루어지는 사정과 같은 비공식적인 '측정measurement'이 될 수도 있다. 커플치료자 또는 가족 치료자가 된다는 것은 각 사례에서 나타난 자료를 가려내서, 사례 개념화에 대한 가설과 개입을 검증하고, 처치의 목표가 얼마나 달성되고 있는지를 사정하는 것을 포함한다. 윌리엄 핀소프, 더그 브룬린(Doug Breunlin), 윌리엄 러셀(William Russell)과 나(Lebow)는 다른 연구에서 사례 개념화와 개입을 위한 분석틀에 대해 쓴 적이 있다. 그 분석틀은 자료를 보고 내담자가 좋아졌는지 지속적으로 피드백을 받으면서 가설을 검증하는 것에 집중한다(Breunlin, Pinsof, Russell, & Lebow, 2011; Pinsof, Breunlin, Russell, & Lebow, 2011).

지역 임상학자로서 치료자의 기능은 또 다른 면에서 과학에 의존하고 있는데, 이는 대규모 연구를 통해 가족과 커플·가족치료에 대한 일반적인 지식을 제공하는 과학의 역할을 한다. 이러한 연구가 지금까지 밝혀 왔고 또 앞으로도 밝힐 수 있는 무수한 질문이 있다. 가족생활에서 결정적으로 중요한 측면은 무엇이며, 이러한 요인들이 치료에서 가족에게 어떤 영향을 미치는가? 다양한 가족형태의 예상되는 강점과 문제점들은 무엇인가? 사람들이 커플·가족치료를 받고자 하는 문제들은 어떻게 변화할 수 있는가? 특정한 종류의 문제를 가진 다양한 가족이 좋아지는지를 예상할 수 있는 경로는 어떠한가? 성별, 성적 지향, 문화, 사회경제적 지위 등의 요인들은 가족생활과 처치에 대한 예상 반응에서 얼마나 큰 차이를 보이는가? 커플 문제와 가족 문제는 개인의 어려움에 어느 정도까지 영향을 미치며, 또 반대로 개인 문제는 커플·가족 문제에 얼마나 영향을 미치는가? 치료에 성공적으로 참여하는 데 차이를 만들어 내는 요인과 방법에는 어떤 것들이 있는가? 커플·가족치료는 다양한 종류의 내담자와 문제에 얼마나 효과적인가? 연구는 치료자들의 상담을 위한 토대를 마련하면서, 이러한 질문들과 다른 질문들에 대답하는 데 도움이 되는 중요한 정보를 제공한다.

연구는 실천에 정보를 제공한다고 보는 것이 가장 적절할 것이다. 연구가 어떤 특정한 가족에게 무슨 일이 일어나는지 혹은 무슨 일이 일어날지 완전히 설명해 낼 수는 없다. 가족은 그들의 특성과 반응에 있어서 너무 많은 요소를 가지고 있기 때문에 쉽게 단순화될 수 없다. 특히 커플과 가족에 하나의 꼬리표를 붙이려는 대부분의 노력은 실패하기가 쉽다. 천식 환자가 있는 가족 혹은 조현병 환자가 있는 가족 혹은 아시아계 미국인 가족, 부유한 가족과 같은 꼬리표를 붙이는 것은 그들이 일부 공유하고 있는 패턴을 가리킬 수 있지만, 그 꼬리표들은 실상 매우 이질적인 집단들을 묘사하고 있다.

브룬린과 동료들(2011)이 제안했듯이, 한두 개의 꼬리표에 근거해서 일부분을 공식화시키는 것보다 그 가족에 대한 전체적인 사례 공식화를 하는 것이 어떤 가족에게는 훨씬 더 도움이 된다. 임상실험 연구와 사례집단의 사정 연구에서 나온 다른 결과들은 기껏해야 특정한 개입전략이 얼마나 성공할지의 확률에 대한 자료를 제공하는 것이다. 연구 결과는 특정한 내담자나 상황에 대한 가장 성공적인 전략을 식별할 수 없다. 커플·가족치료에서 이루어지는 임상적 결정은 너무 복잡하고 각각에 대해 결정을 너무 많이 해야 하기에, 연구에서 도출된 보험통계의 알고리즘에 의해 절대적으로 추진될 수 없다. 연구는 불가피하게 몇 가지 변수에 초점을 맞추고 있으며, 아무리 좋은 연구라도 모든 사람에게 적용되지는 않을 수 있다. 예를 들어, 자주 반복되고 널리 받아들여지는 것 중에 권위 있는 양육authoritative parenting이 다른 양육방식보다 더 바람직하다는 연구 결과는, 아시아 인구에 대한 적용 가능성에서 의문이 제기되어 왔는데, 이는 그 집단이 전형적인 서양의 인구집단보다 더 엄격한 통제와 높은 기대를 용인하기 때문으로 보인다(R. K. Chao & Aque, 2009). 따라서 대부분의 연구로부터 만들어질 수 있는 일반화와 어떤 특정한 가족에 대한 적용 가능성에는 분명히 한계가 있다.

그럼에도 불구하고, 연구는 커플·가족치료에 필수적인 기초를 제공한다. 패턴이 발생할 확률과 도움이 되는 것이 무엇인지를 아는 것은 치료자의 개인적인 직관을 넘어서는 상당한 발전을 가져온다. 과학적인 연구 결과는 또한 개별 관찰자의 관점보다 더 큰 객관성을 가진다(포스트모던 비평가들이 제안하듯이 연구에 불가피한 주관성이 남아 있을지라도 말이다). 이 장에서, 나(Lebow)는 커플·가족치료의 실천을 위한 가장 중요한 연구 중 일부를 간단히 요약해서 제시한다. 인간 기능화에 대한 연구는 실천의 어떤 측면과 관련이 있을 수 있지만, 나(Lebow)는 커플과 가족에 대해 가장 두드러진 연구 결과만 고려하였다.

연구는 임상가에게 무엇을 제공할 수 있는가

연구는 실천을 위한 정보를 제공해야 한다는 주장이 수년 동안 제기되어 왔지만, 커플·가족치료는 상대적으로 천천히 연구 자료의 영향을 받았다. 오늘날 일부 치료자들은 여전히 연구를 고려하지 않고 치료를 한다. 심지어 치료자 대부분은, 그들의 치료를 이끄는 요인들이 무엇인가에 대해 질문을 받았을 때, 개인적 경험, 자기 자신의 치료 구성법make-up 같은 요인들과 수많은 다른 요인이 연구 자료보다 앞서고 있음을 밝힌다(Orlinsky & Ronnestad, 2005b).

문제의 일부는 최근까지 연구에 대한 치료자의 이념이 어떠했든 간에, 치료에 도움이 될 만한 연구 결과가 많지 않았다는 것이다. 관계과학은 비교적 새로운 분야이며, 일관된 일련의 연구 결과가 나타나기까지는 시간이 필요하였다. 그러나 오늘날 우리는 커플과 가족, 커플·가족치료에 대한 풍부하고 성장하는 지식 기반을 물려받고 있다.

따라서 이제는 임상적 의사결정의 중요한 요소로서 연구를 포함시키지 못했던 역사적 제약을 극복해 나가면서, 연구가 임상 실천의 중심이 되는 패러다임의 전환을 시작해야 할 때다. 존 고트먼(1999)의 건강한 부부의 집 커플치료sound marital house couple therapy, 정서중심 커플치료(Johnson, Hunsley, Greenberg, & Shindler, 1999), 인지행동 커플·가족치료(Dattilio, 2010), 아동과 청소년을 위한 외현장애 가족치료(Henggeler & Sheidow, 2012), 그 외에도 임상 실천에서 치료를 통해 좋아졌는지를 살피는 척도의 확대 수용(S. Miller, Duncan, & Hubble, 2002; Pinsof & Wynne, 2000)과 같은 과학 기반 처치에 대한 커플·가족치료자들의 관심이 변하기 시작하였다. 연구 결과를 정기적으로 활용하는 커플·가족치료자들은 이제 이러한 방법들을 상당히 따르고 있다.

연구가 도움이 될 수 있는 방법

연구는 어떻게 커플·가족치료자에게 도움이 될 수 있을까? 가장 먼저, 연구는 커플·가족치료의 영향에 대한 객관적인 기록 자료를 제공한다. 증거기반 실천에서는 처치가 내담자와 치료자에게 효과적으로 보이는 것만으로는 충분치 않다. 소비자와 (훨씬 더 많은) 제삼자는 처치가 효과적이라는 증거를 찾는다. 미국과 대부분의 세계에서 건강보험제도는 진단에 기초하고 있으며, 서비스에 대해 제삼자로부터 비용을 받기 위해서 커플·가족치료가 효과적이라는 증거를 제시해야 한다. 특정한 장애에 대한 선택 처치의 개념을 점점 더 자주 부딪히게 되는 경쟁적인 정신건강 시장에서, 커플·가족치료는 그 효과성을 증명하는 연구가 없이는 이러한 장애들에 대한 처치로서 살아남을 가능성이 낮다. 문제가 장애로 이루어지고 이름 붙여지는 그런 도식을 공유하지 않더라도, 이러한 추세가 지니는 실질적인 시사점을 고려해야 한다.

연구는 또한 실천 방법을 형성하는 데 도움을 줄 수 있다. 특정한 접근을 사용하면 개입에서 점점 더 성공하게 될 것이다. 연구는 치료자로서 기능하고 특정한 종류의 사례들을 다루기 위한 보다 효율적인 경로를 치료자들에게 안내할 수 있다. 의사소통 훈련의 개발은 연구가 처치 방법을 개선하는 데 어떤 도움이 될 수 있는지를 보여 주는 좋은 예를 제공한다. 의사소통 훈련은 이 분야의 초기 시절부터 커플·가족치료자의 레퍼토리에 들어갔지만 (Lederer & Jackson, 1968), 연구는 이 훈련을 위한 프로토콜을 최적의 효과적인 패키지로 형성하였다.

연구 결과들은 또한 커플·가족치료자들이 사용하는 복잡한 알고리즘을 단순화하는 데 도움을 줄 수 있다. 종류별로 사례에 대해 잘 확립된 지식을 출발점으로 삼으면 사례 공식화 과정이 다룰 만해지고 효율적이게 된다. 4인 가족을 만나는 데 있어 치료자는 네 가지 사건에 대한 설명을 접하고 수

많은 내담자 변수를 고려해야 하는 점을 명심해야 한다. 처치 계획을 성공적으로 수립하려면, 이러한 종류의 사례에서 확률을 기반으로 발생할 가능성을 따지는 것이 도움이 된다. 예를 들어, 커플 중 한 사람이 양극성장애가 있다면 그 장애가 있는 커플에게 일어날 수 있는 패턴을 염두에 두고 접근을 조정하는 것이 유리하다. 마찬가지로, 분할된 동맹split alliances(한 가족 구성원은 치료에 대해 긍정적으로 느끼고 다른 구성원은 그렇지 않은 경우)이 종종 커플·가족 치료에서 결과가 좋지 않다는 지식(Lebow, Chambers, Christensen, & Johnson, 2012)은 치료자들이 처치에서 이러한 징후에 초점을 맞추고 그것을 다룰 계획을 세우는 데 도움이 될 수 있다.

연구는 또한 어떤 문제에 고유한 적합성을 가진 접근이 존재할 때 특정한 장애와 나타나는 문제의 선택적인 처치의 방향을 잡게 할 수 있다. 이러한 맥락에서, 조현병에서의 심리교육 접근psychoeducational approaches을 사정하는 연구는 특히 유익하다. 이 처치들은 조현병 환자가 있는 가족을 다루는 데 가장 효과적이고 수용할 만한 방법으로 등장하였다. 하지만 이에 대한 연구들은 또한 심각한 정신질환을 앓고 있는 가족 구성원이 있는 가족들과 함께 초기에 종종 사용되었던 정서중심affect-laden 가족치료법의 문제들을 노출시켰다. 마찬가지로, 매스터스와 존슨(Masters & Johnson, 1970)이 개발하고 카플란(Kaplan, 1974)이 확장한 성 치료sex therapy는 뛰어난 효능성을 나타내는 상당한 증거를 얻은 후에야 성적 장애에 대한 개인 처치 방법을 대체할 수 있었다. 연구가 없었다면, 우리에게는 자기들의 처치가 가장 효과적이라고 이기적으로 주장하는 경쟁적인 접근들만 남게 되었을 것이다.

연구는 또한 한 사람의 임상가가 내릴 수 있는 것보다 더 객관적인 처치 사정과 처치 결정을 제공한다. 많은 치료의 결과는 그 효과가 치료자나 가족의 특이성으로부터 나오는지 아니면 처치에서 나오는지에 따라 구분될 수 있다. 치료자가 이념적으로는 지역 임상학자라고 해도, 지역적 과학은 정의상 내담자가 누구인지, 회기에서 그들을 얼마나 자주 볼 수 있는지의 제약을 받을 수 있다. 그런데 내담자 집단에 대한 연구 결과들은 우리 관점에서의 편견을 뛰어넘을 수 있게 한다. 처치에 대한 최선의 사정은 여러 관점(내담자, 치료자, 관찰자)에서 이루어지며, 이는 개인치료자가 경험할 수 있는 것보다 더 넓은 관점으로 변화 과정을 볼 수 있게 한다. 카리스마적인 성격의 영향을 받은 커플·가족치료에서는 방법을 강조하면서도 효과적인 치료의 공통요인을 상당 부분 치료로 이끌어 낸다. 이는 치료자의 인성에서 비롯되는 것과 교육을 통해 배울 수 있는 것을 분리하는 것이 특히 중요하다.

가족 상호작용과 가족 발달에 대한 연구는 치료를 개선하기 위한 직접적인 방법을 제공하지 않는다. 그러한 연구는 가족과정family process에 대한 이해를 높이고 개입 초점을 제안하는 데에 모두 도움이 된다. 예를 들어, 조현병의 처치에서 표준 실천이 된 심리교육적 개입은 주로 조현병에서 정서 표출과 재발 사이의 강력한 부적 관계를 입증하는 중요한 연구의 산물이었다(Hooley, 2007). 이 연구는 정서 표출이 줄어들면 재발의 수준도 줄어들 수 있다는 가능성을 제시했고, 심리교육 처치는 이러한 가능성에 기초하여 개발되었다.

연구는 또한 임상가가 이용할 수 있는 중요한 사정 도구 세트를 개발하였다. 커플·가족치료의 개발 초기에는 제한된 가치를 지니면서 제대로 검증되지 않은 도구들이 몇 개 있었을 뿐이었다. 오늘날에는, 임상가들이 사용할 수 있는 특수한 임상적 효용성을 갖춘 우수한 측정도구가 많이 있다(Lebow & Stroud, 2012). 더욱이, 측정도구의 개발은 그 측정도구가 기반이 되는 임상적 개념들의 견고함을 검증하고, 이러한 개념들을 더욱 엄격하게 만드는 데 도움이 될 수 있다. 다양한 사람이 어떤 개념을 신뢰성 있게 사정할 수 없다면(개발되는 모든 측정도구에 대해 검증이 이루어진다.), 그 개념은 그럴듯하게 보일지라도 아마 너무 모호해서 실제로는 임상적 효용을 가지지 못할 것이다. 고전적인 예로, 널리 유포되는 조현병에 대한 이중구속 이론의 근거가 되는 개념인 이중구속double bind은 결코 신뢰성 있게 사정될 수 없었다. 즉, 훈련된 평정자coders조차도 이중구속이 일어나고 있는지에 대해 동의할 수 없었다(Beels, 2011). 궁극적으로, 그 이론이 아무리 설득력 있어 보일지라도, 연구 과정은 그것이 흥미롭기는 하지만 실제로 조작될 수 없는 개념이라는 것을 밝혀냈고, 따라서 그 효용성이 제한되었다. **밀착**enmeshment, **경직**disengagement, **응집성**cohesion, **적응력**adaptability, **커플 만족**couple satisfaction과 같은 핵심 개념들은 연구에서 조작화되는 세심한 과정으로부터 혜택을 받았다.

마지막으로, 가설 생성과 검증의 연구 과정은 임상가들에게 중요한 모델을 제공한다. 연구자들의 호기심 있는 태도와 증거를 탐색하려는 노력은 기법의 숭배reification에 대한 해독제가 된다. 요약하자면, 임상가들에게 과학은 그들의 작업이 더 성공하도록 돕는 풍부한 기반을 제공할 수 있다.

연구의 한계

과학을 실천에 접목시키는 것을 비판하는 사람들은 과학의 한계를 강조한다(Keeney & Morris, 1985). 과학이 제한적일 수 있다는 것은 부인할 수 없다. 과학에서 의미를 끌어내는 것은 정보를 받아들이는 연구 소비자를 필요로 한다. 때때로 연구는 그것이 대답해야 할 질문들에 비추어 볼 때 잘못 설계되기도 한다. 훌륭한 연구 설계를 가정하더라도, 결론이 쉽게 과장되고 과잉되게 쓰일 수가 있다. 작은 효과 크기는 보증된 것보다 더 강력한 효과를 나타내는 것으로 제시될 수 있으며, 통계적 유의성(연구 결과를 입증하기 위한 필수 기준)은 임상적 유의성과 혼동하기 쉬운데, 즉 연구 결과가 실제적으로 중요한지와 혼동될 수 있다. 변수가 공변covary할 때, 상관관계를 보여 주는 결과를 잘 설명하는 것은 한 변수가 다른 변수에 영향을 미치는 논의로 쉽게 옮겨 갈 수 있다. 자료가 단일 시점에서 수집되면, 그러한 인과적 진술이 가능하지 않다. 더욱이, 이러한 문제들이 모두 적절하게 처리되더라도, 연구는 일련의 가설에 대한 하나의 검증만을 제공한다. 특히 다른 모집단에서 발견된 결과의 적용 가능성에 대해서는 추가 검증이 필요하다.

실천에 정보를 제공하기 위해 인간관계의 과학을 적용하는 데 있어 가장 주요한 문제는 그것들이 아직 확립되지 않았는데도 일부의 연구 결과가 확립된 것으로 제시된다는 점이다. 홍보는 종종 이 과정을 촉진한다. 매체는 새로운 관점이나 아이디어를 제시하는 결과에 가장 관심이 많다. 종종 그러한 새로운 연구 결과는 다른 집단과 유형의 사람에 대한 추가 조사와 재실행에서 동일한 연구 결과가 반복되는지 여부를 확인하기 위해 검증의 과학적 과정을 거치기 전에 주목을 받는다. 따라서 연구 결과가 잘 확립되기 훨씬 전에, 그 것들이 종종 전파된다.

더욱이, 사회과학에서의 연구 결과는 그것들의 의미를 왜곡할 수 있는 혼란의 가능성이 있다. 두 변수가 함께 변할 수 있지만, 한 변수가 다른 변수의 변화를 유발하기 때문에 변하는 것이 아니라 세 번째 변수가 두 변수 모두에 영향을 주기 때문에 그럴 수 있다. 예를 들어, 문화집단은 일부 가족적 특성이 다를 수 있지만, 그 연구 결과는 문화 자체보다 문화집단에 걸친 소득의 차이로 가장 잘 설명될 수 있다. 과학은 그러한 노력을 통제할 수 있는 방식들을 가지고 있지만, 그러한 혼란이 완전히 분석될 때까지 제시된 발견은 이야기의 일부만을 말하고 있는 것일 수 있다. 예를 들어, 최근 연구 결과에 따르면, 부모가 사실혼 관계에 있는 미국의 가족은 부모가 정식으로 결혼한 가족보다 기능이 떨어지는 것으로 나타났다(Waite & Bachrach, 2000; Woods & Emery, 2002). 불행하게도, 빈곤의 수준과 그에 따른 지리적 안정성은 사실혼과 기혼자들 간 차이와 공변하기 때문에 그러한 연구 결과들이 부모의 결혼 지위에 따른 가족기능을 의미한다고 볼 수 없다. 모든 사회경제적 집단에 걸쳐 동거cohabiting가 정상적인 스칸디나비아에서는 동거 부모를 둔 가족이 다른 가족처럼 잘 기능한다. 즉, 동거에 대해 제시된 분석에서 동거가 핵심 변수가 아니라는 것이다. 따라서 커플이나 가족에 대한 연구 결과를 선별하여 신중하게 검토할 필요가 있고, 결과가 얼마나 잘 확립되어 있는지, 이러한 연구 결과가 그 효과에서 얼마나 강력한지, 그리고 이러한 효과가 다른 집단의 사람들에게 얼마나 잘 일반화되는지 물어볼 필요가 있다.

하지만 아기를 목욕물과 함께 버려서는 안 된다.[1] 우리는 잘 설계된 연구, 특히 그 결과를 검증하고 그 의미를 명확히 하기 위한 추가 연구를 통해 일련의 연구 결과들이 이어지는 프로그램으로부터 많은 것을 배운다. 내담자 성과client outcomes와 같은 문제에 대해 여러 관점이 있다고 해서 이러한 관점들의 자료가 중요하지 않거나 도움이 되지 않는다고 말할 수 없다. 좋은 과학은 우리의 방법들이 진화하고 개선되도록 도움을 준다. 주관성은 제거되는 것이 아니라 다양한 관점을 가진 보고자들의 견해를 고려하는 것과 같은 방법을 통해 최대한 줄어들고 균형이 맞춰지는 것이다.

임상가는 연구에 무엇을 제공할 수 있는가

임상가가 연구에 대한 관심으로부터 이득을 얻을 수 있듯이, 연구도 임상가에 대한 관심으로부터 이득을 얻을 수 있다. 무엇보다도 먼저, 임상가는 연구의 대상이 되는 방법을 개발한다. 윈과 동료들(Wynne, McDaniel, & Weber, 1988)은 이론, 아이디어와 실천 방법을 생성하는 이러한 과정을 탐색search이라고 언급하였다. 이러한 발견 과정은 이론이나 처치를 보다 객관적으로 사정하는 연구 단계를 마련한다. 둘째, 임상가는 질문의 구성에 대해 생생한 관점을 제공한다. 임상가가 연구를 형성하는 것에 대한 입력input을 제공한다면, 연구는 임상적으로 훨씬 더 의미 있고 유용할 수 있다. 그러한 입력은 발생할 수 있는 몇 가지 명백한 문제를 피하게 할 수 있다. 예를 들어, 임상적으로 가장 자주 사용되는 방법이 연구의 초점이 될 것으로 예상할 수 있지만, 그렇지 않은 경우가 종종 있다. 상당한 연구들이 연구자들 자신이 개발한 거의 알려지지 않은 임상 방법에 초점을 맞추고 있다. 임상가는 연구자에게 중요한 연구 방법의 방향을 알려 줄 수 있다. 또한 처치의 특정한 측면을 어떻게 형성하는가와 같은 임상가에게 가장 관심 있는 질문을 해결하려는 연구는 하나의

---

1) 역자 주: 이 말은 "어떤 것을 버리면서 그 과정에서 가치 있는 것을 잃지 않도록 주의하라."라는 의미다. 여기에서는 사회과학에서의 연구 결과가 의미를 왜곡할 수 있는 혼란의 가능성이 있지만, 잘 설계된 연구나 추가 연구를 통해 도움을 받을 수 있기 때문에 연구를 부정해서는 안 된다는 의미다.

일반적인 가족치료 방법이 다른 방법에 비해 우수하다는 것을 입증하려는 노력보다 훨씬 더 큰 영향을 미칠 것이다.

임상가가 연구를 개선하도록 도울 수 있는 또 다른 방식은 연구자들에게 연구 결과의 과정과 내용에 대한 피드백을 제공하는 것이다. 연구 결과를 이해할 수 있는가? 이러한 결과가 유용한가? 연구 결과를 의심스럽게 만드는 측면이 있는가? 임상 경험을 통해 결과가 확인되는가? 그렇지 않다면, 왜 그런가? 연구가 임상 경험과 너무 달라 신빙성이 떨어지는가? 어떤 의미에서 임상가는 처치에 대해 연구 결과의 의미를 사정하기 위한 자연스러운 초점집단focus groups이 된다. 그러한 피드백이 공식적으로 거의 요구되지 않은 것이 놀랍다. 거의 확실하게 발표된 적이 없었다. 대신, 임상가들이 연구에 대해 보여 주는 전반적인 태도나 연구 결과를 사용하지 않는다는 점에서 그들의 반응이 드러난다(Orlinsky & Ronnestad, 2005b).

연구와 관련해 임상가의 또 다른 역할은 연구 결과가 적용 가능한지 추가적으로 검증한다는 것이다. 연구는 기업의 성격과 프로젝트 수행에 사용할 수 있는 자금에 의해 본질적으로 일반화 가능성이 제한된다. 임상 연구에서의 표본은 소규모이며, 종종 하나의 현장site과 일부 임상가로 제한된다. 임상가들이 그 연구 결과들을 직접 검증할 때 무슨 일이 일어나는가? 이 방법은 효과가 있는가, 아니면 특정한 표본이나 모집단으로 제한되는가? 실제 세계에서 임상가가 효과성 연구를 적용하는 경우에만 이러한 질문들에 답할 수 있다. 최근에 실천 네트워크가 형성되어서 전형적인 임상가들로부터 나오는 실천 방법에 대한 효과성 자료가 연구에 들어가기 시작하였다(Borkovec, 2004).

마지막으로, 임상가는 연구의 주요 소비자로서 필수적인 역할을 차지한다. 연구가 커플·가족치료에 영향을 미칠 수 있는 주요한 경로는 궁극적으로 임상가들의 행동을 통해서인데, 그들은 연구 결과를 실천 패턴에 통합시키기도 하고 안 시키기도 한다. 분명히, 최고의 커플·가족치료는 연구와 실천을 통합하고 연구자와 임상가 사이의 경계를 연결하여 한 쪽 작업이 다른 쪽 작업에 영향을 미치게 한다.

커플·가족 연구의 질

관계과학은 지난 20년 동안 엄청나게 발전해 왔다. 많은 연구가 커플과 가족에 관해, 그리고 커플·가족치료에 관해 초점을 맞추고 있다. 몇몇 학술지들은 뛰어난 관련 연구를 발표하고 있는데, 가장 저명한 학술지들은 『가족과정Family Process』 『부부·가족치료 저널Journal of Marital and Family Therapy』 『가족심리학 저널Journal of Family Psychology』 『가족치료 저널Journal of Family Therapy』 『결혼과 가족 저널Journal of Marriage and Family』 『가족관계Family Relations』 등이다. 커플·가족치료는 이제 커플과 가족관계에 대한 실질적인 과학의 출현에 근거하여 더욱더 과학에 기반하게 될 잠재력을 가지고 있다. 이 연구들은 실천에 있어 많은 중대한 시사점을 가지고 있다.

아마도 여기서 가장 중요한 것은 최근 커플과 가족 연구에서 방법의 질이 크게 향상되었다는 것일 것이다. 커플과 가족 연구는 초기 구상단계부터 가족 중 한 명 이상에게서 자료를 수집하는 데 적합한 측정과 연구 설계를 통한 혜택을 보았다(Kenny & Campbell, 1989). 많은 커플과 가족 연구가 현재 사회과학 연구에서 최근에 보편화된 다층 모형 기법multilevel modeling techniques을 사용하고 있다. 복잡한 가족과정을 사정하기 위해 다양한 측정도구와 절차를 만들어 내는 조사 연구가 이루어졌다(Lebow & Stroud, 2012). 순차적 과정과 그들의 행동이 공변하는 참여자들을 연구하는 데 필요한 대인관계 과정 연구와 복잡한 통계분석을 위한 기술 또한 엄청나게 향상되었다.

또한 다양한 방법을 통해 개념의 타당성을 설명하는 정교한 다속성 다방식 매트릭스multitrait multimethod matrixes의 활용을 높이는 쪽으로 연구의 방향이 이동하였다(D. Campbell & Fiske, 1959). 어떤 것은 개인에게 초점을 맞추고 어떤 것은 가족에 초점을 맞추는, 여러 개의 초점이 있는 단일 연구에서 흔하게 여러 방법을 이용하게 되었다. 양적 방법과 세련된 질적 방법도 마찬가지로 함께 혼합되는데, 이렇게 하면 좋은 양적 연구에서 얻을 수 있는 타당성에 대한 위협 감소라는 이점과 질적 방법에서 얻을 수 있는 정교함과 이해의 깊이라는 이점 둘 다를 얻을 수 있다. 예를 들어, 결혼 만족과 이혼과 관련된 커플과정에 관한 고트먼의 획기적인 연구에서는 생리학적 측정과 참여자들로부터 도출된 질적 생애사를 함께 시도하여 커플 행동을 분석하였다(J. M. Gottman & Levenson, 2002).

가족과정의 일부 측면은 수십 년에 걸쳐 시간이 지나야지만 연구될 수 있다. 가족에 대한 연구는 이제 세대를 걸쳐 수행된 종단적 연구로부터 정보를 얻는다. 제럴드 패터슨(Gerald Patterson)이 이끄는 오리건 사회학습 집단 Oregon Social Learning group의 아동 반사회적 행동에 대한 연구는 40년 동안 진행되어 왔다(Patterson & Fagot, 1967).

또한 커플과 가족, 처치에 대한 연구에서 초점을 맞추고 있는 과정은 처치연구와 더 크게 연결되었다. 예를 들어, 커플에서의 우울증 연구는 한 파트너가 우울증을 앓고 있는 커플에 대한 처치 연구로 이어졌다(Beach & Cassidy, 1991). 메타수준metalevel 이론들은 이제 커플과 가족에 대한 많은 연구를 이끌고 있는데, 이는 다시 처치에 대한 개발과 그 처치에 대한 연구를 진행시킨다. 이런 식으로, 커플과 가족에 초점을 맞춘 새로운 이론들과 처치들은 이전의 이론들이나 처치들보다 훨씬 더 많은 연구 기반을 가지고 있다.

한때 외적 타당도의 이슈는 커플과 가족, 그리고 커플·가족치료에 대한 연구에서 명백히 아킬레스건(취약점)이었다. 가족들은 문화마다 매우 다르고, 때로는 심지어 한 문화의 하위문화 내에서도 아주 다르다. 일찍이 제시된 연구 결과들을 볼 때, 연구대상자가 모두 중산층 백인 미국인이었기 때문에 그런 연구들에서 내린 결론은 연구의 적용 가능성을 심각하게 제한시켜 왔다. 연구 결과의 일반화에 대한 이슈로 인해, 현재는 여러 문화권에 걸쳐 연구 결과를 검증할 필요성이 폭넓게 인정되고 있다(Bernal & Domenech Rodríguez, 2009; Bernal, Jiménez-Chafey, & Domenech Rodríguez, 2009; Bernal & Sáez-Santiago, 2006). 이 문제는 커플·가족치료와 그 연구가 정말로 국제적이며 다문화적인 것으로 나타남에 따라 다소 완화되었다.

마지막으로, 어려움 때문에 생기는 가족과정을 식별하는 연구는 이제 이러한 과정을 개선하도록 설계된 프로그램 연구로 더 쉽게 바뀌어 가고 있다. 커플과 가족과정, 위험 요인 개선과 탄력성 제고를 위한 예방 프로그램 연구들은 그러한 문제가 이미 발생한 사람들의 어려움을 줄이기 위한 처치 프로그램들로 훨씬 더 긴밀하게 연결되고 있다. 예를 들어, 커플 패턴을 보여 주는 연구는 커플 준비와 강화 프로그램에 대한 연구와 커플을 위한 처치 연구로 연결되고 있다(Lebow et al., 2012; Markman & Rhoades, 2012).

커플과 가족에 대한 기초 연구

커플과 가족에 대한 기초 연구는 커플·가족치료의 실천과 관련해서 연구 결과가 풍부하다. 다음은 이러한 연구 결과들 중 가장 중요한 몇 가지에 대한 내 나름대로의 요약이다. 모든 주제를 다 다루려고 한 것은 아니고 실천에 정보를 줄 수 있는 광범위한 관련 연구 결과를 지적하기 위해 주제들을 제시하였다.

관계과학은 정기적으로 공개 토론의 주제인 이슈들과 공공정책에 대해 종종 말하기 때문에, 때때로 연구 결과에 대한 논란이 있다. 과학이 완전히 객관적인 것은 아니지만, 훌륭한 과학은 특히 다양한 관점을 가진 조사자들에 의해 여러 프로젝트에 걸쳐 연구 결과가 반복될 때, 달성할 수 있는 객관성에 가장 가까운 근사치를 제공한다. 이와는 대조적으로, 세상에 대한 개인의 견해는 항상 제각각이며 개인의 사적이고 문화적인 것에 근거한 왜곡의 영향을 받는다. 예를 들어, 불과 몇 년 전만 해도 많은 사람은 동성 부모의 자녀들이 필연적으로 문제를 겪을 것이라고 믿었다. 이러한 생각은 동성 부모 가족과 자녀에 대한 관련 자료의 출현으로 인해 반증되었다(Green & Mitchell, 2008). 마찬가지로, 어떤 사람들은 이혼한 부모의 자녀가 되는 것이 피할 수 없는 어려움으로 전락시킨다고 주장(Wallerstein & Lewis, 2004)하는 반면, 다른 사람들은 부모의 이혼이 감정적인 격변 없이 쉽게 극복할 수 있는 인생의 또 다른 경험일 뿐이라고 제안하였다. 하지만 연구는 강렬한 감정과 궁극적으로 대처할 가능성 모두를 지적하고 있다(Hetherington & Arasteh, 1988).

결혼과 가족의 인구통계

관계와 가족의 인구통계에 대한 이해는 상당히 중요한데, 이러한 연구 결과들이 커플·가족치료가 일어나는 커플과 가족의 세계와 그 가족들의 규범에 대해 말하기 때문이다. 치료가 이러한 관계 강화라는 역동적인 목표를 지향하는 가운데서도 결혼과 가족은 진화하고 있다(Fincham & Beach, 2010). 철린(Cherlin, 2004)은 그가 **제도화된 결혼**institutionalized marriage이라고 언급한 것에서 보다 유연한 선택 쪽으로 전환해 가고 있음을 강조하였다. 오늘날 미국과 세계의 많은 가족 중 양쪽 부모가 모두 있는 가정은 그리 많지 않다. 대부분의 아이는 주로 한 부모와 함께 산다.

미국의 이혼율은 1970년대부터 2005년까지 증가하다가, 그 후 감소해서 현재 이혼율은 약 50%이다(Cherlin, 2004, 2010).[2] 이러한 이혼의 절반은 결혼 후 첫 7년 이내에 발생한다(Cherlin, 2010). 서구 선진국 중 미국이 가장 높은 이혼율을 보이고 있으며, 영국, 독일, 그리고 호주는 평균 30~40%의 이혼율을 보이고 있다. 비록 대부분의 나라에서 85%의 사람들이 50세까지 결혼을 유지하지만, 서구 세계의 결혼율은 65% 이하로 감소하였다. 많은 사람이 결혼하지 않고 함께 살기를 선택한다(미국에서는 8%의 커플들이 동거하고 있다; D. Snyder & Halford, 2012). 동거 관계의 해체에 대한 비율 또한 이혼율보다 높기 때문에 이렇게 유동적인 관계의 수치는 이혼율보다 높다.

또한 오늘날 미국의 지배적인 생활방식은 혼자 사는 것이라는 점을 유념해야 한다(Cherlin, 2010; Green & Mitchell, 2008). 오늘날의 가족은 동성 파트너

---

2) 역자 주: 이러한 이혼율은 이 책의 원저가 출판된 당시(2014)의 상황을 반영한다.

를 가질 수 있다. 더 이상 치료자들이 사회를 반영하지 않는 가족에 대한 샘플을 지니지 않도록, 가족생활에 대한 오래되고 고정관념적인 시각은 최근의 추세에 비추어 분명히 수정되어야 한다. 가족구조에 대해 진화하는 규범의 렌즈를 통해 가족을 들여다볼 필요가 있다. 규범은 하위문화마다 다를 수 있으며, 종종 우리 사회의 '문화전쟁culture wars'의 대상이 되기도 한다.

역학

커플 간 스트레스는 가장 빈번하게 직면하는 어려움 중 하나다. 앞에서 보고된 이혼에 대한 통계를 넘어서, 커플의 20%는 어느 때나 커플 간 스트레스에 대한 기준을 충족시키는데, 결혼 첫 10년 동안 만족도 수준이 상당히 감소된다(Bradbury, Fincham, & Beach, 2000). 똑같이 치명적이지만, 가족 간 스트레스 수준은 비교적 덜 연구되는데, 아마도 가족 간 스트레스 수준이 커플 간 스트레스와 같은 방식의 특정한 증후군으로 정의되지 않기 때문일 것이다. 따라서 스트레스를 겪는 가족의 백분율을 보여 주는, 비교 가능한 가족에 대한 자료가 없다.

커플 간 스트레스와 가족 간 스트레스가 개인의 정신적·육체적 문제와 강한 연관성을 가지고 있음을 보여 주는 상당한 양의 자료가 축적되어 있다. 전체 인구를 대상으로 한 설문조사에 따르면, 가장 자주 인용되는 정서적 스트레스의 원인이 관계 문제다(Swindle, Heller, Pescosolido, & Kikuzawa, 2000). 더욱이, 그러한 스트레스가 개인의 정신병리 생성과 유지에 상관이 있을 뿐만 아니라 인과적 역할을 한다는 증거가 늘어나기 시작하였다(Hooley, 2007; Whisman, 2007). 위스먼과 우벨래커(Whisman, 2007; Whisman & Uebelacker, 2006)는 미국에서 결혼한 사람들을 대상으로 한 인구 기반 조사에서 커플 간 스트레스와 『정신질환의 진단 및 통계 편람Diagnostic and Statistical Manual of Mental Disorders』의 축 I 정신장애 사이에 연관성이 있다고 평가하였다. 커플 간 스트레스는 불안장애, 기분장애, 물질사용장애의 일반적인 분류뿐만 아니라 공황장애를 제외한 그런 특수한 장애들의 보다 세부적 분류와 강하게 연관되어 있었다. 가장 강한 연관성은 커플 간 스트레스와 양극성장애, 알코올사용장애와 범불안장애 사이에 있었다.

또한 불륜, 별거와 같은 수치스러운 것으로 경험되는 중요한 커플 관계 사건들은 종종 불안과 우울로 이어진다는 것이 밝혀졌다(Cano, Christian-Herman, O'Leary, & Avery-Leaf, 2002; Cano, O'Leary, & Heinz, 2004). 관계 스트레스와 축 I과 축 II 진단의 존재는 순환적이다. 즉, 흔하게 한 쪽이 각기 다른 쪽을 이끌어 낸다.

비슷한 방식으로, 개인의 정신병리는 분명히 가족과정의 영향을 받고 영향을 주기도 한다. 가족 내에서의 정서 표출은 조현병, 양극성장애, 경계선 성격장애와 기타 여러 진단을 받은 사람들의 기능 수준을 결정하는 강력한 요인으로 보인다(Chambless, Bryan, Aiken, Steketee, & Hooley, 2001; Hooley, 2004, 2007). 가족 간 스트레스의 맥락에서 생리적 요인의 영향에 대한 증거도 축적되었다. 예를 들어, 키콜트 글레이저(Kiecolt-Glaser)와 동료들(2003)은 행복한 부부들보다 불만족하고 이혼하는 부부에게서 더 높은 수준의 스트레스호르몬, 특히 에피네프린epinephrine, 노르에피네프린norepinephrine, 부신피질자극호르몬adrenocorticotropic hormone(ACTH)을 발견하였다. 홀리와 동료들(Hooley et al., 2009)은 비슷하게 가족에게서 비난을 받아 우울해진 사람들의 뇌 기능 변화를 증명하였다.

관계 스트레스의 영향은 다른 방식으로도 체계론적이다. 위스먼과 우벨래커(2006)는 스트레스를 받는 커플 관계에 있는 것이 가족과 친구와의 사회적 역할 손상, 업무 기능 손상, 전반적인 스트레스, 건강 악화, 자살 생각의 가능성 증가 등과 관련된다고 밝혔다. 스트레스를 받는 관계에 있는 사람들은 또한 건강이 나빠지고, 더 많은 의료 서비스를 이용하며, 심지어 수명이 단축되는 경향이 있다(D. Snyder & Halford, 2012; Waite & Gallagher, 2000). 연구에 따르면, 또한 커플 간 스트레스는 우울, 불안, 물질사용장애와 같은 문제 개입과 개입 후 재발에 더 나쁜 성과를 가져온다(O'Farrell & Clements, 2012;

Whisman & Uebelacker, 2003).

이제 더 이상 가족 내에서의 발병과정이 항상 심각한 정신질환의 생성을 설명한다고 가정하지는 않지만, 조현병과 양극성장애를 가진 사람들과 그들의 가족 간에 공진화하는coevolve 패턴은 장애를 가진 개인의 기능에 분명히 영향을 미친다. 가족의 정서 표출이 높은 상황에서는 양극성장애와 조현병을 가진 사람들 안에서의 재발과 다른 결과들이 정서 표출이 낮을 때보다 훨씬 더 높게 나타난다(Hooley, 2007).

아동과 청소년에서의 품행장애와 약물남용 발달에 대한 연구는 이러한 장애들의 발생과 유지에 자주 연관되는 가족 발달 경로를 지적하고 있다. 특히 비일관적인 양육과 자녀의 비행이 공진화하는 패턴은 곤란한 행동을 유지하게 하는 부모와 자녀 양쪽 편에서의 행동이 공진화하는 패턴을 갖는 유아기에 대개 나타나기 시작한다(Capaldi, Pears, Patterson, & Owen, 2003; Patterson, Bank, & Stoolmiller, 1990; J. Snyder, Reid, & Patterson, 2003).

분명히, 스트레스를 받는 커플 관계와 가족 간 스트레스는 개인의 기능에 중요한 영향을 미치며, 개인 기능에서의 어려움은 비슷하게 그리고 순환적으로 개인의 스트레스와 커플 간 스트레스의 비율을 증가시킨다. 가족에 대한 파급력은 다양할 수 있지만, 임상 실천에 대한 두 가지의 의미가 강조되어야 한다. 첫째, 커플과 가족 간의 높은 스트레스에 직면할 때, 임상가는 항상 개인의 이슈들이 동시에 일어난다는 것과 또 그 반대를 사정하고 고려해야 한다. 다른 쪽 없이 한 쪽에 주의를 기울이는 것은 다른 문제에 의해 가려질 수 있는 결정적인 요소를 빠뜨린다. 둘째, 커플 간 스트레스와 가족 간 스트레스, 특히 커플 안에서의 정서 표출과 그에 상응하는 적대적 비판의 수준을 줄이는 것은 이러한 문제 패턴을 보이는 커플과 가족에게 필수적인 목표다. 아동, 청소년과 그들의 부모 간에, 그리고 파트너 간에 강압적인 주기의 감소를 목표로 할 때도 똑같이 주의를 요한다.

관계의 강력한 효과

핵심적인 가족관계의 질과 인간 복지의 다른 측면(심리적, 사회적 또는 생물학적) 간 강한 연관성은 앞에서 분류된 정신장애의 역학에 대한 논의를 훨씬 넘어 사회과학에서 가장 잘 확립된 연구 결과 중 하나다. 더 나아가, 이 연결고리는 가족과 개인의 기능이 어떻게 공진화하는지 살펴보는 연구들과 개인 발달과 가족 발달을 따라가는 종단적 연구들에서 모두 확립되어 왔다. 실제로 『가족심리학 저널』이나 『가족과정』의 모든 발행호에는 가족과정과 자녀양육에서의 패턴이 사실상 모든 성격 특성과 정신병리 형태의 발달에 중요하고 지속적인 영향을 미친다는 것을 증명하는 연구들이 실려 있다. 이러한 영향은 학대와 방임과 같은 극단적인 조건뿐만 아니라 광범위한 가족 환경에서 나타난다.

이러한 증거를 고려할 때 세 가지 주의사항을 제시해야 한다. 이러한 연구 결과 중 많은 것, 특히 초기 연구들은 가족 변수의 인과적인 영향보다는 상관관계를 보여 준다. 가장 초기의 가족치료자들이 설득력 있게 주장했듯이, 관계 기능과 개인 기능은 공진화한다. 한 쪽이 다른 쪽에 영향을 미친다. 예를 들어, 우울해지는 경향이 있는 개인은 더 어려운 관계에 들어갈 가능성이 높으며, 그들이 형성한 관계는 더 많은 우울증으로 이어질 가능성이 높다(Davila, Stroud, Starr, Gotlib, & Hammen, 2009). 그럼에도 불구하고, 최근의 많은 연구는 관계 스트레스가 대부분의 개인적 어려움을 발달시키고 악화시키는 인과적 요인이라는 것을 분명히 밝혀냈다.

두 번째 주의사항은 가족의 영향이 단독적으로 일어나지 않는다는 것이다. 다른 힘(예: 개인의 생물학적 구성, 인성, 동료의 영향, 더 큰 체계 요인들)과 우연한 사건도 강력한 영향을 미친다.

세 번째, 연구는 개인이 차이를 만들고, 같은 가족 내에서 자란 아이들도 개인차와 가족 내에서 차별 대우를 받는 방식으로 인해 매우 다르게 영향받는다는 것을 보여 준다(Reiss & Neiderhiser, 2000; Reiss, Neiderhiser,

Hetherington, & Plomin, 2000). 가족에서 일반적인 상황과 행동 패턴은 가족 구성원들에게 상당한 영향을 미치는 것으로 나타났지만, 특정한 개인에 대한 구체적인 영향은 그 가족과 그 개인을 함께 고려해야 한다. 예를 들어, 신체적 학대가 있었던 가족의 자녀들이 다른 가족의 자녀들보다 일반적으로 더 높은 수준의 우울과 불안을 가지고 있다고 하더라도, 동일한 가족 환경이 관련된 모든 사람에게 동일한 방식을 경험하게 할 것이라고 가정해서는 안 된다(Neiderhiser, Reiss, Hetherington, & Plomin, 1999). 한 사람에게 트라우마의 이야기가 될 수 있는 것이 다른 사람에게는 회복탄력성의 이야기가 될 수 있다. 가족 환경이 많은 위험 요인을 나타내는 경우에도, 대부분은 정신병리나 기타 주요 기능장애를 일으키지 않고 이러한 위험을 초월하는 방법을 발견한다. 임상가에게 전하는 메시지는 분명하다. 가족에서의 삶은 매우 중요하며 이해되어야 하지만, 가장 중요한 것은 가족 안에서 삶의 개인적인 경험이며, 가족생활 안에서 그것이 어떻게 응답되는가다.

관계의 특성

관계과학은 관계의 핵심적인 측면들에 대한 목록과, 특히 커플에게 만족스러운 관계와 스트레스를 주는 관계에 대한 그림을 제시한다(Reis, 2012).

긍정적 정서 우세

잘 정립된 한 가지 맥은 긍정적 정서가 우세하면 커플들이 관계에서 만족할 가능성이 높다는 것이다(J. M. Gottman & Gottman, 2008; Weiss & Heyman, 1990). 긍정적 정서 우세positive sentiment override는 파트너를 향한 인지적-정서적 느낌이라는 전체적인 지각gestalt의 맥락에서 자신의 파트너를 바라보고, 따라서 긍정적인 행동을 강조하고 긍정적인 느낌의 맥락에서 부정적인 사건을 더 우호적으로 보는 경향을 말한다. 부정적 정서 우세negative sentiment override에 대해서도 유사한 효과가 나타나는데, 여기서는 긍정적인 행동이 최소화되고 부정적인 행동은 부정적인 느낌의 맥락에서 강조된다. 긍정적 정서 우세가 커플 관계 만족의 필수적인 측면이라는 많은 증거가 있으며(Hawkins, Carrère, & Gottman, 2002; South, Doss, & Christensen, 2010), 아마도 가족 경험에 대한 개인의 관점을 결정하는 데에도 비슷한 효과를 미칠 것이다. 사랑에 대한 좋은 느낌과 긍정적 느낌은 구체적 교환보다 더 큰 영향을 미친다(Reis, 2012).

이러한 중요한 연구 결과는 사정과 처치 모두에 큰 관련이 있다. 커플 관계를 사정하는 데 있어서, 정서 우세의 질보다 더 중요한 요인은 아마도 없을 것이다. 긍정적 정서 우세가 강한 경우, 높은 수준의 부정적 정서 우세에 직면했을 때보다 성공적인 성과의 확률이 훨씬 더 크다. 더욱이, 긍정적 정서 우세가 낮을 때는 이 목표를 달성하기 위해 선택된 다른 많은 전략이 무엇이든 간에 관계의 이러한 측면을 재구축하는 것을 가장 중요하게 보아야 한다.

관계의 긍정적 측면과 부정적 측면

커플들과 관련된 중요한 연구 결과는 관계의 긍정적 측면과 부정적 측면이 매우 뚜렷하게 나타난다는 것이다. 즉, 관계의 긍정적 측면은 종종 문제가 있는 측면과는 독립적으로 기능할 수 있다(Fincham, 2003; Fincham, Beach, & Kemp-Fincham, 1997). 이러한 연구 결과가 제시하는 임상적 함의는 긍정적이거나 부정적인 한 극단에 초점을 맞추어 관계를 보게 되면 치료자들이 치료 회기의 내용을 완전히 이해하기 어렵다는 것이다. 단지 문제가 있다고 해서 결혼의 여러 측면에 긍정적인 연결이 부족한 것은 아니며, 공공연한 갈등이 적다고 해서 반드시 긍정적인 연결이 되는 것은 아니다. 커플들에게 긍정적인 연결이 존재할 때, 이것은 또한 관계의 더 문제적인 측면을 다루는 데 도움이 될 수 있다. 다시 말해, 이러한 연구 결과는 커플 연구에서 나왔지만, 가족들 내에서도 유사한 경향이 활발하게 발생할 것으로 보인다.

갈등

커플 안에서 갈등의 역할과 성공적인 갈등 대 문제적인 갈등의 성격을 다루는 상당히 많은 문헌이 있다. 건설적인 갈등에서는, 쟁점들이 논의되고 감정은 고조될 수 있지만, 논의는 여전히 규칙에 따르게 되고 초점을 잃지 않게 된다(Stanley, Markman, & Whitton, 2002; Weiss & Heyman, 1997). 비록 갈등이 있더라도 긍정적이거나 중립적인 감정은 여전히 존재한다(J. M. Gottman, 2011). 대조적으로, 스트레스를 받는 관계에서의 갈등은 공정한 싸움의 규칙을 위반하는 주장(예: 여러 가지 쟁점을 동시에 제기하는 것, 이름 부르기, 경청하지 않기, 호전성 등)이나 갈등을 회피하는 경향이 있다. 이러한 갈등에는 높은 수준의 부정적인 감정도 범람하듯이 자주 나타난다(J. M. Gottman, 2011). 한 파트너가 지속적으로 접근하고 다른 파트너는 도망가는 요구-철회 주기demand-withdraw cycles(추적자-도망자 주기pursuer-distancer cycles라고도 함)는 스트레스를 겪는 커플들 안에서 흔하게 나타난다(Christensen & Heavey, 1993; Eldridge, Christensen, Noller, & Feeney, 2002; Eldridge, Sevier, Jones, Atkins, & Christensen, 2007).

존 고트먼의 연구

존 고트먼(J. M. Gottman & Gottman, 2008; J. M. Gottman & Levenson, 2002)의 연구는 만족하거나 불만족하는 커플들을 구별 짓는 커플과정을 이해시키는 것이었다(Driver, Tabares, Shapiro, Nahm, & Gottman, 2003). 고트먼과 동료들은 상호작용하는 동안 생리학적 측정을 하면서 커플들의 상호작용 과정을 비디오테이프에 담았다. 그리고 이 비디오테이프를 집약적으로 코딩해서 관계에 대한 커플들과의 인터뷰와 결합시켰다. [와이스(Weiss, 1980)와 다른 사람들이 한 이전 연구를 복제한] 이 연구에서는 한 가지 중요한 발견을 했는데, 만족스러운 관계를 개발하고 유지하려면 일반적으로 5 대 1로 충분히 높은 긍정 정서 대 부정 정서의 교환 비율이 필요하다는 것이다. 단순히 말해서, 커플이 긍정 정서가 부정 정서를 압도하는 비율을 가지고 있지 않다면 관계는 만족스럽지 않을 것이다. 이 결과는 이 비율이 5 대 1 미만일 때 긍정적인 교환을 늘리고 부정적인 교환을 줄이는 방식으로 커플치료를 적극적으로 실시할 필요가 있음을 보여 준다.

고트먼과 동료들은 또한 관계적 어려움이 공진화함에 따라, 관계의 특정한 패턴은 관계의 지속적인 붕괴와 심지어 때로는 이혼의 가능성을 예측한다는 것을 발견하였다(J. M. Gottman & Levenson, 2002; J. M. Gottman, Ryan, Carrère, & Erley, 2002). 관계적 어려움에서의 가장 큰 위험은 커플이 고트먼이 말하는 "네 기수the four horsemen"(J. M. Gottman, 1999, p. 29), 즉 높은 수준의 비난, 방어, 경멸, 그리고 담쌓기(파트너에 대해 반응하지 않는 태도)를 보여 줄 때 온다. 고트먼의 연구는 이러한 패턴들의 역효과를 너무 강하게 나타내므로, 그것들은 변화시켜야 할 필수적인 표적으로 떠오르게 된다.

고트먼 연구 결과의 일부 측면은 반직관적counterintuitive이다. 예를 들어, 갈등의 주제는 만족스러운 커플과 불만족스러운 커플을 구분하지 않는다. 두 유형의 커플 모두 생활주기 전체에 걸쳐 동일한 갈등의 내용을 다시 논의하는 경향이 있다. 또한 갈등의 양 그 자체도 만족스러운 커플과 불만족스러운 커플을 구분시키지 않는다. 커플 간 갈등의 정도가 높아도, 긍정적 정서 우세가 높게 유지되는 한 그들은 관계에 대해 만족할 수 있다. 더 중요한 것은 이러한 갈등이 발생하는 동안 파트너들이 감정의 측면에서 서로를 어떻게 경험하는가다. 더욱이, 그러한 느낌들이 지나치게 경멸적일 때 커플치료의 본질적인 목표로 생각되는 감정 상태의 정확한 의사소통은 종종 손상되는 것으로 보인다. 고트먼의 연구 결과는 긍정적인 교환과 정서 우세뿐만 아니라 차이를 둘러싼 문제해결과 정서적 연결을 가능하게 하는 유용한 갈등이, 높은 비율을 갖도록 작업하는 것이 유익함을 시사한다. 상호작용 자료에서 이혼을 예측하는 고트먼의 방법론 중 일부가 도전받았지만(Heyman & Hunt, 2007; Stanley, Bradbury, & Markman, 2000), 그럼에도 불구하고 그의 연구는 커플 만족과 커플 간 스트레스의 많은 핵심적 요인을 지적하는 데 있어 탁월하다.

애착

커플과 가족에 대한 연구의 한 가지 맥은 애착을 중심으로 전개된다(Johnson, 2011; Johnson & Sims, 2000; Mikulincer, Florian, Cowan, & Cowan, 2002). 이 연구는 관계를 어렵게 만드는 불안정 애착과 만족스러운 관계를 가져오는 안정 애착을 구별하는 발달적 순서를 지적한다. 안정되게 애착하는 능력은 개인마다 상당히 다르지만, 애착은 두 개인의 타고난 애착하는 능력을 단순히 추가하는 것 이상이다. 애착의 강도는 대부분 발달하는 상호작용 패턴에 의해 결정된다. 관계를 진행시키지 못하거나 개인이 애착을 형성하는 능력에서 어려움을 겪음으로 인해서 불충분한 애착으로 이어질 때, 많은 관계 문제가 뒤따른다.

애착에 대한 연구는 원래 어머니-자녀 간 유대에 초점을 맞췄던 존 볼비(1988)의 이론과 연구를 기반으로 한다. 볼비는 초기 경험을 안정 애착, 불안정 애착, 회피 애착으로 이끌며, 초기 생애의 내적 애착감이 향후 애착의 토대를 마련한다고 제시하였다. 애착은 커플치료, 특히 정서중심 커플치료(Johnson, Woolley, & Gabbard, 2009)와 통합적 행동 커플치료(Jacobson, Christensen, Prince, Cordova, & Eldridge, 2000), 그리고 명시적으로는 일부 가족치료(Diamond, Siqueland, & Diamond, 2003)에서, 암묵적으로는 다른 많은 치료에서 중요한 위치를 차지하고 있다.

커플이나 가족의 애착 정도는 대부분의 경우 사정하기가 쉽다. 그것은 파트너나 가족이 서로를 위로하고, 연결하고, 갈등 중에 유대를 유지하는 능력과 같은 요인으로 식별할 수 있다. 애착이 낮을 때, 특히 연결을 추구하는 커플이나 가족에게(거리 유지에 대해 밀고 당기기를 하는 커플이나 가족과는 반대다.) 치료는 어떤 방식으로든 그러한 연결을 만드는 중간 목표에 초점을 맞추어야 한다.

의사소통

커플과 가족 연구의 또 다른 실마리는 커플 관계에서 의사소통의 중요성을 강조하고 있다. 만족스러운 관계에 있는 커플과 가족은 관계 문제가 있는 커플이나 가족보다 의사소통을 더 잘한다. 이러한 연구 결과에 따라, 커플·가족치료(예: 인지행동 커플치료)에 대한 일부 접근은 이러한 기술의 개발과 표현에 직접적으로 집중한다. 거의 모든 커플·가족치료는 의사소통에 초점을 맞추고 있으며, 심지어 명백하게 행동적인 것에 초점을 맞추고 있지 않은 치료도 마찬가지다. 의사소통을 표적으로 삼는 대표적인 개입전략으로는 모델링하기, '화자-청자speaker-listener' 기법(말하기와 주의 기울이기를 번갈아 강조함)과 같은 작업을 통한 말하기와 듣기 연습, 그리고 공동의 문제해결 방법 가르치기 등이 있다.

성 역할

커플·가족치료에 정보를 주는 아주 다른 맥은 성별과 관련한 이성애 커플에서의 패턴에 대한 연구에서 비롯된다. 이 연구는 성별이 가족생활에서의 일, 책임, 그리고 기대의 배분에 강력한 영향을 미친다는 것을 보여 준다(Blumstein & Schwartz, 1983; P. Schwartz & Rutter, 1998). 이 연구들에서 나타나는 것은 남성 지배의 패턴이다. 이는 특정한 교환뿐만 아니라 연결과 가족 구축보다 자율성이나 일을 상대적으로 우선시하는 것과 같이 가족생활에서 중히 여기는 것에서도 드러난다. 이 연구들은 보다 동등한 관계의 커플이 관계 만족 수준이 더 높다는 것을 보여 주는 관련 연구들과 대조된다(Knudson-Martin, 2008; Knudson-Martin & Mahoney, 2009a, 2009b). 또 다른 관련 연구는 부모 양쪽이 모두 정규직으로 일하는 가족에서도 여성이 가사책임에서 불균형적인 몫을 떠맡는다는 것을 보여 준다(Blumstein & Schwartz, 1983). 이러한 연구 결과와 일치하는 결과들과 임상적 관찰을 바탕으로, 대부분의 커플·가족치료자는 이러한 쟁점의 중요성을 이해함으로써 유능한 치료가 가족생활에 대한 정보를 제공받아야 한다는 데 동의한다. 비록 커플·가족치료자들이 커플과 가족이 일과 책임을 더 평등하게 나누도록 얼마나 많이 도와야 하는

지에 대한 약간의 논쟁이 남아 있지만, 그러한 노동 분담이 가족 내에서 특별히 문제로 인식되지 않을 때, 가족생활의 중요한 기본 바탕을 지속적으로 인식하는 것이 치료를 잘 하는 데 있어 필수적임은 의심할 여지가 없다.

가정폭력

극도로 중요한 연구의 또 다른 맥은 가정폭력에 초점을 맞추고 있다. 가장 중요한 것은 이 연구들이 커플폭력과 가정폭력이 과소보고되는 정도를 강조했다는 것이다(Aldarondo & Straus, 1994; O'Leary & Arias, 1988; O'Leary & Murphy, 1992; Straus, 1991). 치료자들은 폭력이 보고되지 않았다고 해서 그것이 존재하지 않는다고 가정해서는 안 된다. 그들은 특히 분노의 폭발, 높은 수준의 갈등, 그리고 기타 자기 통제의 어려움과 같은 징후가 언급되지 않은 폭력적인 상호작용을 나타낼 수 있다는 것을 이해해야 한다. 커플과 가족이 치료에서 그런 대립을 거의 보고하지 않지만, 밀거나 찰싹 때리는 등 커플 안에서 낮은 등급의 신체적 대립 비율은 특히 높다(O'Leary & Arias, 1988). 폭력을 과소보고하려는 경향을 고려할 때, 신체적 학대가 의심되는 경우, 그러한 행동의 발생에 대해 가족 구성원으로부터 별도의 정보를 얻는 수단(예: 개별 만남 또는 갈등전략척도Conflict Tactics Scale 등의 질문지; Straus, 1979, 2004)을 찾아내는 것이 필수적이다.

또한 누가 커플폭력과 가정폭력에 관여하는지에 대한 가치 있는 연구도 많이 있다. 손바닥으로 찰싹 때리기, 밀기와 유사한 행동을 폭력으로 본다면, 남성이나 여성은 이러한 문제행동에 동일한 정도로 관련된다(Heyman & Neidig, 1999; O'Leary et al., 1989). 하지만 배우자를 때리는 거의 모든 가해자는 남성이다. 배우자 구타에 대한 연구는 변화에 대한 예후가 극히 좋지 않은 폭력적인 남성의 하위유형(가해자의 약 20%)을 지적한다. 그러한 가해자의 파트너에게, 커플·가족치료는 위험을 무릅쓰게 하는 것이 될 수 있다. 연구에 따르면, 반사회적 행동, 후회 부족, 스트레스를 받을 때의 낮은 생리적 각성 수준은 커플치료에서 파트너에 대한 위험이 높은 가해자 하위집단에 있는 사람들이 보여 주는 지표다(Jacobson & Gottman, 1998). 연구가 밝혀낸 또 다른 유용한 결과는 관계를 맺고 있는 사람에게는 폭력적이지만 여타의 상황에서는 폭력적이지 않은 사람들과, 상황을 막론하고 폭력적인 사람들과의 구분이다(Holtzworth-Munroe, 2000). 관계적 이슈는 폭력적 남성들의 후자 집단(상황을 막론하고 폭력적인 사람들)보다 전자 집단(관계를 맺고 있는 사람에게는 폭력적이지만 여타의 상황에서는 폭력적이지 않은 사람들)의 처치에서 훨씬 더 중요할 것이다.

이혼과 재혼

이혼과 재혼에 대한 연구는 또한 임상 실천에서 유용한 수많은 통찰력을 제공한다. 이혼을 겪고 있는 가족들은 몇 년간의 매우 파란만장한 세월을 예상할 수 있고, 재혼을 경험하는 가족들은 일시적으로 이러한 혼란을 재경험하게 된다(Hetherington, 1979, 1993). 갈등과 변화가 허용 가능한 수준 내에서 유지될 수 있다면, 가족은 대개 이혼 후 2년 정도의 기간이 지나가면 어느 정도 자리를 잡게 된다(Ahrons, 1994; Greene, Anderson, Hetherington, Forgatch, & DeGarmo, 2003). 커플·가족치료자는 대부분의 가족에게 이혼과 함께 동반되는 스트레스뿐만 아니라 이러한 스트레스가 심한 시기에 개인들이 비전형적인 방식으로 행동하는 경향을 완전히 파악하는 것이 중요하다(Hetherington, Stanley-Hagan, & Anderson, 1989). 마찬가지로, 재혼가족에서 삶의 강점과 특정한 도전 둘 다를 인식하는 것이 아주 중요하다. 재혼가족에서는 대개 초혼가족보다 응집성 수준이 낮다는 것이 규범이 되며(Bray, 1999; Bray & Berger, 1992), 친밀감을 향한 성급한 경로보다 점진적이고 꾸준한 통합으로 가는 길이 더 긍정적임을 경험하게 된다.

가족의례

저녁식사 시간을 유지하는 것과 같이 규칙적이고 신뢰할 수 있는 의례는, 특히 어려운 환경에서 가족생활에 강력하고 안정적인 효과를 주는 것으로 밝혀졌다. 예를 들어, 약물남용 부모가 있는 가족의 아이들은 그러한 의례가 유지될 때 더 잘 행동한다(Steinglass, Bennett, Wolin, & Reiss, 1987). 이 연구들은 그러한 안정된 일상을 창조하려는 목표를 이루기 위해 혼란을 느끼는 가족과 함께 작업하는 치료자들의 가치를 보여 준다.

요약

이 부분은 임상 실천과 관련된 커플과 가족에서의 기본과정에 대한 연구결과 중 일부만 선별하여 제공하였다. 이 커플과 가족에 대한 연구 문헌에서 나온 수많은 다른 연구 결과는 커플·가족치료의 실천에 매우 중요하다. 이러한 예들은 임상 실천을 형성하는 데 도움이 될 수 있는 커플과 가족 연구에서 얼마나 많은 것을 이용할 수 있는지의 폭과 깊이, 그리고 이 연구들에서 나온 지식 기반 위에 실천을 구축하는 임상가의 가치를 제시한다. 처치에 대한 간단한 평가 중 하나는 그것이 커플과 가족에 대해 알려진 것을 얼마나 일관성 있게 반영하는가다(Sexton et al., 2011).

커플 · 가족치료를 사정하는 연구

커플치료는 커플의 어려움을 해결하는 데 효과적이며(그리고 그러한 영향을 미치는 유일한 치료가 될 수 있으며), 우울증, 불안, 알코올 중독, 약물남용을 위한 다중양식형 처치에서 중요한 구성요소를 이루는 것으로 나타났다(Sprenkle, 2012). 가족치료는 아동 품행장애, 아동과 청소년의 불안과 우울증, 청소년 약물남용, 청소년 비행, 유아기 자폐증, 유아기 주의력 결핍 장애와 성인 섭식장애를 돕고, 성인 양극성장애와 조현병의 재발과 증상을 감소시키기 위한 다중형식형 처치에서 효과적인 처치가 되기도 하고 또 중요한 구성요소를 이루기도 하는 것으로 나타났다(Sprenkle, 2012). 이 부분에서는 커플치료가 관계 문제와 개인 문제에 미치는 영향을 사정하는 연구를 검토한다. 연구와 관련된 처치는 이 책의 제4장과 제8장에 기술되어 있다.

메타분석 연구

지난 30년 동안 통제된 임상실험의 효능과 커플·가족치료의 지역사회 환경에서의 효과성을 조사하는 많은 연구가 있었다. 섀디시(Shadish)와 동료들(Baldwin, Christian, Berkeljon, & Shadish, 2012; Lebow, Chambers, Christensen, & Johnson, 2011; Shadish & Baldwin, 2003, 2005; Shadish, Baldwin, & Sprenkle, 2002)은 커플·가족치료를 검토하는 결정적인 메타분석을 제공하였다. 메타분석의 검토 결과, 커플치료의 전체 평균 효과 크기는 .84이고, 가족치료도 유사한 비율이라고 보고하였다. 그러한 효과 크기는 처치를 받는 커플이 처치를 받지 않는 커플의 80%보다 더 잘 기능했음을 의미한다. 이런 수준의 영향력은 개인 장애에 대한 개인치료의 효과 크기와 비교할 수 있는 큰 효과 크기다. 문헌 검토도 유사한 성공률을 나타낸다(Alexander, Holtzworth-Munroe, & Jameson, 1994; Alexander, Sexton, & Robbins, 2002; Lebow & Gurman, 1995; D. Snyder et al., 2006).

그러한 메타분석과 문헌 검토는 커플·가족치료의 긍정적인 영향을 나타내지만, 이 영향에는 한계가 있으며, 모든 정신건강 개입에 적용되는 유사한 한계를 반영하고 있다. 예를 들어, 섀디시와 볼드윈(Shadish & Baldwin, 2003)의 커플치료 메타분석에 따르면, 기준에 의해 이제 더 이상 임상적으로 스트레스를 받지 않는다는 결과를 얻는 내담자로 연구대상자를 설정하면, 내담자의 40~50%만이 임상적으로 유의미한 변화를 보였다. 개입 없이 스트레스를 받는 사람들의 변화에 대한 낮은 기저선baseline을 고려할 때(Baucom, Hahlweg, & Kuschel, 2003), 스트레스를 받지 않게 되는 50%라는 성과는 인상적이다. 하지만 그것은 처치를 받는 사람들의 대략 절반 정도는 임상적으로 유의미한 변화를 달성하지 못한다는 것을 의미한다. 성공을 위한 엄격한 기준의 맥락에서 성과를 살펴보면, 커플치료는 커플의 어려움과 관계 만족도에 영향을 미치는 것으로 나타나지만, 많은 내담자가 전체 모집단에 전형적인 커플 만족 비율을 갖게 하지는 못한다.

그러한 연구 결과의 의미는 논쟁의 여지가 있다. 나를 포함한 어떤 사람들에게는, 관계 만족 수준에서 향상에 대한 보다 엄격한 기준을 달성하는 비율이 50%라는 것은 상당한 성취를 나타낸다. 커플치료와 가족치료에 참여하는 많은 사람에게 존재하는 일종의 오래 지속된 관계의 어려움이라는 맥락에서 볼 때, 치료가 너무 늦은 것일 수도 있거나 기껏해야 문제가 있는 상황에서 손해를 제한하는 정도일 수도 있다. 커플치료에서, 일부 사람들이 긍정적인 대안으로 경험할 수 있는 대안인(그리고 그러한 내담자들에게는 치료의 목표가 될 수도 있는) 이혼 가능성의 존재는 커플 만족에서의 긍정적인 변화를 달성하는 데 부담을 추가한다. 하지만 또 다른 사람들은 치료 후에 만족스러운 결혼이나 가족관계를 갖는 기준을 달성하지 못하는 모든 사람을 고려할 때, 더 나은 처치나 치료자가 필요하다고 주장한다(Atkins, Dimidjin, & Christensen, 2003). 분명히, 커플·가족치료는 우수한 성과를 낼 임상적 탁월성을 목표로 하고 있지만(S. Miller & Donahey, 2012), 다양한 문제에 대해 가능한 최상의 처치로 달성될 수 있는 정확한 변화 수준이 아직 결정되지 않았다.

성과와 관련된 관심은 변화의 지속성, 즉 처치에서 달성되는 변화가 지속되는 기간에 초점을 맞추고 있다. 여기서 커플·가족치료 연구의 장기적인 추수 연구는 대부분 커플치료의 맥락에서 수집되었다. 이러한 맥락에서 내담자를 다년간 추적한 성과 연구의 대부분은 시간이 지남에 따라 처치의 효과가 경감되는 것을 발견했으며(Jacobson, 1989), 몇 년 후에는 성공률이 절반으로 떨어진다는 것을 발견하였다. 커플과 가족이 치료를 구하는 문제들은 분명히 목표를 유지하기 어려운 것들이다. 여러 가족 구성원이 관여하는데, 그들 중 누구나 이전의 패턴으로 되돌아갈 수 있다. 더욱이, 관계적 삶은 역동적인 표적이므로, 단순히 한 가지 이슈가 해결되었다고 해서 다른 위기나 문제가 나타나지 않는 것이 아니다. 다행히 지난 10년 동안 더 장기간에 걸쳐 연구되어 온 처치들은 더 나은 변화의 유지율을 보여 준다. 예를 들어, 통합적 행동 커플치료integrative behavioral couple therapy와 통찰지향적 커플치료insight oriented couple therapy는 둘 다 시간이 지남에 따라 약간의 저하가 나타났지만, 임상실험에서 주목할 만한 지속성을 보여 주었다(Christensen, Atkins, Baucom, & Yi, 2010; Christensen, Atkins, Yi, Baucom, & George, 2006; D. Snyder, Wills, & Grady-Fletcher, 1991). 변화의 지속성 문제로 인해 촉발된 긍정적인 발전은 시간이 지남에 따라 치료의 목표를 지속적으로 지원하는 구조를 구축하여 이득을 유지하는 데 더 큰 역점을 두고 있다.

성과 연구에 의해 제기된 세 번째 관심사는 연구된 치료들이 제한적이었다는 것에 초점을 맞춘다. 메타분석 결과 검증되어 온 제대로 된 커플·가족치료들 간에는 영향력의 차이가 별로 없었지만, 많은 커플·가족치료는 검증의 대상이 된 적이 없었다. 사실상, 관계적 치료에 대한 대부분의 연구는 극소수의 처치 양식에 초점을 맞추고 있다. 보웬 가족체계치료, 전략적 치료, 대상관계치료와 내러티브치료 같은, 가장 널리 행해지는 관계기반 치료의 몇 가지 형태는 그 영향력이 검증된 적이 없기 때문에 그 효능에 대해 어떠한 연구 지원도 받지 못하고 남아 있다. 어떤 치료들은 성과 연구의 대상이 되었던 반면, 다른 치료들은 그렇지 않았다. 경험적으로 검증되지 않은 치료들이 검증된 치료들보다 덜 성공적일 것이라고 믿는 본질적인 이유는 없지만, 검증된 치료들과 검증되지 않은 치료들 간 증거의 양이 계속 격차가 나는 것은 우려할 만한 사항이며, 이것은 불가피하게 경험적 지지가 없는 그러한 치료들의 효능에 대한 의문으로 이어질 것이다. 한때 가족치료에는 조현병 환자가 있는 가족을 치료할 때 높은 자극과 비판을 반드시 포함하는 접근이 두드러진 적이 있었는데, 그 결과는 부정적인 것으로 드러났다. 이러한 특수한 방법들은 오래전에 인기를 잃었지만, 성과자료가 없기 때문에 오늘날에 덜 효과적이면서도 널리 행해지고 있는 다른 유사한 사례가 있는지 알 수 없다.

특수한 커플 · 가족치료 접근들의 효능

어떤 커플·가족치료가 가장 효과적인가? 연구는 어떤 한 접근이 달성되는 성과에서 다른 접근보다 우월하다는 것을 아직 입증하지 못했다. 처치 간 비교에 대한 메타분석은 영향력에서의 차이를 드러내지 않는다(Shadish & Baldwin, 2005). 그럼에도 불구하고, 어떤 접근들은 다른 접근들보다 훨씬 더 많은 증거를 축적해 왔다. 특수한 치료들을 뒷받침하는 증거는 다음에서 검토된다.

커플치료

인지행동처치는 커플·가족치료의 안팎에서 이제껏 가장 많이 연구된 치료들이다. 따라서 행동 커플치료, 인지 커플치료, 인지행동 커플치료가 커플치료 중 그 효능에 대한 가장 많은 증거를 가지고 있다는 것은 놀랄 일이 아니다. 더욱이, 이러한 처치들은 가장 엄격한 임상실험 연구를 거쳤다. 스트레스를 받는 커플들에 대한 행동 커플치료Behavioral Couple Therapy: BCT를 조사하는 30개의 무선 연구들을 메타분석한 결과, 이러한 형태의 치료를 받은 사람들은 치료를 받지 않은 사람들보다 더 나은 성과를 얻는 것으로 나타났다(Shadish & Baldwin, 2005). 전체 평균의 효과 크기는 .59로, 다른 형태의 커플치료가 보고한 것과 효과 크기가 비슷하였다. BCT는 시간이 지남에 따라 변화를 잘 유지하지 못했지만, 여기서는 BCT를 제외하고 커플치료의 장기적인 성과가 거의 연구되지 않았기 때문에 문제가 커플치료의 일반적인 결과인지 아니면 BCT의 특정 결과인지 분별하기 어렵다는 점에 유의하는 것이 중요하다. 섀디시와 볼드윈(2005)은 BCT의 효과가 치료 회기의 수와 길이, 사용된 측정치 또는 처치의 임상적 대표성과 무관하다는 것을 발견하였다.

BCT는 관계적 스트레스뿐만 아니라 개인적인 문제의 처치에도 도움이 되는 것으로 밝혀졌다(Baucom, Shoham, Mueser, Daiuto, & Stickle, 1998; Baucom, Whisman, & Paprocki, 2012). 특히 광범위한 연구 지원은 알코올사용장애를 포함한 물질사용장애에 변용시킨 BCT 버전의 영향에 대해 이루어졌다(Fals-Stewart, O'Farrell, Birchler, & Lam, 2009; Ruff, McComb, Coker, & Sprenkle, 2010). 이러한 처치는 약물남용이 있는 관계에서 작업하기 위한 특수한 전술과 BCT를 결합한다. 알코올 남용과 약물남용 모두에서, BCT는 물질사용 성과, 물질과 관련된 문제들과 커플 적응에서의 향상을 가져온다. 일부 비교 연구에서도 BCT는 알코올 남용과 약물남용에 있어 개인 처치나 다른 커플치료보다 더 효과적이라는 것이 밝혀졌다(Fals-Stewart et al., 2009; Ruff et al., 2010). 더욱이, 이 연구는 BCT가 하나의 질환에 동시적으로 발생하는comorbid 파트너 폭력(Fals-Stewart, Kashdan, O'Farrell, & Birchler, 2002)과 아동의 심리사회적 기능과 아동의 외현화 증상에 긍정적인 영향을 미친다는 것을 보여 준다(Fals-Stewart, Birchler, & Kelley, 2006). 이 연구들의 대부분은 약물남용자가 남성인 이성애자 커플에 초점을 맞추고 있지만, BCT는 또한 여성과 남성동성애자 약물남용자들에게도 똑같이 도움이 되는 것으로 나타났다(McCrady, Epstein, Cook, Jensen, & Hildebrandt, 2009; Ruff et al., 2010).

연구에 따르면, BCT는 우울증에 도움이 되며, 특히 우울증과 커플 스트레스가 함께 생길 때 도움이 되었다. 오리어리와 비치(O'Leary & Beach, 1990; Beach & O'Leary, 1992; O'Leary, 2002)는 BCT와 인지치료 둘 다 종결했을 때와 1년 후 추수 조사를 했을 때 불화를 일으키던 커플의 여성들에게 우울증을 감소시킨다는 것을 발견하였다. 그러나 오직 BCT만이 결혼만족도를 향상시켰다. 치료 전의 결혼만족도 수준은 성과와 관련이 있었지만, 치료 전의 우울증 점수는 성과와 무관하였다. 흥미로운 상호작용에서, 여성들은 치료 전의 관계에서 스트레스를 더 많이 받을수록, 그리고 그들이 치료 전에 했던 인지적 오류가 더 적을수록 BCT의 긍정적인 효과가 더 컸다. 제이콥슨과 동료들(Jacobson, Dobson, Fruzzetti, Schmaling, & Salusky, 1991; Jacobson, Fruzzetti,

Dobson, Whisman, & Hops, 1993)은 우울증에 대한 인지행동치료, BCT, 병용 처치 모두 여성의 우울증을 감소시킨다는 것을 유사하게 발견하였다. 여성들이 스트레스를 받는 관계에 있지 않을 때에는 관계 만족을 목표로 하는 커플치료만으로는 우울증에 영향을 주지 않았지만, 그들이 스트레스를 받는 관계에 있을 때에는 그것이 영향을 미쳤다. 병용 처치는 구성요소component 처치보다 우울증에 더 큰 변화를 일으키지 않았다. 스트레스를 받는 커플들에게 커플치료를 하거나 스트레스를 받지 않는 커플들에게 조합치료를 할 때 결혼 만족도가 향상되었다.

BCT는 또한 외상후스트레스장애, 강박장애, 섭식장애에도 영향을 미치는 것으로 밝혀졌다. 몬슨(Monson)과 동료들(Monson & Fredman, 2012; Monson et al., 2012)은 15회기의 커플치료를 받은 사람들이 외상후스트레스장애의 증상과 관계 만족 모두에서 대기자 명단에 있는 사람들보다 훨씬 더 개선되었음을 발견하였다. 처치에서 얻은 성과는 3개월 동안의 추수 결과에서도 유지되었다. 보컴과 동료들은 강박장애와 신경성 식욕부진증에 대한 처치에서 유사한 긍정적인 효과를 보여 주었다(Baucom et al., 2012; Bulik, Baucom, Kirby, & Pisetsky, 2011).

지난 10년 동안 관계 만족을 목표로 한 커플치료의 주요한 무선임상실험에서 크리스텐슨 등(Christensen et al., 2004)은 스트레스 수준이 아주 높은 커플들의 표본에서 전통적 행동 커플치료Traditional Behavioral Couple Therapy: TBCT와 통합적 행동 커플치료Integrative Behavioral Couple Therapy: IBCT(수용에 훨씬 더 중점을 두는 통합적 처치)를 비교하였다. 그들은 두 처치 모두 임상적으로 유의한 동일 수준의 변화를 만들어 냈으며, 각 처치는 스트레스 수준이 아주 높은 커플들의 표본 대부분을 도왔다고 밝혔다. 그러나 처치마다 변화의 속도는 달랐다. IBCT를 받은 커플은 처치 시간이 흘러감에 따라 꾸준히 결혼만족이 증가한 반면, BCT를 받은 커플은 초기 증가가 더 빨랐고 후에는 변화가 적었다. 2년간의 추수 조사 결과에서 커플 만족은 TBCT 집단과 비교하여 IBCT 집단에서 유의하게 더 높았다(Christensen et al., 2006). 5년 후 추적 결과에서는 성과가 역전되어, IBCT 집단의 50%와 TBCT 집단의 46%가 처치 전과 비교해 볼 때 임상적으로 유의미한 개선을 보였다(Christensen et al., 2010). 커플 만족의 궤적은 전형적인 커플들은 치료 중 그들의 만족 수준이 크게 향상되었고, 그 후 종결 시에 만족의 감소가 뒤따른다는 것을 보여 주었다. 그러나 이혼하지 않고 살아 연구 추적이 가능했던 커플들은 이러한 퇴보로부터 회복되었고 계속해서 개선되었다(Christensen et al., 2004, 2006, 2010).

커플치료에 대한 경험적 접근인 정서중심 커플치료Emotion-Focused Couple Therapy: EFCT(Johnson, 2008)도 상당한 연구 지원을 받고 있다. 몇몇 연구에서 EFCT는 통제집단에 비해 커플 간 스트레스를 유의하게 개선시켜 회복률이 70~73%에 달하였다. 이 연구들 중 일부는 이러한 변화가 단기 추수 검사에서도 유지된다는 것을 발견하였다(Johnson & Greenberg, 1985). EFCT는 또한 관계 스트레스의 맥락에서의 개인 문제에 영향을 미치는 것으로 나타났다. 예를 들어, 한 연구에서는 EFCT가 처치 후 우울증의 증상을 개선하는 데 약물 처치만큼 효과적이었으며, 여성들은 약물 처치를 받은 여성들보다 추수 조사 기간 동안 더 큰 개선을 보였다(Dessaulles, Johnson, & Denton, 2003).

통합적 정신역동 접근인 통찰지향적 커플치료Insight-Oriented Couples Therapy: IOCT (Collins & Thompson, 1988; D. Snyder & Wills, 1989; D. Snyder et al., 1991; Wills, Faitler, & Snyder, 1987) 또한 그것을 사정한 하나의 임상실험에서 커플 간 스트레스를 완화하는 데 매우 효과적인 것으로 밝혀졌다. IOCT는 단기 결과에서 BCT와 동등하게 우수한 성과를 보였으며, 각 결과는 통제집단보다 임상적으로 유의미한 변화를 보여 주었다. 4년간의 추수 조사 결과에서는 IOCT를 받은 커플에서의 성과가 더 좋았다. IOCT 개입을 받는 커플의 이혼 수가 더 적었으며, IOCT 성과는 거의 보편적으로 긍정적이었다.

가족치료

커플치료에서처럼 인지행동 가족치료를 사정하는 연구는 다른 치료들보다 더 많다. 하지만 가족치료는 인지행동치료에 대한 연구가 완전히 지배적이지 않은 치료들 중의 한 집단일 수 있다. 다른 체계적 치료들에 대한 수많은 연구가 있다. 여기에서는 가장 자주 연구되는 문제와 관련된 결과만 제시할 것이다.

외현화하는 청소년을 둔 가족에 대한 처치　품행장애와 적대적 반항장애에 대한 인지행동치료인 부모관리교육Parent Management Training: PMT(Kazdin, 2005)은 다른 어떤 가족개입 전략보다 더 많은 연구의 대상이 되었으며(Kazdin, 2010; Kazdin, Nathan, & Gorman, 2007), 가장 많이 연구된 처치 중 하나다. PMT는 많은 관심 분야에 걸쳐 청소년 행동을 크게 개선시키고, 청소년 행동 관련 문제를 비임상적 수준으로 감소시키며, 형제자매 우울증과 어머니의 우울증을 포함한 체계의 다른 측면에 긍정적인 영향을 미친다(Kazdin, 2010).

그것의 영향력을 확대하기 위해 처치의 다양한 변형이 개발되었다. 예를 들어, PMT 참여를 높이기 위해 간단한 개입 준비를 한 부모들은 그렇지 않은 부모들에 비해 처치 동기, 출석, 규칙의 준수가 더 높게 나타났다(Nock & Kazdin, 2005). 마찬가지로, 부모 스트레스를 줄이기 위한 개입을 추가하면 아동에게 더 큰 개선을 가져오고 처치에 대한 장벽을 감소시켰다(Kazdin & Whitley, 2003). 최근의 노력들은 또한 이러한 프로그램들을 다양한 문화에 성공적으로 변용시켰다(Ogden, Forgatch, Askeland, Patterson, & Bullock, 2005; Parra Cardona et al., 2012; Sigmarsdóttir & Guðmundsdóttir, 2012).

통합적 가족치료도 외현화하는 청소년을 처치하는 맥락에서 풍부한 지원을 축적하였다. 네 가지의 서로 다른 통합적 가족 처치는 증거기반 처치에 대한 기준을 충족하며, 보다 통제된 효능 연구에서뿐만 아니라 지역사회에서 진행하는 실험에서 그 영향력을 보여 주었다(Sexton et al., 2011).

단기 전략적 가족치료Brief Strategic Family Therapy: BSFT는 가족기능을 개선하는 것뿐만 아니라 행동 문제, 약물남용과 반사회적 또래와의 관여를 줄이는 것에서 광범위한 연구 지지를 받고 있다(Horigian et al., 2005; Rowe, 2012). 더 나아가, BSFT는 평범한 참여engagement-as-usual 전략과 비교했을 때 첫 접수 면접 출석과 전체 치료과정 완료에서 참여율이 거의 두 배로 증가하였다(Coatsworth, Santisteban, McBride, & Szapocznik, 2001).

다중체계적 치료Multisystemic Therapy: MST는 또한 그 영향력을 보여 주는 상당한 문헌을 가지고 있다. 전반적으로, 이러한 연구는 가족관계를 개선하고, 장·단기 추수 조사에서 재발률과 가출을 감소시키는 데 있어 MST의 효과성을 강조하였다(Henggeler, 2011; Henggeler, Schoenwald et al., 2009; Schoenwald, Ward, Henggeler, & Rowland, 2000).

기능적 가족치료Functional Family Therapy: FFT도 마찬가지로 효과성에 대한 상당한 연구 증거를 가지고 있다(Sexton & Alexander, 2005). FFT는 처치를 받지 않은 청소년이나 청소년 법원 보호관찰 서비스를 받는 청소년에 비해 중간 정도와 심각한 정도의 비행을 저지른 청소년의 재범률을 감소시킨다. 연구에 따르면, FFT는 가족을 성공적으로 참여시키고, 전형적으로 처치에서의 탈락률이 높은 모집단에서 가족을 계속적으로 처치에 참여시킨다.

다중차원적 가족치료Multidimensional Family Therapy: MDFT도 이 모집단에 대한 효과성을 뒷받침하는 강력한 연구들을 가지고 있다. MDFT를 받은 청소년은 장·단기 추수 조사에서 모두 약물사용을 자제할 가능성이 높다. 또한 MDFT는 학교와 가족에서의 다양한 기능 지표들을 개선시키는 것은 물론 심리적 증상과 위험한 성적 행동을 감소시킨다. 이 처치는 여러 지역사회에서 일차적으로 개발되고 연구되었다.

조현병과 양극성장애에 대한 처치   조현병과 양극성장애에 대한 다중성분 처치들에 가족 구성요소를 포함시키는 것은 또한 개인 기능과 가족기능에 모두 영향력을 미치는 상당한 양의 연구 지지를 얻었다(Lucksted, McFarlane, Downing, & Dixon, 2012).

폴룬(Falloon)과 동료들, 앤더슨(C. Anderson)과 동료들, 그리고 맥팔레인(McFarlane)이 개발한 것과 같은 조현병에 대한 심리교육적 처치들psychoeducational treatments은 놀라운 수준의 연구 지지를 받고 있다. 이러한 처치들은 조현병을 가진 사람들 사이의 재발률과 입원율을 현저하게 감소시킨다

(Jewell, McFarlane, Dixon, & Miklowitz, 2005; Lucksted et al., 2012; McFarlane, Dixon, Lukens, & Lucksted, 2003). 폴룬과 동료들(Falloon et al., 1985)은 가족치료의 추가로 9개월(6% 대 44%)과 2년(17% 대 83%)에 모두 재발률이 훨씬 더 낮아진다는 것을 발견하였다. 호가티와 동료들(Hogarty et al., 1991)은 재발률이 통제 조건하에서 12개월 후 41%, 사회적 기술 조건하에서 20%, 가족관리만으로 19%이며, 사회기술과 가족관리를 결합한다면 재발하지 않는다는 사실을 발견하였다.

양극성장애를 가진 성인을 대상으로 한 무선임상실험에서 가족중심적 치료를 받은 사람을 2년간 추수 조사했을 때 재발하지 않을 가능성이 높았고, 약물에 대한 복약을 잘 실천했으며, 위기관리를 받은 개인에 비해 기분장애 증상이 적었다(Miklowitz et al., 2007). 마찬가지로, 2년 후 양극성장애 청소년이 있는 가족들의 무선임상실험 실시 결과, 가족중심적 치료를 받은 청소년은 약물치료와 더 적은 가족 심리교육을 받은 청소년들과 비교했을 때 우울 삽화에서 더 빨리 회복되었으며, 우울증의 심각도 점수도 더 낮았다. 가족 정서 표출은 가족중심적 치료의 영향력을 조절하였다. 높은 정서 표출을 가진 가족의 청소년은 정서 표출이 낮은 가족의 청소년보다 가족중심적 치료에 더 큰 반응을 보였다(Kim & Miklowitz, 2004). 가족중심적 치료를 실시한 15곳의 지역사회 실험에서, 이 방법은 지역사회 환경에 성공적으로 도입되었다(Miklowitz, 2007).

기타 접근들에 관한 연구

이미 언급한 바와 같이, 이러한 소수의 커플·가족치료들에 대한 광범위한 고품질의 연구와 달리, 다양한 커플·가족치료에서 제공되는 성분 요소들의 특정한 조합을 지지해 주는 연구들은 거의 없다. 구체적인 경험적 연구 지지가 거의 없는 치료로는 보웬 가족체계치료, 정신역동적 가족치료, 해결중심치료, 전략적 치료와 내러티브치료, 포스트모던 치료들이 있다. 이 목록은 완전한 것이 아니라 오늘날 커플·가족치료에 대한 핵심적인 문제를 지적하려는 것이다. 근래 널리 보급된 많은 특수한 치료들이 검증되지 않았다.

증거의 연속선

효능 연구의 맥락에서 치료를 검증한다고 해서 어떤 치료가 반드시 지역사회와 기타 임상 환경 혹은 다른 모집단에 대한 다른 효능실험에서도 반드시 효과가 있을 것이라고 말할 수는 없다. 또한 처치가 커플이나 가족의 문화적 맥락에서 구체적으로 변용됨에 따라 처치의 수용성과 성과가 개선된다는 연구 결과가 나오기 시작하였다(Annunziata, Hogue, Faw, & Liddle, 2006; Bernal & Domenech Rodríguez, 2012; Parra Cardona et al., 2012). 또한 다른 상황에서는 효능을 설정할 때 정교함과 처치에 대한 통제가 불가능할 수 있다. 이러한 요인을 고려할 때, 처치의 영향력을 사정하는 증거는 증거기반 처치와 영향력에 대한 증거가 불충분한 처치 사이의 절대적인 이분법보다는 증거의 연속선으로 생각하는 것이 좋은데, 이는 의학적 모델에서 가져온 처치에 대한 증거를 고려하는 전형적인 방법이다. 커플·가족치료는 지역사회와 전형적인 임상 실천에서 효능실험과 보급실험 모두에서 평가되어야 한다(Sexton et al., 2011). '처치가 효과가 있는가?'라는 질문은 '이 처치에 대해 어떤 맥락에서 어떤 종류의 증거가 있는가?'로 더 잘 표현된다. 더욱이, 연구의 질도 고려되어야 한다. 하나의 최첨단 임상실험은 잘 통제되지 않은 다양한 노력보다 훨씬 더 설득력이 있다.

일부 처치들이 다른 것들보다 연구에서 훨씬 더 많이 실험된다는 것 또한 고려할 필요가 있다. 이는 검증에 대한 접근성 측면에서 공정하지 않기 때문에 어떤 처치가 더 낫다고 주장하는 것은 공정하지 않다. 이 모든 것은 처치를 사정하기 위해 수집된 연구 자료를 가늠하는 의도적인 이성적 과정을 주장한다. 성과를 사정하는 연구는 중요하며, 처치는 궁극적으로 그들의 영향력을 증명하는 그런 연구를 제공할 필요성이 있다. 그러나 오늘날 처치에 대한 연구는 아직까지 효과적인 처치와 비효과적인 처치를 구별하기 위한 근거를 충분히 제공할 만큼 개발되지 않았다. 이 시점에서 접근들을 구별하기 위한 더 나은 기준은 우리가 가족에 대해 가지고 있는 훨씬 더 큰 데이터베이스가 얼마나 적합한지에 관한 것이라는 강력한 주장이 제기될 수 있다. 가족에 대한 공통된 이해에서 벗어나는 접근들은 특히 의심스러울 수 있다. 예를 들어, 정서 표출을 증가시키는 처치는 가족에 대한 지식의 발달이라는 흐름에 반대로 움직이기 때문에 그러한 접근은 의문시되어야 한다. 가족생활에서 광범위한 문제에 대해 일관성 있는 대규모의 연구 결과가 나타나고 있다. 가족에 대한 연구에 기반을 둔 커플·가족의 개입이 가장 많은 지지를 받는 경향이 있다는 것은 놀랄 일이 아니다(Lebow, 2006).

치료과정에 관한 연구

접근을 뛰어넘어 처치에 대한 지침을 제공하는 커플·가족치료에서의 과정에 대한 여러 가지 매우 흥미로운 연구의 맥이 있다. 하나의 맥은 처치에서의 공통요인들과 관련된다(이 책에서는 제5장에서 논의되고 있다). 동맹은 치료의 성과를 강력하게 예측하는 변수이며, 처치의 성공에 필수적이다(Friedlander, Escudero, Heatherington, & Diamond, 2011). 예를 들어, 카즈딘(Kazdin)과 동료들은 부모훈련에서 부모-치료자 동맹의 질이 양육 실제에서의 큰 변화와 정적 관련이 있으며(Kazdin & Whitley, 2006), 부모-치료자 동맹과 자녀-치료자 동맹의 질이 아동을 크게 개선시키는 데 정적 관련이 있다는 것을 발견하였다(Kazdin, Whitley, & Marciano, 2006). 한 가족 구성원은 치료에 대해 긍정적으로 생각하고 다른 가족 구성원은 그렇지 않은 분할동맹은 커플·가족치료에 특히 문제가 되는 것으로 나타난다(Friedlander, Escudero, & Heatherington, 2006; Friedlander et al., 2011; Knobloch-Fedders, Pinsof, & Mann, 2007).

커플·가족치료에서의 진전에 대한 피드백도 성과를 개선하는 것으로 나타났다(Anker, Owen, Duncan, & Sparks, 2010; Sparks & Duncan, 2010). 이 연구는 특히 다른 유사한 사례들과 같이 진전되지 않는 경우, 내담자의 진전과 치료동맹에 대해 치료자에게 계속적으로 피드백을 제공하는 체계들이 가치 있다고 지적한다.

다른 연구는 커플·가족치료에서 변화의 기제에 초점을 맞췄다. 커플·가족치료가 관계의 특정한 측면을 변화시키는 것을 목표로 할 때, 관계의 그러한 측면에서 대개 변화가 이루어진다. 예를 들어, 크리스텐슨과 동료들의 IBCT와 TBCT 비교에서 TBCT를 받는 커플들은 표적 행동의 빈도에서 더 큰 변화를 보인 반면, IBCT를 받는 커플들은 표적 행동의 수용에서 더 큰 변화를 보였다(Atkins et al., 2005; Doss, Thum, Sevier, Atkins, & Christensen, 2005). 마찬가지로, EFCT에서 커플들이 정서적 경험에 집중하도록 하는 데 도움이 되는 치료자 개입은 변화를 일으키는 데 결정적인 것이라고 내담자들이 사정하였다(Bradley & Furrow, 2004). 치료자들이 커플·가족치료에서 그들이 우선시하는 변화에 가까운 목표를 달성한다는 것은 명백해 보인다. 분명히 말해, 변화를 위한 경로가 다양하게 많이 있지만, 그 경로를 제안하는 것은 대개 치료자들이다.

다른 연구들은 절차를 준수하는 것에 초점을 맞추고 있다. 품행장애 아동이 있는 가족들을 대상으로 했던 오리건 사회학습 처치the Oregon Social Learning treatment에 대한 인용도 높은 한 연구에서, 패터슨과 체임벌린(Patterson & Chamberlain, 1994)은 교육에 대한 내담자의 저항이 치료자가 교육을 지속하는 비율에 직접적으로 영향을 준다는 것을 발견하였다. 그러한 연구 결과는 치료자들로 하여금 가르치는 것을 중단하는 것이 필요할 때 그 방법을 알게 하고, 반응이 부정적일 때 대안적인 경로를 찾도록 하는 데 도움을 주는 노력을 촉진하였다.

다른 과정 연구들은 연구가 겨우 밝혀내기 시작했을 수도 있는 처치와 관련된 복잡성을 지적한다. 예를 들어, 단기 전략적 가족치료의 맥락에서 수행된 최근의 한 연구에서는 첫 번째 회기에서의 치료자 재정의reframing와 재구조화restructuring가 처치에 참여하게 하는 가장 의미 있는 예측변수였다. 나중에, 더 높은 수준의 재정의, 합류와 추적을 유지한 치료자들은 가족들이 처치에 계속 참여하도록 하는 데 더 성공적이었다. 또한 높은 수준의 합류를 유지하는 것은 가족기능을 더 크게 향상시키고 긍정적인 약물복용 성과를 이끄는 것과 관련되었다(Robbins et al., 2011). 이 분야가 치료에서의 변화 기제를 계속 검토함에 따라, 성공적인 처치에서 가장 중요한 요인들과 개별 가족에 대한 개입전략을 조정하는 방법에 대한 더 큰 이해가 나타나고 있다.

결론: 연구 동향

커플과 가족, 그리고 커플·가족치료에 대한 연구에서 많은 긍정적인 발전이 일어나고 있다. 최근의 정부기금에 의한 커플·가족치료에 대한 연구기금 지원이 제한을 받음에도 불구하고, 더 많고 더 나은 연구가 있는데, 연구 결과들은 단순히 접근이 영향을 미치는지 확인하는 것보다는 처치에서 중요한 결정을 내리는 데 도움을 주는 면에서 더 유용하다. 커플과 가족 개입에서의 변화 기제를 조사하는 더 많은 연구는 또한 처치 효과의 매개요인과 조절요인을 검토하는 연구로서 등장하고 있다. 내담자를 보다 장기간에 걸쳐 추적할 수 있었던 최상의 연구들은 변화 유지에 도움이 되는 효과적인 정보를 제공한다. 개인치료, 커플치료 혹은 가족치료라는 명칭을 초월하는 처치에 대한 연구들이 임상적 방법들에서 이러한 경계를 초월하려는 움직임과 함께 등장하고 있다. 아마도 가장 중요한 것은 연구가 이제 모집단에서의 다양성을 더 많이 대표하게 되었다는 것이다. 마지막으로, 가족치료자와 가족 연구자들은 최근 더 많은 대화에 참여하기 시작했는데, 이는 연구와 실천 사이의 현저한 격차가 줄어들 수 있음을 시사한다(Lebow, 2006b).

제4장

처치 모델

커플·가족치료는 모델 중심의 세계라 볼 수 있고 처치 모델을 중심으로 발전해 왔다. 체계이론으로 연결된 이러한 모델들은 가족의 중요한 사안이나 커플과 가족의 변화를 도울 수 있는 매우 다양한 비전을 기반으로 해서 심도 있고 풍부한 이론과 방법론을 제시하였다. 커플·가족치료에 대한 글과 연구 발표는 주로 이러한 모델을 설명하고 배우고 그 차이점을 토론하는 데 집중하였다. 이러한 모델들은 또한 오늘날 가족치료에 필수적인, 다양하고 설득력 있는 견해와 방법들을 만들어 냈다.

가족치료의 초기 모델

저명한 모델들은 가족치료의 초기 역사와 얽혀 있다. 그러므로 많은 사람에게 이러한 초기 모델들은 커플·가족치료와 동의어로 간주되곤 한다. 아이러니하게도 이러한 접근들은 아직도 어느 정도는 사용되고 있지만, 다른 형태의 상담 방법으로 흡수되어 갔으며, 현재는 아주 소수의 모델만이 원래의 형태로 쓰이고 있다. 하지만 커플·가족치료의 세계를 열고 커플·가족치료의 기반이 되는 아이디어와 방법을 만들어 낸 이 모델들의 중요성을 간과해서는 안 된다.

구조적 가족치료

구조적 가족치료는 살바도르 미누친(Salvador Minuchin, 1974; S. Minuchin &

Fishman, 1981)에 의해서 시작되었으며, 가족과 그 구성원의 삶을 결정하는 데 있어서 가족구조의 중요성을 강조하고 있다. 미누친의 **가족구조**family structure에 대한 정의는 기능을 수행하기 위해 가족원들이 서로 관계를 맺는 패턴에 나타나는 조절 코드다. 그는 가족구조의 주요한 세 가지 영역을 경계, 동맹, 권력으로 보았다.

첫 번째 요소인 **경계**boundary는 삶의 영역에 누가 어떻게 참여하는가를 정의하는 규칙이다. 경계는 가족 구성원 간 접촉의 양과 질을 규제한다. 가족 경계의 강도는 한쪽 끝이 경직(결국 '단절'을 불러옴)과 다른 끝은 지나친 침투(결국 '융합'되어 버림)인 연속선상에서 다양하게 나타난다. 단절의 끝에 있는 가족들은 서로 간에 해야 할 일이 거의 없고 분리되어 있는 반면, 융합의 극단에 있는 가족들은 전혀 분리되지 않아 다른 사람의 영역을 여러 가지 형태로 침범하고 그들이 해야 할 기능들을 간섭한다. 구조적 가족치료의 주요한 목표는 경계의 양극단에 있는 가족들을 보다 기능적이고 유연성 있는 곳으로 옮기는 것이다.

구조의 두 번째 핵심 요소는 **동맹**alliance인데, 작업을 수행함에 있어서 가족 구성원과 합류하거나 그중 한 명에게 반대하는 자리에 서는 것을 말한다. 구조적 모델에서 일반 가정의 구조 조정은 당연한 것으로 본다. 하지만 연합구조가 고착화되어 변화를 거부한다든지 세대를 가로질러 연합이 일어나는 것은 역기능으로 간주한다. 동맹의 핵심 개념은 삼각관계다. **삼각관계**는 두 사람이 제삼자에게 서로 자기 편을 들어 달라고 할 때 발생한다. 구조적 가족치료의 주요 과정 목표와 궁극적인 목표는 기능적이고 안정된 동맹을 만들어 내고(예를 들면, 부모가 서로 동맹을 맺는 것이 우선), 그렇게 해서 가족들이 직면하고 있는 광범위한 상황적 맥락에서 누가 누구 편에 설 것인가 하는 것을 유연성 있게 바라보는 것이다.

구조의 세 번째 핵심 요소인 **권력**power은 가족 활동의 결과에 대한 각각의 가족 구성원들이 행사하는 상대적 영향력으로 정의된다. 권력은 기능적으로 분배될 수 있거나 한 사람이나 연합에 의해서 경직될 수도 있고 결정권자가 없는 상황에서 역기능적인 체계가 되기도 한다. 1960년대에 개발된 구조적 가족치료의 고전적 버전에서는, 권력을 둘러싼 가장 기능적인 배열은 모든 구성원이 어느 정도 권력을 가지고 있는 환경적 맥락에서 부모의 강한 동맹이 있는 것이라고 여겨졌다. 구조적 가족치료는 이러한 권력의 분배를 위해 가족이 움직이는 것을 목표로 한다.

구조적 가족치료의 개입은 가족의 기능과 역기능의 기반이 되는 가족구조의 이러한 세 가지 측면의 변화를 강조한다. 모든 개입의 기저에 있는 목표는 항상 가족의 기능을 향상시키기 위해 가족체계를 재구조화하는 것이다. 역기능적 행동은 확인된 환자의 행동으로 간주하고, 따라서 치료에서 해결해야 할 핵심 문제를 나타내는 가족체계의 변화를 만든 후에 다루게 되는 부차적인 문제가 된다.

가족의 항상성 역시 구조적 가족치료의 기본 가정이었기에 구조적 가족치료의 초기 모델은 실연enactments이라고 불리는 작업을 하였다. 이는 주로 가족조직의 변화를 이끌어 내기 위해 위기의 순간에 있었던 강력한 경험을 하도록 상담 중에 시도하는 것이다. 문제와 관련된 가족들의 습관적인 패턴을 이끌어 내거나 상담 회기 중에 자연스럽게 일어나는 상황을 이용해 위기를 만들어 내고 이에 대응할 구조적인 대안을 모색한다. 예를 들어, 부모-자녀 연합이 강한 가족을 연합된 모습이 출현하도록 자극하거나 위기에 기능적으로 대응하기 위한 부모의 연합이 강화되도록 부모와 상담할 기회를 제공하기도 한다.

비록 오늘날 실연이 순전한 형태로 진행되는 일은 줄어들었지만, 구조적 접근은 가족치료에 가장 영향력 있는 이론으로 남아 있다. 가족체계 내의 경계, 동맹, 권력의 중요성과 같은 구조적 치료의 핵심 개념 중의 일부는 거의 모든 커플·가족치료에 필수적인 실천 요소다. 구조적 가족치료는 오늘날의 가족치료에 자주 사용되는 기법들의 주요한 원천이 되어 왔다. 예를 들어, 미누친과 동료들은 특정한 개입을 통해 가족과 합류하는 다양한 종류의 기법을 개발하고 다듬었다. 그 개입에는 추적tracking(가족의 일상에서 사용하는 상징을 사용하기), 적응accommodation(가족의 패턴을 있는 그대로 받아들이며 관계 형성하기), 모방mimesis(가족들이 사용하는 표현이나 내용 따라 하기) 등이 있다(S. Minuchin & Fishman, 1981). 효과적이고 증거기반을 가진 가족치료들 중에 구조적 가족치료의 이론과 전략에 기반을 두고 있는 것들이 있다. 즉, 단기 전략적 가족치료brief strategic family therapy(Szapocznik & Williams, 2000), 다중차원적 가족치료multidimensional family therapy(Liddle, 2009), 다중체계적 치료multisystemic therapy(Sheidow, Henggeler, & Schoenwald, 2003) 등이 이에 속한다.

미누친의 실제 상담에서 보여 주듯이 구조적 접근은 해를 거듭하며 많은 진화와 발전을 이루었다. 치료자의 역할 중 지배적인 면은 줄어들었고 현재 행동에 대한 과거의 영향을 탐색하는 비율은 늘어났으며, 화려한 실연이 치료의 초점이 되는 일도 줄어들었다. 구조적 치료의 초기 작업 중에 실질적인 비판의 대상이 된 것들도 있다. 예를 들면, 남성과 여성의 성 역할에 대한 틀에 박힌 생각들이다. 가족치료에 대한 여성주의자들의 많은 비판은 구조적 모델에 초점을 두고 있다. 구조적 모델도 해를 거듭하며 성별에 대한 이해가 발전되었다(S. Minuchin, Lee, & Simon, 2006).

전략적 접근

전략적 접근strategic approaches은 가족치료 중 가장 체계론적이다. 이 치료는 간단하고 집중적이다. 변화는 전혀 다른 기능적 체계로 도약하는 불연속적인 과정으로 간주된다. 따라서 전략적 치료를 하는 치료자는 가족체계 안으로 진입하고, 적극적으로 개입하여 새롭고 효과적인 방법을 만들도록 가족을 돕고, 단기간 치료를 종결할 방법을 쓸 것이다(Watzlawick, Weakland, & Fisch, 1974).

다양한 전략적 모델은 또한 많은 구체적인 개입 기술을 공유하고 있다. 역설적 개입은 만약 가족이 그대로 행동한다면 문제와 반대되는 방향으로 움직일 수 있는 지시를 제공하는 것이다. 두 번째 자주 쓰이는 방법은 일방경 뒤에서 치료자와 가족을 관찰하고 조언과 지시를 제안할 팀을 이용하는 것이다. 예를 들어, 가족이 청년 자녀의 독립에 대해 어려움을 겪고 있다면 반영팀은 가족에게 자녀가 집을 떠난다면 발생할 수 있는 어려움에 대해 계속 이야기해 보라고 지시할 수 있다. 세 번째 자주 쓰이는 전략적 치료 기법은 치료자들이 냉정하고 분리된 거리를 유지하는 것이다. 전략적 치료자들은 가족 안에서 일어나는 피드백의 주기를 변경하는 데 주력하는 한편, 통찰력의 사용, 가족사의 탐색, 또는 가족과의 깊은 정서적 교감은 피한다.

MRI 모델

가족치료에 있어서 첫 번째 체계기반 전략 모델로 가장 잘 알려진 것은 폴 바츨라빅(Paul Watzlawick)과 동료들에 의해 개발된 MRIMental Research Institute 또는 팔로 알토Palo Alto 모델이다. MRI 모델은 일반체계이론, 사이버네틱스, 의사소통 과정 강조라고 하는 이론들을 조합하는 데 기반을 두고 있다. MRI 모델에서 보는 문제란 가족생활의 정상적인 양상일 뿐이다. 가족들이 문제를 해결하지 못한 경우 문제 자체에 내재된 것과 연관이 있는 것이 아니라, 체계적이지 못한 문제해결 시도가 결국 상황을 **변화시키지 못하거나 1차적 변화만 일어난 후 문제를 악화시킨다고 보았다. 그렇기 때문에 MRI는 기존의 상호작용을 지배하는 체계의 규칙을 변경하기 위해 2차적 변화를 만들어 내는 데 초점을 둔다.

치료는 문제를 유지시키는 가족 내의 체계를 확인하는 것으로부터 시작한다. 문제행동들의 기초가 되는 규칙들이 명백해지면 치료는 이러한 규칙을 바꾸고 문제가 체계에 작용하게 된 기능에 대응하는 것을 목표로 삼게 된다. 문제의 재정의와 역설적 처방은 이러한 목적을 달성하는 데 가장 자주 쓰이는 기법이다. 재정의는 치료자가 적극적으로 사건에 대해 새롭고 다른 방향의 해석을 하며 사건의 의미를 보다 긍정적으로 재해석하여 수용력을 증가시키도록 하는 것이다. 예를 들면, 자녀의 행동을 '일탈'로 보기보다는 '독립을 추구하는 것'으로 해석함으로써 변화를 촉진하는 새로운 현실이 만들어지는 것이다. 역설적 지시들은 체계 외부로부터의 명령에 반하는 사회적 체계 안에서 반응하는 힘을 사용한다. 예를 들면, 치료자들은 변화가 일어나지 않는 이유와 심지어 그 변화가 해롭기까지 한 이유의 목록을 열거할 수 있다. MRI 모델의 처치는 간단하고 집중적이며, 치료자의 냉정하고 거리감을 둔 자세는 장기적인 애착을 방지하고 문제가 해결되었을 때 종결 과정을 촉진할 수 있다.

MRI 모델은 여전히 가족치료 분야에서 큰 영향력을 미치고 있다. 이 모델의 몇 가지 핵심 개념들(예: '1차적 변화와 2차적 변화', 1차적 변화는 행동만 바뀌는 것이고 2차적 변화는 체계의 변화를 의미)은 다양한 커플·가족치료에서 사용되어 왔다. 재정의의 핵심 기술들은 이론적 차이를 막론하고 가장 많이 사용되었으며, 기능적 가족치료와 같은 몇몇 증거기반 모델의 핵심이 되었다 (Sexton & Alexander, 2003).

이러한 영향력에도 불구하고, 오늘날 MRI 모델이 초기 형태로 실천되는 경우는 매우 드물다. 동맹에 기반한 많은 치료법이 진화하면서 MRI는 이제 종종 가족치료 1세대 모델의 한계를 보여 주는 본보기로 떠오른다. 역설적 개입전략과 치료자의 분리된 자세는 이 접근에 대한 관심을 끌어왔지만, 또한 치료자와 내담자 사이의 보다 협력적인 접근을 강조하는 다른 방법들을 추구하게 하였다. 게다가 MRI 모델 자체를 지지하는 실험 결과가 소량에 불과하다. 또한 1차적 변화(MRI가 도전했던 개념)가 가족들이 가져온 목표를 달성하는 데 잘 작용했다는 것을 보여 주는 성공적인 행동치료적 증거가 많이 나타났다(Lebow & Gurman, 1995). 그럼에도 MRI 처치는 동맹에 많은 관심을 기울였으며, 이들 전략의 일부는 실증적 지원을 획득했던 후기 전략적 치료에 상당한 영향을 미쳤다(Rohrbaugh, Kogan, & Shoham, 2012; Shoham, Rohrbaugh, & Cleary, 2008).

문제해결치료

제이 헤일리(1987)의 문제해결치료problem-solving therapy, 그리고 그의 동료였던 클로에 마다네스(Cloe Madanes, 1981)가 시도한, 이와 밀접하게 연관된 작업은 가족구조에 초점을 두며 역설적 기법을 결합하는 방법을 개발하였다. 이 모델은 가족 안에서의 권력과 권력의 분배를 특히 중시하고 있다.

　문제해결치료는 체계 내에서의 행동의 기능을 다루는 데 초점을 맞춘다. 치료는 초기 관계 형성 단계부터 시작하여 각 개인이 문제를 어떻게 인식하고 있는가를 사정assessment하게 된다. 사정은 주로 가족 안의 삼각관계(상호작용에 있어 누가 누구를 지지하고 있는가)와 위계(누가 권력을 가졌는가)에 초점을 맞추지만 치료자가 관찰한 것을 내담자와 직접 공유하지는 않는다. 대신, 치료자는 가족들에게 해결책을 성취할 수 있도록 새로운 행동에 참여하게끔 유도하기 위해 지시를 한다. 헤일리와 마다네스에 의해 사용된 많은 지시는 밀턴 에릭슨(Milton Erickson)의 최면술로부터 비롯되었으며(Haley, 1986), 이것은 변화에 대한 암시성과 개방성을 증가시키기 위해 혼란을 조장한다. 가장 기법 pretend technique(Madanes, 1981)의 예를 들자면, 증상을 보이는 척하는 자녀를 부모가 돕는 척하라고 지시하는 것이 있다. 문제를 가진 성인 자녀와 함께 사는 가정이라면 부모가 서로 강력한 연합을 이루고 자녀가 분가하도록 촉진하는 것이 목표가 된다. 이 성인 자녀와 가족을 위해서는 자녀가 집을 떠나 역기능적 가족 패턴을 깨뜨리는 것이 증상 행동의 해독제로 보인다(Haley, 1997).

　헤일리는 가족치료 분야에서 논란이 많은 인물인데, 왜냐하면 가족치료자들이 가지고 있는 초기 체계적 개념화만을 시종일관 집착하고 있기 때문이다. 특히 그의 핵심 관점인 '확인된 환자'는 단지 이러한 증상의 기능을 명백히 보여 줄 뿐이라는 주장과 정신질환에 대한 그 어떤 생물학적 요인에 대한 주장도 완전히 거부했는데, 이것이 결국 그의 치료 모델에 대한 거부로 이어졌다. 이러한 생각은 한때 생물학적이며 정신분석학적인 결정론과는 대조를 이루었으나, 지금은 심각한 장애의 생물학적·심리학적 기반을 기술하는 깊이 있는 연구들의 여파 속에 경직된 것으로 여겨지며 심각한 심리장애를 가지고 있는 사람들을 위해 개발된 가족 심리교육 처치가 매우 효과적인 대안으로 자리 잡고 있다. 그런데도 문제해결의 체계론적 관점을 강조하는 데 있어 헤일리의 영향력은 가족치료에서 매우 강력하다. 비록 정신병리학에 생물학적 개입을 심각하게 거부하는 것은 옳지 못하다는 많은 증거가 있지만, 가족치료에 침투하고 있는 의학적 모델에 대한 그의 염려 또한 강한 반향을 불러일으키고 있다.

밀란 체계이론

셀비니 팔라졸리(Selvini Palazzoli), 보스콜로(Boscolo), 체친(Cecchin), 프라타(Prata)와 동료들에 의해 개발된 전략적 접근이 이탈리아 밀라노에서 다양한 조합을 통해 이루어졌으며, 이를 **밀란치료**Milan therapy라고 한다(Boscolo, Bertrando, & Thorne, 1993; Boscolo, Cecchin, Hoffman, & Penn, 1987; Cecchin, 1987; Selvini Palazzoli, Boscolo, Cecchin, & Prata, 1977). 비록 모든 버전이 전략에 초점을 맞추긴 했지만, 이 모델들은 서로 상당한 차이가 있다. 고전적 밀란치료에서 처치 형식은 대체로 월별로 회기를 진행하고, 치료자 한 명이 가족과 함께 치료실에서 치료를 진행하고 나머지 팀원들은 일방경 뒤에서 관찰한다. 이렇게 치료가 진행되는 동안 처치팀은 가족에 대한 가설을 세우고 치료 전반에 걸쳐 이 가설을 수정하고 발전시켜 나간다. 팀은 일련의 전략적 메시지를 작성하여 가족에게 전달한다. 이러한 메시지의 대부분은 '긍정적 함의positive connotation'를 강조하고 치료적 의례rituals를 처방한 것이다.

긍정적 함의는 문제행동으로 여겨지던 것들에 대한 긍정적 의미를 부여하는 재정의의 형태다. 이것은 역기능으로 보이는 행동에 대한 가족들의 관점을 바꾸고, 역기능 행동이 체계의 긍정적인 목표에 어떻게 도움이 되는지 제안하는 것을 목표로 한다. 밀란 체계치료에서 처방된 의례들은 혼란을 조장하거나 아이러니한 상황을 만들어 경직된 가족 패턴을 과장하거나 도전하는 것을 목표로 한다. 이러한 의례 중에는 가족 패턴에 대한 관심을 끌어오는 것도 있고, 문제 상황에 기여하고 있음과 어려움을 해결할 수 있는 자신들의 능력을 인식하게 하는 것도 있다. 예를 들면, 홀수 날과 짝수 날에 특정한 행동을 통제하라고 하는 것이 부모 각자에게 교대로 주어지고 가족들에게 변화의 효과를 관찰하게 한다. 초기 밀란접근은 치료자들로 하여금 변화에 반응하지 않도록 하기 위해서 변화에 대해 중립성을 유지하는 것이 중요하다고 강조하였다.

밀란치료의 변형된 모델은 보스콜로와 체친에 의해 개발되었는데(Boscolo et al., 1987; Cecchin, 1987), 지시의 개념을 버리고 그 대신 순환질문circular questions을 만들어 내는 데 초점을 맞추었다. 순환질문은 가족 구성원들 사이의 차이점을 설명하기 위해 사용되는 질문인데, 가족 패턴을 재발견할 수 있는 단서를 제공한다. 순환질문은 현재 상황과 가족의 행동이 어떻게 발전했는지, 어려움을 해결하고자 하는 가족을 방해하는 것은 무엇인지, 변화를 향한 가장 생산적인 길은 무엇인지에 대한 이해를 촉진하기 위해 대화를 시도할 때 쓰인다. 순환질문의 예는 다음과 같다. 관계에 대한 인식의 차이(누가 누구와 더 가까운가?), 사건 전후의 감정과 행동의 차이(아기가 태어나기 전이나 후에 더 우울해졌는가?), 가설적 차이(만약 결혼하지 않았다면 당신의 삶은 어떻게 다를 것 같은가?). 호기심을 갖는다는 것은 이 모델의 중요한 과정적 목표이며, 이 모델의 작업은 밀란의 초기 모델보다 훨씬 더 협력적이다.

밀란치료의 변형 모델을 통해 셀비니 팔라졸리는 괴로움을 당하고 있는 환자들은 모두 '추잡한 장난dirty game'에 갇혀 있는 것이라고 주장하였다. 즉, 환자의 증상이 권력투쟁하고 있는 부모 중 한 쪽을 다른 쪽보다 지지하게 만든다는 것이다(Selvini Palazzoli, Cirillo, Selvini, & Sorrentino, 1989; Selvini Palazzoli & Viaro, 1988). 부모 간에 동맹을 강화하고 역기능적 가족 패턴을 이해시키기 위해 셀비니는 변하지 않는 '불변의 처방invariant prescription'을 사용하였다. 이 처방은 부모에게 다른 가족 구성원들에게 비밀이 있다고 말하고 다른 사람들 모르게 함께 외출하라는 것이다. 그리고 부모는 가족들의 반응을 관찰한다. 밀란의 다른 접근방식과는 달리, 이 접근은 추종자들이나 열성 팬을 만들어 내지 않았다. 이는 아마도 가족 간의 상호작용 과정에 대한 병리학적 견해와 가족 안의 개인적 차이를 고려하는 데 실패했기 때문일 것이다.

한때 밀란의 처음 두 모델은 전 세계적으로 많은 추종자가 있었고 많은 감탄을 자아냈었다(Hoffman, 2002; Tomm, 1984a, 1984b). 오늘날 비록 소수의 가족치료자들이 밀란치료를 실천하고 있지만, 밀란식 접근은 아직도 매우 영향력 있는 것으로 여겨지고 있다. 특히 호기심 어린 태도와 순환질문, 팀을 이루어 치료하는 것, 다수의 치료자가 일방경을 통해 한 사례를 다루는 훈련은 커플·가족치료를 하는 데 있어서 핵심 전략과 방법이 되었다. 밀란치료는 전략적 치료의 다양한 방법과 이와 연계된 개입들을 발전시켰고, 포스트모던 접근의 개발에도 어느 정도 영향을 미쳤을 것으로 보인다는 점에서 긍정적인 영향력을 가지고 있다. 밀란접근의 실증적 평가는 전혀 이루어지지 않았다.

인지행동적 접근

인지행동 모델은 가족체계에 인지행동 원리를 적용한 것이다. 인지행동 이론에서 생각과 행동은 기능하는 데 있어 중요한 결정요인이다. 그러므로 변화에 가장 효과적인 방법은 역기능적 사고와 행동 패턴을 직접적으로 변화시키는 것이다.

고전적 조건형성과 조작적 조건형성은 이 패러다임의 행동을 변화시키기 위한 중심 매커니즘이다. 커플·가족치료에서 조작적 조건형성은 품행장애를 앓는 아동의 부모 교육에서 자주 활용된다. 그러나 인지행동 가족치료가 고전적 학습이론에서만 파생되는 것은 아니다. 그 주된 이론적 토대로서 사회학습이론은 사회적 강화와 여러 과정을 강조한다. 사회학습이란 강화와 처벌의 직접적 경험과 모델링과 같은 간접적 관찰 과정을 통한 지식이 축적된 것이다(Bandura, 1977).

사회교환이론도 인지행동 접근법에서 중요한 요소다. 사회교환이론이란 사람들이 사회에서 자신의 성과를 극대화하기 위해 보상은 늘리고 비용은 절감하고자 노력한다는 것이다(Thibaut & Kelley, 1959). 한 사람의 행동은 다른 사람의 상호 행동과 부합되는 것처럼 보이므로 긍정적 행동은 긍정적 행동을 촉진하고 처벌은 처벌을 촉진한다. 이러한 관점에서, 커플이나 가족은 상호 지지적인(각자가 서로에게 긍정적인 것을 제공) 또는 상호 강압적인(서로에게 벌주기) 보상을 발전시킬 가능성이 있다고 본다. 문제행동은 주로 기술적 부족이나 강압적인 패턴을 교환하면서 생기는 것으로 보고 있다. 커플이나 가족은 기술적 부족을 개선하기 위해 기술 훈련을 받는데, 그 훈련의 목적은 적절한 사회적 행동을 촉진하기 위한 지식과 경험을 제공하는 것이다. 긍정적 교환은 교환 패턴에 대해 내담자의 인식을 높이고 보다 만족스러운 교환을 협상함으로써 촉진된다.

인지행동의 인지적 부분을 구성하는 인지이론은 1990년대에 이미 확립된 행동주의 커플·가족치료와 통합되기 시작하였다(Epstein & Baucom, 2002). 인지치료는 역기능적이거나 비합리적 사고 과정을 유지하고 발전시키는 인지적 과정을 직접적으로 도전하고 변화시키는 것을 목표로 한다(Beck, 1976). 이를 위해 인지(치료) 전략은 행동과 정서 이면에 놓인 생각들을 탐색하고 왜곡된 인지를 살펴 수정하는 것이다. 인지적 모델은 정서와 행동을 사고와 연관시킨다. 이러한 사고는 특정 사건에 대해 직접적으로 관련되거나 구체적 사건과 연결된 세계의 도식schemas일 수 있다. 게다가, 인지적 개입은 사고가 감정에 어떻게 영향을 미치는지에 대하여 내담자의 인식을 촉진시킨다. 대부분의 개입은 일상에서 과잉 일반화, 과잉 개인화, 또는 지나친 부정성과 같은 일반적 왜곡을 바꾸는 데 초점을 맞추고 있다. 과제는 행동치료 목표를 달성하는 것뿐만 아니라 신념과 인지를 모니터링하고 평가하는 데 있어 중요한 도구다(Epstein & Baucom, 2002).

초기 인지행동 커플·가족치료 접근은 체계이론과 통합되지 못한 채 주로 단순한 행동 원리의 적용에 초점을 맞추었다. 예를 들어, 행동주의 초기에 부모교육에서 아이들의 행동 형성을 위해 부모들만이 참석한 상태로 교육하는 것이 흔한 것이었다. 최근에는 인지행동 치료자들이 인지적 요소와 체계적 이해, 전략을 통합했다(Epstein & Baucom, 2002). 예를 들어, 패터슨(Patterson, 2002)과 동료들은 부모와 자녀가 서로에게 미치는 상호 간의 강압적인 영향을 행동장애의 맥락에서 탐색하였다. 그리고 그들은 내담자의 반응(치료자의 행동과 패턴에 대한)에 대한 민감성을 유지하지 않는 치료자들이 내담자들로 하여금 주어진 과제를 해 오지 않는 태도에 실제로 영향을 미친다는 것도 입증하였다(Patterson & Chamberlain, 1994).

인지행동 치료자들 간의 유사성은 가족치료의 다른 집단들에 비해 크다. 이 모델의 한 가지 강점은 다양한 치료 개발자의 작업이 다른 이들의 작업을 기반으로 구축되어 서로 유사한 치료법을 만들어 낸다는 점이다. (따라서 이러한 형태의 커플·가족치료의) 구별되는 아류형을 만들어 내는 경향이나 교육 자료에 대한 상표 및 저작권 등록을 하는 것이 다른 유형의 커플·가족치료에 비해 덜 보편적일 수밖에 없다. 또한 이 치료는 가장 많이 조사된 심리치료이기 때문에 많은 양의 연구와 근거를 제시한다(이 연구의 검토는 제3장 참조).

인지행동 커플치료 스튜어트(Stuart, 1980), 와이스(1978), 제이콥슨(Jacobson)과 마골린(Margolin, 1979)은 모두 행동 커플치료behavioral couple therapy의 초기 버전을 개발하였다. 이 방법들은 각각 사회교환이론과 사회학습이론에서 광범위하게 도출되었다. 대부분의 인지행동치료와 마찬가지로, 이러한 접근법들은 변화의 목표와 변화에 사용될 수 있는 강화 도구들을 평가하기 위해 행동 교환과 자기보고식 검사를 통한 광범위한 모니터링을 사용한다. 평가에 수집된 정보는 커플과 직접 공유하며 변화가 필요한 영역을 살펴본다. 행동적 관점에서, 커플의 스트레스는 높은 수준의 강압적 교환으로 이루어진 낮은 수준의 긍정적 강화에서 나타나는데, 이는 전형적으로 스트레스 받는 커플들의 연구에서 나타나는 패턴이다(Weiss, 1978).

행동 커플치료는 변화를 촉진하기 위해 몇 가지 개입전략을 사용한다. 추적과 비디오테이프를 통한 행동 모니터링은 커플들이 그들의 행동을 좀 더 객관적으로 볼 수 있도록 돕는다. 공감 능력, 의사소통 능력(주의집중, 듣기와 말하기 반영), 문제해결 능력(문제 정의, 대안적 해결책 도출, 자연스러운 만족도 달성) 등 구체적인 관계 능력 훈련도 있다. 행동 교환은 교환을 위한 행동 계약서를 통해 다루어지는데, 일반적으로 한 파트너의 행동을 다른 파트너의 행동과 교환하는 보상에 근거를 둔 것이다. 와이스(1975), 고트먼과 동료들(J. M. Gottman et al., 1976)의 연구에 기초하여, 치료는 커플 간의 긍정적 교환의 비율을 높이고 부정적으로 변화하는 비율을 감소시켜서, 원만한 커플에게서 전형적으로 나타나는 긍정 대 부정의 교환 비율인 5 대 1에 가깝도록 관계를 변화시킬 길을 모색하는 것이다.

행동 커플치료에 있어서 어려운 점은 행동과 더불어 정서 상태(예: 사랑, 배려, 관심)와 관련된 관계의 측면을 다루는 데 있다. 이 한계를 인식한 행동 커플치료자들은 관계에서 정서의 주요 중심적 역할을 수용하려고 하였다. 그렇게 하기 위한 첫 번째 노력은 치료의 일환으로 돌봄의 날caring days 또는 사랑의 날love days이라고 불리는 계획된 애정 행동을 처방하는 어색한 것이었다 (Stuart, 1980). 구체적 사랑의 근사치와 커플들이 경험하는 관계 사이의 거리감은 이 접근법을 폭넓게 수용하는 것을 어렵게 만들었다. 널리 회자되었던 비평에서, 거먼과 크누드슨(Gurman & Knudson, 1978)은 이러한 초기 치료의 기계론적 특성을 강조했는데, 관계에 있어서 의미가 가지는 위치를 놓친 것처럼 보였다.

이러한 접근의 후속적인 진화는 한계와 비판에 대응하며 발전해 왔다. 첫째, 인지적 전략이 행동치료와 통합됨에 따라, 인지행동치료Cognitive-Behaviral Therapy: CBT로 바뀌었고, 커플의 서로에 대한 인식, 귀인, 그리고 관계 (Baucom, Epstein, LaTaillade, & Kirby, 2008)에 대한 범위까지 개입이 확대되었다. 오늘날 CBT는 관계 만족도에 영향을 미치는 관계 기대치에 대한 비현실적인 믿음의 이해, 도전, 변화에 행동만큼이나 초점을 맞추고 있다. 더불어, 무시되었던 감정은 이제 적어도 교환의 개념만큼 치료의 중요한 요소이며 대상이 되었다(Weiss, 1980). 도식에 초점을 맞췄던 커플치료는 한 걸음 더 나아가 자아, 파트너, 관계에 대한 뿌리 깊은 믿음과, 이것들이 커플의 스트레스에 어떠한 핵심적인 역할을 하는가에 초점을 맞춘다. 이와 같은 맥락에서 개입전략은 커플의 현재 관계 어려움과 관련하여 커플의 원가족을 탐색하는 것으로 확장된다(Dattilio, 2010).

둘째, 인지행동치료에 일어난 최근의 변화는 행동과 인지만큼이나 수용 acceptance과 정서emotion에 초점을 맞춘다는 것이다. 통합적 행동 커플치료에서 제이콥슨과 크리스텐슨(Jacobson & Christensen, 1996)은 변화가 가능할 때는 행동의 변화를, 변화가 불가능할 때는 수용을 강조하였다. 이러한 형태의 치료는 공감 결합(즉, 파트너들이 상호 공감을 형성하기 위해 성격이나 가족 배경의 차이를 고려할 때, 문제가 되는 상호작용을 피할 수 없는 것으로 간주하도록 장려)과 이러한 상호작용을 수용하고 용인하기 위해 차이점에 대한 역할극을 포함하여 여러 가지 수용력 강화 전략을 사용한다. 그리고 부정적 측면을 인정하면서 부정적 행동 가운데 긍정적 측면에 관심을 갖는다.

오늘날, 거의 모든 커플 성 치료couple sex therapy의 핵심에는 행동치료가 있으며, 전형적인 커플치료 개입과 함께 성적인 어려움을 해결하기 위해 다양한 기법이 사용되고 있다(Archer & McCarthy, 1988; McCarthy, 1989; McCarthy & McCarthy, 2003; McCarthy & Thestrup, 2008). 매스터스와 존슨(Masters & Johnson, 1970, 1976)은 이러한 접근의 중요한 행동원칙을 개발하였다. 그들은 불안이 성적인 반응을 억제한다는 개념을 바탕으로 고전적 조건형성을 통해 불안을 이완시킬 수 있는 일련의 운동을 제안하였다. 성 치료에서의 개입은 특히 각각의 성기능장애에 맞춰져 있다.

인지행동 가족치료   인지행동 가족치료는 주로 아동·청소년 문제를 치료하는 데 초점이 맞춰져 있다. 이런 맥락에서 가족치료는 전형적으로 부모들에게 가장 많은 관심을 쏟았다. 행동주의 부모교육(Kazdin, 2000, 2008)은 부모에게 어떻게 공감을 통해 자녀와 연결하고 유관적인 상황에 대응하는지에 대해 교육한다. 이 방법의 기반은 외향적 아이를 둔 부모의 경우, 문제가 있는 교환방식에 휘말리게 된다는 것을 보여 준 연구에 두고 있다(Patterson, 1996; Patterson & Fisher, 2002). 행동주의 부모교육은 문제행동과 관련된 사고와 행동의 패턴을 확인하는 평가 단계에서 시작된다. 이후 문제행동에 대한 기능적 분석은 우발적 행동의 변화와 발전이 필요한 기술을 식별하는 계획으로 이어진다. 이와 같은 기능적 분석에 기초하여, 구체적인 전략은 가족 문제에 맞춰져 있다. 문제행동이 여러 영역에서 발생할 경우, 일반적으로 토큰법이나 목표 달성에 따른 점수제point systems를 포함한 포괄적인 수정 프로그램을 만든다. 이 프로그램에서 아이들은 긍정적인 행동에 대해서는 인정을 받고 문제가 있는 행동에 대해서는 신뢰를 잃게 되며, 전반적인 성과에 대해서는 보상이 이루어진다. 만약 문제행동이 한 영역에서만 발생하면, 그 행동만을 대상으로 하는 구체적 사항을 개발한다. 모든 부모교육에서는 통제력을 확립하고 보살피는 행동 발달에 역점을 두고 있으며, 처벌보다는 긍정적 강화가 행동 변화를 촉진하는 데 있어 지지를 받고 있다.

부모교육에 대한 단순 편차는 다양한 문제행동을 변화시키는 데 크게 효과가 있는 것으로 나타났지만, 심각한 어려움을 겪고 있는 아동·청소년의 가정에 대한 행동치료 접근은 부모교육에 추가적 개입을 필요로 한다. 예를 들어, 패터슨과 동료들은 품행장애 아동의 부모 행동뿐만 아니라 아동 행동의 강압적 양상에 주목하면서 체계성을 이해하였다(Bank, Forgatch, Patterson, & Fetrow, 1993; Patterson, 2002; Patterson & Chamberlain, 1994). 또한 패터슨과 동료들은 그러한 절차에 대한 학습과 연습을 방해하는 저항 극복에 도움이 되는 여러 전략도 개발하였다(Patterson & Chamberlain, 1994). 오리건 사회학습Oregon Social Learning 접근에서 아동·청소년의 행동과 또래집단 및 기타 관련 체계의 영향도 부모와의 개입과 같이 동등한 관심을 받는다(Patterson, Reid, & Eddy, 2002).

현재의 위치　인지행동 커플·가족치료는 오랫동안 커플·가족치료의 주류를 벗어나 주로 학문적 입장을 취하고 있었으나, 최근 이 방법의 실천과 광범위한 보급이 기하급수적으로 증가했다. 더욱이, 이러한 방법들이 그들의 접근방법에 미치는 영향은 이제 상당하다. 많은 인지행동치료 전략들이 다른 실천법에 동화되었다. 행동 커플·가족치료와 인지행동 커플·가족치료는 적어도 치료와 그 직후의 몇 달 동안에 미치는 영향력에 가장 강력한 실증적 기록을 가지고 있다(Lebow, Chambers, Christensen, & Johnson, 2012; Lebow & Gurman, 1995; 또한 이 책의 제3장 참조).

경험적 접근

경험적 접근experiential approaches은 치료에 있어서 감정이 고조되는 순간을 강조하면서 주로 내담자의 정서적 경험에 집중한다. 궁극적인 목표는 기능 개선을 포함하지만, 일차적인 목표와 궁극적인 목표 모두 생동감과 연결감을 되살리는 데 초점을 맞추고 있다. 경험적 커플·가족치료는 칼 휘태커(Napier & Whitaker, 1988; Whitaker & Ryan, 1989)와 버지니아 사티어(Virginia Satir, 1988; Satir, Bitter, & Krestensen, 1988)에 의해서 개발되었다. 오늘날 가장 두드러진 경험적 모델은 레스 그린버그(Les Greenberg)(Greenberg & Goldman, 2008)와 수잔 존슨(Susan Johnson)(Johnson, 1996; Johnson, Woolley, & Gabbard, 2009)이 개발한 정서중심치료다.

경험주의 커플·가족치료자들은 저마다의 다른 처치 전략을 강조한다. 휘태커는 가족들이 살아온 삶에 대한 아이러니한 해설, 드라마틱한 언어 대결, 심지어 내담자와 레슬링까지 해 가며 가족들을 끌어들이기 위해 다양한 도발적 기법을 사용하였다. 그는 그러한 방법들이 내담자의 무의식과 치료자의 무의식 사이의 중요한 대화를 가장 잘 결합시켜 내담자의 삶(치료자의 삶도)에 활기를 불어넣을 수 있다고 믿었다. 똑같이 드라마틱하지만 스트레스를 덜 받는 방식으로 풍자하는 것은 가족조각family sculpture인데, 가족을 대표하는 형상들을 만들어 보고 가족 간의 장벽을 허물고 신뢰를 쌓아 간다. 휘태커와 사티어는 둘 다 치료자로서의 인간의 중요성을 강조하고 커플·가족치료에 있어 생동감과 진정성을 유지할 필요가 있음을 강조한 매우 영향력 있는 인물이었다.

그린버그와 존슨이 개발한 정서중심치료Emotion-Focused Therapies: EFT에서는 정서적 경험을 활성화하고 개입하는 것이 여전히 매우 중요하지만, 이러한 중간 목표를 달성하기 위해 사용한 전략은 이전의 경험적 가족치료에서 사용한 것과는 사뭇 다르다. EFT의 두 버전 모두 감정을 접촉하고 표현하는 과정을 개발했는데, 그 과정에서 처음 표현되는 감정은 그 느낌의 기저에 흐르는 정서를 다루는 것으로 이어진다. EFT의 각 형태는 감정을 누그러뜨리는 것을 목표로 하며 이렇게 감정을 다루면 서로의 감정에 관여하게 되고 상호 위로가 가능해진다. 그린버그와 존슨의 모델 둘 다 경험적 기반에서 만들어지지만, 다른 요소들을 포함하는 통합적 치료다. 존슨의 방법은 애착을 중심축으로 보고 강조하는 반면, 그린버그와 골드만(Goldman)은 정체성의 문제에 특히 주의를 기울였다. 정서중심 커플치료는 커플의 스트레스를 개선시키기 위해 경험적으로 잘 뒷받침된 치료로 등장하였다(Lebow et al., 2012).

보웬의 가족체계치료와 기타 다세대적 접근

몇몇 가족치료들은 세대 간 전수 과정에 초점을 맞추었으며, 때로는 몇 세대에 걸쳐 탐색하기도 하였다. 머레이 보웬(1978)이 개발한 개념 중 가장 두드러진 것은 **자기 분화**differentiation of self이다. 이는 세상을 냉정하게 생각하는 능력, 개인과 가족사의 잔재로부터 자율적일 수 있는 능력에 초점을 맞추고 있다. 보웬의 접근법이 인지치료로 간주되지는 않지만, 감정보다는 균형 잡힌 사고를 우선시하고 있다. 개인의 효용성이 자신의 원가족으로부터 얼마나 분화될 수 있는가와 관련이 있다는 점에서 정신역동치료와 공통점이 있다.

보웬 가족체계치료는 가족 내에서 형성된 감정과 신념의 미분화된 가족 자아 덩어리undifferentiated family ego mass가 가족투사과정family projection process을 통해 세대 전수된다고 본다. 보웬 가족체계치료는 내담자가 (현재) 가족 구성원과 이미 사망한 가족에 대한 기억과 상호작용하여 그러한 과정으로부터 자신을 해방시키는 능동적인 과정에 기반을 두고 있다. 협상해야 할 상호작용의 패턴 중에서 보웬은 동맹이 불가피한 3명의 상호작용인 삼각관계에서 자신을 분리해야 함을 특히 강조하였다.

가족치료 중에서 특이하게 보웬 가족체계치료는 종종 상담실에 한 명의 내담자나 커플이 오지만 원가족에 초점을 맞추는데, 그러면 이 원가족 작업을 파트너가 목격하며 이해하게 된다. 가족치료는 각 개인이 가족과의 관계를 탐색할 수 있는 맥락을 제공한다. 보웬은 치료자를 코치coach라고 불렀는데, 정신건강 분야에서 유행하고 있는 이 코치라는 용어의 첫 번째 사용이었을 것이다. 회기와 회기 사이에 내담자들에게 원가족에서의 관계를 탐색하고 이러한 관계를 다르게 접근하고 행동해 보는 과제를 주곤 한다. 이러한 탐색은 직접적인 탐색 대상의 가족원뿐 아니라 상호작용을 통해 간접적으로 이루어지거나, 부모님의 무덤과 같은 관련 감정을 불러일으키는 환경에 대해서도 이루어진다. 또한 과거와 현재의 가족 상호작용은 가족의 역사, 가족 간의 소통과정, 그리고 이러한 과정 중 경험한 것들의 영향력에 대한 내담자의 인식을 증가시킬 수 있다. 원가족 탐색의 주요 목표는 원가족에서 새로운 관계를 발견하고, 그래서 자신을 찾기 위함이다.

보웬은 가족 구성원뿐 아니라 그 개개인의 삶에서 누가 가족원인가와 함께 접점이 되는 사건과, 그 관계에 대한 다세대 가족체계의 도표인 **가계도** genograms에 광범위한 관심을 기울인 최초의 가족치료자였다. 이러한 가계도는 가족력과 가족과정에 대한 인식을 높이고, 치료 목표를 잡아 주며 탐색 대상을 파악하기 위해 회기 중에 자주 거론된다. 가계도는 자아 분화 지수를 증가시킬 수 있는 통찰력과 감정 경험의 발판으로 사용된다.

보웬의 개념은 세대 간 가족 문제를 다루는 방법을 개발한 다른 저명한 가족치료자들의 작업에 상당한 영향을 끼쳤다. 에반 임버 블랙(Evan Imber-Black, 1991, 1993)은 가족의례family rituals가 다세대를 걸친 가족 전통으로 인한 정서적 혼란에 대처하기 위해 카타르시스로서 기능할 수 있다고 강조하였다. 임버 블랙은 또한 가족 비밀을 탐색하고 처리하는 것의 가치를 강조하였다. 이 과정은 현재 가족의 비밀에 관한 것일 수도 있지만 다른 세대의 비밀의 영향에 관한 것일 수도 있다. 모니카 맥골드릭(Monica McGoldrick, 1988, 1991a, 1991b)은 보웬이 분화에 초점을 둔 것에서 더 나아가 다양한 문화적 규범과 기대치에도 주목했으며, 또한 가계도의 사용법을 확장하고 가계도의 복합적인 면을 강조하였고(McGoldrick, 2011; McGoldrick, Gerson, & Petry, 2008), 프로마 월시(Froma Walsh)와 함께 가족 안에서 이루어지는 상실의 대물림

legacies에 대해서 연구하였다(Walsh & McGoldrick, 1991). 비슷한 관점에서 폴린 보스(Pauline Boss, 1999)는 모호한 상실ambiguous loss에 대해 연구하였다. 보웬 가족체계치료와는 다르게, 데이비드 슈나르크(David Schnarch, 1991, 2009)는 보웬의 자아 분화 개념을 성sexuality에 적용하여 개인의 욕구를 직접 표현하도록 촉진하였다.

이반 보조르메니-나지(Boszormenyi-Nagy & Spark, 1973)에 의해 개발된 맥락적 접근contextual approach은 보웬 치료법과 같이 세대 간 접근을 시도한 또 다른 1세대 모델이다. 맥락적 치료는 보조르메니-나지가 보이지 않는 충성심invisible loyalties이라고 불렀던 렌즈를 통해 관계를 검증하였는데, 각 개인이 받았던 또는 받지 않았던 다세대적 회계장부ledger[1]를 검증하였다. 맥락적 치료는 사람들이 어릴 적 원가족으로부터 물려받은 감정과 기대를 성인이 된 삶으로 가져올 때 필연적으로 그 장부의 균형을 맞추고자 하며, 이러한 균형을 위한 노력의 영향력은 매우 강력하다고 주장하였다. 맥락적 치료의 우선적인 목표는 내담자들이 이 장부를 이해하고 그것들을 균형 있게 하기 위한 파괴적인 방법보다는 건설적인 방법을 찾도록 돕는 것이다.

이러한 세대 간 치료법의 영향에 대한 연구 증거는 거의 없지만, 모두 오늘날의 가족치료에 상당한 영향을 끼친다. 보웬 가족체계치료는 한때 매우 많은 추종자가 있었으며, 오늘날도 가계도와 자기 분화 개념 등이 널리 활용되기는 하지만 예전에 비해 추종자는 적어졌다.

정신역동적 접근

일부 초기 가족치료자(Haley, 1979)의 저술에서 정신분석적 이론에 대한 비판이 자주 등장했지만, 동시에 정신역동적 개념을 가족치료에 접목시키는 오랜 전통도 있어 왔다(Ackerman, 1958; Boszormenyi-Nagy, & Framo, 1985;

---

1) 역자 주: 정신적 유산

Framo, 1982; Framo, Weber, & Levine, 2003; Stierlin, 1977). 최근에는 정신분석학 내에서 대상관계object relations 개념의 출현과 함께, 일부 가족치료들이 대상관계를 커플·가족치료의 중심에 두었다(Catherall, 2007; D. Scharff & Scharff, 1987, 1991; J. Scharff & Scharff, 2008).

정신역동적 가족 접근psychodynamic family approaches은 많은 공통점을 가지고 있다. 정신역동 커플·가족치료는 개인 안에서 그리고 개인 간에 발생하는 갈등의 역동적인 내적 과정을 강조한다. 또한 무의식의 정신적 과정, 특히 가족 간의 정신적 과정, 그리고 성인이 된 후의 행동과 경험에 영향을 미치는 초기 경험의 역할을 공통적으로 강조하고 있다. 정신역동 치료자들은 또한 상담 회기의 빈도, 시간대, 회기당 시간과 같은 치료의 공식적인 진행방식에 있어서 일정한 틀을 유지하는 것이 중요하다고 강조한다. 이 같은 틀은 품어 주는 환경, 즉 내담자가 자신의 정서적 반응에 대해 공감받는 경험이 매우 중요함을 보여 주고 있다(D. Scharff & Scharff, 1987). 과거의 중요한 관계에서 느꼈던 감정을 다른 사람에게로 옮겨 가거나 투사하는 전이transference의 출현과 해결은 치료에 있어서 매우 중요한 측면이다. 정신역동 커플·가족치료에서 전이는 치료자뿐 아니라 다른 가족 구성원까지도 포함된다. 정신역동적 접근법은 내담자의 변화 과정에 대한 중요한 정보로서 역전이countertransference(내담자의 전이나 치료자 자신의 경험에 기반하여 치료자가 내담자에게 느끼는 내적 반응)에도 깊은 주의를 기울이고 있다. 해석interpretation은 내담자가 무의식적인 과정을 이해하고 작업할 수 있도록 돕기 위해 자주 사용된다.

프라모(1982)는 정신역동 커플·가족치료에 '원가족family of origin'을 다루는 회기를 대폭 추가하였다. 이 회기에서는 성인 내담자 중 한 명의 원가족을 다룬다. 보다 더 효과적인 종결을 위해 커플 회기나 핵가족 회기에서 해결되지 못한 오래된 문제들이 원가족 탐색과 함께 다루어진다.

비록 정신역동 모델의 커플·가족치료가 이전보다는 덜 쓰이긴 하지만, 이 모델의 핵심 개념과 전략이 오늘날의 커플·가족치료에도 자주 사용되고 있다. 정신역동 모델의 개념과 전략으로는 치료동맹의 중요성 강조, 내적 변화 과정에 초점 두기, 원가족의 역사가 현재 관계에 미치는 영향, 인식하지 못하고 있던 가족 간의 교류 이해, 해석 등이 포함된다. 그러나 한때 매우 인기 있었던 원가족 회기는 오늘날 거의 쓰이지 않으며, 정신역동 커플·가족치료에 대한 실험적 평가는 거의 이루어지지 않았다. 스나이더(Snyder)와 윌스(Wills)가 개발한 정신역동치료에 기반을 둔 한 접근은 통찰력 중심의 치료인데(D. Snyder & Wills, 1989; D. Snyder, Wills, & Grady-Fletcher, 1991), 이는 시간이 지남에 따라 높은 수준의 변화 유지를 만들어 냈으며, 이 방법에 대한 단일 평가에서 상당한 가능성을 시사하였다.

제2세대 치료

앞에서 설명한 처치에 대한 모든 접근은 1세대 가족치료에 기원을 두고 있는데, 이 모델에서 비롯하여 발달한 변형 모델들이 있었다. 지난 30년간 커플·가족치료의 방법이라고 명명된 많은 기법이 있었지만 단지 소수만이 두각을 나타냈다.

포스트모더니즘과 후기구조주의 치료

행동주의에서 정신역동에 이르기까지 광범위한 문제해결 중심의 치료법들을 만들어 낸 모더니즘 전통에 대한 반동의 움직임이 있었다. 모더니즘보다 더 많은 질문을 제기하는 포스트모던 전통이 데리다(Derrida & Dufourmantelle, 2000)와 푸코(Foucault, 1976)의 철학에 기원을 두고 커플·가족치료의 새로운 세트를 만들어 냈다(Tarragona, 2008). 포스트모던 치료들은 각각 다원적 관점의 정당성을 강조하고 있다. 치료자들은 전문가라기보다는 협력자가 되고 치료의 과정도 내담자와 치료자 간에 협력하여 발전시켜 나가야 한다고 생각한다. 전반적으로, 이러한 접근법은 '진실'이라고 하는 것에 많은 의문을 던지고 있는데, 이는 진실을 본질적으로 관점에 의존하는 것으로 보기 때문이다. 이 치료법들은 문제가 뿌리 깊은 구조에 자리 잡고 있지 않다거나 또는 근본적인 구조가 문제라고 보지 않는 후기구조주의적 사고를 포함하고 있다.

내러티브치료

내러티브 커플·가족치료는 사람들이 자신의 삶에 대해 품고 있는 이야기에 초점을 맞춘다(Dickerson, 2011; Freedman & Combs, 1996, 2008; White & Denborough, 2011). 내러티브치료narrative therapies는 내담자의 신념에 초점을 맞추지만, 인지적 오류를 수정하는 인지치료에서처럼 교육적인 형태는 아니다. 대신 사회적으로 구성되어 온 개인적인 이야기들을 재구성할 수 있도록 협력하며 대화의 초점을 맞춘다. 전형적으로, 문제로 포화된 지배적인 이야기들이 새롭게 만들어진 성취의 이야기로 대체된다.

내러티브치료는 사회구성주의social constructionism에 기반을 두고 있는데, 사회구성주의란 지식이 언어와 담론을 통해 사회적으로 구축된다는 것을 의미한다. 즉, 지식은 관찰자의 맥락에 따라 달라지며, 계급이 높은 사람들에게 더 많은 영향을 받는 경향이 있다고 주장한다. 권력이 있는 사람들이 그렇지 못한 사람보다 영향력을 행사하는 분위기 속에서 사회구성주의는 권력과 특권이 약한 자들의 목소리가 지배적인 문화권 사람들의 목소리보다 부각될 수 있도록 해야 한다고 강조한다. 대부분의 내러티브치료 역시 억압당한 목소리에 자유를 줄 것과 사회정의를 증진시킬 것을 강조한다. 이들 중에, 예를 들어 화이트와 엡스턴(1989)은 가족치료에 있어서 대화는 가족의 소통 과정만큼 사회적 억압을 극복할 수 있는 것에 대해 이야기할 필요가 있음을 제안하였다.

내러티브치료자들에게 있어 치료는 전략이 아니라 공동 탐색 과정이다. 문제는 내담자의 외부에 존재한다고 보기 때문에 치료의 주요 초점은 문제를 외재화시키는 것이다(White & Epston, 1989). 마이클 화이트(Michael White)

는 내러티브치료의 창시자로서 사람들이 문제를 해결하면서 자연스럽게 얻을 수 있는 타고난 건강성과 긍정적인 결과를 강조한다. 내러티브치료의 또 다른 초점들은 내담자의 삶에 대한 증인으로서의 행동, 내담자가 문제에 이름 붙이기, 문제의 영향력 탐색, 내담자의 삶에 있어서 지배적인 담론의 맥락에 문제를 놓기, 그리고 내담자의 삶에 지배적인 이야기의 예외를 끌어내는 질문을 하는 것이다. 궁극적으로, 이 모든 것은 삶의 이야기를 재저작하는 데 필요한 것들이며 재저작을 통해 더욱 유용해진다.

협력적 치료

할린 앤더슨(Harlene Anderson)과 동료들은 치료자가 개입한다는 개념을 완전히 배제하고, 대신에 내담자와 치료자가 동등하게 대화한다는 개념이 상호 간에 이익이 되며, 자연스러운 결말을 위해 중요함을 협력관계접근collaborative relation approach을 통해서 강조하고 있다. 앤더슨과 굴리시안(Goolishian)은 인간체계가 언어와 의미를 창출해 내는 체계라는 점을 강조하였다(H. Anderson, 1997; H. Anderson & Goolishian, 1988). 협력적 치료 collaborative therapy는 대화를 강조한다. 특정한 개입전략은 없으며, 대신에 치료의 본질은 내담자가 소통하고자 하는 것은 경청할 가치가 있다는 것이다. 내담자들은 자신의 삶에서 최고의 전문가로 여겨진다. 치료자들은 타인을 완전히 이해할 수 없고 항상 말한 것이나 말하지 않은 것에 대해 더 많은 것을 배울 필요가 있다는 '알지 못하는not-knowing' 자세로 일해야 한다. 치료자들은 대화를 이끌어 가기 위해서가 아니라 대화의 일부가 되기 위해 자신의 아이디어를 내담자와 공유한다. 궁극적으로, 협력적 치료의 본질은 공동 탐사 과정이라는 것이다.

증인되기[2]

내러티브치료와 협력적 치료에 밀접하게 관련된 것이 캐테 와인가튼(Kaethe Weingarten) 등이 주장한 증인되기witnessing라고 하는 프로젝트다(Weingarten,

2003, 2004, 2010, 2012). 와인가튼은 내담자가 자신의 인생 이야기를 공유하고 그들이 경험하는 어려움과 관련된 자신만의 건설적인 목소리를 찾도록 도와줌으로써 내담자를 위해 존재한다는 점에서 증인의 가치를 강조한다.

해결중심 치료

해결중심 접근solution-focused approaches은 문제에 관여하기보다는 해결책을 찾는 데 초점을 맞춘다. 해결중심 기법으로 가장 잘 알려진 것은 스티브 드 셰이저(Steve de Shazer)와 인수 김 버그(Insoo Kim Berg)(Berg & de Shazer, 1993; De Shazer, 1985, 1988), 빌 오핸론(Bill O'Hanlon)(O'Hanlon & Beadle, 1997; O'Hanlon & Weiner-Davis, 1989), 미셸 와이너 데이비스(Michele Weiner-Davis, 1992)의 방법이다. 내담자는 변화를 원하고 문제가 매우 쉽게 해결될 수 있다고 가정하는 것이 해결중심 접근이다. 그러므로 치료자의 역할은 가족들이 문제를 다룰 때 어떤 사고방식으로 대응할 것인가에 대해 간단하게 소개하여 스스로가 문제해결을 시도할 수 있도록 돕는 것이다. 한 가지 주요 기술은 문제가 없던 때에 관심을 집중하는 것이다. 또 다른 것은 이러한 변화를 바탕으로 더 큰 변화를 만들겠다는 목표를 가지고, 스스로 만들어 가고 있는 작은 변화에 대한 내담자의 인식 수준을 높이는 데 초점을 맞추는 것이다. 드 셰이저는 또한 내담자에게 그들이 유지하고 싶은 삶의 측면을 관찰하도록 하는 것을 제안한다. 같은 생각에서 드 셰이저(1988)는 기적질문을 던졌다. "어느 날 밤 당신이 잠든 사이에 기적이 일어났다고 상상해 보세요. 기적이 일어나 당신의 문제가 해결되었다면 당신은 어떻게 기적이 일어난 것을 알

---

2) 역자 주: 여기서 언급되고 있는 증인되기(Witnessing)는 캐테 와인가튼에 의해 시작된 증인되기 프로젝트(Witnessing Project)다. 이 프로젝트는 일상에서 일어나는 폭력 및 위반행위에 대한 자각을 일깨우고, 폭력으로 인해 발생하는 생물학적, 심리적, 대인관계적, 사회적 영향에 대처할 수 있도록 돕는 것을 목표로 하고 있다. 이와 비교해 이야기치료에서 사용하는 외부증인(witness)은 상담에 초대된 제3자로서 내담자의 선호하는 정체성을 들어 주고 인정해 주는 역할을 하는 사람으로서 정의예식에 참여한다.

수 있을까요? 무엇이 달라져 있을까요?"(p. 5) 오핸론도 마찬가지로 긍정적인 가능성의 범위에 초점을 맞추었다(O'Hanlon & Beadle, 1997). 와이너 데이비스(1992)는 이를 특별한 분야에 적용했는데, 즉 '이혼 단속반divorce-busting'이었다. 그녀는 비록 상대방이 거부하는 반응을 보이더라도 이혼을 원하지 않는 사람의 헌신을 늘려서 결혼관계 문제를 해결하는 방법을 찾을 수 있다고 주장하고 있다.

현재의 위치

모든 포스트모던 치료에서는 누가 치료실 안에 있느냐보다는 어디에 초점을 둘 것인가가 더 중요하다. 그러므로 치료자들은 비록 가족 문제의 맥락을 탐색하더라도 한 명의 내담자와 종종 작업을 한다. 포스트모던과 후기구조주의 치료는 지난 20여 년간 큰 영향력을 행사해 왔다. 많은 커플·가족치료자가 이 방법들을 사용하였고, 또 다른 많은 사람이 이 치료법에 영향을 받았다. 많은 내담자와 치료자는 이 접근법의 단순성, 인간 문제에 대한 긍정적인 관점, 동등하고 협력적인 대화 스타일 그리고 내담자들이 그들의 인생 이야기를 좀 더 실행 가능한 현실로 재저작해 나가는 것에 매료되었다. 이러한 접근들 중에서, 해결중심 기법들은 이 기법의 창시자였던 드 셰이저와 버그의 사망으로 최근 덜 사용되고 있는 반면, 화이트의 사망 이후에도 내러티브치료에 대한 열정은 그다지 감소하지 않은 것 같다. 이 모델들에 대한 연구조사 결과는 거의 없다.

여성주의 치료

커플·가족치료 분야의 초기 리더들은 거의 남성들이었다(Beels, 2011). 초기 이론과 방법들이 남성들에 의해 발전되었을 뿐만 아니라, 개입법 역시 남성들이 세상을 경험하는 방식과 관련된 많은 가정을 만들어 냈다. 예를 들어, 초기 구조적 가족치료는 강한 남성 진행자가 담당하였다. 하지만 우리 사회와 정신건강 분야에서 성 역할이 변화됨에 따라 이러한 가정에 대한 반작용이 있을 수밖에 없었다. 가족치료에 대한 여성주의 비평은 가족치료의 많은 기본 가정이 여성과 남성의 차이에 기초하고 있다고 지적했으며(Goldner, 1985a, 1985b), 그 분야에 심오한 영향을 끼쳤다.

두 가지 유형의 여성주의 처치가 개발되었다. 첫째는 버지니아 골드너(Dimen & Goldner, 2005; Goldner, 1991, 1998)와 레이첼 헤어 머스틴(Rachel Hare-Mustin, 1989, 1992)의 업적으로, 성별에 대한 인식을 바탕으로 현재의 이론과 방법을 확장하고 수정하여 양성평등을 향한 노력이 확장되도록 하였다. 골드너는 배우자 폭력에 대한 구체적인 커플치료법을 개발하였는데, 여성주의(여성 보호 포함)와 체계이론(여성들을 폭력 관계에서 벗어나지 못하는 복잡한 과정에 대한 인식 포함)을 바탕으로 하고 있다.

여성주의 커플·가족치료의 둘째 유형은 경쟁과 권력 다툼에 기반을 둔 세계에 대한 전형적인 남성적 사고방식에서 치료법의 근본적 변화를 가져오려는 것이다. 이러한 치료법은 협력적 관계 생활이 치료의 일차적 목표와 최종목표에 있어 우선시되는 관계적 관점으로 대체된다. 1990년대 스톤 센터(Jordan & Stone Center for Developmental Services and Studies, 1991, 1997)의 집단과 카르멘 크누드슨 마틴(Carmen Knudson-Martin)(Knudson-Martin & Huenergardt, 2010; Knudson-Martin & Mahoney, 2009b), 모나 피시베인(Mona Fishbane, 2011) 등은 이러한 사상에 기반을 두고 기법을 개발하여 관계적 정의relational justice를 강조하였다. 이러한 치료법은 성별을 반영한 사고방식을 이해하고, 이러한 방식으로 질문하고 성차를 초월한 작업을 한다.

이 두 가지 유형의 여성주의 치료는 모두 가족치료에 큰 영향을 미쳤다. 가장 최근의 커플·가족치료들이나 이전 치료의 보다 최근 버전들에서는 여성주의 개념을 포함하고 있다. 성별은 오늘날 많은 커플·가족치료 모델에 중심 개념으로 자리 잡고 있으며, 대부분은 남성이 커플·가족치료에서 관계적이 되도록 돕는 작업을 포함하여 관계적 관점relational viewpoint을 적어도 어느 정도는 강조한다(Fishbane, 2011; Real, 2002, 2008).

심리교육적 접근

심리교육적 접근은 직면하고 있는 특정한 장애와 문제의 본질에 대한 가족의 이해도를 높이고, 무엇이 그러한 문제들로부터 그리고/또는 그러한 문제들에 대처하는 것을 돕거나 방해하는지를 강조하고 있다. 이러한 접근은 주로 정신건강과 건강 장애의 맥락에서 활용된다. 심리교육은 가족과의 협력적 동맹을 확립하여 가족 구성원들에게 필요한 지식과 기술을 제공한다. 심리교육은 다양하게 이루어지며, 일반적으로 위기관리 및 특정 문제를 다루는 데 있어 더 나은 기술의 개발 등을 포함한 정신교육과 다양한 치료 전략이 함께 사용된다.

최초의 심리교육적 가족 개입은 조현병 치료를 위해 개발되었는데(C. Anderson, Hogarty, & Reiss, 1980; Falloon, 1993), 이 방법은 많은 정신건강, 건강, 행동 문제의 맥락으로 확장되었다. 심리교육은 핵가족과의 만남, 확대가족과의 만남, 다수의 가족과의 만남, 혼합된 형태 등의 다양한 모습으로 진행되었다. 특정한 심리교육적 접근은 제8장의 특정한 문제에 대해 특수 치료의 맥락에서 더 논의할 것이다. 이러한 접근이 기여한 바는 가족이 전형적으로 무시되거나 문제의 원인으로 지목된 치료 상황에 가족을 포함시켰다는 것이다. 이러한 처치는 현재 널리 보급되어 있으며, 임상적 영향력에 대한 가장 강력한 증거기반을 가진 처치 중 하나다(Lucksted, McFarlane, Downing, & Dixon, 2012).

통합적 모델

일반적으로 통합적 치료는 최근에 발전된 것으로 생각되지만, 커플·가족치료에서는 오랜 역사를 가지고 있다. 최초의 커플·가족치료들은 매우 통합적이었는데, 이는 많은 이질적인 요소를 일관성 있는 전체로 통합시켰다는 것이다. 게다가 특정 학파들이 커플·가족치료를 지배하던 시대에도, 이 학파들은 체계이론과 몇몇 다른 이론을 통합하면서 통합적 치료를 실행해 왔다. 보통 이 추가적인 이론/방법들은 정신분석이나 행동치료와 같은 개별 치료의 범주에서 도출되었다.

커플·가족치료에 대한 몇 가지 통합적인 비전이 있었다.[3] 어떤 모델은 다른 모델들에서 필요한 요소를 선택하여 새로운 조합을 만들며 기술적 다양성의 전통을 따르는가 하면, 개입전략이 필요한 가족에 대한 이해의 이론적 결합을 제안하는 메타수준의 모델을 만들기도 하였다. 다음 장에서 나는 커플·가족치료를 위한 메타수준을 목표로 하는 몇몇 치료들에 대해 설명하고자 한다. 이 외에도 특정 문제를 대상으로 한 통합 커플·가족치료법이 많이 있다. 제8장에서 커플 간에 경험하는 독특한 난제들을 치료하기 위해 커플치료에 초점을 두는 방법을 포함하여 특정한 문제를 다루기 위해 특수 기법들을 검토해 볼 것이다(J. M. Gottman & Gottman, 2008; Gurman, 2005; Johnson, 1996).

통합적 문제중심 치료

윌리엄 핀소프(William M. Pinsof, 1983, 1994b, 1995)에 의해 개발된 통합적 문제중심 치료Integrative Problem-Centered Therapy: IPCT는 치료 방법 전반에 걸쳐 통합을 조직화하는 체계와 개입에 대한 특정 원칙들을 모두 제공한다. IPCT는 가장 적은 노력으로 제시된 문제를 해결할 방법을 찾는 것이 목표다. 이러한 목적을 달성하기 위해, 그들은 가족이 정의 내린 호소 문제, 즉 도움을 구하고 있는 문제가 치료 계약의 중심이 된다. 사정 과정은 새로운 데이터와 관련하여, 특히 개입전략이 얼마나 성공적으로 작용하는지를 기준으로 초기 사정을 지속해서 수정해 나가게 된다. 이러한 데이터로부터 **문제 유지 주기**problem maintenance cycle의 사례 공식화를 통해 문제를 유지시키는 것이 무엇인지 확인하고 가능한 개입 경로를 제안한다. 이 모델은 가장 단순하고, 직접적이며, 체계적인 개입전략을 우선적으로 고려한다. 복잡하고 개별적으로 초점을 맞춘 개입은 단순한 접근이 원하는 변화를 만들어 내지 못했다는 증거가 있을 때만 사용된다. 그러므로 행동주의와 생물학적 개입은 가장 대표적인 초기 개입전략이며, 인지 및 정서 중심의 개입이 뒤따른다. 만약 이러한 개입이 실패하면, 원가족, 대상관계, 자기심리학적 탐색 등으로 옮겨 간다. 마찬가지로, 가족치료 전략이 커플치료 전략에 앞서 진행되고, 개인을 대상으로 한 전략이 커플치료 전략 다음에 진행된다. 내담자는 그렇지 않은 것으로 증명될 때까지 건강하다고 간주하며, 문제 유지 구조는 그렇지 않은 것으로 증명될 때까지 간단하다고 가정한다. 이 접근은 변화를 가능하게 하는 강력한 치료 동맹의 구축이 중요함을 강조하고 있다(Pinsof, 1988). 통합적 문제중심 치료는 또한 개입 과정을 지시하기 위해 시간 경과에 따른 변화를 추적하는 것을 강조한다(Pinsof & Wynne, 2000).

메타틀작업

더그 브룬린, 리처드 슈워츠와 베티 맥 쿤 카러(Doug Breunlin, Richard Schwartz, & Betty Mac Kune-Karrer, 1997)가 개발한 **메타틀작업**metaframeworks은 특정 로드맵과 달리 개입에 대한 일반적인 틀을 제공한다. 메타틀작업은 구속이론theory of constraints을 강조하는데, 이는 사람들이 자신들의 활동이나 생각하는 것, 느끼는 것이 방해받을 때 역기능적이 된 상태에서 자신이 하는 일을 하고, 자신이 생각하는 것을 생각하고, 자신이 느끼는 것을 느낀다는 것이다(Breunlin, 1999). 주로 이 접근은 그러한 방해 조건을 식별하고 제거하는 것을 목적으로 한다. 메타틀작업은 발달, 조직, 순서, 문화, 성별, 그리고 마음을 포함한 제약이 발생하는 많은 주요 차원을 유형화한다. 가설 세우기, 계획하기, 대화하기, 피드백하기는 치료 전반에 걸쳐 지속적으로 상호 연결된 네 가지 과정이다. 치료는 가장 주의가 필요한 메타틀작업을 식별하고, 문제 공

식에 가장 적합한 특정 메타틀작업 내에서 개입전략을 개발하는 데 초점을
두고 있다.

통합적 문제중심 메타틀작업

통합적 문제중심 메타틀작업integrative problem-centered metaframeworks은 방금
설명한 두 통합 작업을 다시 통합한 것으로, 메타틀작업과 통합적 문제중심
치료의 공통요인을 강조한다(Breunlin, Pinsof, Russell, & Lebow, 2011; Pinsof,
Breunlin, Russell, & Lebow, 2011). 이 모델은 사건의 순서, 조직, 발달, 마음, 문
화, 성별, 생물학, 영성에 대한 메타틀작업을 가정하여 개입을 중심으로 하는
청사진을 그린다. 가설hypotheses은 회기 중에 경험한 것과 가족 구성원이 제공
하는 정보와 자기보고식 데이터에 기초하고 있다.

통합적 문제중심 메타틀작업에서는 통합적 문제중심 치료에서와 같이 개
입의 전략이 순서대로 진행된다. 제일 먼저 행동전략(행동적 전략이나 구조적
전략)을 사용한다. 그리고 이 전략이 실패할 때만 추가 전략이 사용된다. 이
방법은 가능한 한 가장 단순하고 체계적인 방법으로 개입하고, 꼭 필요할 때
만 다른 개입전략을 쓴다. 행동전략의 다음으로 사용되는 것이 의미(인지적
전략과 내러티브 전략), 정서(경험적 전략), 생물학에 초점을 맞춘 전략이다. 이
러한 초기 방법들이 모두 실패하는 경우에만 원가족(예: 대상관계), 자기(예:
자기심리학)와 같은 역사적 메타틀작업과 관련된 전략에 초점을 맞추게 된다.
체계적이고 직접적인 전략을 개인 중심적 전략이나 가족사 탐색 이전에 사용
한다. 어떤 전략을 사용하건 호소 문제와의 연결은 항상 중요하다. 가설 수
립, 계획 수립, 대화 및 피드백은 치료 전반에 걸쳐 체계적으로 연계된다. 이
방법은 또한 치료 전반에 걸쳐 높은 수준의 치료적 공통요인의 생성과 유지
를 강조하고, 변화에 대한 체계론적 척도를 사용하여 내담자의 상태와 전체
적인 치료와 동맹 상태에 대한 피드백을 제공한다.

내담자 주도 성과 기반 임상 작업

마크 허블(Mark Hubble), 스코트 밀러(Scott Miller), 배리 던컨(Barry Duncan)이 개발한 접근법(Duncan, Hubble, & Miller, 1997; Duncan, Miller, Wampold, & Hubble, 2010; Duncan, Sparks, & Miller, 2006; Hubble, Duncan, & Miller, 1999; S. Miller, Duncan, & Hubble, 1997; S. Miller, Hubble, Duncan, & Wampold, 2010; Sparks, Duncan, & Miller, 2008)은 심리치료의 공통요인, 특히 희망을 창출하고, 긍정적인 기대, 그리고 내담자와 치료자의 강한 동맹을 극대화하는 것이 목표다. 이 접근의 가장 중요한 점은 변화에 초점을 맞추고 치료실 밖의 내담자 삶까지 탐색한다. 치료는 크게 내담자가 가지고 있는 변화에 대한 이론이 무엇인지 확인하고 이를 바탕으로 이루어진다. 던컨, 밀러와 허블은 처치 과정을 알려 주기 위해 진행 중인 치료 과정을 간단하게 측정하는 상담과정척도Outcome Rating Scale: ORS의 데이터를 사용한다(Duncan, 2012; S. Miller, Hubble, Duncan, & Wampold, 2010).

내적 체계 치료

리처드 슈워츠(R. Schwartz, 1995; R. Schwartz & Blow, 2010)가 개발한 내적 체계 치료internal systems therapy는 구조적 가족치료에 경험적 치료와 게슈탈트 치료를 통합한 것이다. 처치 전략은 정신 과정에 공존하는 가족의 내적 표상을 이해하고 분류하고 변화시키는 데 초점을 맞춘다. 마음은 여러 부분으로 구성되어 있으며, 이것은 원가족의 가족체계와 유사하다. 불쾌한 생각과 느낌의 발생을 막기 위해 일하는 관리자managers가 있는가 하면, 나쁜 감정을 배출해 버리는 추방인exiles이 있고, 추방된 감정을 조절하려는 소방관firefighters이 있다. 치료는 각 부분을 관리하는 자아를 찾아 강화하는 작업과, 추방된 강력한 감정의 부담을 덜어 주는 것으로 구성된다. 이 접근법은 주로 배우자나 다른 가족과의 관계 맥락 속에서 내재화된 원가족의 이슈가 드러나는 개인과의 작업으로 이루어진다.

치료적 팔레트

프렌켈(Fraenkel, 2009)은 커플치료의 통합적 방법으로 치료적 팔레트 therapeutic palette를 제시했는데, 이것은 가족치료에도 동일하게 사용될 수 있다. 프렌켈은 개입전략의 순차적 진행을 강조하기보다는 시간의 틀(과거, 현재, 미래), 지시의 정도(강한 지시 대 약한 지시) 및 진입점(예: 행동, 인지, 감정)의 영역을 중심으로 개입을 계획하고 현재 진행하는 작업에 적합하게 사용한다. 광범위한 개입전략을 바탕으로, 치료적 팔레트는 내담자와 치료자가 그 순간에 가장 유용하게 도달하는 시점, 지시 수준 및 진입 지점을 적절하게 선택하여 치료에 대한 진화된 초점을 제공한다.

현재의 위치

오늘날 대부분의 커플·가족치료는 통합적이다. 그러나 단일 방법이든 메타 방법이든 통합적 실천에 관여한 사람은 많지 않다. 이제까지 설명한 통합적 치료에 대한 연구는 매우 제한적이지만 통합적 치료의 구체적인 어려움들에 대한 연구는 상당히 많이 진행되었으며, 이를 제8장에서 다룰 것이다.

결론

커플·가족치료에는 많은 모델이 있다. 가장 널리 사용되는 모델이 무엇인지는 시간과 함께 변해 왔다. 전략적 모델이나 보웬 가족체계치료와 같은 몇몇 기법은 한때 매우 인기가 있었지만, 지금은 드물게 사용된다. 내러티브치료, 정서중심치료, 인지행동치료와 같은 치료들이 인기를 얻어 가고 있다. 그러나 특정 시기에 가장 인기 있는 모델이 무엇이든, 서로 경쟁하고 있는 모델의 기본적인 비전은 본질적인 한계를 가지고 있다는 것이다(Sprenkle & Blow, 2004). 또한 오늘날 대부분의 새로운 처치 모델은 새로운 분야를 개척하기보다는 기존 모델의 반복이나 재조립, 또는 확장을 해 나가고 있다. 이제 다음 장부터 나(Lebow)는 오늘날 대부분의 커플·가족치료의 기초가 되는 공통요인과 공유하고 있는 개입법에 대해 설명하고, 커플·가족치료의 후기모델이 어떻게 나아갈지 탐색해 보고자 한다.

제5장

공통요인

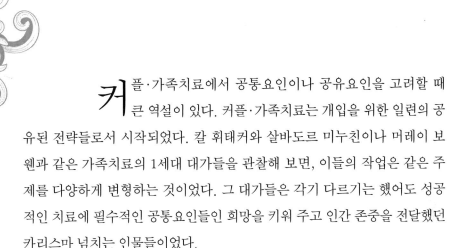커플·가족치료에서 공통요인이나 공유요인을 고려할 때 큰 역설이 있다. 커플·가족치료는 개입을 위한 일련의 공유된 전략들로서 시작되었다. 칼 휘태커와 살바도르 미누친이나 머레이 보웬과 같은 가족치료의 1세대 대가들을 관찰해 보면, 이들의 작업은 같은 주제를 다양하게 변형하는 것이었다. 그 대가들은 각기 다르기는 했어도 성공적인 치료에 필수적인 공통요인들인 희망을 키워 주고 인간 존중을 전달했던 카리스마 넘치는 인물들이었다.

하지만 커플·가족치료는 이제 가장 모델 중심적인 처치 중 하나가 되어 가고 있고, 많은 모델(예: 다중체계적 치료)이 현재 브랜드화되어 저작권을 갖고 상표로 등록되어 있다. 더그 스프렌클과 에이드리언 블로(Doug Sprenkle & Adrian Blow, 2004)는 커플·가족치료에서 이러한 접근들의 역할을 언급하면서 신성시되는 모델sacred models이라는 적절한 용어를 사용하였다. 가족치료에서는 심지어 모든 치료에 공유되는 공통요인의 처치 안으로 통합되는 것을 명시적으로 거부한 모델들이 있는데, 이는 심리치료 역사상 유일한 것이었다.

바츨라빅, 위클랜드와 피시(Watzlawick, Weakland, & Fisch, 1974)는 가장 흔치 않은 치료인 팔로 알토 모델을 설명하면서, 너무 강한 동맹은 내담자가 아닌 치료자로부터 오는 변화의 근원을 오인하게 하고 적절한 시점에서 처치를 끝내지 못하게 하므로 치료동맹을 최소화해야 한다고 주장하였다. 비록 그러한 생각이 끝없는 치료를 만들어 내는 다른 처치들이 넘쳐나는 것을 거부하는 데 약간 쓸모가 있었지만, 100년의 실천과 연구에서 나타난 핵심적 이해를 포기하는 것은 단순하게 말한다면 현명하지 못한 것이었다.

커플·가족치료를 사정하는 연구들은 공통요인들이 결정적으로 중요하다고 지적하지만, 이러한 요인들은 처치에서 종종 인식되지 않는 요인으로 남아 있다(Sprenkle, Davis, & Lebow, 2009). 브랜드화된 처치 패키지가 공통요인보다 더 많은 관심을 끄는 이유는 쉽게 설명할 수 있다. 처치는 독특하거나 특수한 정도로 가치가 매겨진다. 저자들은 새롭고 참신한 아이디어로, 발표자들은 그러한 아이디어를 전달할 수 있는 능력으로, 그리고 연구자들은 새롭고 다른 무언가에 효과가 있다는 것을 발견하여 인정을 받는다. 잘 알려진 어떠한 핵심 성분이 치료에서 상당한 차이를 만든다는 생각, 그리고 대부분의 치료자가 이미 이러한 핵심 요인들에 대한 지식을 가지고 있다는 생각은 연구에서 강력하게 지지될 수 있지만, 이러한 생각들은 새로운 모델보다 덜 매력적이다. 특수화된 방법은 또한 치료자로 하여금 특수한 기술을 갖는 것과 특정한 방법을 전문화시키는 준거집단에 소속되는 것 쪽으로 더 쉽게 정체성을 갖도록 만든다. 또한 처치 모델들과 그 개발자들은 '새로운' 치료라는 이름을 붙이고 판매할 때 유리해진다. 따라서 특정한 브랜드를 붙인 처치들은 오랫동안 시도되어 왔고 진정한 방법들보다 거의 변함없이 더 많은 관심을 불러 모았다.

개인심리치료에서 공통요인의 전통

개인치료에서의 공통요인에 대한 논의는 커플·가족치료보다 훨씬 긴 역사를 가지고 있다(Sprenkle, Davis, & Lebow, 2009 참조). 아마도 가장 위대한 계기는 제롬 프랭크(Jerome Frank, 1973)의 연구가 마련했을 것이다. 그는 심리치료의 본질이 심리치료의 중심에 있는 희망의 생성과 인간관계의 참여에 있다고 제안했고, 많은 치유가 바로 그것 때문에 일어났다고 보았다. 프랭크(1973; Frank & Frank, 1991)는 치료적인 것이 되는 네 가지 주요 측면을 파악하였다. 첫째, 도움을 주는 사람에게 정서적으로 터놓을 수 있는 관계, 둘째,

치유를 해 주는 맥락, 셋째, 내담자의 문제에 대한 그럴듯한 설명과 이러한 문제를 해결하는 방법을 제공해 주는 근거, 그리고 넷째, 내담자와 치료자의 적극적인 참여를 이끌고 양자가 모두 건강을 회복하는 수단이라고 믿는 절차다. 프랭크는 심리치료가 주로 의기소침해진 사람들의 '사기를 북돋아 주기' 때문에 작동된다고 주장하였다.

프랭크의 상담과 병행하여, 칼 로저스(Carl Rogers, 1952)는 치료를 행하는 특수한 방법인 내담자중심치료client-centered therapy를 제시하면서, 또한 처치 방법에 관계없이 처치의 성공에 필수적인 것으로 널리 여겨지게 된 성공적 치료의 핵심 조건들을 만들어 냈다. 로저스의 견해에 따르면, 성공적인 심리치료는 내담자가 치료자를 공감하며, 치료자가 내담자에 대한 긍정적인 관심을 갖고 있고, 내담자를 일치적이거나 진실하다고 보는가에 달려 있다. 공감empathy은 치료자가 내담자의 준거틀과 세계를 경험하는 방식을 이해하고 그 이해를 전달하는 것으로 구성된다. 로저스는 공감을 내담자의 관점에서 내담자의 생각, 느낌, 어려움을 이해하고, 내담자의 눈을 통해 온전히 보면서 자신의 준거틀을 채택하는 치료자의 민감한 능력과 의지로 보았다. 그는 내담자의 관점을 받아들이고 그 내담자의 경험에 대한 이해와 수용을 표현하는 치료자 역량의 중요성을 강조하였다.

로저스의 치료에서 두 번째 핵심 조건은 긍정적 관심positive regard이다.

> 치료자가 내담자의 경험을 그 내담자의 일부로 따뜻하게 수용하는 경험을 하는 정도에 따라, 내담자는 무조건적인 긍정적 관심을 경험하게 된다. …… 그것은 수용의 조건이 없다는 것을 의미한다. …… 그것은 그 사람을 소중히 하는 것을 의미한다. …… 그것은 내담자를 별도의 한 인간으로서 돌보는 것을 의미한다 (p. 101).

온정warmth은 분명하게 그러한 관심을 보여 주는 측면이다.

로저스의 세 번째 핵심 조건은 일치성congruence으로, 치료자가 치료의 맥락에서 자유롭고 깊이 있게 자기 자신으로 존재할 수 있는 능력이다. 치료자는 자신의 삶의 모든 측면에서 일치성을 유지할 필요가 없지만, 자신의 느낌에 대해 진술함을 유지하면서 치료적 관계에서는 그렇게 해야 한다.

로저스의 연구를 바탕으로, 개인치료는 치료동맹에 많은 초점을 두었다. 이러한 상담은 처음에 정신분석적 심리치료와 같은 특정한 형태의 치료에서의 동맹에 초점을 맞추었지만 치료 전반으로 확대되었다. 보딘(Bordin) (Horvath, 1994)은 과업, 유대, 목표와 관련되는 동맹의 측면들을 분리하였다. 과업tasks은 처치에서 해야 할 일이고, 유대bonds는 내담자와 치료자의 정서적 연결이며, 목표goals는 처치에 대한 포부다.

램버트(Lambert)와 동료들(Asay & Lambert, 1999; Hubble, Duncan, & Miller, 1999)은 공통요인의 작용을 내담자 요인, 치료자 요인, 관계적 요인을 포함하도록 확장시켰다. 내담자 요인은 내담자 내부에 존재하며 내담자의 연령과 문화, 내담자의 변화에 대한 동기, 성격과 같은 고려사항을 포함한다. 치료자 요인은 치료자의 사람됨이라는 특성을 포함한다. 관계적 요인은 내담자와 치료자의 상호작용을 포함한다. 심리치료에 대한 연구 전반에 걸친 다양한 연구 결과 분석에서, 램버트는 내담자 요인이 처치 성과에서의 가장 큰 차이를 설명하고, 관계적 요인과 치료자 요인이 그다음이라고 밝혔다(Asay & Lambert, 1999; Lambert, 1986; Lambert & Barley, 2001). 메타분석과 문헌 고찰 모두에서 치료동맹과 같은 요인이 처치보다 성과에서의 차이를 훨씬 더 잘 설명하는 것으로 밝혀졌다(Hubble et al., 1999; Lambert & Bergin, 1994; Wampold et al., 1997).

또한 실천에서의 심리치료 간 차이를 조사한 연구들은 처치 간 성과에서 임상적으로 유의미한 차이를 거의 발견하지 못했다(Luborsky, Diguer, Luborsky, & Schmidt, 1999; Luborsky, Singer, & Luborsky, 1975). 메타분석 비교에서 루보르스키와 동료들(Luborsky et al., 1999)은, 어떤 치료가 가장 많은 처치 효과를 갖는지 결정하는 가장 중요한 측면은 특정한 연구에서 선호되는 처치에 대한 임상 조사자의 헌신commitment이라는 것을 발견하였다.

좀 더 최근에는, 미국심리학회의 심리치료분과가 실천에서 잘 확립된 관계요인에 관한 연구 문헌을 고찰하면서 사정한 요인들의 목록을 제시하였다. 이 분과 집단은 치료동맹, 집단심리치료에서의 응집성, 공감, 목표 합의와 협력, 긍정적 관심, 일치성, 내담자 피드백 수집, 동맹 파열의 복구와 역전이 관리가 각각 성공적인 심리치료의 잘 확립된 측면들이라고 밝히는 상당수의 연구를 찾아냈다(Norcross & Lambert, 2011; Norcross & Wampold, 2011).

공통요인의 커플 · 가족치료로의 확장

최근까지 커플·가족치료의 공통요인에 대한 논의는 제한적이었다. 그럼에도 불구하고 몇 가지 주요한 예외가 있었다. 1978년에 앨런 거먼(Alan Gurman)은 서로 다른 치료들을 뛰어넘는 공유된 매개적 목표와 궁극적 목표를 강조하면서 커플·가족치료들에 걸쳐 있는 공통점을 설명하였다. 궁극적 목표ultimate goals는, 예를 들어 커플 만족을 개선하거나 내담자의 우울증을 개선하기 위해 치료에서 추구하는 주요 성과를 나타낸다. 매개적 목표mediating goals는 모든 가족 구성원의 참여 또는 가족 구성원 간의 의사소통 개선과 같은 궁극적 목표에 도달하도록 돕기 위해 치료가 초점을 맞추는 중간 목표다. 또 다른 연구에서, 윌리엄 핀소프와 동료들(Knobloch-Fedders, Pinsof, & Mann, 2004; Pinsof, 1988; Pinsof & Catherall, 1986)과 로리 헤더링턴(Laurie Heatherington)과 머나 프리들랜더(Myrna Friedlander)는 커플·가족치료에서 치료동맹의 공통요인을 광범위하게 탐구하였다(Friedlander, Escudero, Horvath et al., 2006; Heatherington & Friedlander, 1990).

좀 더 최근에, 스코트 밀러, 배리 던컨과 동료들(Duncan, Miller, Wampold, & Hubble, 2010; Sparks & Duncan, 2010)과 더그 스프렌클, 션 데이비스(Sean Davis)와 나(Lebow)(Sprenkle et al., 2009)는 커플·가족치료의 공통요인에 대한 논의를 확대하였다. 던컨과 동료들(Sparks & Duncan, 2010)은 공통요인의 향상에 완

전히 집중시킨 커플·가족치료에 대한 전망을 제시한다. 이와는 대조적으로, 스프렌클과 동료들은 처치 모델의 가치를 허용하지만 공통요인의 중요성을 강조하는 공통요인에 대해 온건한 관점을 제시한다. 스프렌클 등(2009)은 또한 공통요인에 대해 협의적 관점과 광의적 관점을 구별한다. 협의적 관점은 희망의 생성, 치료동맹과 같은 요인들과 심리치료 분과 목록에 있는 다른 요인들로 구성되는데, 이것들은 대개 공통요인의 영역으로 생각된다. 공통요인에 대한 광의적 관점은 처치 성과에 영향을 미치지만, 내담자 요인과 치료자 요인과 같이 처치 모델의 일부가 아닌 다른 요인들을 추가한다. 스프렌클 등(2009)에서의 논의는 이 장의 출발점을 제공하고 있다.

고전적인 공통요인

일련의 공통요인들은 개인치료의 맥락에서 논의된 공통요인을 커플·가족치료로 확장시킨 것에서 나온다.

치료동맹

치료동맹은 모든 커플·가족치료의 기초를 제공한다. 개입을 위한 전략은 가족과 치료자 사이에 충분한 동맹이 있어서 그 개입들이 적절하고 도움이 되는 정도에 따라서만 성공할 수 있다. 더욱이, 문제에 직면해서 가족과 치료자가 서로와 함께 작업하는 것에 대해 긍정적으로 느끼게 할 수 있는 치료적인 무언가가 커플이나 가족 안에 종종 있다. 커플·가족치료 안에서 동맹의 힘에 대한 상당한 증거가 이 지점에 있다. 미국심리학회 심리치료 분과의 증거기반 관계에 대한 태스크 포스task force 팀은 커플·가족치료에서의 동맹을 잘 확립된 관계 요인 목록에 포함시켰다(Friedlander, Escudero, Heatherington, & Diamond, 2011).

동맹은 단일한 현상이 아니다. 핀소프와 동료들(Pinsof, 1988, 1994a; Pinsof & Catherall, 1986)이 강조했듯이, 동맹은 여러 개의 얽혀 있는 부분들로 이루어진다. 한 수준에서, 동맹은 과업, 유대, 목표라는 세 가지의 요소로 구성된다. 이것은 유용한 개념적 구분이기는 하지만, 그것들이 너무 많이 상호 연관되어 있기 때문에 대부분의 연구는 커플·가족치료에서 동맹의 이러한 측면들을 구별하는 데 어려움을 겪고 있다(Pinsof, 1988; Pinsof & Catherall, 1986; Pinsof, Zinbarg, & Knobloch-Fedders, 2008). 다시 말해, 커플치료에서 내담자들이 치료자에게 느끼는 친밀감의 정도는 그들이 과업을 수행하고 목표를 달성하는 것에 대해 얼마나 잘 느끼는지와 직접적으로 연결되는 것으로 보인다.

더 중요한 것은 핀소프가 개발한 구분으로서, 내담자들이 치료자와 맺는 동맹과 (가족 내부의 동맹이라고 불리는) 가족 구성원이 처치에 대해 서로 가지고 있는 동맹 간의 구분이다. 핀소프는 누가 동맹에 포함되는지에 기초하여 동맹의 네 가지 측면을 구별하였다. 치료자−내담자 동맹은 각 내담자들의 치료자와의 개인적인 동맹을 나타낸다. '다른 동맹'은 각 개인이 다른 가족 구성원들의 치료자와의 동맹을 어떻게 보는지를 나타낸다. 공유된 동맹은 가족 구성원들과 치료자 사이의 공유된 동맹 의식을 나타낸다. 이러한 동맹의 각 측면은 치료자와 직접적으로 관련되어 있다. 그러나 내부 동맹은 치료에서 각 가족 내 구성원이 가족 안에 있는 다른 사람들과의 동맹을 나타낸다. 요인 분석에 따르면, 이러한 종류의 동맹은 서로 쉽게 구분된다. 치료자와 관련된 동맹(처음 세 가지)과 그렇지 않은 동맹(내부 동맹)은 특별히 구분된다.

처치에 관련된 모든 당사자와 만족스러운 치료동맹을 구축하는 것이 커플·가족치료자에게 항상 첫 번째로 중요한 작업이어야 한다. 임상 경험에 따르면, 동맹은 치료자가 보조르메니−나지(1974)가 기술한 일종의 다부분적 동맹multipartial alliance을 구축할 때 가장 효과적이다. 다부분적 동맹은 치료자가 각 개인의 관점을 유지하면서 모든 당사자를 배려하고 공정하게 대하며 관여하는가에 기초한다. 처치에서 이러한 근접 목표를 달성하는 것은 쉬운 일이 아니다. 커플·가족치료자의 역할 중 한 가지는 어려운 이슈들에 초점을 맞추어 이름을 붙이고, 주의를 요하는 문제들에 대해 작업하는 것이다. 치료자는 솔직하고 직접적인 피드백을 제공하지만, 지나치게 부정적인 반작용을 일으키지 않을 방식으로 변화의 틀을 짜려고 모색한다(Alexander, Waldon, Newberry, & Liddle, 1990). 가족의 강점을 끌어내고 병리화하지 않는 틀은 특히 긍정적인 동맹을 구축하는 데 도움이 되는 것으로 널리 알려져 있다(Walsh, 1995, 1998a). 커플과 가족에서의 어려움과 관련된 문제적 패턴은 물론 개입의 초점이 되어야 하지만, 각 내담자의 의도에 대한 긍정적인 측면을 거의 변함없이 강조하는 것이 중요하다.

이 과업은 결코 간단한 일이 아니다. 가족 구성원들은 종종 커플·가족치료에서 반대되는 견해로 시작하고, 의식적으로 또는 무의식적으로 치료자가 다른 가족 구성원들에게 그들이 틀렸다는 것을 알리는 심판관의 역할을 맡아주기를 바란다. 판단적인 입장을 취하지 않는 치료자는 내담자를 실망시킬 수 있다. 거의 모든 커플·가족치료에서 최상의 실천은 치료자가 공정하고 균형 잡힌 입장을 찾는 데 있는데, 이 입장에서는 여러 관점과 모든 가족 구성원과의 동맹을 허용하고, 또 논의되는 이슈들에 따라 가족 구성원과의 동맹이 바뀔 수 있다(Alexander & Robbins, 2010; S. Minuchin & Fishman, 1981). 하지만 그렇게 상담을 하다 보면 단기적으로는 동맹 파열을 초래할 수도 있다.[1]

그렇다면 임상가는 어떻게 그러한 유대를 형성하는가? 이 문제에 대해서는 다시 여러 접근에 걸친 합의가 존재하는데, 그 해답은 정서지능을 가지고 드러내는 것, 내담자가 이해받았다고 느끼게 하는 것, 처치에 유용한 방향을 만드는 것, 동맹을 겪는 함정을 피하는 것, 자신의 인간성을 전달하는 것, 그

---

1) 이런 점을 보상해 주는 것은 커플 · 가족치료의 내재적 강점이 이 문제 안에 잠재되어 있는 것이다. 개인치료의 단순한 맥락에서는, 다른 사람들의 관점이 사라지거나 심지어 희생양이 되는 것이 매우 쉽다. 이것은 문제의 외재화를 통해 사기 진작(어떤 내담자가 '모든 것이 아내의 잘못이다.'라고 결정할 때처럼)을 촉진시켜 주는 이익을 줄 수 있지만, 엄청난 관계적 비용을 치를 수도 있다. 파트너나 가족이 회기에 참석한다는 것은 상황의 복잡성에 대처하여 관계 위험을 줄이고 궁극적으로 더 나은 해결책을 위한 기회로 향상시켜야 한다는 것을 의미한다. 비록 우울증과 같은 문제가 관계적으로 우호적인 해결책과 관계적으로 해로운 해결책 둘 다에 의해 단기적으로 감소될 수 있지만, 덜 우울하게 되는 성취방식들에는 더 좋고 더 나쁜 것들이 분명히 있다.

리고 동맹의 파열로부터 살아남고 배우는 것에 있다. 잘 들어 주는 것은 언어적 경로와 비언어적 경로에 모두 주의를 기울이는 것만큼 결정적으로 중요하다(Nichols, 2009). 관점을 제공하는 것이 도움이 된다. 대부분의 어려운 행동은 가족생활의 스트레스라는 맥락에서 이해될 수 있다. 이러한 방식으로 제시될 때, 내담자는 처치 목표를 설정하는 데 있어 변화를 위한 적절한 표적으로 자신의 문제를 훨씬 더 쉽게 받아들인다. 다행히도, 가족치료 문헌들은 가족과의 동맹을 형성하는 기법들을 매우 풍부하게 제공한다. 미누친과 피시먼(1981)은 가족에 합류하는 기법에 대해 책의 많은 부분을 할애하였다. 어떤 것들은 가족 구성원과 같은 방식으로 말하는 것처럼 적극적이고 분명하며, 또 다른 것들은 몸을 안쪽으로 기울이거나 뒤로 기울이는 방식으로 비언어적 의사소통을 하는 것과 같이 미묘하다. 커플·가족치료자들은 동맹에 대한 가장 적합한 경로라고 보는 의견이 다소 다른데, 근대적 전통 안에 있는 치료자들은 주로 적극적인 개입을 말하고(Jackson-Gilfort, Liddle, Tejeda, & Dakof, 2001), 포스트모던 전통에서는 질문하기에 실질적인 기반을 둔 완전히 협력적인 입장을 주장한다(H. Anderson, 2012). 하지만 동맹에 대한 성공적인 전망과 그러한 동맹에 대한 경로는 대개 거의 모든 커플·가족치료자에게 공유된다.

동맹 파열

내담자가 치료동맹에서 문제를 경험하는 순간인 **동맹 파열**alliance ruptures은 개인치료에서 결정적인 경험으로 확인되었다. 그러한 순간은 한 사례에서 긍정적인 성과의 가능성을 위협하기도 하지만, 이러한 경험이 성공적으로 협상될 수 있다면 그러한 파열 경험이 없었던 사례들에 비해 오히려 긍정적인 성과의 확률이 증가할 수도 있다(Percevic, Lambert, & Kordy, 2006; Stiles et al., 2004). 커플·가족치료에서 동맹 파열을 피할 수 없다는 점은 그러한 순간을 훨씬 더 중요하게 만든다. 치료에 한 명 이상의 사람이 있기 때문에, 어떤 시점에서는 적어도 한 명의 내담자가 치료자에게 공감이 부족하거나 도움이 되지 않는다고 느끼는 것이 거의 불가피하다. 그러한 순간으로부터 회복하는 것은 관계적 이슈에 대해 분투하고 극복하는 처치의 본보기가 된다. 동맹 파열이 제대로 처리되지 않거나 무시되면, 처치가 끝나 버리는 경우가 많다.

더욱이, 한 가족 구성원이 긍정적인 동맹을 경험하고 다른 가족 구성원은 그렇지 않은, **분열된 동맹**split alliance의 결과로 커플·가족치료는 흔들린다. 제3장에서 지적한 바와 같이, 연구들을 살펴보면 분열된 동맹이 좋지 않은 성과를 예측한다는 것을 알 수 있다. 치료에서는 균형 잡힌 동맹을 유지하고 동맹의 파열이 발생할 때 복구하는 것을 주요 초점으로 삼아야 한다.

치료자의 사람됨

공통요인으로서 치료자의 정서지능과 그것의 사촌뻘인 치료자의 사람됨이 갖는 효과가 과소평가되어서는 안 된다. 효과적인 커플·가족치료자는 내담자와의 작업에서 많은 특성을 공유한다. 대부분의 치료자는 따뜻하고 공감적이면서도 적극적이고 가족생활에서 어려운 이슈들에 대해 말을 꺼낼 수 있다. 하지만 나(Lebow)는 커플·가족치료를 관찰하면서 치료자들이 내담자들과 효과적으로 상호작용하는 방식과, 그들이 구체적으로 수행하는 방식에 있어서 얼마나 다른지를 알아내려고 많은 시간을 보냈다. 치료적 성공의 비결은 로저스(1992)가 제안한 것처럼, '올바른' 개입을 찾기보다 치료자가 누구에게 도움이 되는지에 근거하여 내담자와 관계를 맺는 방식을 찾기에 있는 것 같다. 어떤 치료자들은 따뜻함을 발산하고 내담자와 함께 눈물을 흘리기도 하고, 다른 치료자들은 눈에 잘 띄지 않는 방식으로 공감하기도 한다. 치료자의 행동이 어떠하든 간에, 내담자들은 치료자가 그들과 함께 있다는 것을 아는 것이 필수적이다. 어떤 치료자들은 자기 개방을 많이 하지만 다른 치료자들은 하지 않는다. 같은 목적에 도달하는 데는 수많은 길이 있다. 가장 필수적인 것은 치료자들이 문제에 대한 전문적인 도움을 제공하면서도, 그들이 인간적이라는 사실을 내담자에게 전달하는 것이다.

충분한 수준의 공감을 찾기란 쉽지 않은 일이다. 특히 치료에서 그들의 가장 안 좋은 면을 보여 주는 사람들을 만날 때가 그렇다. 이것은 회기 중 가족 생활에서 가장 고통스러운 부분을 몸으로 보여 주는 커플·가족치료에서는 흔하게 일어나는 일이다. 치료자의 기술들은 바로 그런 때에 엄격하게 검증을 받게 된다. 왜냐하면 이러한 문제들에 직면해서 침착함을 찾는 동시에, 상황이 얼마나 나쁜지에 대한 이해를 전달하고, 회기에서 비판과 경멸 같은 파괴적인 행동의 양을 제한하기 위해 개입하는 것이 중요하기 때문이다.

치료자의 인성은 모든 개입전략을 완충시킨다. 동일한 전략이라도 치료자들에 따라 다르게 경험된다. 커플·가족치료자가 적극적인 경향이 있지만, 그들이 얼마나 적극적이고 지시적인지는 상당히 다르다. 지시적이 된다는 것의 이상적인 수준은 없다. 커플이나 가족에 대해 적극적이고 지시적이 되는 어떤 능력은 일반적으로 도움이 되지만, 치료자들은 아주 다른 방식으로 유사한 성과를 얻는다.[2] 궁극적으로, 적극성의 수준은 치료자에게 편안하고 맞아야 한다. 관련된 치료자 기술은 치료실 안에 있는 내담자와 그들의 반응에 맞추어 처치를 바꾸어 가는 데 있다.

목표 설정

가장 성공적인 치료는 목표의 생성에 달려 있다. 목표를 설정하는 바로 그 행위가 변화를 표적으로 삼고, 움직임을 촉발시키면서 보편적인 공통요인을 유발한다. 치료자들은 내담자의 목표들을 찾아내고, 모든 가족 구성원이 그것들을 받아들이고 성취할 수 있는 형식으로 만들어 내며, 또 다양한 목표가 최대로 잘 완수되도록 초점을 맞추는 단계들로 만들어 낼 수 있게 협력해야 한다. 이 모든 것이 치료자와 가족 사이의 상호작용적인 과정이다. 커플·가족치료에서 상당히 자주 발생하는 과업이 바로 개별 내담자들의 상이한 목표를 하나의 공유된 상담의제working agenda로 통합하는 것이다.

---

2) 역설적으로, 내담자는 협력적 치료와 내러티브치료에서처럼 비지시적인 치료자들로부터 방향 감각을 얻을 수 있는데, 이는 로저스의 내담자중심치료에서처럼 지시하지 않고 주의를 다시 집중시키는 방법을 찾는 것이다.

커플·가족치료는 두 가지 다른 종류의 내용, 즉 관계 목표와 다른 목표들을 가지고 있다. 관계 목표는 거의 항상 커플·가족치료에 관련되어 있으며, 가족과정에서 추구되는 변화를 설명한다. 그러나 종종 다른 목표들, 즉 우울증을 줄이거나 세상에서 효과적으로 기능하는 것과 같은 개인 목표들 또한 커플·가족치료의 핵심적인 표적이 된다. 개인 목표와 관계 목표도 서로 복잡하게 연결될 수 있다. 즉, 관계 목표는 개인의 변화라는 궁극적인 목표를 향한 근접 목표일 수 있지만, 개인의 변화 또한 관계의 변화라는 목적을 향한 근접 목표가 될 수 있다(Gunnan, 1979).

커플·가족치료에서의 목표에 대한 부분적인 논의에서, 보컴, 위스먼과 파프로키(Baucom, Whisman & Paprocki, 2012)는 뚜렷한 근접 목표와 궁극적 목표를 가진 세 가지 유형의 커플치료를 식별한다. 이 논의는 쉽게 가족치료로 확장된다. **커플-가족 지원 개입**couple-family assisted interventions은 가족 구성원을 개인의 변화 과정에 도움을 주는 변화의 주체로 참여시킨다. 여기서 이 커플 처치는 변화에 대한 개인의 노력을 전적으로 지지한다. 예를 들어, 새로운 장소로 외출을 함으로써 광장공포증을 극복하려고 노력하는 내담자를 파트너가 돕는 것이다. 보컴과 동료들이 말하는 **장애에 특화된 개입**disorder specific interventions은 구체적으로 나타나는 문제들을 유형화시키는 관계적 패턴을 표적으로 삼는다. 예컨대, 알코올 중독자가 문제를 부정하거나 범불안장애를 가진 사람들이 지나치게 파트너에게 의존하게 되는 경향과 같은 것들이다. 이러한 치료들에서 커플과 가족은 구체적으로 나타나는 문제로 인해 어려움이 생기는 관계 패턴에 초점을 맞추고 그것을 개선하는 데 도움을 줄 수 있다. 보컴과 동료들이 말하는 **커플치료**couple therapy(또는 **가족치료**family therapy)는 관계의 불협화음을 변화시키는 근접적이고 궁극적인 목표를 직접적으로 겨냥한 노력이다. 여기서 추구하는 변화는 관계 자체에 있으며, 한 가지 주된 목표는 관계의 변화다.

긍정적이지만 현실적인 기대를 갖도록 하기

긍정적인 기대와 희망을 촉진하는 것은 프랭크(1973)가 그의 획기적인 글에서 언급한 중심적인 공통요인 중 하나다. 그러한 '위약placebo' 효과는 심리치료를 효과적으로 만드는 본질의 일부이며, 목표를 달성하는 것에 대한 긍정적인 틀과 낙관론을 만들어 낸다. 궁극적으로, 이것은 가족의 변화 능력에 대한 치료자의 믿음으로 귀결되는데, 일부분은 정보를 주고, 일부분은 영감을 불어넣는 것이다. 동시에 목표는 현실적인 방법으로 설정되어야 한다. 목표가 비현실적인 수준에서 설정될 때, 치료는 거의 성공하지 못한다. 긍정적이지만 현실적인 기대를 갖도록 하는 것은 개인치료에서와 마찬가지로 커플·가족치료에서 필수적이다.

변화의 단계에 주의 기울이기

내담자들은 여러 면에서 다른데, 가장 중요한 것 중의 하나는 프로차스카(Prochaska)와 디클레멘테(DiClemente)(J. M. Prochaska, Prochaska, & Levesque, 2001; J. O. Prochaska & DiClemente, 1982)가 변화의 단계stages of change라고 부른 것이다. 프로차스카와 동료들은 자신에게 문제가 있다는 것을 깨닫지 못하는 사람들(숙고 전precontemplation), 자신이 문제가 있다는 것을 깨닫지만 아직 그것에 대해 뭔가를 할 준비가 되어 있지 않은 사람들(숙고contemplation), 변화하려고 적극적으로 시도하는 사람들(행동action), 그리고 그들이 이미 겪었던 변화를 지키기 위해 작업하고 있는 사람들(유지maintenance)을 구분한다. 많은 연구(Norcross, Krebs, & Prochaska, 2011)에 기초해서, 그들은 또한 시간이 지남에 따라 내담자들이 이 연속선상에서 규칙적으로 앞으로 갔다 뒤로 갔다 움직인다는 것을 발견하였다. 내담자의 변화 단계에 따라 처치를 조정하는 것은 개인치료에서 증거기반 공통요인으로 확인되었으며(Norcross et al., 2011), 커플·가족치료에서도 똑같이 중요하다. 프로차스카와 동료들은 내담자가 숙고 전에 있을 때에는 문제 인식에 초점을 맞추고, 내담자가 숙고 중일 때에는 변화를 촉진하기 위한 전형적인 처치 전략을 쓰기보다는 변화의 가능성을 더 잘 이해시키는 것이 중요하다는 증거를 보여 준다. 동기강화면담 motivational interviewing(W. Miller & Rollnick, 1991)과 같은 전략은 변화의 처음 두 단계에 있는 사람들에게 변화에 대한 동기를 증가시키기 위해 고안되었다.

피드백

진전에 대한 피드백은 내담자의 변화를 촉진하는 데 거의 보편적이고 긍정적인 효과를 갖는다(Halford et al., 2012; Lambert et al., 2001; Pinsof & Chambers, 2009). 피드백은 개인 측정도구인 성과 설문지-45Outcome Questionnaire-45: OQ-45(Lambert & Finch, 1999) 또는 변화의 체계적 치료 목록Systemic Therapy Inventory of Change: STIC(Pinsof & Chambers, 2009; Pinsof et al., 2009)과 같은 내담자의 진전을 사정하는 측정도구의 형태로 제시될 수 있거나, 덜 형식적(예: 치료 동안 목표 성취에 대한 지속적인 논의)으로 제시될 수도 있다. 피드백은 개인치료에서의 성과에 영향을 미치는 잘 확립된 공통요인이며(Lambert, 2010), 커플·가족치료에서도 유사한 역할을 차지하고 있다는 증거가 있다(Anker, Duncan, & Sparks, 2009; Pinsof & Chambers, 2009). 다른 유사한 내담자에 비해 목표 달성이 뒤처지는 사례들과 동맹에 문제가 있는 사례들에서 피드백이 처치의 성공에 미치는 영향이 가장 두드러지게 나타난다(Harmon et al., 2007). 단순한 변화 추적만으로도 도움이 되고, 특히 유사한 사례들에서 예상되는 진전과 관련하여 진행 상황에 대한 피드백을 받는 것은 내담자를 다시 궤도에 올려놓는 데 도움이 될 수 있다.

커플·가족치료 고유의 공통요인

몇몇 공통요인은 커플·가족치료에만 독특하게 존재한다.

관계적 틀과 다중체계적 초점을 유지하기

커플·가족치료는 거의 보편적으로 다중체계적이고 관계적인 초점을 유지한다(Sprenkle et al., 2009). 체계적 과정에 대한 이해는 커플·가족치료의 실천에 필수적이다. 이러한 초점은 개인을 넘어 여러 가족 구성원과 그 이상으로 확장된다. 여기에는 다양한 체계 수준, 즉 개인, 커플과 기타 이자 관계 dyads, 핵가족, 다세대 가족, 그리고 학교나 지역사회와 같은 거시체계를 고려하는 것이 포함된다. 개입은 어느 한 수준이나 다양한 수준에 초점을 맞출 수 있지만, 항상 가족과 체계에 초점을 유지한다. 치료적 과업의 일부는 개입을 위한 체계 수준의 선택과 체계 수준들에 걸쳐 확장되는 효과의 사정에 관한 것이다. 동맹을 맺는 것은 또한 여러 내담자와 여러 체계 수준의 반응과 씨름해야 한다.

개인, 커플, 가족 회기 형식을 혼합하기

커플·가족치료는 종종 전체 가족, 하위체계, 개인 회기의 형식을 혼합하여, 다양한 종류의 작업에 다양한 회기 형식을 가장 잘 사용하는 것을 강조한다. 이러한 혼합과 함께 짝을 맞추어 혼합 회기 형식의 의미에 대해 내담자에게 실용적으로 그리고 윤리적으로 이해를 시키면, 그런 회기 혼합을 치료자 탓으로 돌릴 가능성이 감소된다. 비록 하나의 회기 형식만을 사용하는 치료들(예: 커플이 항상 함께 참여하는 커플치료)이 여전히 있지만, 최근의 움직임은 누가 참여할지에 대해 보다 엄격한 형식에서 더 유연성 있는 형식으로 바뀌고 있다.

회기 관리하기

커플·가족치료는 대부분의 상황에서 한 번에 한 명 이상의 내담자가 있다는 점에서 개인치료와 근본적인 차이가 있다. 이것은 커플·가족치료를 개인치료보다 (그 단어의 모든 의미 내에서) 훨씬 더 시끄럽게 만든다. 이는 치료에서의 동맹에 상당한 영향을 미치며, 개인치료보다 훨씬 더 복잡한 결과를 초래한다. 가족치료에서 많은 목소리가 추가되는 의미는 치료자들이 회기를 통제할 필요가 있다는 것이다.

그러나 치료자가 통제력을 갖는 것은 여러 가지를 의미하고, 다양한 방법으로 달성될 수 있다. 그것이 어렵기는 하지만 치료가 탐색에 안전하다고 지각되는 것이 아주 중요하다. 치료자들은 통제력을 행사하기 위한 작업에 참여함으로써 회기가 안전하다는 의식을 제공할 수 있으며, 대부분의 치료자는 구조화, 앉은 자리 이동시키기, 발언권 높여 주기나 필요할 때 타임아웃 사용하기 등과 같은 파괴적 갈등을 거부하거나 적어도 방해하기 위한 그런 작업들을 치료 레퍼토리 안에 갖고 있다(Pinsof, 1995). 그러나 통제 또한 좀더 침착한 행동을 이끌어 내고 훨씬 더 조용한 방법으로 할 수 있다. 매우 조용한 도발가인 밀턴 에릭슨(Haley, 1986)과 전적으로 협력적인 할린 앤더슨(Harlene Anderson, 1993)은 둘 다 조용히 그들의 작업을 진행시키면서도 탐색을 위한 안전한 환경을 매우 잘 만들어 냈다. 더욱이, 내담자들 중에는 치료자로부터 어떠한 구조화도 요구하지 않는 사람도 많다. 커플·가족치료자는 치료가 이루어질 수 있도록 존중하면서 회기를 치료적으로 만드는 데 도움이 되도록 언어적·비언어적 영향력을 충분히 발휘하는 것을 배운다. 이러한 도전이 커플·가족치료자가 거의 변함없이 회기에서 매우 활동적이고, 개인치료자보다 훨씬 더 활동적인 이유 중 하나다.

과제

주로 회기의 경험에 초점을 맞추는 몇몇 커플·가족치료가 있지만, 대부분의 커플·가족치료는 실질적으로 변화를 촉진하기 위해 과제를 사용한다(Rekart & Lebow, 2007). 커플과 가족은 대부분의 시간을 치료를 받지 않고 함께 지내게 된다. 과제는 치료 목표를 위해 그 시간을 사용하는 주요한 방법이다. 과제의 종류는 치료자와 치료 목표에 따라 달라질 수 있지만, 작업을 더 진행시키기 위해 과제를 만들고 생성하는 것은 대부분의 커플·가족치료의 필수적인 측면이다. 커플·가족치료자들은 과제와 과업의 일부로 사용될 수 있는 자료들을 위해 다양한 방법을 개발하고 다듬어 왔다. 치료자가 어떤 특정한 방법을 꼭 쓰지는 않을지라도, 가끔은 존 고트먼(1999; J. M. Gottman

& Silver, 1999)이 개발한 것과 같은 유용한 자원으로부터 과제를 끌어내는 것이 가족 구성원들로 하여금 서로를 더 잘 알게 하고 감사를 표하게 하면서 도움이 되는 방향으로 움직일 때가 있다. 과제를 할당하는 것은 또한 불가피하게 내담자들이 과제를 하지 않을 때 무엇을 해야 할지를 생각하게 만든다. 과제를 못할 경우 그 이유에 대한 탐색을 촉진하여, 제대로 설계되지 않았다면 내담자로부터 피드백을 받거나 과제가 왜 이행되지 못했는지 알게 된다. 동일한 과제를 다시 할당할지(아마도 일부 수정된 방법으로), 아니면 이것이 전략의 변경을 위한 출발점이 되어야 하는지에 대한 (대개 협력적인) 결정이 뒤따른다. 내담자가 과제를 완수하지 않았음에도 불구하고 치료자들이 똑같은 과제를 제안하는 것은 분명히 실패할 가능성이 높은 전략이다(Patterson & Chamberlain, 1994).

긍정적인 가족과정에 참여시키기

긍정적인 방향으로 가족과 대화를 형성하는 많은 방법은 비록 기법으로서 묘사되지만 커플 · 가족치료자들에게 거의 보편적으로 받아들여지고 있으며, 변화의 전략보다 공유된 공통요인으로서 더 잘 생각된다. 그러한 대화의 형성은 또한 대부분의 개인과의 상담을 특징짓지만, 행동, 정서, 인지의 긍정적 또는 부정적 주기의 강력한 영향을 고려한다면 이러한 공통요소들은 커플 · 가족치료에서 특히 중요한 위치를 차지한다.

간단하게 말하기 커플 · 가족치료는 지나치게 복잡하고 전문용어로 가득한 난해한 개념화의 시대를 넘어서고 있다. 그들이 무엇을 하는지 설명하기 위해 모호한 언어를 사용하는 몇몇의 치료자들이 아직도 남아 있지만, 오늘날 대부분의 치료자는 내담자가 이해할 수 있는 언어로 전달되는 간단한 개념화를 제공한다. 가족 안에서의 의사소통 개선은 가족 간의 명확한 의사소통으로부터 시작된다.

호기심과 대화 촉진하기 커플 · 가족치료자는 다양한 가족 형태와 패턴뿐만 아니라 내담자의 관점에 대해 호기심을 갖고 받아들여야 한다는 것이 잘 확립되어 있다. 이러한 호기심은 밀란Milan 집단이 개발한 순환질문circular questions과 같은 특수한 기법을 사용하거나, 단순히 태도를 전달함으로써 전달될 수 있다. 대부분의 커플·가족치료는 현재 상황과 그 안에서 가족의 행동이 어떻게 발생하는지에 대한 이해를 높이고 변화를 향한 가장 생산적인 경로를 촉진하기 위해 생각, 느낌과 대화의 표현을 촉진시킨다.

해결지향 언어 사용하기 제4장에서 논의한 바와 같이, 해결중심 접근은 내담자가 깊이 내재된 병리적인 개념을 변경하고 거부하기를 원한다고 가정한다. 이러한 접근들은 서로 다른 어려움들에 대해 생각하고 직면하는 방식을 도입하여, 가족 스스로가 어려움을 해결하는 과정에 참여하기를 추구한다. 해결중심치료의 특수한 실천을 넘어서, 해결중심 언어의 사용은 대부분의 치료자가 사용하는 커플·가족치료에서의 일반적인 공통요인으로 부상하였다. 그러한 언어는 변화에 대한 내담자의 동기를 촉진하고, 희망을 이끌어 내고, 처치의 성공 가능성을 증가시키는 방식을 나타낸다.

긍정적인 함의와 재정의 재정의reframing는 행동의 의미에 대한 재귀인 reattribution을 나타내며, 내담자가 가족생활의 측면에 대한 부정적인 관점을 같은 행동에 대해 더 긍정적인 관점으로 바꾸도록 돕는다(Sexton & Alexander, 2005). 긍정적인 함의positive connotation는 부정적으로 보이는 패턴이 가족에 대한 가치의 측면에서 재해석되는 재정의의 한 변형이다(Boscolo, Cecchin, Hoffman, & Penn, 1987). 재정의는 커플·가족치료에 가장 널리 사용되는 개입에 속한다. 재정의와 긍정적인 함의는 개입으로 생각될 수 있어서 다음 장에서 논의되는 것이 더 적합하지만, 커플·가족치료에서 그 기법들의 사용은 너무 일반적이고 실천하는 데 필수적이어서 공통요인 측면에서 더 적절하게 생각될 수 있다. 대부분의 커플·가족치료에서는, 문제가 되는 행동을 보다 긍정적인 방식으로 다시 생각해 보려고 노력한다. 이는 기능장애 행동에 대한 가족의 관점을 바꾸는 것은 물론, 가족 구성원들이 자신의 행동에 대한 긍정적인 관점을 높일 수 있도록 함으로써 저항을 감소시키는 역할을 한다.

가족 강점 구축하기 널리 받아들여지고 있는 가족의 긍정적인 면을 강조한다는 주제를 또 다르게 생각해 본다면, 그 주제는 가족의 강점에 대한 인식을 전달하고 이를 바탕으로 발전시키는 것이다(Walsh, 2006). 이전 세대의 가족치료는 가족의 어려움을 강조하는 데 전념하였지만, 오늘날 대부분의 가족치료자는 이 주제에 대해 월시(Walsh)와 다른 사람들의 선구적인 연구를 활용하여, 처치의 또 다른 핵심적인 일반 공통요인으로서 내담자의 강점을 명확히 밝히고 이것을 기초로 삼는다.

처치의 길이와 강도

거의 예외 없이, 커플·가족치료는 시간이 제한되어 있다. 거먼(2001)이 지적한 바와 같이, 가족치료는 본질적으로 여러 가족 구성원이 처치를 받아야 하므로 그 성격상 단기치료일 수밖에 없다. 커플치료들은 좀 더 길어질 수도 있지만, 장기적인 치료는 얼마 되지 않는다.

커플·가족치료의 강도는 개인치료보다 더 다양하다. 개인치료에서는 매주 45분에서 50분씩 진행하는 것이 일반적이지만, 커플·가족치료에서는 편차가 상당히 크다. 치료는 일주일에 한 번보다 더 자주 또는 덜 자주 일어날 수 있으며, 회기의 길이도 매우 다양하다.

변화의 지속성 강화하기

가족 접근은 매우 효과적인 것으로 입증되었지만, 정신건강 처치의 다른 모든 접근과 마찬가지로 가족 접근이라도 시간이 지남에 따라 변화 유지에 어려움을 겪는 것으로 나타났다(Lebow & Gurman, 1995). 그러므로 대부분의 커플·가족치료는 변화를 가능하게 하고, 또 그 변화를 유지하는 방법을 구축하려고 시도한다. 처치들은 종종 치료 종료 후에도 문제에 대한 논의를 계속함으로써 가족이 처치의 혜택을 유지할 수 있도록 구조를 만드는 과정을 공유한다.

내담자의 문화에 맞추어 조정하기

가족치료 분야에서 지난 20년 동안 가장 주요한 통찰 중의 하나는 치료과 정과 성과에 있어서 문화가 갖는 거대한 중요성이었다(Bernal & Domenech Rodríguez, 2012). 가족들은 서로 다른 문화권에 살고 있고, 같은 개입이라도 다른 배경을 가진 가족들에게 매우 다른 의미를 지닐 수 있다. 분명히, 문화 는 무엇이 '정상적인' 가족생활을 구성하고 무엇이 건강과 병리를 구성하는 지에서 편차를 만들어 낸다. 치료는 지금 일반적으로 가족의 문화에 맞게 조 정되어 있으며, 그러한 조정은 처치 전반에 걸쳐 공통요인이 되고 있다.

공유된 메타수준 과정

방법의 차이에도 불구하고, 커플·가족치료는 대개 특수한 사례, 사용된 전 략 또는 관련된 치료의 모델에서의 특정한 초점을 뛰어넘는 유사한 메타수준 metalevel 과정을 적용하고 있다. 대부분의 커플·가족치료는 높은 수준의 관계 적 스트레스[3]를 가진 내담자로부터 시작하며, 치료자와의 사이에, 그리고 가 족 구성원들 사이에 치료동맹의 구축, 안전하고 희망적인 분위기의 조성, 사 기 진작의 촉진, 체계의 일부 측면의 변화를 통해 스트레스의 수준을 진정시 키기 위해 어떤 식으로든 개입한다. 정서, 행동, 인지를 탐색하는 통로를 통 해서뿐만 아니라 공동의 이슈와 개인의 이슈를 다루기 위해 씨름하는 것을 서로 목격하는 가족 구성원들을 통해 이러한 목적에 이르는 많은 길이 있다. 그러나 어떤 길보다 특정한 길은 가족 구성원의 관계와 초점을 두고 있는 문 제에 영향을 미치는 길이 더 중요하다. 커플·가족치료에서는 가족 구성원들 이 함께 모이기 때문에, 치료자들은 그들이 치료실에 나타나는 때와 회기들 사이에서 모든 이슈를 다룰 수 있다. 어떠한 통로를 통해서든 치유가 일어날

---

3) 여기서 설명하는 메타수준 패러다임은 관계적 문제의 맥락에서 처치를 원하는 가족에게 적용 된다. 관련되지만 다소 다른 패러다임은 가족을 지원하고 장애에 특화된 개입들(Baucom et al., 2012)에 적용되는데, 이 개입들은 처치를 개시할 시점에 더 건강한 가족과정을 존재하게 하고, 개 인적 변화를 가능하게 하기 위해 그러한 관계를 활용하는 데 초점을 맞춘다.

때, 그것은 연결되어 있다는 것을 몸으로 생생하게in vivo 경험하는 것, 희망의 부활, 그리고 공유된 정서적 경험을 제공한다. 성공적인 치료에서, 인간 경험의 한 영역과 체계 수준에서의 변화는 그 사람과 그 체계의 다른 측면들에 긍정적인 영향을 미친다. 적대적 비판과 같은 독성인자는 직·간접적으로 감소하고, 긍정적인 연결과 애착의 치유적인 속성이 작용한다. 이 모든 요인은 긍정적 정서 우세를 가능하게 하고, 더 큰 상호 수용과 개인 변화를 촉진한다. 낙담의 체계적 주기는 변화와 긍정적인 느낌이 있는 주기로 대체되며, 다른 수단들을 통해 시작되는 변화가 무엇이든 간에 더 나은 연결성을 가져오는 치유적 요인을 불러일으킨다. 궁극적으로, 변화 유지를 표적으로 하는 어떤 것들이 발생한 변화를 강화하기 위해 도입된다.

결론

개입에서의 공통요인의 생성은 성공적인 커플·가족치료에 가장 중요하게 기여하였다. 이러한 핵심 성분들 중 어떤 것들은 개인치료에서의 공통요인을 커플과 가족의 맥락에 맞추어 조정하였지만, 다른 것들은 커플·가족치료에서만 독특하게 나타났다. 비록 치료자들마다 가장 중요하다고 강조하는 것과 개입하는 방법에서 차이가 있지만, 오늘날 커플·가족치료자들 전체에 걸쳐 분명하고 공통된 믿음과 태도들이 있다. 그것은 커플·가족치료의 초기 시절에 강조되었던 차이에 대한 논쟁으로부터 심오하게 이동해 왔음을 보여 주고 있으며, 이 분야가 성숙해졌다는 징표를 보여 주는 것이다.

그러나 처치 전반에 걸친 공통점들은 이러한 공통요인에 국한되지 않는다. 다음 장에서는 커플·가족치료자가 사용하는 방법들을 제공하는 개입전략들의 공유 기반을 살펴볼 것이다.

제6장

개입을 위한 전략과 기술

제5장에서는 오늘날 커플·가족치료를 하는 데 있어서 밑바탕을 이루는 공통요인을 살펴보았다. 이 장에서는 치료 동맹이나 상담에 대한 기대를 확인하는 등의 공통요인에 대한 일반적이고 광범위한 주제를 넘어 대화를 진전시켜 보고자 한다. 나(Lebow)는 치료 현장에서 개발되고 공유되어 왔던 커플·가족치료의 핵심 기술과 중재 기술을 살펴볼 것이다. 커플·가족치료의 실천에는 공유된 개념, 개입전략, 기타 기술이 포함된다. 공유된 기본 개념과 전략들을 이해하는 것과 또 이것들을 적용하는 방법은 오늘날 커플·가족치료의 실천에 있어서 핵심이 된다(Kaslow, Celano, & Stanton, 2000).

대부분의 커플·가족치료자는 이렇게 공유된 개념과 전략들 가운데서 자신이 선호하는 조합을 만들어 낸다. 물론 모든 전략과 기법을 다 활용할 수 있는 치료자는 없지만 많은 치료자는 필요할 때마다 여러 가지 기법을 활용한다. 단순히 그저 어떤 이론이 하나의 전략을 고안했다고 해서 반드시 해당 이론만이 그 전략을 쓸 수 있는 것은 아니다. 치료자는 일반적으로 전략과 기술을 자신들이 사용하는 방법 속에 동화시켜 사용한다.

치료자가 사용하는 기법의 일반 목록을 작성하는 것이 가능하다고 해서 치료자 대부분이 가족을 비슷하게 보거나 특정 경우에 동일한 방식으로 개입한다는 것을 의미하지는 않는다. 상담 사례에 따라 일차적인 개입 및 이차적인 개입은 치료자의 관점에 달려 있는데, 치료자는 같은 가족이라도 다른 전략을 선택하여 개입할 수 있다. 그러나 이러한 전략들은 공통적 기반을 가진 개입에서 나온 것이며 대부분은 비슷한 결과를 이끌어 낼 수 있는 대안들이 있다. 체계이론은 모든 효과적인 개입전략의 상호 관계를 중시한다. 즉, 체계의 한 측면에서의 변화는 다른 부분의 변화를 촉진하고 관련시킨다. 헤일리가 보여 주었듯(그가 가족체계적 개입을 위해 이 사례를 다루고 있다는 것은 역설적이 긴 하다.) 개별 아동 치료는 궁극적으로 가족의 전체적인 체계에 영향을 미친 다고 주장하였다(Haley & Lebow, 2010).

다음은 커플·가족치료에서 가장 자주 사용되는 개념, 개입전략 및 기법에 대한 목록을 살펴보겠다. 이 목록은 다양한 범주의 전략을 담고 있다. 치료자 들은 사례 공식화, 개인적으로 선호하는 개입법, 상담 접근법에 대한 내담자 의 수용가능성에 대한 이해도, 특정한 사례에서 어떤 전략이 얼마나 유용할 수 있는지에 대한 치료자의 감각(조사를 통해 얻은 것이길 바란다.), 그리고 치 료 전략에 대한 내담자의 피드백이 얼마나 유용한지에 따라서 전략을 선택한 다. 이 장의 전략과 기법은 이 책의 제5장에 기술된 공통요인, 제2장의 개념 적 틀과 함께 커플·가족치료의 핵심 구성요소를 나타낸다.

구체적인 치료 목표 설정하기

목표 설정은 커플·가족치료의 공통요인이다. 간단하게 말하자면, 목표를 설정하는 것은 변화를 향한 일반적인 힘과 관련된다. 이 공통요인과 함께, 명 확하고 구체적이며 궁극적인 목표의 선택은 치료의 방향을 결정하는 데 중요 한 역할을 한다. 1978년에 앨런 거먼(Alan Gurman)은 획기적이었던 그의 논 문에서 가족치료의 기초가 되는 일반 목표의 목록과, 이 중에서 어떻게 상황 에 맞는 목표와 처치법을 선택하는지를 보여 주고 있다. 이 장은 거먼의 연구 결과를 기반으로 하여 살펴보고자 한다.

종종 단기 목표, 심지어는 최종 목표에서까지 서로 다른 커플·가족치료 모 델은 차이를 보일 수 있다. 그러나 단기 및 최종 목표는 특정 접근방식에만 국한되지 않으며, 포괄적인 목표 목록으로 쉽게 정리된다. 치료의 목표를 정 할 때 이 포괄적인 목록에서 선택하여 각 종류의 치료법, 치료자 또는 특정

치료법을 미리 생각해 볼 수 있다.

커플·가족치료의 모델들은 각기 변화를 달성하기 위한 구체적인 방법들을 구상한다. 대부분 상담의 궁극적인 목표는 관계의 변화이고, 많은 경우 개인의 변화도 목표가 될 수 있다. 가족생활 가운데 다양한 측면의 변화를 목표로 삼고, 그러한 변화를 달성하기 위해 중간 목표들을 설정해 가는 방법은 학파마다 다르다. 예를 들어, 구조적 가족치료는 실연을 해 봄으로써 중간 목표를 달성하고, 이를 통해서 가족의 구조를 변화시키는 것이 최종 목표가 된다. 내러티브치료는 협력 창출creating collaboration이라는 중간 목표를 통해서 새로운 이야기를 구성해 가는 것을 목표로 한다. 마찬가지로, 정신역동적 접근은 자기 이해와 정서 경험 교정에 중점을 두는 반면, 인지행동적 접근은 우발적 상황, 인지, 조건화 및 사회적 교환을 변화시키는 것을 목표로 한다.

다행스럽게도, 커플·가족치료의 전형적인 실천은 물론이고 심지어 최근 모델까지도 다양한 자원으로부터 중간 목표와 최종 목표를 설정하며 발전해 왔다. 통찰력의 향상, 행동의 변화, 인지의 변화, 새로운 이야기의 창조, 긍정적 교환 증가, 구조 변화 및 기타 수많은 목표가 오늘날 광범위한 치료법으로 통합되었다. 그리고 관계 지향적인 목표가 우선인가, 아니면 개인적 목표가 우선인가에 대한 오래된 논쟁조차도 이제는 그 어느 한쪽보다 두 가지 목표를 함께 추구해야 한다는 추세다. 좁은 시야에서 다루던 커플·가족치료 목표는 이제 공유되고 널리 수용된 공통의 핵심 목표로 대체되었다.

이러한 변화는 상이한 목표나 그 상이점들로 인한 영향을 최소화하려고 한 것이 아니다. 치료자들이 저마다의 중간 목표와 최종 목표를 설정하면 개입은 그 목표를 향해 움직이게 된다. 이러한 차이는 여전히 종종 발생한다. 정서중심 치료자라면 인지행동 치료자보다 정서를 변화시키는 중간 목표에 훨씬 중점을 둘 것이며, 중간 목표에서 점차 확장해 나갈 때조차도 그럴 것이다.

그렇다면 여기서 강조하는 핵심은 커플치료나 가족치료의 중간 목표나 최종 목표를 끌어내는 것이 어느 한 접근법이나 치료법만을 사용하는 것이 아니라는 점이다. 이러한 선택들은 일반적인 치료 목표 목록에 기반을 두고 있다. 또한 잠재적 목표(예: 정서에 집중하기, 과거를 탐색하기, 변화무쌍한 유관성 변화시키기)를 인식하고 구체적인 사례에서 일반적인 목표까지 연관시키는 작업이 치료자들에게 있어 매우 중요한 가치가 있다는 것이다. 게다가, 치료 자들이 점점 통합적으로 되어 가면서 주 모델을 사용하는 가운데 중간 목표를 위한 타 모델을 포함시키는 경향이 있다.

개입전략은 중간 목표와 최종 목표를 일치시키는 것이 중요하다. 예를 들어, 보컴, 위스먼과 파프로키(2012)가 언급한, 파트너 지원 처치partner assisted treatment나 장애에 특화된 처치disorder specific treatments는 관계의 변화를 목표로 하지 않는 처치법이기 때문에 만약 관계 변화를 목표로 한다면 불일치가 일어날 것이다. 비슷한 이유로 처치법에 있어서 원가족에서의 경험이 핵심이 된다고 생각하는 치료자들은 항상 적절하게 가계도를 사용하는 반면, '지금-여기'의 상호작용에 초점을 맞춘 치료자들은 그렇지 않을 것이다.

모니터링

행동주의 전통으로부터 시작했지만 다른 많은 치료법에서도 사용하고 있는 것이 모니터링인데, 세심한 관찰과 활동을 기록하는 것이다(Jacobson & Margolin, 1979). 그러한 기록은 표적이 되는 문제와 변화의 원동력이 될 내담자의 강점을 사정하는 데 도움이 되고 내담자로 하여금 이 문제와 강점을 인식하도록 하는 것에 유용하다. 단순한 기록 행위 자체만으로도 종종 어느 정도의 변화를 가져온다(Lyons, Howard, O'Mahoney, & Lish, 1997). 자신의 패턴을 기록하는 자기 모니터링은 특히 도움이 된다. 그때그때 기록하는 것이 기억(내담자들이 해당 주간에 발생했던 행동의 빈도를 치료 회기에 와서 기억해 내는 것)보다 훨씬 더 정확하다는 것을 많은 연구가 증명하고 있다(Reis, 2001).

심리교육

거의 모든 커플·가족치료자는 내담자들이 겪고 있는 어려움이나 닥친 상황에 관한 이해를 확장해 나갈 수 있도록 정보를 제공한다. 문제 영역과 상황에 관해 미디어와 인터넷을 통해 즉각적으로 정보를 얻을 수 있을 때조차도 내담자들은 충분치 못한 정보를 가지고 있거나 부정확한 출처로부터 정보를 얻는다. 그러므로 커플·가족치료는 종종 가족들이 직면하는 문제와 이에 대처하는 성공적인 경로를 내담자들이 잘 이해하도록 돕는다.

가장 많이 사용되는 것은 삶에 있어서 관계란 무엇인가를 가르치는 심리교육psychoeducation이다. 심리교육은 관계(공감)에 필요한 기술, 공정하게 싸우는 방법, 성공적인 양육 방법, 가족생활주기의 다양한 단계에서 기대하는 것, 이혼과 재혼 또는 다문화가 서로 교류하며 살기와 같이 다양하고 특별한 상황에서 기대할 것 등을 포함한다. 세대에 걸쳐 전수되는 가운데 특정 주제에 대한 과학적이고 지혜로운 버전은 가족들이 삶을 이어 가는 과정에 긍정적이고 강력한 영향을 미칠 수 있다.

가족 심리교육의 또 다른 주요 관심사는 가족들이 직면해 있는 특정한 조건이나 삶의 상황들, 특히 장애를 다루는 것이다. 다양한 정신건강 상태의 본질, 신체적 질병, 그리고 다른 특정한 문제들에 관한 중요한 많은 정보가 축적되어 왔으며, 이 정보들은 가족들이 직면하고 있는 상황에 적절하게 반응하고 적응하도록 도와줄 수 있을 것이다.

심리교육의 내용은 문제와 그 문제의 이론에 따라 매우 다양하다. 질병 모델이 문제에 대해 충분히 설명할 수 있는 경우가 있는가 하면, 어떠한 수정된 의학적 모델은 문제에 대한 설명을 할 수 있지 않을까 하는 실험의 대상이 되기도 한다. 아니면 전혀 다른 설명이 중심이 될 수도 있다. 조현병이나 양극성장애의 경우 질병 모델이 반드시 심리교육의 일부가 되기도 하지만, 약물남용이나 우울증의 경우 질병 모델이 이 장애의 일부분에 대해 설명할 수 있기도 하고 아니기도 하다.

장애에 대한 어떤 의학적 모델을 선택하든, 정서 표출expressed emotion의 감소와 같이 문제로 인해 발생하는 이로운 패턴과 해로운 패턴에 대한 심리교육은 언제나 도움이 된다(Hooley, 2007; McFarlane et al., 1995). 이러한 심리교육은 직접적으로 행동과 행동의 부정적인 영향에 대한 인식을 개선하고 패턴을 바꾸려는 노력을 끌어낼 수 있다. 장애에 대한 심리교육으로 치료에 통합할 수 있는 정보는 청소년 약물 사용(Liddle et al., 2001), 성인 약물 의존(Haaga, McCrady, & Lebow, 2006), 파트너 폭력(Stith, McCollum, Amanor-Boadu, & Smith, 2012), 아동 성 학대(Barrett, Trepper, & Fish, 1990) 등과 같이 광범위하며 특수한 문제를 목표로 하는 처치 패키지로 쉽게 사용할 수 있다. 또한 각 문제 영역 치료에 도움이 되는 많은 책과 논문이 있다.

심리교육은 다양한 형태로 제공되며, 치료 중에 특정한 문제가 발생할 때 시의적절하게 도입될 수 있다. 때때로 심리교육은 치료의 초기에 특별 프로그램 형식으로 이루어질 수 있고, 커플 간의 불화(Stanley, Blumberg, & Markman, 1999)나 조현병(C. Anderson, Hogarty, & Reiss, 1980)에 대한 교육처럼 한 문제 영역의 이해를 위해 하루를 택하여 온종일 집중해서 진행하기도 한다.

신경생물학적 이해

뇌에서 일어나는 과정에 대한 신경생물학적 이해는 지난 20년 동안 급속히 발전하였다(Siegel, 1999). 다양한 생각, 행동, 정서가 뇌에서 어떻게 나타나는가 하는 기초적인 탐색으로부터 신경학적 차원에서 무엇이 일어나는가에 대한 깊은 탐색에 이르기까지 신경생물학적 연구는 발전해 왔다. 비록 기초과학적 통찰이 호기심을 불러일으키고 언젠가 실무 현장에서 중요한 혁신을 끌어낼 수 있겠지만, 아직까지 임상 실무에서 제한적으로 사용될 수밖에 없다는 것은 안타까운 점이다. 오늘날의 뇌과학은 성공과 실패의 혼합된 결과를 가져오는 정신약리학적psychopharmacological 개입 외에는 사람들이 생각하고 느끼는 방법까지 바꾸지는 못한다. 뇌과학의 강점은 정서 상태를 동반하는 신경학적 수준에서 무엇이 일어나고 있는지를 탐구한다는 것이다. 그러므로 신경과학을 가장 효과적으로 사용하는 방법은 기존의 개입전략을 성공적으로 만들기 위해 통합하여 사용하는 것이다.

원칙적인 면에서 신경생물학적 이해는 심리교육 일부로 사용하거나 혹은 선택한 개입전략의 유용성을 설명하는 데 도움이 되는 자료가 된다. 예를 들어, 편도체의 활성화에 대한 심리교육은 가족 구성원들이 심리적으로 압도당하는 상황(즉, 최고조의 불안 유발 상황에 대한 반응)에서 무엇을 경험하게 되는지 설명해 준다. 부분적으로, 이것은 문제가 내부에 있다는 메시지임에도 불구하고 문제를 외재화하는 내러티브치료 기법으로 발전하였다. 예를 들어, 커플치료에서 배우자의 반응이 의도된 것이 아닌 뇌 기능의 결과라는 것을 알면 상대방을 이해하는 데 도움이 되고 정서와 자존감을 유지할 수 있도록 해 준다. 뇌에 대한 이해는 내담자들이 생각과 행동을 바꾸려고 노력하고, 마음챙김 수련이나 이완훈련 또는 타임아웃과 같은 기법을 시도하더라도 이로 인한 변화에 한계가 있다는 것을 인정할 수 있게 한다. 피시베인(Fishbane, 2007)과 J. M. 고트먼(2011)은 커플치료에서 이와 같은 통찰력을 활용할 수 있는 방법론에 대해 많은 저술을 했다. 또한 이러한 통찰은 가족치료에도 쉽게 사용할 수 있다.

커플·가족치료에서 신경생물학적 이해가 사용되는 두 번째 방법은 보조 정신약리학을 통해서다. 조현병이나 양극성장애에 정신약리학이 미치는 긍정적인 영향력은 이미 분명하고 이를 넘어 정신약리학의 유용성에 대한 논의가 매우 뜨겁게 다루어지고 있다. 연구 결과가 엇갈리기도 하지만 정신약리학은 우울증과 불안장애의 기능 회복에 도움이 될 수 있다(Thase & Denko, 2008). 약물이 특정 질환의 주요한 증상을 완화시키고 간접적으로 관계 기능에 영향을 미치기는 하지만, 관계적 기능에 직접적으로 영향을 미친다는 증거는 없다. 그렇다고 커플·가족치료의 통합적인 관점에서 볼 때 정신약리학이 설 자리가 없는 것이 아니다. 단지 조현병, 양극성장애, 자폐증, 혹은 주요 정동장애와 같은 아주 심각한 질환의 상황을 제외하고, 언제, 어떤 상황에서 약물을 사용하는 것이 도움이 되는지에 대한 합의가 없다는 것이다.

사회적 행동

사회심리학과 학습이론의 조합인 사회학습이론에 속한 몇 가지 전략이 있다. 비록 이 전략들이 보여 주는 현상 모두가 사회학습이론이 그 근원이라는 것을 인정하는 것은 아니지만, 이 그룹에 속한 전략들은 모두 학습과 교환 개념을 다루고 있다.

사회학습

학습은 커플·가족치료의 여러 측면에서 언급된다. 때때로 학습은 고전적 조건형성에 기반을 두고 있는데, 예를 들어 커플이 매우 자극적이었던 상황 후에 긴장 완화 방법을 배운다거나(예: 이 장의 뒷부분에서 다루는 '마음챙김 연습' 참조), 두렵고 회피하고 싶은 상황을 극복하기 위한 노출법을 사용하는 것 등이다. 더 나아가, 사회적 맥락에서의 고전적 조건형성의 중요성이 결코 과소평가되어서는 안 된다. 궁극적으로, 행동치료가 되었든 다른 치료가 되었든, 많은 치료법의 성공 여부는 긴장을 풀고 편안한 상태를 만들어 낼 수 있는가에 달려 있다. 다시 말해, 커플이나 가족이 서로에게 고통이 아니라 긍정적인 연합이 일어나는 자극제가 되어야 한다는 것이다.

그런데도, 커플·가족치료에서 학습 전략의 대부분은 조작적 조건형성과 교환 개념의 파생 모델들에 기반을 두고 있다. 조작적 조건형성의 중심은 강화reinforcement인데, 강화는 특정한 반응의 비율을 증가시키는 사건이나 행동을 말한다. 특정한 행동이나 패턴의 가능성을 증가시키는 것은 무엇이든 지 그 행동의 가능성을 증가시키는 보상으로 사용될 수 있다. 강화의 패러다 임 중에는 다른 것에 비해 더 지속적인 영향력을 미치는 것이 있다. 다양한 이유로 강화는 처벌보다 행동 조성을 해 나가는 데 우선적으로 선택되는 전 략이다.

커플·가족치료에서, 조건형성은 대부분 사회적 맥락에서 발생한다. 그러 므로 이 일련의 개념과 전략의 근원은 사회학습이론이다(Bandura, 1977). 비 디오 게임이나 금전이 행동 조성을 위한 강화물이 된다고 하더라도 대부분 사회적 맥락에서 이루어지기 때문에 사회적 강화물은 특히 강력하다. 사회 학습은 또한 강화나 처벌을 통해 직접적으로 일어나기도 하고 모델링과 같은 과정을 통해 은밀하게 이루어지기도 한다. 그렇다면 치료자에게 듣는 설명 이나 다른 사람을 관찰하며 배우는 것도 강화만큼이나 중요한 영향력을 미칠 수 있다는 것을 의미한다.

사회학습의 주요 방법 중 하나는 기술 훈련이다. 여기서 말하는 기술이란 부모교육에서 다루는 육아법이나 커플치료에서 자주 등장하는 의사소통과 문제해결 기술 같은 것이다. 기술 강화 훈련은 기술 세트skill set에 대해 상담 회기 중에 교육을 하기도 하고 집에서 과제로 해 오도록 하기도 한다. 체계적 인 맥락에서 볼 때 이 과정은 복잡한데, 가족원 각자는 자신의 기술 개발뿐만 아니라 다른 가족의 피드백에도 주의를 기울여야 하기 때문이다. 커플·가족 치료에는 많은 응용 버전이 있다. 예를 들어, 고트먼의 건강한 부부의 집 치 료sound marital house therapy와 인지행동치료에서 커플은 서로에 대해 높은 비율 로 긍정적인 행동을 해야 함을 배우게 된다. 긍정적인 행동 대 부정적인 행 동의 비율이 적어도 5 대 1이 되어야 한다는 것이다(J. M. Gottman, Driver, & Tabares, 2002). 이러한 전략은 완화된 형태로 광범위하게 다양한 치료 형태 에서 사용되고 있다.

부모교육

인지행동 가족치료에 있어서 아동 문제에 대한 대부분의 치료는 **행동적 부모교육**behavioral parent training의 개념인 보상과 처벌에 중점을 둬 왔다(Kazdin, 2005). 이 방법의 최신 버전은 행동의 주기에 있어서 아이들의 역할, 부모와 아이 사이의 상호작용, 치료에서 아이들의 참여를 고려하기 때문에 단순히 부모만을 언급하는 명칭은 약간 시대착오적인 감이 있다. 그럼에도 불구하고, 행동장애가 있는 자녀의 부모들이 역기능적인 행동을 형성하고 잘 대처하지 못하고 있다는 많은 연구 자료를 고려할 때, 이 전략의 핵심은 부모가 아이들을 위한 구체적인 목표 달성을 위해 보상과 처벌을 선택적으로 일관성 있게 사용하도록 돕는 것이다.

부모교육은 사정 단계에서부터 시작하는데 이 단계에서는 사고와 행동의 패턴을 기록하고, 이를 문제행동과 연결하며 분석하게 된다. 이렇게 해서 문제행동에 대한 기능적 분석으로 이어지며, 여기서부터 익혀야 할 기술과 문제가 개선되는 데 필요한 상황의 변화를 구체화하는 계획을 세우게 된다. 또한 상황뿐 아니라 돌보는 행동에도 중점을 둔다. 아이의 문제행동이 어느 특정 분야에 제한적으로 발생하는 것이라면 이러한 행동에 반응할 수 있는 상황을 만든다. 예를 들어, 학교 숙제를 마치면 이에 대해 보상해 주는 것과 같다. 문제가 여러 분야에서 발생한다면 보다 포괄적인 프로그램을 마련한다. 토큰 강화법이나 포인트 시스템은 전반적인 성과에 대한 보상을 제공하면서, 긍정적인 행동에 대한 점수를 높이고 문제행동을 제거하는 방법이다. 모든 프로그램은 새로운 행동을 형성해 나가는 데 처벌보다 긍정적 보상을 선호하고 있다.

다방면의 가족치료자는 중요한 행동주의 철학과 아이를 치료에 포함시키는 초기 형태의 방법에서 벗어나 부모교육의 다양한 형태에 적응하며 이를 치료에 접목해 왔다. 자녀와 부모를 포함하는 체계적인 맥락에서 볼 때, 많은 커플·가족치료자는 행동주의적 '부모교육'을 언급하지 않으면서도 성공적인 양육의 원칙 안에서 부모를 훈련시키며 이러한 방법들을 사용하고 있다.

의사소통 훈련

의사소통 훈련은 아마도 가장 광범위한 치료법에 뿌리를 둔 커플·가족치료 전략의 집합체라고 할 수 있다. 의사소통 훈련에 대한 기원은 부부상담운동의 초기뿐만 아니라 초기 행동치료나 전략적 치료까지 거슬러 올라갈 수 있다(Gurman & Fraenkel, 2002; Lederer & Jackson, 1968; Markman, Stanley, & Blumberg, 2010; Watzlawick, Bavelas & Jackson, 1967). 의사소통 훈련은 명확하게 말하는 법, 듣는 법, 갈등 상황의 차이점을 해결하는 방법을 포함하는 핵심 의사소통 기술에 대한 교육, 모델링, 실습으로 구성된다. '화자-청자 기법'은 자주 사용되는데, 화자가 분명하게 말하고 청자가 경청하게 하며 청자는 화자가 무엇을 말했는지 이해한 것을 화자에게 말해 준다. 비록 이러한 말하기가 일상의 언어 패턴대로 하는 것은 아니지만(J. M. Gottman, 1999), 특히 스트레스를 많이 받는 상황에서는 의사소통의 명확성을 높이는 데 효과적이다.

문제해결

문제해결 기법은 커플이나 가족들이 문제해결 방법에 대해 배우고 연습하는 것이다. 전형적으로, 이 과정은 가능한 해결책을 브레인스토밍하기, 대안책의 장단점 따져 보기, 타협 능력 개발하기, 서로가 만족하는 해결책 만들기로 진행된다. 이와 동시에 그러한 논의에 있어서 지속적으로 경청하고 소통하는 법, 정서 조절하는 법을 배운다. 각각의 다양한 치료법의 효능을 분리하여 탐색한 연구에 따르면, 행동적 커플치료의 거의 모든 효과는 의사소통 훈련과 문제해결 기술의 조합에서 기인하고 있다는 것을 보여 준다(Jacobson, 1984; Jacobson & Follette, 1985). 의사소통 훈련과 마찬가지로 기술 훈련이라고 일컬어지지 않거나 그 과정에 대한 정확한 인지행동적인 단계를 따르지 않더라도, 문제해결 기술 훈련은 커플·가족치료에서 자주 쓰이는 전략이다.

사회적 교환

사회교환이론social exchange theory(Thibaut & Kelley, 1959)의 영향은 커플·가족치료에 널리 퍼져 왔으며, 인지행동 및 전략적 접근(Lederer & Jackson, 1968)에 직접적으로 영향을 미쳤고, 여타의 접근에도 간접적으로 영향을 미쳤다. 사회교환이론은 개개인이 최선의 결과, 보상의 증가, 비용의 감소를 위해 노력한다는 것을 암시하고 있다. 사회교환이론의 주요한 전략은 만족스러운 교환을 위해 협상하고 도달하는 방법을 개발하는 것이다.

사회교환의 가장 초기 버전은 교환하는 행동의 대가를 치르는 것에 초점을 두었지만, 그 이후로 개념이 확장되면서 행동에 부여된 의미를 포함하게 되었다. 연구와 임상에서 반복적으로 나타난 것은 사리사욕을 넘어 상대방에 대한 배려와 관심 어린 의사소통이 친밀한 관계에 성공적인 교류를 가져온다는 것이었다(J. M. Gottman, 2011). 효과적인 교환을 위한 경로들은 게임이론game theory(J. M. Gottman, 2011)과 전망이론prospect theory, 그리고 커너먼(Kahneman, 2011; Kahneman & Tversky, 2000)이 언급했던 교환의 선택이 어떻게 경험되는지를 종종 왜곡하는 인지·정서 휴리스틱heuristics에 의한 초점 착시 현상으로 설명할 수 있다. 교환의 기반이 되는 초기 전략은 교환을 순전히 이성적인 과정으로서 이해하는 데 기반을 둔 반면, 최근에는 결과를 왜곡하려는 인간의 성향이 교환 과정에 영향을 미치고 있다는 것을 강조하는 경향이 있다.

사회적 교환의 틀 안에서 개발된 방법의 하나는 결과를 평가하고 협상을 잘하는 데 필요한 지식과 경험을 제공하는 기술 훈련이다. 이러한 전략은 이용 가능한 선택, 개인적 편견, 그리고 합리적인 의사결정을 하고 교환하는 데 부정적 영향을 미치는 정서적 반응들을 이해할 수 있는 인식력을 촉진한다. 이 전략들은 만족스러운 해결책에 필요한 교환과 협상의 의사소통 능력을 개선하는 데도 효과가 있다. 이러한 주제의 가장 최근 기법은 행동적 커플·가족치료법에 익숙한 지나친 실용주의적인 질문들보다는 애정 어린 입장과 긍정적인 교환을 촉진하는 것이다(예: 내담자가 오직 개인적인 이익을 최대화하기 위해서만 교환에 참여하는가? 무언가 다른 것을 위해 교환 행동을 할 수 있었던 것은 아닌가?).

인지와 정서의 상호작용

커플·가족치료는 인지와 정서를 다루는 많은 전략을 사용한다. 이 전략은 소크라테스식 질문법이나 왜곡된 인지를 수정하는 것으로부터 내러티브치료의 협력적 재저작 작업에 이르기까지 다양하다.

인지를 변화시키기

인지이론은 기능장애나 '비합리적인' 사고가 만들어지고 유지되는 과정을 강조하며, 이에 대한 개입으로 신념의 변화에 초점을 맞춘다. 인지 전략은 행동과 정서 뒤에 놓여 있는 것으로 간주되는 사고the ideas를 신중히 검토한다. 여기서 강조하는 것은 하나의 경험과 그 경험으로부터 파생된 정서 사이의 생각the thought이 무엇인가 살펴보고 다룬다는 것이다. 인지적 개입은 발생한 사건을 지나치게 일반화하거나, 개인화하거나, 지나치게 부정적으로 생각하는 경향에 초점을 맞춘다.

인지는 다양한 방법으로 작용한다. 인지치료에서 파생된 기법의 대표격인 인지행동치료(Beck, 1976)처럼, 현실을 객관적인 관점에서 정확하게 볼 수 있는가를 검증하기 위한 대상이 '인지'인데, 이는 종종 사고의 장단점을 상세히 조사하여 비용편익분석의 형태로 진행된다. 치료자는 수정이 필요한 왜곡된 사고를 소크라테스식 질문을 통해 바로잡거나 수정하는 연습을 과제로 제시하기도 한다.

내러티브치료의 전통은 매우 다른데, 여기서 인지는 이야기stories로 간주한다. 내담자가 새로운 이야기를 쓰도록 도와줌으로써 인식을 수정하는 것이 우선적인 목표이지만, 이는 인지치료의 중심에 있는 객관적 현실의 개념이나 치료자를 교사로서의 위계적 상위 개념에 두는 것을 거부하는 맥락에서 이루어진다. 대신, 이야기하고 있는 내담자의 독특한 관점의 가치를 인정하며 협업으로 새로운 이야기를 만들어 간다. 내러티브치료의 구체적인 인지적 개입은 문제의 외재화externalizing the problem이며, 이를 통해 문제와 내담자를 별개의 것으로 보고 접근하게 된다(White & Epston, 1989).

형식은 매우 다르지만, 내러티브치료 방법과 인지적 방법은 둘 다 자기와 세계에 대해 보다 긍정적인 관점을 강조하는 이야기를 끌어낸다. 인지행동적 기법들은 내러티브치료 기법보다 개인의 신념을 훨씬 더 침해하고 의문시하며, 신념을 분석하려는 사고 기록과 같은 기술을 사용한다. 둘 다 분명히 인식의 집합에 초점을 맞추지만, 영향력을 미치는 방법은 다르다.

정서 작업

커플·가족치료는 항상 가족 구성원 간의 정서적 삶이 상호작용하는 것을 다루게 된다. 거의 모든 개입은 가족 구성원들의 정서적 삶이 서로 조화할 수 있도록 하는 것이다.

정서에 초점을 맞추고 있는 몇 가지 전략은 대부분 감정과 그 감정이 연결될 때 생기는 강력한 역할을 아우르고 있다. 정서중심치료들은 관계적 맥락에서 정서에 초점을 두고 정서를 강조하며, 또 친밀감을 높이는 부드러운 대인관계 촉진과 연결감을 증대시키기 위한 구체적인 정서중심 기법들을 사용한다(Johnson, 2008). 이러한 전략은 일반적으로 한 사람으로 하여금 정서적 반응을 경험하고 다른 가족 구성원들에게 그 반응을 전달하도록 하면서 시작한다. 다음으로 치료자는 이 반응을 심화시키며 참석원 모두가 첫 번째 단계에서 경험하는 정서가 무엇이든지 나눌 수 있도록 하며, 이를 위해 종종 전형적인 경험을 끌어내어 정서에 초점을 두도록 하기도 한다(Gendlin, 1978). 일반적으로, 타인의 입장에서는 깊은 일차적 정서와 연결하는 것이 더 쉬우므로 이러한 정서적 교환은 원래의 불만이 무엇이든 이를 초월하는 애정을 표현할 기회가 된다.

정서를 강조하는 또 다른 전략들은 가족 구성원들이 자신들의 정서적인 삶과 다른 가족 구성원들의 정서적인 삶에 대한 이해를 증진하는 데 도움을 주고 있다. 그러나 갈등 상황에서 '타임아웃'과 같은 전략을 쓰는 것은 고통스러운 자극 앞에서 정서적인 흥분을 줄이는 데 도움을 준다. 이러한 후자의 전략은 특히 분노, 높은 갈등, 또는 가정폭력의 문제가 있는 경우에 중요하게 쓰인다. J. M. 고트먼(2011)이 제안했듯이, 갈등 속에서 잠시 멈출 수 있는 것은 크게 도움이 된다.

마음챙김 연습

마음챙김은 정신건강 분야에서 가장 급속도로 성장하고 있는 개입으로, 동양철학(Baer, 2003)에 기반을 두고 인지행동으로부터 인본주의 접근에 이르기까지 많은 개인치료자가 사용하고 있으며, 최근에는 커플·가족치료까지 확장되고 있다. 비록 정통의 마음챙김 연습은 소수의 커플·가족치료자들만이 실천하고 있는 상황이지만, 마음챙김과 이완 운동을 권면하는 것은 커플·가족치료에서 흔히 볼 수 있는 일이다. 특히 오늘날은 이미 많은 내담자에게 치료 현장이 아닌 다른 맥락, 예를 들면 요가 등을 통해서 마음챙김을 접한 경우가 많다. 마음챙김을 연습하면서 많은 내담자가 이 기술을 관계에 쉽게 접목할 수 있다. 마음챙김은 대인관계의 갈등에서 범람하는 감정을 진정시킬 수 있는 여유를 만들고, 자신의 감정에 집중하고 행동에 몰입할 수 있도록 도와주며, 행동 목표를 확장할 수 있게 한다.

수용 촉진

성공적인 가족생활을 한다는 것은 가족 내 다른 사람들의 방식을 어느 정도 수용하고 있다는 것이다. 크리스텐슨과 제이콥슨(Christensen & Jacobsen, 2000)은 통합적 행동 커플치료Integrative Behavioral Couples Therapy: IBCT의 핵심 요소로 수용acceptance을 택하고 매우 적극적인 훈련을 해 왔다. 이 훈련은 변화가 일어날 수 없을 것 같은 상황에서 발생하는 문제와 이슈들을 다루기 위한 것이다. 통합적 행동 커플치료는 구체적으로 수용 기법을 사용하는 것 외에도 다른 가족이 변하길 기대하거나 자신의 삶이 변하길 바라지만 이런 것들이 이루어지지 않아서 고군분투할 때 비슷한 전략들을 광범위하게 자주 사용하고 있다. 물론 커플·가족치료는 행동 변화를 중시하고 있다. 부모는 자녀의 행동이 나아지기를 원하고 남편과 아내는 배우자와 더 친밀해지길 바라며 약물중독자가 있는 가정에서는 중독 행동이 멈추길 바란다. 그러나 크리스텐슨과 제이콥슨이 지적했듯이,[1] 삶이란 변화될 수 있는 부분도 있고 그렇지 못한 부분도 있다. 성공적으로 함께 산다는 것은 친밀한 관계에 있는 타인의 어떤 부분이 문제가 있더라도 함께 살아 낼 수 있는 능력에 달려 있다고 보는 것이다.

수용 기법의 핵심은 긍정 정서의 참여를 촉진하고, 가족 간의 차이점들을 직접 조명하며, 각 가족이 당면한 어려움을 어떻게 달리 보는지에 대해 서로 공감할 수 있도록 돕는 것이다. 또 현재 이 시점에서 변화가 얼마나 어려운지 그 정도를 표시해 보고, 각자의 위치에서 무엇을 느끼는지 서로 나누며 작업하는 것이다. 이 작업의 본질은 가족들이 당면한 문제에 대한 개인적 좌절감에 직면하고, 이에 관여하며 소크라테스식 질문이나 정서 과정을 통해 재인

---

1) 익명의 알코올 중독자 자조모임에서 사용하던 라인홀드 니부어(Reingold Niebuhr; R. Brown, 1987)의 '평온의 기도'에도 "아버지, 우리가 바꿀 수 있는 것을 바꿀 수 있는 용기를, 바꿀 수 없는 것은 받아들일 수 있는 평온을, 그리고 이 둘을 분별하는 지혜를 허락하소서."라고 암시되어 있다 (p. 251).

식하고 수용하도록 하는 것이다.

수용을 커플·가족치료 기법에 포함하는 것은 논란의 여지가 있다. 왜냐하면 모든 문제와 기능장애가 바뀔 수 있다는 실증주의적 핵심 개념과 어긋나기 때문이다. 또한 결과와 상관없이 궁극적인 성과만을 강요하는 관계 지향적인 삶이나 양육 방법에 관한 일부 생각과도 현저하게 다르다. 크리스텐슨과 제이콥슨(2000)이 강조하였듯이, 수용과 행동 변화는 필연적으로 연결될 수밖에 없다. 좋은 커플·가족치료는 삶이 얼마나 달라질 수 있는지를 탐구하고 설명한다. 말로 표현이 되든, 되지 않든, 커플·가족치료는 아직 변화될 준비가 되지 않은 것들과 변화시킬 수 없는 것들도 다룰 수밖에 없다. J. M. 고트먼(1999)은 초기 단계부터 커플들이 이미 갈등을 파악하고 장기간에 걸쳐 계속 논쟁하면서 많은 시간을 보낸다는 것을 관찰하였다. 그는 커플이 서로 간의 차이가 불가피하다는 것을 받아들일 수 있는 성공적인 방법을 찾아야 한다고 강조하였다.

때때로 가족마다 문제에 대해 근본적으로 다른 견해를 가질 때, 수용/변화 공식은 매우 복잡해진다. 예를 들어, 가족 중 한 사람이 물질사용장애를 가지고 있고, 그러한 행동이 현재에도, 미래에도 바뀔 준비가 되어 있지 않다면 가족이 할 수 있는 최선은 무엇일까? 분명히, 그러한 상황들은 수용 이외의 반응을 요구한다. 이러한 경우에 도움이 되는 전략에는 물질 사용자와의 동기강화 상담motivational interviewing과 가족 구성원들이 그들 자신을 문제 있는 행동으로부터 구별 짓는 것을 돕는 것이다. 수용을 향해 나가는 과정에서 조언할 만한 점은 제시된 상황에 따라 다르다. 행동 변화를 위한 작업을 해야 하는지, 아니면 수용을 위한 작업을 해야 하는지, 또는 행동 변화를 위한 작업을 하다가 수용으로 넘어가야 하는지 치료자들마다 의견이 다를 수 있다. 궁극적으로, 가족들이 수용에 대해 선택 가능한 기법인지를 결정하게 된다.

용서

수용과 밀접한 관련이 있는 것이 용서다. 종종 관계 개선의 여부는 용서가 이루어지는가에 전적으로 달려 있곤 하다(Fincham & Beach, 2002; Fincham, Paleari, & Regalia, 2002; Paleari, Regalia & Fincham, 2005; Schielke et al., 2011). 특히 신뢰가 무너지거나 상처받은 일이 있었던 상황에서 그러하다. 복잡한 인생사 속에 때로 용서받을 일이 많았을지도 모른다. 어려움을 해결한 커플이나 가족은 어느 정도 용서가 이루어지지만, 문제를 해결하지 못한 경우 용서는 가능하지 않다. 용서는 정서의 깊은 곳에 있기에 정형화된 방법으로 달성할 수 있는 것이 아니다. 실제로, 치료를 받는 내담자들은 용서해야 한다는 압박감을 느낄 때 매우 괴로워한다. 용서는 (용서받을 사람의) 사과할 준비, 상처에 공감할 준비, 이전과 다르게 행동할 준비가 되어야 하며, 용서하는 사람 역시 위험을 감수할 의지, 상처에도 불구하고 다시 관계를 맺으려는 의지가 필요한 체계적 작업임이 분명하다. 정서중심의 전략은 이러한 상태를 만들고 용서를 구하기 위한 구체적인 방법을 제시하는 데 특히 도움이 된다(Greenberg, Warwar, & Malcolm, 2008, 2010; Makinen & Johnson, 2006; Meneses & Greenberg, 2011).

직면

커플·가족치료에서 직면confrontation은 인지적이고 정서적인 변화를 가져오기 위한 전략 목록에서 빠질 수 없는 기법이다. 그러나 연구와 임상에서 나온 통찰은 극적인 직면이 다른 전략에 비해 효과성이 떨어지고 치료적 동맹이나 결과에 부담을 줄 수 있다. 대신, 가족들과의 협력, 의사소통, 공감을 위한 노력은 일반적으로 훨씬 더 큰 영향을 미친다. 심지어 물질중독으로 인한 치료를 받는 가족에 관한 연구에서조차 가족들이 물질사용장애를 가진 가족을 직면하는 극적인 개입 방법이 안정적으로 접근하는 것보다 그 결과가 좋지 않았다고 보고하고 있다(Haaga, McCrady, & Lebow, 2006). 물론 말하기 어려운 문제에 관해 대화를 시작하고, 동기부여가 낮거나 반응이 없는 사람들과 함께 일할 방법을 모색하는 것은 치료자가 해야 할 필수적인 작업이며 치료 기술이다. 동기강화 상담과 같은 전략이 극적인 직면보다 도움이 된다고 널리 알려져 있으며, 많은 커플·가족치료자가 이 방법을 선호한다.

가족조직[2]과의 작업

어떤 전략들은 가족조직Family organization에 초점을 둔다.

가족구조를 변화시키기

가족구조Family structure의 변화를 위한 다양한 전략이 개발되었다. 원래 구조적 가족치료(S. Minuchin & Fishman, 1981)는 새로운 구조를 촉진하기 위해 낡은 구조적 패턴을 사용할 수 없다는 위기를 조성하기 위해 극적인 방법들을 사용하였다. 최근의 구조 변화를 위한 노력은 기능적 가족구조에 대한 심리교육을 결합하여 점진적인 발전 과정이 중요함을 강조하고 있다. 경계, 동맹, 권력의 분배에 대한 인식을 높이고, 이것들을 보다 기능적인 구조로 만들기 위해 직접적인 노력을 하는 것으로, 예를 들면 부모가 서로의 양육방식을 지지해 주는 것과 같은 것이다. 가족생활에 대한 재정의와 변화된 내러티브(예: 변화된 가족생활주기를 당면했을 때)는 종종 이러한 구조 변화의 방법을 통해서 만들어진다.

---

2) 역자 주: 저자는 'family organization'이란 표현 속에 가족구조 외에도 삼각화, 가족 외부 체계와의 관계 등을 포함하고 있다. 가족구조를 의미하는 'structure'와 구분된 의미로 'organization'을 '조직'으로 번역하였다.

가족 내 권력의 균형을 다루는 것은 대부분의 커플·가족치료에서 특히 중요한 관심사로 부각된다. 전형적으로, 오늘날 커플·가족치료는 권력의 불균형에 대한 인식을 높이고 이를 바로잡는 것을 목표로 한다(Knudson-Martin & Mahoney, 2009a).

삼각관계 변화시키기

가족치료자들은 삼각관계의 중요성을 강조해 왔는데, 삼각관계는 특히 가족 동맹과 관련이 있기 때문이다. 삼각관계는 구조적 접근과 다세대 접근에서 큰 비중을 차지한다고 추측된다(Kerr & Bowen, 1988). 삼각관계를 변화시켜 탈삼각화를 하기 위해서는 삼각관계의 부정적 영향에 대한 이름 붙이기, 삼각관계의 역할과 기능에 대한 설명, 같은 세대 내에서의 동맹 지원, 다세대에 걸쳐 삼각화의 대물림이 되는 과정 탐색 등을 한다.

역설적 지시

역설적 지시paradoxical directives는 실제로 추구하는 행동과 반대되는 행동을 처방해 줌으로써 내담자의 반응을 높이고 저항을 다루는 방법이다(Haley, 1986). 한 가지 예로, 가족들이 이미 행하고 있는 일을 계속하라고 하거나 심지어 더 많이 하라고 제안하는 것이다. 보다 복잡하게 이루어진 지시는 문제의 행동이 가족에게 기능적 역할을 하고 있다며 그 이점을 제안해 주기도 한다. 한때 역설적인 지시가 자주 사용되기도 했지만, 이제는 내담자들과 협력하여 작업하는 방법들로 대체되었다.

더 큰 체계와의 상호작용

가족치료는 체계에 초점을 두었다는 점에서 개인치료로부터의 도약이라고 볼 수 있지만, 여전히 전체 체계를 바라보지 못하는 오류를 범할 수 있다. 가족 외부의 더 큰 체계에서 발생하고 있는 일이 가족 내의 사건만큼이나 중요할 때가 있다. 다중체계적 치료multisystemic therapy(Swenson, Henggeler, Taylor, & Addison, 2005), 오리건 사회학습 모델Oregon social learning model(Gifford-Smith, Dodge, Dishion, & McCord, 2005), 구조적 가족치료structural family therapy(P. Minuchin, Colapinto, & Minuchin, 2007) 등과 같이 모든 체계를 탐색하는 것이 필수적임을 강조하고 있는 치료법들이 있다. 이 점에 있어서 학교, 또래집단 및 지역사회가 개입대상으로 적절할 수 있다. 사례를 포괄적이고 종합적으로 이해하고 공식화하기 위해 이러한 외부 체계의 영향력을 고려해야 하고, 호소 문제와 관련된 외부 체계와 협업을 하고자 하는 적극적인 노력의 하나로 개입은 종종 치료실 밖으로 확장된다(Madsen, 2011).

커플·가족치료에서 자주 간과되었던 것이 가족 외부 체계의 중요성인데, 예를 들면 내담 가족을 돕고 있는 다른 치료자나 대리인들이다. 가족치료자 1세대들이 발견한 가장 중요한 통찰은 가족체계에서 경험하고 있는 어려움이 치료실의 치료체계에서 같은 형태로 나타날 수 있다는 점이었다. 치료와는 다른 체계에서 가족들을 돕고 있는 사람이나 다른 치료자들의 목표와 진행 과정에 대해 커플·가족치료자는 자주 지속적인 컨설팅을 받을 필요가 있다. 치료자들이 모두 같은 전략을 사용할 필요는 없지만, 치료 목표는 조정되어야 하고, 내담자들이 전략들 사이의 연관성에 대해 투명하게 이해할 수 있도록 해야 한다. 그러한 협력을 위한 놀라운 모델과 매뉴얼은 있지만(Wynne, McDaniel, & Weber, 1986), 아직 협력할 수 있는 현실은 모델의 가치에 미치지 못한다.

이해 증진시키기

일련의 전략들은 개인사와 가족사를 탐색하는 데 중점을 두고 내적 역동과 관계적 역동, 그리고 가족이 경험하고 있는 패턴의 기원에 대한 이해를 증진시키고자 한다.

다세대 전수

현재 문제가 원가족과 다세대 전수 과정과 어떤 연관이 있는가에 초점을 맞추고 탐색하고자 하는 몇 가지 전략이 있다. 이 전략들은 세대 간 연구와 정신분석적 접근에서 도출되었다. 다세대 전수의 패턴은 쉽게 가족의 삶에 강한 영향력을 행사하는데, 이는 현재 가족의 예전 패턴을 반복하는 형태이거나 과거 패턴에 반응하는 형태로 나타난다.

이 검사에 사용되는 핵심 도구는 가족사의 주요 인물과 사건들을 요약한 족보를 묘사한 **가계도**Genogram다(McGoldrick, 2011; McGoldrick, Gerson, & Petry, 2008; McGoldrick, Gerson, & Shellenberger, 1999). 가계도는 기본적인 정보만 채우는 간단한 방법과 가족의 정서적 삶까지도 요약하는 복잡한 방법이 있다. 가계도 작성은 가족의 삶에 일어난 사건의 의미와, 그 의미와 연결된 정서를 환기시키는 탐색의 시간이 될 수 있다.

해석

자신의 행동이 의미하는 것과 친밀한 타인의 행동을 이해하는 것은 프로이트(Strachey, 1953) 이후 변화를 위한 핵심 전략이었으며, 대부분의 커플·가족 치료에서 사용되었다. 해석interpretations은 내담자가 쉽게 알아챌 수 없었던 힘에 의해 행동이 유발될 수 있었음을 치료자가 설명해 주는 것이다. 해석은 많은 종류가 있을 수 있지만, 대부분은 개인사 속에서 경험한 갈등의 관점에서 행동의 의미에 대해 치료자가 이해한 바를 설명해 준다. 치료자들은 또한 관계 패턴의 체계적인 측면에 대해 통찰한 바를 설명해 주기도 한다. 때때로 이러한 해석들은 대상관계에 대한 설명으로 가족들이 상대방의 행동을 유발할 수 있는 상태를 이해하도록 돕는다(J. Scharff, Scharff, & Gurman, 2008). 가족에게 가장 효과적으로 전달되고 영향력을 미칠 수 있는 적절한 시기의 통찰력이 매우 중요하다.

세이거(1976)는 커플이 행동 변화를 위해 계약한 개념을 단순히 행동 보상만이 아니라 그 이상으로 확장하여 보았는데, 이는 인식하고 있음에도 표현하지 못한 부분과 미처 인식조차 하지 못했던 부분들도 포함하기 위해서였다. 세이거의 방법은 커플이 작성한 계약서에 이러한 것들을 반영하고 무의식적인 부분을 포함하여 재작성했기 때문에 가족 간의 무의식적 교류를 해석하는 데 도움이 되는 간단한 도식을 제공해 주었다.

전이와 역전이

전이transference에 대해 설명하고 전이로 인해 발생하는 정서적 경험을 수정해 주는 것은 정신분석적 커플·가족치료에서 가장 중요한 전략 중 하나다(D. Scharff & Scharff, 1987). 이 치료법은 치료자나 다른 가족들에게 투사함으로써 이해시키고 작업하는 것인데, 가족들이 서로를 투사의 대상이 되지 않은 상태에서 바라볼 수 있도록 하여 경험을 수정하는 핵심적인 기법이다. 이와 유사하게, 역전이의 적극적인 사용도 정신분석적 커플·가족치료에서 매우 중요하다. 역전이countertransference의 활용이란 내담자가 치료자에게 불러일으킨 감정들을 상담 개입의 방향을 잡는 데 매우 유용한 근거로 사용한다는 것이다. 오늘날 대부분의 커플·가족치료자는 가족들 간이나, 또는 치료자를 향해 일어나는 전이에 대한 이해를 높이고, 치료에 필요한 정보를 제공하는 역전이를 사용한다. 그러나 역전이에 대한 공개와 논의의 수준은 치료자들 사이에서 매우 다양하다.

경험적 활동

내담자가 정서를 자극하는 활동에 참여함으로써 내담자 경험을 촉진시키는 전략들이 있다.

조각, 더블링, 유도된 심상

가족조각sculpting은 버지니아 사티어와 페기 팹(Peggy Papp)(Papp, Scheinkman, & Malpas, 2013; Satir, Bitter, & Krestensen, 1988)이 가족의 정서적 체험에 접근하기 위해 개발한 방법이다. 가족조각은 마치 조각품처럼 가족들의 신체적 자세나 거리를 만들면서 가족들이 서로 간에 어떤 경험을 하고 있는지 시각적 은유로 표현하는 것이다. 예를 들어, 가까운 두 사람은 손을 잡은 모습으로, 반면 세 번째 가족원은 상당한 거리를 두고 서 있게 할 수 있다. 가족조각을 시행하는 동안 받은 자극은 무엇인지 그리고 잠재적인 변화대상은 무엇인지를 탐색하게 된다.

이와 비슷하게 정서적 경험을 끌어내기 위해 구조화된 활동을 사용하는 기법들이 있다. 와일(Wile, 1980)은 커플과 함께 각 내담자가 1인 2역double을 하면서 말로 표현하지 못한 내담자의 정서적 상황을 대변하여 내담자의 메시지가 상대방에게 전달될 가능성을 극대화하고자 하였다. 그린버그와 골드만(2008)은 게슈탈트치료의 두 의자 기법을 사용하면서 의자 간 이동을 하는 대신, 내담자가 서로 다른 자아의 역할을 맡아 이야기하게 하였고 배우자가 이를 지켜보게 하였다. 팹(1990)은 유도된 심상guided imagery 작업을 통해 상호작용을 끌어내기도 하였다.

가족의례

정서적 체험을 하는 과정에서 커플·가족치료자들은 구체적인 삶의 문제와 관련된 가족 치유 의례rituals를 처방하거나 함께 만들어 간다(Imber-Black, Roberts, & Whiting, 1988). 돌아가신 부모님의 무덤에서 부모님께 쓴 편지를 읽거나, 의미 있는 여행을 하는 것과 같이 가족 치유 의례는 새롭고 긍정적인 감정을 불러온다. 또한 혼돈 속에 빠진 가족에게 정기적으로 저녁식사를 하게끔 하는 것처럼 간단하고 지속적인 의례를 처방할 수도 있다(Steinglass, Bennett, Wolin, & Reiss, 1987).

대화를 촉진시키기

내담자에게 좋은 질문을 던지고 이야기를 나누는 기술은 내러티브치료를 비롯한 후기구조주의 치료자들이 필수적으로 사용하는 방법이다(Tarragona, 2008; White & Epston, 1989). 호기심 갖기, 경청하기, 긍정적인 감정은 물론이고, 내담자의 이야기를 끌어내며 내담자가 이룬 업적을 발견하고 기록하는 것 등의 내러티브 전략은 대화를 여는 매우 중요하고 구체적인 방법이며 커플·가족치료자들에게 널리 사용되고 있다.

치료자의 위치

모든 치료 전략과 기법의 사용에 영향을 미치는 와일드카드는 프렌켈(2009)과 캔터와 레(Kantor & Lehr, 1975)가 묘사했던 치료자의 위치position다. 치료는 가깝게 또는 좀 더 먼 위치에서 이루어질 수 있다. 치료자들은 강력한 입장도 취할 수 있고 덜 강력하며 협력적인 입장을 취할 수도 있다. 이것들은 오래전 리어리(Leary, 1957)가 설명했고 벤자민(Benjamin)과 로스와일러(Rothweiler) 및 동료들이 정교화시킨 관계의 양극이다(Benjamin, Rothweiler, & Critchfield, 2006). 치료자의 위치는 치료에 사용되고 있는 전략에 매우 많은 영향을 미친다. 내담자들과 가깝고 협력적인 자세를 취하는 치료자들이 있는 반면, 다른 자세를 취하는 치료자들도 있다. 치료에 유익한 동맹이나 치료적 환경과는 별개로 치료자들은 다양한 위치에서 성공적으로 일할 수 있지만, 치료법은 치료자의 위치에 따라 매우 달라질 수 있다. 치료 방법과 치료자의 위치가 서로 잘 어울리는 것들이 있다. 예를 들어, 역설적 전략은 치료자가 거리를 유지할 때 효과적이지만, 경험적 기법은 가깝고 협력적 위치에서 전달될 때 효과적이다. 전략 외에도 가족을 치료하고 있는 치료자의 위치가 치료에서 중요하다.

실천에 대한 증거기반 원칙

최근 관심을 끄는 것은 접근법이 무엇이든, 커플치료를 함에 있어서 증거기반 원칙들이 생성되기 시작했다는 것이다. 카스통과이와 보이틀러(Castonguay & Beutler, 2006)가 제일 먼저 이 방법을 제시했는데, 관련 연구를 철저히 숙지하고 성공적인 치료법들의 공통점을 찾아 원칙을 진술하기 위한 가설을 세웠다. 크리스텐슨과 동료들(Benson, McGinn, & Christensen, 2012)은 접근법을 초월하여 적용될 수 있는 매우 흥미로운 다섯 가지 원칙을 제안하였다. ① 각 배우자가 주장하는 개인 지향적 관점에 도전하는 2인 지향적 개념,[3] ② 정서를 다루는 건설적인 방법을 찾아냄으로써, 정서 주도적 부적응 행동을 수정하는 것, ③ 회피하고 있던 것, 감정적으로 표현된 것, 혼자만

---

3) 역자 주: 예를 들면, 배우자 탓이라고 주장하는 커플에게 커플이 함께 경험하고 있는 공동의 문제를 바라볼 수 있게 하는 것이다.

알고 있던 행동들을 끌어내 파트너가 알게 함으로써 서로의 내적 경험을 인지할 수 있게 하는 것, ④ 생산적인 의사소통을 통해 말하거나 경청하는 가운데 생기는 문제에 주의를 기울이게 하는 것, ⑤ 강점과 긍정적인 행위를 강조하는 것이다. 이 다섯 가지 원칙은 일반적인 과정을 고려한 출발점에 불과하고 커플치료만을 대상으로 하지만, 이러한 노력은 효과적인 치료법이 공유한 필수 요소들을 명확히 하고자 하는 모델 중심의 관점을 넘어서 커플·가족치료의 미래를 향한 노력으로 볼 수 있다.

결론

이 장에 기술된 개념과 방법은 구체적인 커플·가족치료학파의 범위 안에서 개발되었다. 하지만 각각의 개념과 방법은 다양한 배경을 가진 커플·가족치료자들 사이에서 광범위하게 사용되어 왔다. 이 장에서 말하고자 했던 것은 개념이나 전략, 기법의 핵심 기반이 각 학파가 지향하는 바를 능가하고 오늘날 커플·가족치료의 실천 토대로 진화해 왔다는 점이다.

이 장의 목적은 커플·가족치료자들이 사용하는 모든 개입전략을 명확하게 목록화하려는 것이 아니다. 그런 목록을 만드는 방법은 여러 가지가 있다. 대신, 크리스텐슨의 커플치료 원리 목록과 유사한데 이 목록에 어떤 전략이 들어 있는지에 대한 대화를 시작하고자 했다. 어떤 전략이 추가될 수 있는가? 핵심 전략은 무엇인가? 각각의 활용도는 어느 정도인가? 어떤 전략이 하위범주에 들어갈 수 있는가? 이러한 전략은 여기서 논의되지 않은 많은 개인 치료 전략과 어떻게 상호작용하는가? 이 모든 질문은 앞으로의 더 나은 연구와 조사를 위해 필요한 질문들이다.

명명된 모든 방법을 사용하는 치료자는 거의 없다. 치료자들은 자신이 선호하는 방법을 찾아 사용하거나 어떤 맥락에서 어떤 방법을 사용할 것인지 신중하게 선택한다(최대한 적게 사용하는 것이 아마도 성공률을 높일 것이다). 특정 치료자들의 철학과 양립할 수 없는 방법도 있을 수 있다. 특히 비지시적 방법을 선호하는 사람은 지시적 전략을 사용하지 않을 것이며, 그 반대도 마찬가지다. 심지어 개입 범위를 한 가지 접근방식으로 제한하여 사용하는 치료자들도 종종 훌륭한 작업을 해낸다.

일반적으로, 치료자들은 유사한 방법을 사용하지만, 다른 명칭을 사용하기도 한다. 같은 전략에 얼마나 많은 다른 이름이 있는지 놀라울 따름이다. 커플·가족치료의 영역에서, 각 집단은 개입법에 그들만의 이름을 부여했지만 이미 다른 곳에서 잘 알려진 것을 재발견했다는 것조차 깨닫지 못하기도 했다. S. 밀러, 던컨과 허블(1997)은 이러한 상태를 바벨탑[4]이라고 불렀다. 방법들 간에 큰 차이가 있는 것도 사실이지만, 그 차이는 실체보다는 명칭의 차이였다.

이제 커플·가족치료자들은 치료를 위한 복잡한 알고리즘을 만들고자 할 때 개입의 포괄적인 기반을 가지고 시작할 수 있다. 일반적으로 중심이 되는 몇 가지 전략을 세우고 다른 전략은 부수적으로 통합해 나가는 것을 의미한다. 나(Lebow)는 커플·가족치료 분야가 통합된 개입 목록으로부터 필요한 것을 뽑아 조합하는 것이 어느 한 학파의 오래된 방법들을 참고하는 것보다 유용할 수 있는 단계에 도달했다고 믿는다.

---

4) 역자 주: 하나님처럼 될 수 있다며 인간은 하늘을 향해 바벨탑을 쌓았다. 하지만 서로의 언어를 이해할 수 없는 징벌이 내려지면서 중단되었다. 바벨탑 사건은 인간이 서로 다른 언어를 쓰게 된 기원을 설명하고 있다.

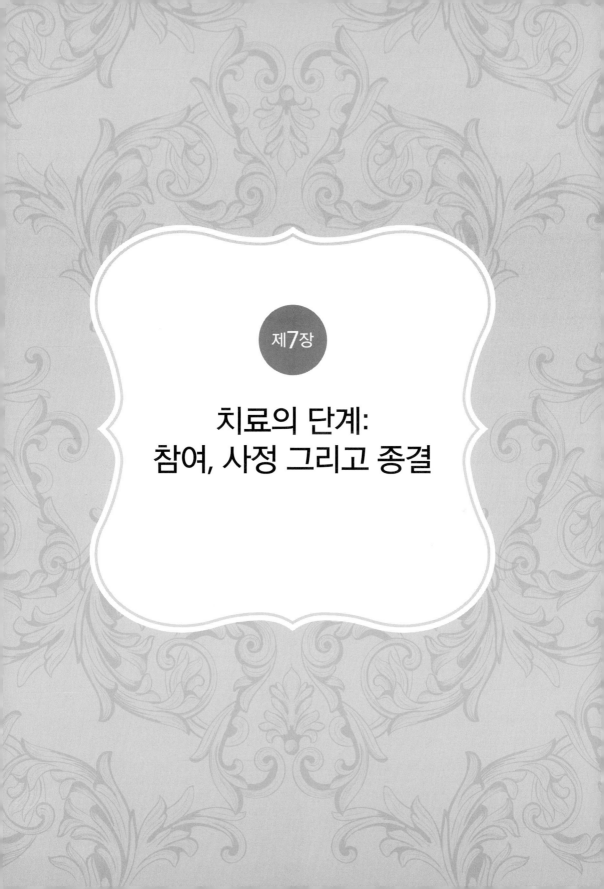

제7장

치료의 단계:
참여, 사정 그리고 종결

이 장에서는 처치 시작하기, 치료 계약 작성하기, 사정하기와 치료 종결하기와 같이 시간의 경과에 따른 처치의 전개에 초점을 맞춘다. 치료에 대한 이념의 차이에도 불구하고, 커플·가족치료자는 대개 각 단계 동안 전반적인 작업에 똑같이 참여하며, 종종 이러한 작업을 완수하는 데 있어 유사한 절차를 따르는 경우가 많다.

참여[1]의 경로

치료가 어떻게 시작되느냐는 특히 합동치료에서 중요하다. 첫인상은 강력하기 때문에 나중에 바뀔 수도 있지만 간혹 바뀌기가 어려울 수도 있다. 방법들은 다르지만, 커플·가족치료의 첫 번째 단계가 갖는 다양한 측면에 대해서는 대체로 합의가 되고 있다.

처치는 내담자가 치료자에게 거는 첫 번째 전화 통화에서부터 시작된다. 커플·가족치료에서 이 첫 번째 전화는 사소한 것이 아니다. 대부분의 경우 그 통화에는 한 사람만 참여하기 때문에, 처치는 커플·가족치료가 제대로 되지 않는 상황으로 은밀하게 옮겨 갈 수도 있다. 치료자들은 때때로 다른 파트너나 가족 구성원들과의 교류를 더 어렵게 만드는 간단한 실수("선생님께서 직접 오셔서 그것에 대해 말씀해 보시면 어떨까요?")를 하기도 한다. 치료자들이

---

1) 역자 주: 원어로 engagement를 '참여'로 번역하였다. engagement의 사전적 의미는 약속, 참여, 관여, 계약 등이지만, 문맥 속에서 가장 적절한 의미로 '참여'를 선택하였다.

합동으로 만나는 것을 주장하지 않게 되면 커플·가족치료가 제대로 되지 않을 수도 있다.

커플·가족치료는 가장 명백한 상황(예: 문제가 있는 커플)을 제외하고는 소비자가 당장 찾지 않을 수도 있는 활동이기 때문에 이러한 문제는 복잡하다. 정신약리학이나 심지어 브랜드화된 개인치료에 비해 커플·가족치료에 대한 마케팅은 거의 없으며, 또 커플·가족치료를 응용한 많은 프로그램은 내담자들에게 종종 낯설게 느껴진다. 치료는 첫 번째 통화 중에 치료자나 접수면접자가 커플·가족치료의 권고사항에 대해 교육하는 것으로 시작할 때 가장 성공적이다.

커플·가족치료는 언제 가장 적절한가? 커플·가족치료자들은 이 질문에 대해 다양하게 대답한다. 어떤 치료자들에게는 합동치료가 항상 바람직하지만, 또 다른 치료자들에게는 특정한 문제나 상황에서 더 바람직하다. 커플·가족치료의 통합적 실천은 광범위한 사례들에 유용하고 적절하며, 심지어 개인적인 문제로 보이는 것에 초점을 맞춘 사례들에도 적합하다. 나아가, 단순한 논리든 강력한 증거든 간에 커플·가족치료의 우수성을 보여 주는 수많은 문제와 상황이 있다. 그러한 문제들 중 하나가 관계나 커플 간 스트레스를 중심으로 하는 어떤 이슈들이다. 오직 합동치료만이 스트레스를 주는 커플 관계에 있는 사람들을 돕는다는 증거들이 있는데(Gurman & Kniskern, 1981; Lebow & Gurman, 1995), 아마 가족관계 문제에 대해서도 마찬가지일 것이다. 아동의 문제, 청소년의 외현화 문제, 심각한 정신질환을 수반하는 문제는 커플·가족치료가 선호되는 처치 양식이라는 것을 입증하는 다른 어려움들이다(Lebow & Gurman, 1995; Sprenkle, 2012).

하지만 커플·가족치료가 모든 사람을 위한 것은 아니다. 그것은 개인치료보다 실시하기 더 어렵다. 특히 문제에 체계적 영향이 미미할 경우, 커플·가족치료로 도움받을 수 있는 문제들도 개인치료로 완전히 해결될 수 있다. 또한 개인이 놓여 있는 체계에 대한 작업들은 항상 도움이 될 수 있겠지만, 그 작업은 낮은 비율로 실시되어도 여전히 효과적일 수 있다. 예컨대, 다른 치료 형식과 혼합된 몇 개의 커플 회기나 가족 회기처럼 말이다. 잠재적인 체계적 효과가 몇 번의 회기만으로도 달성되는 많은 상황이 있다(Lucksted, McFarlane, Downing, & Dixon, 2012).

첫 번째 통화에 참여하는 치료자나 접수면접자들은 어려운 과제를 안고 있다. 그들은 짧은 시간 안에, 첫 번째 회기에 누구를 초대할 것인지, 언제 오는 것이 적절한지를 결정할 수 있을 만큼 충분한 정보를 수집해야 하고, 전화는 거의 불가피하게 한 사람으로부터 걸려 오더라도 체계적인 맥락을 강조해야 한다. 치료가 시작될 때의 시각은 불가피하게 그 사람의 렌즈를 통해 걸러질 수 있는데, 그 사람은 이슈에 대해 자신의 관점을 제시할 가능성이 높다. 따라서 첫 번째 통화로 개시되는 작업은 치료가 잘 시작되도록 전화를 건 사람과 충분히 협력해야 하지만, 치료를 시작하기 전에 한 사람의 관점으로만 끌려 가지 않도록 해야 한다.

치료가 어떻게 구조화되고 어떻게 시작되는지와 같은 실질적인 문제는 그 이후의 치료에 상당한 영향을 미친다. 초기에 동맹을 맺지 못하는 문제는 극복하기가 어렵다(Friedlander, Escudero, Heatherington, & Diamond, 2011). 참여를 잘 안 하는 집단을 대상으로 할 때, 적극적으로 참여하도록 반복해서 독려하는 전화를 하게 되면 참여율은 훨씬 더 높아진다(Santisteban et al., 1996). 가능하다면 가정 내 치료in-home therapy도 마찬가지다. 처치를 받는 사람들의 수를 조절하는 것에 대해 핀소프와 동료들(Pinsof, Breunlin, Russell, & Lebow, 2011)이 제안한 유용한 작업 원칙은, 처치가 시작될 때 참석하지 않은 가족 구성원을 이후에 참여시키는 것과 초기 단계에 요구되는 것보다 더 많은 사람을 초대하는 방식이 훨씬 더 쉽다는 것이다.

치료 계약

치료는 항상 어떤 종류의 치료 계약에 기초한다(Orlinsky & Howard, 1987). 여러 내담자와 함께하는 커플·가족치료는 계약이 특히 결정적으로 중요한 맥락을 제시한다(Gottlieb, Lasser, & Simpson, 2008). 실제적인 이슈들이 적절하게 명확한 계약을 맺는 데 방해가 될 수 있다. 서명할 양식이 많을 수도 있다. 또한 다루는 문제와 참여자도 시간이 지남에 따라 바뀔 수 있기 때문에 치료 계약은 필연적으로 달라질 수 있는 문서가 된다. 각 개인에 대한 사례 파일을 같은 가족에 대한 여러 사례 기록과 분리시켜 취급하게 하는 의료체계에서의 요건을 생각해 보면, 치료자들이 그들의 노력을 제한하려는 것은 놀랄 일이 아니다.

사례에서 일어나는 일에 따라 치료 계약을 분명하게 바꾸어 가는 것은 훌륭한 커플·가족치료에 필수적인 토대다. 그러나 이것이 이론적으로 '해야 한다should'는 것 이상이 되려면, 관리체계와 각 치료자들이 그러한 최상의 실천에 맞는 체계를 만들어 내야 한다. 각 개인에 대해 별도의 사례 파일을 요구하는 체계는 처치에 대한 비체계론적인 토대를 만들어 낸다. 계약과 사례 기록에 대한 최적의 틀은 기록 보관을 이렇게 개인으로 하는 대신에 가족을 중심으로 구성하는 것이다(특정 개인정보 보호가 우려될 경우와 같이 임상적으로 가장 적합할 때에는 별도의 기록 보관 장소를 허용하는 것을 주의사항으로 두면서). 서면 그리고/또는 비서면으로 작성된 치료 계약은 심리치료를 위한 규범적 치료 계약 이외의 몇 가지 이슈에 대해 언급해야 한다. 논의가 필요한 구체적인 분야는 다음에서 고려한다.

참여자와 일정

누가 참여하고 얼마나 자주 참여할지에 대한 기대는 '존과 메리를 위한 9회기'

와 같은 딱딱한 공식으로 미리 언급될 수 없다. 그러한 종류의 정밀도는 헬스클럽 계약의 영역이다(그리고 역설적이게도 많은 무선임상연구실험은 처치의 길이가 사전에 명시되어 처치의 영향력이 약물실험과 비교될 수 있지만, 처치 역시도 상황에 따라 앞뒤가 잘려 나갈 수 있다). 그럼에도, 대개 첫 번째 회기에 누가 참석할 것인지, 그리고 오로지 한 가족만 포함할 것인지, 아니면 또 여러 가족 집단 내에서 다른 가족들을 포함할 것인지에 대한 협력적 합의가 이루어진다. 회기 수는 사전에 해결하기가 더 어렵다. 오늘날 받아들여지고 있는 것은 대개 종결개방형open-ended 치료다. 이렇게 하는 것은 일차적으로 처치 목표 달성을 위한 회기의 수가 광범위한 요인들로 인해 사전에 지정하기 매우 어렵기 때문이다. 기껏해야 치료자는 유사한 다른 사례를 근거로 회기 수를 추정할 수 있다. 커플·가족치료에서의 내담자는 이를 말로 표현하든 안 하든 간에 거의 항상 실험적 기반 위에서 처치를 받기 때문에, 사전에 치료 기간을 정하고 치료에 대한 계약을 하는 것이 대부분 강압적으로 인식될 수 있다. 궁극적으로, 누가 얼마나 오래 치료에 참여할지는 치료의 경로에서 협의해 가면서 바뀔 수 있는 과정이며, 이는 다양한 시점에서의 치료목표에 따라 달라진다.

정보에 대한 접근

치료에서는 누가 처치와 비밀보장에 관한 정보에 접근할 수 있는지를 명확히 하는 것 또한 중요하다. 이러한 문제들은 가족 회기에 기초를 둔 가족 정보를 다룰 때는 단순하다. 치료 중인 모든 사람은 회기들에 대한 기록과 기타 정보를 얻을 수 있으며, 가족 회기 안에서의 모든 의사소통은 가족 안에서 유지된다. 그러나 치료자들이 서로 다른 회기와/또는 다른 접촉을 통해서 서로 다른 가족 구성원을 볼 때 복잡한 일이 발생한다. 그 상황에서 누가 어떤 정보를 얻을 자격이 있는가는 커플·가족치료자들 사이에 뜨거운 논쟁을 불러일으키는 문제다. 어떤 사람들은 그것이 사적인 공유와 비밀의 가능성을 갖기 때문에 치료를 저해한다고 주장한다. 즉, 내담자가 가족치료의 모든 접촉자로부터 모든 정보에 접근할 수 있도록 허용해야 한다고 주장한다(Napier & Whitaker, 1988). 반면, 다른 사람들은 이러한 특권화된 정보를 유지하는 것은 내담자가 보다 완전한 자기 공개를 할 수 있게 하고, 치료자가 가족 내에서 일어나고 있는 일에 대한 인식을 높일 수 있기 때문에 치료적일 수 있다고 주장한다(Scheinkman & Werneck, 2010). 비밀에 관한 그러한 이슈들은 제9장에서 더 자세히 논의될 것이다.

다른 가족 구성원들과 장기간 동안 지속된 치료의 맥락에서 내담자들이 한 회기 또는 아주 적은 수의 회기 동안 치료를 받게 되면 계약 측면에서 그 문제는 훨씬 더 복잡해진다. 한 관점에서 보면, '내담자'는 원래의 참여자다. 하지만 또 다른 관점에서 보면, 모든 사람은 참여에 대해 동등한 지위를 갖는다. 여기서 분명한 답은 모든 사람이 내담자로서 동일한 권리와 특권을 가져야 한다는 것이지만(기술적이고 윤리적인 문제로서 치료자는 처치에 참여하는 모든 사람에게 책임이 있다.), 실질적으로 균형은 대개 원래의 내담자에게 더 치우치는 경향이 있다. 각 내담자의 권리와 특권이 무엇이든 간에, 새로운 가족 구성원들이 처치에 참여할 때마다 이러한 권리들을 명확히 하는 것이 필수적이다.

상담 비용과 약정

상담 비용은 커플·가족치료에 대한 저술과 발표에서 가장 덜 논의된 측면이다. 그러나 특히 관리의료의 시대에는 상담 비용과 보험의 보장과 같은 문제들을 명확히 해야 할 필요가 있다. 사설 개업, 의원, 기관과 병원 환경에서 모두 예전에는 간단했던 서비스 요금에 대한 약정이 이제는 훨씬 더 복잡한 약정으로 대체되고 있다. 치료에 대한 재정적인 약정은 치료 계약의 일부로 포함되어야 하며, 누락된 회기에 대한 비용과 다른 사람들이 참석할 수 없을 때 남은 가족 구성원들이 참석해야 하는지의 여부와 관련된 질문이 포함되어야 한다.

치료자 간 조정

커플·가족치료는 종종 관련된 다른 조력 체계의 맥락에서 발생한다. 커플·가족치료자들 사이에는 특히 둘 이상의 치료자가 관련되었을 때 이러한 체계들 간에 조정과 정보 공유가 필수적이라는 광범위한 합의가 있다. 목표 설정을 조정하지 않으면 치료가 동일한 목표를 향해 원활하게 작용할 수 없다. 치료 계약에는 서명된 자료 양도releases signed에 협력함을 명확히 이해한다는 내용이 포함되어야 한다. 상당한 조정이 필요할 것 같은 경우(예: 갈등이 심한 이혼), 조정에 관련된 광범위한 시간에 대한 청구요금이 있을지를 명확히 하는 것이 유용하다.

사정

커플·가족치료에서의 사정과 사례 공식화는 거의 항상 복잡하다. 이는 다음과 같은 점을 고려해야 한다. 가족치료자들은 개인치료자들이 초점을 맞추는 개인들의 모든 측면, 관련되는 모든 2인관계 패턴, 모든 3인관계 패턴, 체계 전체의 패턴, 그리고 더 큰 문화와 관계된 가족의 패턴을 모두 포함해야 한다. 각 영역이 설명되고 해체될 수 있지만, 이것은 어쨌든 표적들을 찾고 실천 가능한 처치 계획을 수립할 수 있는 간결한 개입 접근으로 전환되어야 한다.

이러한 복잡성을 고려해 볼 때, 그러한 도식schema을 만들기 위한 많은 노력에도 불구하고 사정 또는 사례 공식화 구성에 있어 널리 받아들여지는 단일한 버전이 없다는 것은 놀라운 일이 아니다. 모델들은 모두 그들만의 사정에 대한 고유한 접근방식을 가지고 있는데, 이것은 불가피하게 모델의 핵심 이론과 일치하는 개입 계획을 만드는 것으로 직결된다. 따라서 정서중심치료자는 일차적으로 감정과 애착과 관련된 가족의 측면을 사정하고, 인지행동치료자는 인식과 행동을 강조하며, 세대 간 모델은 가계도를 강조하는 등, 이와 같은 방식으로 진행된다. 일부 커플·가족모델은 사정이나 사례 공식화를 완전히 피한다. 경험적 치료(Napier & Whitaker, 1988)와 내러티브치료와 후기 구조주의 치료들(H. Anderson, 2003; Freedman & Combs, 1996)은 사정이라는 관념이 내담자의 경험을 방해하고 치료에 바람직하지 않은 위계를 부적절하게 도입한다고 주장해 왔다.

사정에 대한 이러한 많은 태도와 버전에도 불구하고, 대부분의 커플·가족 치료자는 사정과 사례 공식화를 하려고 하며, 대부분의 치료자는 다양한 처치 모델 내에서 사정의 범주에 들어가는 요인들을 혼합하는 것에 주의를 기울인다. 통합적 사정에 대한 생각은 새로운 것이 아니다. 펠드먼과 핀소프 (Feldman & Pinsof, 1982) 그리고 맥마스터(McMaster) 집단(Epstein, Bishop, & Levin, 1978; Ryan, Epstein, Keitner, Miller, & Bishop, 2005)은 1970년대에 커플· 가족치료의 사정에 대한 통합적인 관점을 만들었다. 좀 더 최근에, 브룬린, 핀소프, 러셀과 르보(2011)는 사례 중심 개입전략의 토대로서 사례 공식화에 대한 최첨단의 패러다임을 제안했는데, 이것은 사례 공식화의 맥락에서 가장 단순하고, 가장 체계론적이며, 가장 적합한 전략의 선택에 초점을 두는 것이었다.

사정은 처치의 단계로서 발생하거나 처치 전반에 걸쳐 혼합될 수 있다. 사정 단계를 강조하는 접근들도 있고(Chambers, 2012), 사정과 처치의 본질적인 상호 결합에 대해 말하는 다른 접근들도 있다(Pinsof et al., 2011). 둘 다 실행 가능한 형식이지만, 오늘날의 서비스 제공 체계를 고려할 때 특수한 사정 단계가 한 회기 이상 지속되는 경우는 드물다.

최근 몇 년 동안 정신건강 처치에 대한 의학적 모델의 두 번째 등장 이후, 일부에서는 『정신질환의 진단 및 통계 편람Diagnostic and Statistical Manual of Mental Disorders: DSM(5th ed.)』(American Psychiatric Association, 2013)에 나와 있는 특수한 장애를 목표로 하는 처치를 구축하는 것이 유행하고 있다. 이러한 방법을 옹호하는 사람들은 성공적인 정신건강 처치가 증후군을 대상으로 하며, 이러한 장애에 대한 처치를 일치시키는 것이 최선이라고 제안한다(Chambless,

1996). 그러나 대부분의 커플·가족치료자는 이러한 견해를 받아들이지 않는데, 가족 안에서의 장애에만 기반을 둔 커플 또는 가족을 처치하는 불변의 처방이 우수하다고 뒷받침할 만한 증거가 거의 없다(사실, 이러한 장애를 대상으로 한 대부분의 증거기반 커플·가족치료는 개입을 위해 복잡한 알고리즘을 제시한다). 장애는 가족의 많은 중요한 측면 중 하나다. 나아가, 커플·가족치료로 처치되는 다양한 문제에 대해 우리가 알고 있는 것은 문제가 발생해서 여러 가지 방법으로 유지되고 있으며, 이러한 문제를 해결하기 위해 관여하는 다양한 방법이 있다는 것이다. 따라서 사정의 예술과 과학은 가족이 처치를 구하는 문제와 관련성이 가장 높고, 가족이 제시하는 어려움을 변화시키는 데 가장 도움이 될 가족의 핵심 요인에 중점을 둔다. '우울증이 있는 가족' 안에서 어떤 조건들은 존재할 가능성이 크고 또 어떤 개입들은 유용할 가능성이 크지만, 이것들은 '우울증이 있는 가족' 모두에게 보편적이기보다는 가족마다 그리고 사례마다 거의 다를 것이다.

이 논의는 커플과 가족에 대한 관계 사정에 초점을 맞춘다. 궁극적으로, 사정의 포괄적인 통합은 체계와 다른 체계 수준의 일부가 되는 개인에 대한 사정을 포함하는데, 이는 이 논의의 범위를 벗어나는 것이다.

사정에서의 관점

가족 구성원, 치료자, 관찰자는 서로 다른 관점을 가지고 있으며, 중요한 사항과 기능 수준에 대한 그들의 보고는 상당히 다르다. 심지어 다른 가족 구성원들은 관계적 삶의 양상을 상당히 다르게 볼 수 있다. 예를 들어, 남성은 여성보다 커플 관계를 더 긍정적으로 보는 경향이 있다(Lebow et al., 2012). 관점은 사정에서 중요한 고려사항이며, 관계적 경험에 대한 최상의 이해는 여러 관점을 포함하는 것이다.

커플·가족 간 스트레스의 사정

관계에 대해 경험하는 스트레스의 수준은 참여자들의 관점에 의해 실질적으로 결정된다. 만약 어떤 사람이 자신이 관계적으로 스트레스를 받는다고 믿는다면, 진짜 그런 것이다. 그러나 그런 스트레스들을 사정하는 것은 "당신의 관계나 당신 가족의 일은 어떻습니까?"라고 단순히 묻는 것 이상으로 사정을 훨씬 더 다각적으로 만드는 많은 복잡성이 있다.

복잡한 요인 중 하나는 표현된 감정이 그 순간의 사건에 의해 크게 영향을 받고 짧은 기간에 걸쳐 상당히 변할 수 있다는 것이다. 관계적 스트레스는 시간이 지남에 따라 가장 잘 사정된다. 더욱이 스트레스를 받는 관계에 있는 개인들은 때때로 자신을 잘 나타내려는 욕망에서부터 파트너의 반응을 두려워하는 것에 이르기까지의 다양한 이유로, 그들 자신이 스트레스를 받는다고 보고하지 않는다. 관계에서 받아들여질 수 있는 것에 대한 기준 또한 문화와 개인의 성격에 따라 크게 다르다. 그래서 비슷한 결혼생활을 하고 있는 두 부부가 있다고 할지라도 그들의 결혼을 아주 다르게 볼 수 있다.

가장 간단한 사정의 수준은 각 가족 구성원(또는 커플치료에서 각 파트너의)의 관계에 대한 스트레스, 이러한 관계에 대한 느낌, 그리고 관심 영역을 사정하는 데 있다. 관계 문제의 정도를 단순히 물어보는 것만으로도 대개 각 파트너가 경험하는 스트레스에 대한 관점을 파악하는 데 충분하다. 관계의 긍정적인 측면을 물어보는 것도 마찬가지로 중요하다. 관계의 긍정적 측면과 부정적 측면은 어느 정도 서로 독립적으로 기능한다(Fincham & Linfield, 1997). 문제를 경험한다고 해서 반드시 긍정적인 연결이 부족한 것은 아니다.

관련된 관계 중심적 질문들은 관계에 대한 각 파트너의 헌신과 관련이 있다. 내담자들은 이러한 관계에 대한 그들의 헌신 수준을 어느 정도라고 말하는가? 그것이 그들의 행동과 얼마나 잘 일치하는가? 어떤 부부가 이혼한다고 위협하거나 이혼에 대한 행동을 취한 적이 있는가? 헌신 수준이 높은 부부는 그렇지 못한 부부보다 스트레스를 받는 시기를 더 쉽게 견뎌 낸다. 이러한 맥락에서 분노에 휩싸인 위협과 행동 계획을 구별하는 것이 중요하다.

가족이 어려움과 강점을 가진 내용 영역을 이해하는 것도 아주 중요하다. 어려움이 생기는 가장 빈번하고 성가신 원인은 무엇이고, 이러한 문제의 빈도와 강도는 어떠한가? 어떤 상황에서 이러한 문제가 발생하는가? 파트너가 갈등의 핵심 영역으로 파악한 영역 또는 변화가 필요하다고 보는 영역은 무엇이며, 그들이 강점이 있다고 간주하는 영역은 무엇인가?

관계 사정의 수준

통합적 사정은 행동, 인지, 정동, 역동적 과정, 개인 기능, 더 큰 체계 등 다양한 수준의 경험에 주의를 기울이며, 회기 안과 회기 밖에서의 언어적 행동과 비언어적 행동, 보고서와 기타 사용되는 모든 측정도구에서 수집된 정보를 기반으로 한다.

행동

커플·가족치료에서의 사정은 대부분 상호작용에 중점을 둔다. 이러한 상호작용을 사정하는 가장 간단한 방법은 회기에서 나타나는 패턴을 살펴보고, 그 패턴에 대한 커플의 보고를 추적하는 것이다. 여기서 일차적인 초점은 소통과 문제해결이다. 의사소통은 어떤가? 직접적인가, 간접적인가, 명확한가, 혼란스러운가? 요구-철회 주기와 같은 의사소통에서 나타나는 규칙적 패턴이 있는가? 문제해결은 얼마나 성공적인가? 논쟁은 차이를 해결하는 데 얼마나 도움이 되고, 그 논쟁들은 얼마나 공정하고 규칙에 따르는가? 갈등을 유발하는 과정이 있는가, 또는 갈등이 너무 빠르게 시작되고 넘치거나 회피되는가? 갈등을 일으키는 동안에 회복하려는 시도는 얼마나 성공적인가? 갈등을 완화시키기softenings나 용서하는 역량이 있는가? J. M. 고트먼(1999)이 부부의 이혼의 가장 강력한 예측요인으로 지적했고 가족 안에서 재앙이 되는 비난, 방어, 경멸과 담쌓기의 징후는 얼마나 나타나고 있는가?

교환의 속성 또한 결정적인 중요성을 가지고 있다. 이러한 교환이 어떻게 나타나며, 긍정적 교환과 부정적 교환의 비율은 어떠한가? 만족스러운 커플관계에서, 부부는 최소한 5 대 1의 긍정적 교환 대 부정적 교환을 유지하고 있으며(J. M. Gottman, 1999), 가족의 교환도 주로 긍정적일 것으로 예상된다.

또한 자주 보게 되지는 않을지라도 그런 것이 있다면 큰 의미를 갖는 행동들에 대해서도 알아둘 필요가 있다. 폭력이나 학대의 흔적이 있는가? 그러한 폭력은 종종 보고되지 않는데, 하지만 생각보다 훨씬 더 널리 발생하고 있다(O'Leary et al., 1989).

인지

또 다른 차원은 가족 구성원들이 가족생활을 어떻게 인지하는가다. 가족 구성원들은 그들의 관계에 대해 어떤 핵심적인 신념을 가지고 있는가? 그들은 어느 정도까지 비현실적인 기대를 하고 있는가? 긍정적 정서 우세와 부정적 정서 우세는 어느 정도인가? J. M. 고트먼(1999)은 커플에게 있어서 기분은 종종 일어나는 사건보다 더 중요하다는 것을 보여 주었다.

정동

정동affect을 사정하는 것도 마찬가지로 중요하다. 가족 내 정서적 삶과 연결의 수준level of connection은 어느 정도인가? 가족 구성원들은 얼마나 자유롭게 자신의 감정을 표현하는가? 친밀성과 애착의 수준은 어떠하며, 이것은 각 가족 구성원에게 어떻게 받아들여지는가? 특히 스트레스와 갈등이 있을 때 가족 구성원들은 서로를 얼마나 잘 달래 줄 수 있는가?

정신역동적 과정

다른 수준의 사정은 인식을 벗어난 교환에 초점을 맞춘다. 가족 구성원들이 서로를 얼마나 잘 받아들일 수 있는가(Sager, 1976)? 가족 구성원들이 서로를 보완할 때 어떤 절충이 이루어지는가? 이러한 절충과 관련되는 비용은 어떠한

가? 각 개인의 역동을 위해 관계가 기능하는 방법은 무엇인가(Gunnan, 1979)?

개인 기능

가족 구성원들은 관계에 영향을 미치는 개인적인 삶을 가지고 있다. 각 개인의 내적 역동이 가족관계에 어떠한 영향을 미치는가? 약물남용이나 우울증과 같은 어려움이 있는가, 그리고 그러한 개인의 정신병리나 성격의 어려움은 이러한 관계에 얼마나 영향을 미치는가? 신경증 수준이 높은 사람들은 관계에서의 어려움을 더 빈번하게 겪는다. 그러한 패턴은 성격장애와 화학적 의존성을 가진 개인들에게서 훨씬 더 두드러지게 나타난다.

더 큰 체계

가족은 또한 확대가족과 더 넓은 문화를 비롯해 더 큰 체계의 영향을 받고 있으므로, 여기에도 관련되는 질문이 무수히 많다. 확대가족은 갈등에 얼마나 연루되어 있는가? 확대가족과 관련된 경계는 어떠한가? 문제들은 가족이 놓여 있는 특정한 문화적·경제적 맥락과 어떻게 관련되어 있는가? 성별에 대한 가족 구성원의 생각은 무엇이며, 그들의 관계는 이러한 기대와 얼마나 잘 부합되는가? 가족 안에서의 이슈들은 가족생활주기나 발달적 전이와 어떻게 관련되어 있는가?

커플 간 스트레스를 사정하기 위한 측정도구

임상적 사정에서 광범위한 고려사항을 넘어 움직이는, 사정에서 공식적 측정도구를 위한 지점이 있는데, 이것은 충분히 활용되고 있지는 않지만 중요하다. 그러한 측정도구의 기법은 최근 몇 년간 상당히 진보하였다. 그런 도구를 만들기 위한 초기의 노력들이 복잡하고 구체화하기 어려운 개념들에 초점을 맞추었다면, 보다 최근의 노력들은 도구의 높은 신뢰도와 타당도를 보장하는 것을 목표로 하고 있다.

D. 스나이더, 헤이먼과 헤인즈(D. Snyder, Heyman, & Haynes, 2005)는 커플 간 스트레스의 공식적 사정에 대한 권위 있는 증거기반 지침을 제공하였다. 커플 간 스트레스에 대한 회기 중 인터뷰에 곁들여 사용할 수 있는 신뢰도 있고 잘 타당화된 몇 가지 자기보고식 측정도구들이 있다. 이러한 도구들은 다른 관계 규범과의 맥락에서 커플 스트레스의 정도를 보다 정확하게 짚어 내거나/관계의 특수한 측면에 대한 추가 정보를 제공한다.

개정판 결혼만족도검사

개정판 결혼만족도검사Marital Satisfaction Inventory-Revised는 150개 문항의 자기보고식 측정도구로서(D. Snyder & Aikman, 1999), 전반적인 스트레스 측정과, 정서적 의사소통, 문제해결, 의사소통, 공격성, 함께하는 시간, 재정에 대한 의견 불일치, 성적 불만족, 역할 지향성, 스트레스의 가족력, 자녀에 대한 불만족, 자녀 양육에 대한 갈등 등을 사정하는 하위척도들을 포함하고 있다.

2인적응척도

2인적응척도Dyadic Adjustment Scale(Spanier, 1988; Spanier & Thompson, 1982)는 32개 문항의 자기보고식 검사로, 커플 간 관계 불화의 심각성을 측정한다. 요인분석을 통해 2인 간 합의, 2인 간 응집성, 2인 간 만족, 애정 표현 등 네 가지 요인으로 묶인다.

로크-월러스(Locke-Wallace) 결혼적응검사

자기보고식 질문지인 로크-월러스 결혼적응검사Locke-Wallace Marital Adjustment Test(Locke & Wallace, 1959년)는 의견 일치와 의견 불일치 영역에 대하여 부부에게 묻는 15개 문항으로 이루어져 있으며, 이어 그들이 다시 결혼하게 된다면, 현재의 배우자와 또 결혼할 것인지 또는 배우자를 신뢰하는지와 같이 관계의 다양한 측면을 묻는 일련의 문항들이 뒤따른다.

와이스-세레토(Weiss-Cerreto) 결혼상태검사

와이스-세레토 결혼상태검사Weiss-Cerreto Marital Status Inventory(Weiss & Cerreto, 1980)는 결혼한 개인이 결혼을 끝낼 것을 고려하거나 이혼을 위해 조치한 정도를 사정한다.

결혼의 긍정적 · 부정적 특성에 대한 척도

결혼의 긍정적·부정적 특성에 대한 척도Positive and Negative Quality in Marriage Scale의 6개 문항은 결혼에서의 긍정적·부정적 특성을 사정하기 위한 간단한 측정도구를 제공한다(Fincham & Linfield, 1997).

변화영역 설문지

변화영역 설문지Areas of Change Questionnaire(Weiss, Hops, & Patterson, 1973)에는 결혼의 다양한 측면에서 파트너로부터의 변화가 요구되는 정도를 짚어 보는 34개의 자기보고식 문항들이 포함되어 있다. 그 설문지의 주된 용도는 커플이 변화하기를 원하는 영역을 표적화하는 것이다.

갈등전략척도 제2판

갈등전략척도 제2판Conflict Tactics Scale-2(Straus, Hamby, Boney-McCoy, & Sugarman, 1996)은 커플관계에서 신체적 공격과 기타 공격 행위를 사정하는 데 가장 널리 사용되는 도구다.

결혼태도척도

결혼태도척도Marital Attitude Scale(Pretzer, Epstein, & Fleming, 1991)는 커플 불화와 관련된 역기능적 사고와 귀인을 평가하는 74개의 문항을 포함하고 있다. 8개의 하위척도들은 배우자의 행동과 성격에 대한 인과성의 귀인과 같은 차원을 다룬다.

변화에 대한 체계론적 치료 검사

변화에 대한 체계론적 치료 검사Systemic Therapy Inventory of Change: STIC(Pinsof, Zinbarg, & Knobloch-Fedders, 2008)는 치료 진전을 사정하는 다차원 측정도구다. 여기에는 커플관계를 사정하는 척도가 포함된다.

가족기능의 측정도구

가족체계척도는 중요하지만 조작화하기 어려운 개념의 본질을 포착하기 위해 노력하기 때문에 아마도 척도 중 가장 풍부하고 가장 위험한 수단일 것이다. 궁극적으로, 우리는 가족을 측정하는 것이 우리에게 무엇을 말해 줄 수 있는지에 대해 현실적이어야 한다. 가족생활의 모든 측면이나 모든 관점을 조사할 수 있는 측정도구는 없다. 각 측정도구는 전체 그림을 향한 무언가를 제공한다. 또한 측정도구 뒤에 있는 개념이 더 복잡하고 임상적으로 관련될수록, 신뢰도와 타당도와 같은 측정도구의 심리측정psychometrics이 더 절충되는 경향이 있다. 갈등의 양과 같이 단순한 개념은 밀착enmeshment과 같은 복잡한 개념보다 측정하기가 더 쉽다. 또한 한 차원에서의 작동하는 가족기능에 대한 전반적인 평가가 가족 내에서 발생하는 과정을 얼마나 잘 포착할 수 있는지에 대한 골치 아픈 이슈가 있다. 가족체계는 하위체계들로 구성되는데, 이는 핵심적인 가족 변수의 존재 또는 부각 정도에 따라 크게 달라질 수 있다. 예를 들어, 어떤 사람이 높은 수준의 응집성을 가진 가족에 대해 말할 수 있지만, 세 구성원들(예: 부모와 한 자녀) 사이에는 높은 응집성이 있고, 이러한 개인들과 또 다른 자녀 사이에는 응집성이 거의 없을 수 있다.

어떤 사람들은 다양한 모집단에서의 기능을 정확하게 묘사하고 포착하는 현재의 가족사정(그리고 커플사정) 측정도구의 능력에 의문을 제기하였다. 어떤 척도가 인종, 계층, 성적 지향과 상관없이 광범위한 가족들에 걸쳐 유효하게 측정되기 위해서는 모집단 중 과소대표된 부문의 개인을 대상으로 그 척도가 개발되고, 검증되고, 규준화되어야 한다. 그러한 과정이 없다면, 다양한 개인과 가족에 걸쳐 가족과정과 기능을 짚어 내는 측정도구의 능력이 의심을 받는다. 예를 들어, 그린과 워너(Green & Werner, 1996)는 올슨(Olson)의 개념이 적용 가능할지에 대해 의문을 제기했는데, 올슨은 어떤 가족의 응집성이 너무 크면 자신이 개발한 복합원 측정도구circumplex measures에서 부적절하게 기능하는 중심 부분[2]에 있게 된다고 하였다. 그런데 많은 인종 또는 문화집단과 레즈비언 커플의 문화 맥락에서는 높은 연결성과 돌봄이 대개 (규범적이고) 기능적이다. 유사하게 차오(Chao, 1994; R. K. Chao & Aque, 2009)는 아시아 가족들에게는 양육에서 구조화를 많이 하는 것이 아주 다른 의미를 갖는다고 밝혔다. 그 가족들에게는 구조화를 많이 하는 것이 문제가 될 수 있다고 보는 곳에서 개발된 척도의 표본보다 그러한 구조화가 규범적이다.

가족기능에 대해 가장 널리 사용되는 측정도구들은 다음과 같다.

맥마스터 측정도구

엡스타인(Epstein)과 동료들(Epstein, Baldwin, & Bishop, 1983; Kabacoff, Miller, Bishop, Epstein, & Keitner, 1990)이 개발한 가족기능에 대한 맥마스터 측정도구는 문제해결, 의사소통, 역할기능, 정서적 반응성, 정서적 관여, 행동통제의 여섯 가지 핵심 차원을 짚어 낸다. 맥마스터 모델은 세 가지 사정 도구를 개발하였다. 그것들은 가족사정검사Family Assessment Device(Epstein, Baldwin, & Bishop, 1983), 가족기능에 대한 맥마스터의 구조화된 면접McMaster Structured Interview of Family Functioning, 그리고 맥마스터 임상평정척도McMaster Clinical Rating Scales(Epstein, Baldwin, & Bishop, 1983)다. 가장 널리 사용되는 것은 60개 문항의 자기보고식 측정도구인 가족사정검사로서 6개의 핵심 차원 각각에 대한

---

2) 역자 주: 올슨 등이 개발한 복합원 모델에서는 가족들의 응집성과 융통성의 두 가지 차원을 고려해 이 두 가지가 모두 중간 수준일 때 그 가족이 최적으로 기능하는 가장 가운데 부분의 '균형가족(balanced family)'이라고 본다. 또한 이 두 가지 차원 중 한 차원이 높고 다른 차원이 중간 수준이면 그다음 원 부분에 있다고 보고 이를 '중간범위 가족(mid-range family)'이라고 명명하였다. 앞의 본문에서 부적절하게 기능하는 중심 부분이라고 칭한 것은 바로 이러한 중간범위의 수준에 있게 된다는 것을 의미한다.

점수와 전체적인 기능에 대한 점수를 포함한다.

복합원 측정도구

복합원 모델circumplex model은 응집성, 융통성과 의사소통 세 가지 차원에 따라 가족기능을 개념화한다(Olson, 2000). 응집성은 가족 내 정서적 유대의 수준을 반영하고 체계가 어떻게 개별성과 연합성 간의 균형을 맞추는지에 초점을 맞춘다. 응집성 차원은 분리−비연결에서부터 밀착에 이르기까지 다양한 범위에 걸쳐 있다. 융통성은 리더십과 조직, 역할 관계, 관계 규칙과 협상의 특성과 표현을 반영한다. 융통성 차원은 경직에서 혼란에 이르기까지 체계가 안정성과 변화를 어떻게 균형 잡는가에 초점을 맞춘다. 이 두 차원의 극단성은 불균형적인 것으로 간주되는 반면, 중간범위의 응답은 균형 잡히고, 보다 기능적인 것으로 평가된다. 세 번째 차원인 의사소통은 가족체계에 사용되는 긍정적인 의사소통 기술을 의미하는데, 더 많은 의사소통이 더 나은 것으로 간주된다.

가족 적응력과 응집성 평가척도Family Adaptability and Cohesion Evaluation Scale (Olson, 2011)는 6개의 하위척도가 있는 42개 문항의 자기보고식 측정도구다. 2개의 균형 잡힌 척도들이 융통성과 응집성의 중간범위를 사정하기 위해 설계되었고, 4개의 불균형 척도들은 극단(경직, 혼동, 유리, 밀착)을 사정하기 위해 설계되었다. 이 모델은 또한 관찰평정척도인 복합원 임상평정척도 Circumplex Clinical Rating Scale(Olson, 2000)를 생성했는데, 이 척도는 모델의 세 가지 차원에서 커플과 가족을 평가하는 데 사용된다.

비버스 체계 측정도구

비버스 체계 모델Beavers systems model(Hampson, Prince, & Beavers, 1999)은 현재의 가족기능을 ① 가족의 구성과 관리를 포함하는 가족 역량Family Competence(심각한 역기능적인 상태에서부터 최상의 상태까지 이르는 사정), ② '구심점'(대부분 가족 내에서 만족 추구)에서부터 '원심점'(대부분 가족 외에서 만족 추구)까지의 연속선상에서 가족의 지향성을 나타내는 가족 유형Family Style 등 2개의 차원으로 분류한다. 비버스 체계 모델은 세 가지 측정도구를 만들었다(Beavers & Hampson, 2003). 비버스 상호작용척도Beavers Interactional Scales(Beavers & Hampson, 2003)를 구성하는 척도들 중 두 가지는 가족의 상호작용을 관찰한 사람들이 작성한 관찰 임상평정척도들이다. 세 번째 척도인 비버스 자기보고 가족 척도Beavers Self-Report Family Inventory: SFI(Beavers & Hampson, 2003)는 건강/역량, 갈등, 응집성, 리더십과 정서적 표현력에 대한 개별 가족 구성원의 지각을 짚어 내는 36개 문항의 자기보고식 측정도구다.

가족환경척도

가족환경척도Family Environment Scale(Moos, 1990; Moos & Moos, 1983)는 대인관계(예: 응집성의 정도), 개인적 성장(예: 성취의 정도 또는 도덕적-종교적 강조)과 가족구조(예: 가족 구성)의 세 가지 주요 영역에 초점을 맞춘다. 이러한 세 가지 차원은 각 가족 구성원이 완성한 90개의 참-거짓 문항들로 사정된다.

변화에 대한 체계론적 치료 검사

변화에 대한 체계론적 치료 검사Systematic Therapy Inventory of Change: STIC의 측정체계(Pinsof et al., 2009)는 다중체계적이고 다중차원적인 관점에서 커플치료, 가족치료와 개인치료의 변화를 측정하기 위해 개발되었다. 측정체계는 초기Initial STIC(첫 회기 전에 완성됨)와 회기 간Intersession STIC(이후 각 회기에서 완성됨)라는 두 가지의 관련된 측정으로 구성된다. 초기 STIC는 5개의 하위 척도를 포함한다. 개인 문제와 강점Individual Problems and Strengths은 개별 성인과 청소년의 기능을 짚어 낸다. 원가족Family of Origin은 성인들이 자라면서 그들이 태어난 가족에 대한 회상을 사정한다. 파트너와의 관계Relationship with Partner는 관계 안에서 내담자의 배우자나 파트너와의 관계를 측정한다. 가족-가구 Family-Household는 현재 핵가족 안에서의 경험을 다룬다. 아동의 문제와 강점 Child Problems and Strengths은 아동의 기능을 사정한다. 가족-가구 척도에는 긍정성, 가족 자부심, 의사결정, 부정성, 경계의 명확성, 오해받는 느낌, 신체적학대, 성적 학대, 학대 분위기 등을 사정하는 하위척도가 포함된다.

관계적 기능 척도의 전체 사정

관계적 기능 척도의 전체 사정Global Assessment of Relational Functioning Scale (American Psychiatric Association, 1994)은 평가자가 100점 척도로 사정하는 관계적 건강과 기능의 전체 측정치를 제공하기 위해 개발되었다. 이는 DSM의 IV축(4th ed.; American Psychiatric Association, 1994)으로 재명명되었다.

SCORE

SCORE는 강점과 적응성Strengths and Adaptability, 어려움에 압도됨Overwhelmed by Difficulties, 그리고 방해받는 의사소통Disrupted Communication이라는 세 가지 차원을 사정하는, 최근에 개발된 자기보고식 척도다. 이 척도는 15개, 29개, 40개 문항의 버전으로 이용할 수 있다(Stratton, Bland, Janes, & Lask, 2010).

치료의 중간 단계

처치의 중간 단계는 가족들이 처치를 받게 된 이슈들에 대해 작업하는 주된 시간이다. 이 시간 동안 치료자들은 이전 장에서 설명한 다양한 범위의 기술을 끌어들인다. 기본적으로, 이 기간 동안에는 치료자들이 작업하는 연속선의 양극이 있다. 협력적 치료자와 내러티브치료자로 대표되는 스펙트럼의 한쪽 끝에서, 치료자는 내담자에게 전적으로 협력하고 지시적인 것을 피한다. 치료에서 다루는 것들은 공동으로 구성되고 내담자의 주도성과 자원을 강조한다(H. Anderson, 2012). 인지행동치료 또는 구조적 치료가 놓이는 다른 쪽 끝에서, 치료자는 문제해결을 목표로 치료에서 다룰 것들을 펼치면서 적극적으로 가르치고 이끄는 전문가로 제시된다(Baucom, Epstein, Kirby, &

LaTaillade, 2010). 거의 모든 치료자는 어느 정도의 구조화와 협력을 하지만, 이 연속선에서 효과적인 방식의 편차들이 분명히 존재한다.

처치의 종결

거의 모든 커플·가족치료에서 처치가 언제 끝날지에 대한 주요 의사결정권자는 내담자다. 대부분의 커플·가족치료자는 내담자들이 그들의 목표를 달성했을 때 처치가 성공적이라고 생각한다. 그러나 내담자들의 목표와 열망의 수준이 다른 것을 감안해 보면, 한 내담자에게 성공적인 심리치료가 다른 내담자의 상황에서는 덜 성공적인 것으로 여겨질 수 있다.

종결의 과업

커플·가족치료의 종결 과정에는 몇 가지 뚜렷한 과업이 포함되어 있다 (Lebow, 1995, 2001). 이러한 각각의 과업은 또한 치료 전반에 걸쳐 관련성을 가지고 있다.

종결의 적절성을 확인하기 위해 치료에서의 진전을 추적하기

가족이 변화 과정의 어디에 있는지를 평가하는 과업은 처치 초기에 달성할 목표를 정의하고 기준을 설정하는 것에서 시작한다. 처치가 계속됨에 따라 진전에 대한 논의는 계속된다. 이러한 문제들은 내담자, 치료자 또는 지불자가 처치를 끝낼 때가 왔다고 결정할 때 자연스러운 결론에 도달한다. 그때 다음 과업은 내담자와 치료자가 종결 계획을 사정하고 치료의 종결에 대한 영향을 논의하는 것이다. 만약 치료자가 이것이 종결을 위한 합리적인 지점이라고 믿는다면, 종결과 관련된 다른 과업을 시작할 때다. 그렇지 않은 경우, 거의 모든 치료자는 먼저 내담자에게 더 많은 회기가 왜 유용한지에 대한 이유를 이해시킨다.

처치의 과정 검토하기

처치 과정에 대한 검토는 종결 준비와 일어난 변화를 정리하게 한다. 처치에서 이루어진 주요 사건은 무엇인가? 다양한 참여자의 행동, 생각, 느낌은 어떠했는가? 치료의 다양한 시점에서 서로에 대한 그들의 느낌은 어떠했는가? 이러한 검토들은 목표 달성에 초점을 맞춘다. 모든 목표가 달성되었는가? 어떤 것이 달성되었고 어떤 것은 달성되지 않는가? 발생한 변화에 기여한 것은 무엇인가?

발생한 이득과 이러한 이득 안에서 내담자의 역할 강조하기

내담자는 종종 발생한 변화의 범위와 변화 과정에 대한 자신의 기여를 파악하지 못한다. 대부분의 치료자는 발생한 변화와 이러한 변화에 대한 내담자의 역할을 강조함으로써 내담자가 자신의 기여를 이해하도록 적극적으로 노력한다.

처치로부터 배운 것과 후에 적용하는 방법에 대해 생각하게 만들기

커플·가족치료는 의사소통과 같은 행동적 기술을 쌓고 있는지, 상실에 직면하는 것과 같은 정서적 기술을 쌓고 있는지, 아니면 자신에 대한 이해와 같은 정신역동적 기술을 쌓고 있는지와 같이, 무언가를 하는 방법을 명확하게 학습시킬 때 가장 효율적이다. 대부분의 치료자는 발전된 역량을 강조하고, 이러한 기술을 유지하기 위한 계획을 개발하기 위해 가족과 함께 상담한다. 내담자는 어떤 기술이 가장 가치 있다고 생각하는가? 각 개인은 이러한 기술을 어떻게 가장 효과적으로 사용하는가? 가족이나 커플은 한 단위로서의 그들을 어떻게 가장 효과적으로 사용하는가? 내담자들은 처치 과정 중 무엇이 가장 중요하다고 생각하는가? 그들이 이러한 기술을 유지하고 오래된 패턴으로 돌아가지 않게 하는 데 있어 가장 어려운 장애물은 무엇이라고 생각하는가?

계획은 또한 대개 진전을 유지하기 위해 작성된다. 가족 구성원들은 어떻게 치료자 없이 가족과정을 관찰하고 이야기할 수 있는가? 변화의 과정을 더 진행하기 위한 수단은 무엇일까? 가끔 주중에 의사소통을 위한 시간을 찾아내는 간단한 계획이 변화를 유지하는 데 성공적인 것과 성공적이지 못한 것의 차이를 만들어 낼 수 있다. 치료 작업을 계속하는 활동적인 프로그램은 변화를 유지하는 데 도움이 된다. 이득을 유지하기 위해서 특별한 노력이 필요하다는 조기 경고의 신호처럼 어려움으로 이끌 가능성이 있는 상황도 일반적으로 예상된다.

치료자를 내면화하기

종결의 또 다른 전형적인 목표는 치료자가 가족과 함께 남는 것인데, 활동적인 참여자로서가 아니라 가족과정에 내면화된 상태로 남는 것이다. 내면의 대화나 그들 자신들 간의 대화에서, 가족 구성원들은 자연스럽게 치료자라면 어떻게 할까에 대해 종종 이야기한다. 치료자들은 때때로 가족들이 그가 무엇을 할지 적극적으로 상상하도록 격려할 것이다. 물론 그러한 검토는 가족이 어려운 이슈를 처리하는 데 도움을 준 치료 환경을 유지하는 것의 감각을 어떻게 유지할 것인가에 대한 탐색에 가까울 뿐이다. 치료자들은 공감적으로 연결되고, 발달적 이슈를 처리하고, 계속해서 문제를 해결할 수 있는 능력에 대한 가족의 자신감을 키울 수 있도록 돕는다.

삶에서의 다른 결말에 대한 렌즈를 통해 결말 생각해 보기

결말은 강력하고 도발적이다. 각각의 사람들은 독특한 결말의 역사를 가지고 있다. 종결 또한 대개 내담자의 생활에서 이러한 이슈들이 발생한 후에 탐색된다.

감사와 감정을 표현할 기회를 가지면서 작별인사하기

종결 과업의 일부는 내담자와 치료자가 자신의 애착을 인정하고 가족이 받은 도움에 대한 감사를 표현하는 것이다. 치료자의 역할은 관계 맺기의 건설적인 방식에 대한 본보기를 제공하고, 처치의 지속적인 효과를 극대화하며, 적절할 때 다시 연결할 수 있도록 긍정적인 방식으로 처치를 끝내는 것이다.

자신의 감정을 처리하는 치료자

치료자들도 필연적으로 그들의 감정을 가지고 상담한다. 다양한 종류의 결말은 치료자에게 무엇을 의미하는가? 무슨 일이 일어나고 있는가? 너무 빨리 끝나고 역기능적으로 보이는 경우에도 치료자는 어떻게 치료적 위치를 찾을 수 있을까? 어떤 감정은 특히 어렵다. 치료자가 상담하기를 좋아했던 내담자와의 종결은 치료자에게 큰 상실감을 초래할 수 있으며, 치료자로 하여금 다시 개입하려는 노력을 하게 만들 수 있다. 다른 치료자들에게 있어서는, 투쟁의 끝에서 상당한 수준의 안도감이 있을지도 모른다. 다양한 환경에서, 처치의 끝은 치료자에게 다양한 느낌으로 재정적이거나 업무적인 변화를 나타낸다. 때때로 내담자가 치료자에게 종결을 알리는 방식은 갑작스럽고 특별히 도전적일 수도 있다.

치료로 돌아오는 조건에 대해 논의하기

가족들에게 있어서 언제 치료를 받을지 혹은 다시 받을지에 대한 결정은 어려운 문제다. 종종 종결 후 치료에 다시 돌아오려고 하는 결정은 가족 자신의 대본에 기초해 결정된다. 이것은 가족으로 하여금 어떤 상황이 악화될 때까지 기다리게 할 수도 있고, 어려움이 처음 나타났을 때로 돌아가게 해 불필요한 의존성을 유지하게 할 수도 있다. 대부분의 치료자는 종결할 때 치료받기 위해 다시 돌아오는 것에 대한 지침을 제공한다. 가족들은 어떤 상태에서 스스로 상담을 하며, 또 어떤 상태가 되면 치료로 돌아와야 하는가? 대부분의 커플·가족치료의 개방적인 맥락에서 치료자는 가족이 스스로 이슈를 해결하려는 노력을 위한 틀을 설정하되, 문제가 너무 어렵거나 새로운 것으로 드러날 경우에 대비해서 문을 열어 두는 것을 목표로 삼는다.

대부분의 치료자는 미래에 그들이 언제 그리고 어떤 조건으로 이용될 수 있을지를 분명히 한다. 대개 치료자들은 자신이 상담해 주었던 내담자가 필요로 하면 평생 기꺼이 응해 주고자 한다. 단, 보험 적용이나 기관정책에서의 변경과 같이, 그러한 약정의 적격성을 요구할 수 있는 예외는 있기 마련이다.

의뢰하기

소수의 사례에서, 한 처치의 종료가 다른 처치의 시작으로 이어진다. 이 처치의 시야 밖에 있는 일련의 이슈들은 다른 곳에서 다루어질 수 있다.

종결에서의 편차

종결은 내담자, 치료자, 내담자와 치료자의 상호 합의나 제3의 지불자의 간접 개입에 의해 시작될 수 있다. 종결은 신중하게 계획된 경우에서부터 완전히 계획되지 않은 사례까지, 그리고 완전히 성공한 사례부터 성공하지 못한 사례까지 다양하다. 또한 종결을 할 것인지에 대해 모든 가족 구성원이 다 같이 합의할 수도 있고, 가족 구성원들 간에 차이가 있을 수도 있다. 이러한 각각의 편차는 치료자가 취하는 접근에서의 변형과 관련된다. 나는 이러한 변형에 대해 다른 곳에서 자세히 설명하고 있다(Lebow, 1995). 계획된 종결은 상담하기가 훨씬 쉬워서 종결의 다양한 과업을 계획적으로 완료시킬 수 있다. 그러나 오늘날에는 종종 잘 계획되지 않은 종결이 일반적이다. 처치 중 어느 때라도 종결이 이루어질 수 있음을 지속적으로 염두에 두는 것은 갑자기 종결 이슈를 처리해야 할 때 해독제가 된다.

가족 구성원들마다 처치받고 싶은 시간의 양이 다른 것은 복잡한 이슈를 제기한다. 가족치료자들이 그러한 상황을 다루는 방법은 상당히 발전해 왔다. 가족치료의 초기 시대에는 전체 체계가 처치를 받아야 할 절대적 필요성과, 문제가 해결될 때까지 저항하는 구성원을 처치에 참여하도록 체계의 구성원들에게 압력을 행사하는 노력을 강조하였다. 오늘날의 가족치료자들은 더 융통성 있고 다양한 대안을 기꺼이 고려하는 경향이 있다. 여기서 가족이 목표 달성 면에서 어디에 있는가가 중요한 요소다. 초기 문제가 아직 해결되지 않았고 충분한 가족치료가 여태 실시되지 않았을 때, 거의 모든 가족치료자는 가족들과 동맹을 강화하고, 덜 관여하는 가족 구성원들에게 주의를 집중하여 처치 과정에 그들을 다시 참여시키고자 한다. 내담자가 대부분의 처치 목표를 달성했을 때와는 상황이 다르다. 어떤 사람들은 처치를 끝내려는 반면, 다른 사람들은 그렇게 하지 않으려는 욕구가 있을 때 꼭 치료를 계속하는 것이 모든 사람에게 더 좋은 것은 아니다. 처치 목표를 실질적으로 달성한 사례에서 처치를 계속하는 것에 대한 구성원들 간 차이가 있을 때, 오늘날의 치료자들은 가족 구성원들 사이의 이러한 차이점을 처리하는 것을 강조하는 경향이 있다. 심지어 다른 가족 구성원들이 치료를 종결한 후에도 일부 가족 구성원을 계속 치료할 수도 있다.

종결의 궤적

처치를 끝내는 데는 다양한 궤적이 있다. 가족치료는 종종 단기치료로 구조화되는데, 집중적인 개입 기간이 끝난 후 종결을 위한 아주 짧은 기간이 뒤따른다. 장기 가족치료는 단기치료보다 더 긴 종결 기간을 포함할 수 있다. 이상적으로, 종결의 길이는 처치의 길이에 어느 정도 비례하는 것이 좋다.

종결개방형 치료

커플·가족치료는 한때 명확한 시작과 끝을 가진 뚜렷한 에피소드로 생각되었다. 일단 내담자들이 커플·가족치료 과정을 마치면, 처치는 완료된 것으로 간주하였고, 종종 종결이 최종적인 것으로 간주하였다(Watzlawick, Weakland, & Fisch, 1974). 오늘날, 대부분의 커플·가족치료자는 생활주기를 통해 문제가 발생할 때 그들 자신이 도움을 줄 수 있다고 제시한다. 그러한 종결개방형 접근방식(Lebow, 1995)에서, 치료자는 시간이 지남에 따라 활용될 수 있는 처치 수단을 만든다는 측면에서 커플·가족치료를 구상한다. 그러므로 생활주기의 다양한 지점에서 초점이 맞춰지는 이슈가 상당히 다를 수 있지만, 처치에서 나타나는 주제는 처치 에피소드 전체에 걸쳐 확장될 수 있다. 이러한 방식으로 커플치료자 또는 가족치료자는 시간이 지남에 따라 가족을 도울 수 있는 가족 주치의처럼 된다.

요약

이 장에서는 가족치료에서의 처치 단계와 과업과 관련되는 것들에 초점을 맞추었다. 아주 다르게 실시하는 사람들도 있기는 하지만, 대부분의 커플·가족치료자는 치료의 측면을 다루는 데 있어 치료의 시작, 계약, 사정, 그리고 종결과 같은 유사한 절차를 따른다. 치료자들은 처치 모델들과 방법들을 뛰어넘어 이러한 처치의 각 측면에 대해 공통적으로 이해하고 있다.

제8장

특정한 문제를 위한
특수한 전략

처치의 통합적 관점의 맥락에서 특정한 어려움에 대한 특수한 처치가 만나는 적절한 위치는 어디일까? 특정한 어려움을 대상으로 한 커플·가족치료는 많다. 전부는 아니지만 이들의 대부분은 특정한 문제에 대한 특수한 처치법을 만들고 시험해 본 증거기반 처치 운동의 맥락에서 만들어졌다. 『정신질환의 진단 및 통계 편람Diagnostic and Statistical Manual of Mental Disorders(DSM)』의 진단 범주는 치료에 대한 재정지원을 받는 연구의 목표를 식별하는 데 중요한 것들을 조직화했기 때문에 이러한 증거기반 커플·가족치료의 대부분은 진단 가능한 DSM 장애에 초점을 맞춘다. 부부관계의 어려움이나 가족과 함께할 수 있는 시간이 부족하다는 등의 문제가 (치료의) 대상이 될 수 없다는 것에 대한 본질적인 설명이 없음에도 불구하고, DSM에서 다루는 장애는 거의 독점적으로 특정한 문제의 특수한 처치법에만 초점을 맞추고 있다. 이러한 처치의 대부분은 **가족 지원 개입**(개인치료를 돕기 위해 가족을 이용하는 처치) 또는 **장애에 특화된 개입**(특정 장애의 영역에만 가족 관계에 초점을 맞추는 처치; Baucom, Whisman, & Paprocki, 2012)으로 분류된 범주에 속한다. 특정한 문제를 위한 특수한 처치란 이 책에서 강조하고 있는 일반적인 방법에 초점을 맞추는 것과는 매우 다르지만, 그러한 특수한 처치는 분명히 있을 것이다. 이러한 처치들은 특정한 어려움에 맞춤화되어 있다는 이점이 있으므로 그 특정한 문제와 관련된 독특한 개입전략을 특징으로 한다.

이러한 처치와 통합적 시각의 한 가지 연결고리는 개입의 결과가 좋지 않아 처치하는 데 어려움을 직면할 때, 해당 문제에 대한 특수한 접근방법이 매우 중요하며 가치가 있다는 사실이다. 예를 들면, 비행, 물질사용장애, 조현병, 양극성장애와 같이 대부분의 개입이 그다지 효과적이지 않은 경우다. 이러한 문제들을 다룰 때 기왕에 사용된 전략들은 추가 처치가 선택되어야 함을 알려 주고, 뿐만 아니라 유일하게 효과적이라고 알려진 선택이 무엇인지 알려 준다. 그러나 이러한 치료의 상당 부분은 이 책에 요약된 일반적인 치료 전략으로부터 뽑아 구성될 수밖에 없다는 점을 놓쳐서는 안 된다. 이러한 접근방식은 실제로 두 가지 요소를 포함한다.

- 이 책에 편집된 전략들 중에서 커플과 가족을 위해 개입하는 효과적인 방법은 이러한 전략의 일부를 강조하는 "전략" 버전으로 제시된다. 때로는 이러한 전략적 요소에 새로운 이름을 붙이기도 하고 때로는 전략들을 한층 더 발전시켜 나가기도 한다.
- 구체적인 방법론 세트로서 호소 문제와 특정한 문제와 연관된 가족역동을 다루기 위한 것이다.

따라서 이러한 처치법 중에는 특정한 문제를 다루는 방법에 있어서 매우 전문화되어 있는 것도 있는 반면에, 처치법들의 많은 측면은 단순히 효과적인 일반 전략들을 전달하기 위한 구조를 제공하고 있다(예: 재정의, 사회적 교환, 수용과 같은 전략과 개입을 강조함).

이 책이 통합적 틀로써 사용하는 두 번째 연결고리는 특정한 문제들에 대한 많은 특수한 처치법이 그 자체로 이미 통합적인 치료들이라는 점이다. 이 치료들은 광범위한 이론적 지향의 경계를 넘나들며 효과적인 전략을 찾아 그 개념과 개입을 선택해 쓰고 있다. 심지어 한 가지 주요 접근법host approach에 고정되어 있는 치료법이라 하더라도, 해당 문제와 관련된 다른 전략과 개념을 동화시켜 사용한다.

이러한 통합적 모델을 일반화시키는 것이 어려운 이유 중의 하나는 고치기 힘들었던 문제를 효과적으로 치료해서 그 가치가 뛰어난 처치법이라도 커플·가족치료에서 전형적으로 나타나는 문제들을 다룰 때는 효과성이 달라질 수 있다는 점이다. 또한 포괄적인 커플·가족치료의 효능성 연구efficacy research가 제대로 이루어지지 않았다는 사실 역시 통합의 논제를 복잡하게 만든다. 효능성을 입증할 수 있는 유일한 증거라고 할 수 있는 것은 우울증과 같은 문제를 치료하기 위해 특별히 만들어진 개입의 정도다. 이러한 이유로 그 공로가 가려져 있긴 하지만 독특하고 매우 가치 있는 기법을 제공하고 개입의 선택지를 확장시킨 통합치료 기법들이 많이 있다.

또한 증거기반 처치 운동을 주목해 볼 필요가 있는데, 많은 부분이 공통되는 경쟁적 처치법들을 만들어 낼 수 있는 틀을 마련했기 때문이다. 동일한 모집단에 초점을 맞춘 치료법 중 다수는 일반적이고 구체적인 요소들을 첨가하면서 우울증 처치에 사용되는 프로작Prozac이나 졸로프트Zoloft[1]에 못지않은 심리치료를 만들어 내었다.

재정을 지원하고 있는 기관이 어떤 문제를 중시하는가 역시 처치법에 영향을 미친다. 따라서 청소년기의 비행이나 물질사용장애, 아동기의 충동조절장애, 성인기의 조현병과 물질사용장애와 같은 문제를 다룰 여러 가지 처치법이 개발되었다. 하지만 관계적 문제를 해결하기 위한 치료법은 관계 갈등 분야 외에는 구체적인 기법이 거의 개발되지 않았고, 갈등 중에 있는 가족을 위한 '가족 문제'를 겨냥한 방법들 역시 거의 개발되지도, 실험되지도 않았다. 가정폭력도 증거기반 처치 기법은 거의 없다(Stith, McCollum, Amanor-Boadu, & Smith, 2012).

이제부터는 증거기반 처치 외의 특수한 문제를 위해 고안되었던 특정 처치와 함께 몇몇 기법들을 검토해 보고자 한다. 이 처치법들이 증거기반 기법evidence-based methods이라고 주장하기에는 증거가 부족할지 모르지만, 이는 엄격성에 있어 절대 뒤지지 않는 처치들이다. 비록 특정한 문제에 대한 특수적 접근방법의 기법들을 있는 그대로 모두 사용하지는 않아도 해당 접근법에서 뽑아 적용할 방법은 많다. 치료자들은 하나의 치료법에 완전히 몰입하지 않더

---

1) 역자 주: 우울증 치료약물. 세로토닌 재흡수 억제제다.

라도 필요한 개념 체계와 전략을 쉽게 끌어낼 수 있다. 각각의 방법은 독립적이지만 동시에 통합적 치료자가 특정한 문제의 맥락에서 개입하기 위한 유용한 요소들을 포함하고 있다. 이러한 모델의 지지자들이 이 모델을 온전히 그대로 사용해야만 가치가 있다고 주장하지만, 이 모델에 온전히 몰입하는 것이 치료를 잘해야 한다는 의미 외에 다른 뜻이 있다면 이를 뒷받침할 만한 증거는 상대적으로 빈약하다(일반적으로, 어떤 치료법이든 제대로 사용하지 않는다면 효과적이지 못하기 때문이다). 이러한 모델들이 제시하는 문제별 구성요소들은 특정한 문제의 맥락 안에서 통합적인 치료법으로 쉽게 가져다 쓸 수 있다.

아동 · 청소년 문제

이 처치법들 중 하나는 아동과 청소년의 문제에 초점을 맞추고 있다. 가족 치료 기법에는 내현적 장애에 대한 구체적인 치료법도 있지만, 대부분은 외현적 장애[2]에 초점을 맞추고 있다.

청소년의 외현적 장애

물질사용, 비행, 기타 외현적 장애가 있는 청소년의 가정을 돕는 데 효과가 높은 것으로 나타난 처치법들이 있다. 이 처치법들은 각각 적어도 20년에 걸쳐 다듬어져 왔으며, 세심하게 통제된 연구를 통해 효능 검사를 거쳤다. 여기서 더 나아가, 청소년 사법juvenile justice 분야와 약물중독 상담 등, 다양한 분야에서 일하는 여러 치료자가 실전에서 그 효과성을 실험하였다. 이러한 처치들은 많은 공통요소를 가지고 있다. 즉, 체계론적인 관점을 강조하면서, 다양

---

2) 역자 주: 내현적 장애는 우울이나 불안과 같은 증세로 나타나고 외현적 장애는 공격성, 일탈 행동, 품행장애와 같이 나타난다.

한 가족 구성원과의 치료동맹을 맺기 위해 신중한 노력을 하고 상호 이해를 증가시키기 위한 행동의 긍정적 재정의를 시도한다. 또한 부모가 공감적 관계를 강화하면서도 경계 설정을 해 나가도록 돕는다. 이 처치들은 대부분 자제력 훈련과 같은 작업을 위해 청소년을 단독으로 만나기도 하고 다른 청소년들과의 상호작용 훈련을 위해 큰 체계 속에서 상담하기도 한다.

다중차원적 가족치료

하워드 리들(Howard Liddle)과 동료들(Liddle, 1994; Liddle et al., 1992)은 청소년 약물남용을 치료하기 위해 다중차원적 가족치료Multidimensional Family Therapy: MDFT를 개발하였다. 다중차원적 가족치료는 구조적 가족치료, 전략적 가족치료, 인지행동치료, 개인발달 심리학, 약물남용에 대한 심리교육 등의 전략을 통합하고 있다. 이 접근은 청소년기 약물남용을 다양한 무의식적 요소들이 작용한 다중차원 현상으로 보고 있다. 다중차원적 가족치료는 동기 강화를 위해 치료자와 가족의 관계를 중시한다. 특정 사례에 대한 개입전략은 개별화되고 명확한 계획과 함께 단계적으로 제시된다. 청소년 당사자에게만 적용되는 개입이 있는데, 효과적인 의사소통, 대인관계 문제해결 능력, 분노와 충동 관리, 사회적 역량 강화를 돕기 위한 개입들이다. 두 번째 개입 세트는 부모를 위한 것으로 자녀와의 연계와 양육 방법 개선을 목표로 한다. 부모와 자녀가 함께 참석하는 회기는 직접적인 상호작용 패턴의 변화가 목표다. 이 외에도 개입은 가족 이외의 친지들과 내담 가족과 관련 있는 사회체계들을 대상으로 한다. 내담 가족의 특수한 문화적 가치를 고려한 접근이 사용되기도 한다(Jackson-Gilfort, Liddle, Tejeda, & Dakof, 2001). 청소년 약물남용 문제를 다루는 데 다중차원적 가족치료의 효율성과 효과성을 입증한 연구들이 다수 있다(Liddle et al., 2001; Rowe, 2012).

기능적 가족치료

기능적 가족치료functional family therapy는 특정 장애를 대상으로 한 최초의 가족치료법 중 하나다. 기능적 가족치료는 처음에는 청소년 비행을 다루다가 청소년 약물남용으로 치료영역을 확대하였다(Alexander, Robbins, & Sexton, 2000; Morris, Alexander, & Waldron, 1988). 이 치료법은 주로 가족 간의 긍정적인 기능을 강화하고 긍정적인 재명명을 통해 상호 이해를 증진하는 데 초점을 맞춘다. 또한 가족 안에서 일어나는 행동의 기능이 무엇인지 이해시키고 비행과 같은 부정적인 행동을 하지 않아도 독립성을 확립하는 것 등, 가족의 기능 향상이라고 하는 긍정적인 목표 달성을 위해 노력하는 것을 강조한다.

기능적 가족치료는 구조화된 처치법의 단계가 있다. 첫째, 참여engagement와 동기 부여motivation의 단계다. 이 단계에서는 긍정적인 치료동맹 만들기, 부정적 반응과 비난 감소시키기, 희망 만들어 내기에 초점을 맞추고 있으며 일차적 개입전략은 재정의다. 둘째, 행동 변화behavior change의 단계다. 여기서는 의사소통, 자녀 양육, 문제해결 기술 등과 같은 긍정적 변화와 기술을 위한 개별화된 목표들을 설정하고 훈련한다. 마지막은 확장generalization의 단계다. 가족들 간의 강화된 긍정적 변화를 가족 외부 체계와의 상호작용으로 확장해 가는 단계다. 기능적 가족치료에서 문화와 성별도 개입전략을 구축해 가는 데 있어서 매우 중요한 요소다(Newberry, Alexander, & Turner, 1991). 기능적 가족치료는 청소년과의 개별 회기는 갖지 않는다. 이렇게 하는 것이 청소년들의 일탈 행동을 다루는 데 효과적이라는 것을 많은 연구가 입증하고 있다(Alexander, 1967; Alexander, Holtzworth-Munroe, & Jameson, 1994; Mas, Alexander, & Turner, 1991; Morris, Alexander, & Turner, 1991; Parsons & Alexander, 1973).

다중체계적 치료

다중체계적 치료Multisystemic Therapy: MST는 청소년의 외현적 장애를 치료하는 기법으로 가장 널리 사용되고 있으며, 주로 청소년 사법과 관련하여 수많은 처치가 채택한 가족치료다(Borduin & Henggeler, 1990; T. Brown, Henggeler, Schoenwald, Brondino, & Pickrel, 1999; T. Brown et al., 1997;

Henggeler & Borduin, 1995; Henggeler, Schoenwald, Borduin, Rowland, & Cunningham, 1998). 다중체계적 치료는 브론펜브레너(1979)의 인간 발달의 생태체계 관점을 구조적 가족치료와 행동적 가족치료의 개념과 통합하였다. 다중체계적 치료에서는 가족을 처치 과정에서 다룰 수 있는 몇 가지 주요 체계 중 하나로 간주한다. 또래, 학교, 지역사회, 청소년기 능력 개발 등도 중요하게 다루어진다. 사례 공식화case formulation는 개입에 어떤 체계를 먼저 다루는 것이 중요한지를 평가하고, 그 체계의 문제해결에 특별한 관심을 기울일 수 있도록 한다. 치료는 많은 회기를 짧은 기간 안에 진행한다. 치료자들이 담당하는 사례 수는 적은 편이며, 대신 청소년들이 관련된 각각의 체계들과 연계하여 상담하고 위기 상황이 나타나면 대처할 수 있도록 대기하고 있다. 많은 실증적 연구가 다중체계적 치료의 효능을 지원하고 있다(Brunk, Henggeler, & Whelan, 1987; Henggeler & Sheidow, 2012; Huey, Henggeler, Brondino, & Pickrel, 2000; Lebow & Gurman, 1995).

단기 전략적 가족치료

호세 사포츠니크와 동료들(Jose Szapocznik et al., 1997)의 단기 전략적 가족치료Brief Strategic Family Therapy: BSFT는 청소년 비행과 약물남용 치료를 위해 실험되고 널리 보급된 또 하나의 치료법이다. 구조적 가족치료는 단기 전략적 가족치료의 든든한 기반이다. 주요 개입전략에는 합류, 가족 상호작용 패턴의 평가, 현재 상태에 집중하기, 재구조화, 경계 및 동맹에 대한 작업, 재정의 등으로 다중차원적 가족치료와 다중체계적 치료에서 다루는 것과 비슷하고, 대부분의 작업은 내담자의 집에서 이루어진다. 단기 전략적 가족치료의 효과성은 광범위한 연구들이 입증하고 있다. 단기 전략적 가족치료는 원래 사포츠니크와 동료들이 라틴계 지역사회를 위해 개발했으나 이제 다른 문화권에서도 사용할 수 있는 버전이 만들어졌다(Kazdin & Weisz, 2003; Muir, Schwartz, & Szapocznik, 2004; Robbins, Schwartz, & Szapocznik, 2004; Santisteban, Szapocznik, & Rio, 1993).

품행장애

　자녀 양육 훈련parent management training은 부모가 자녀의 품행장애를 해결하는 데 필요한 기술을 개발할 수 있도록 돕는 인지행동 프로그램이다. 자녀 양육 훈련은 강화물과 사회적 교환을 잘 사용할 수 있고, 성공적이고 권위 있는 부모로서 기능할 수 있도록 훈련한다. 이는 공감 능력과 가족구조를 바로잡는 기술들을 가르치고, 모델링을 해 주고 연습하게 한다. 부모교육의 원래 방법은 체계적이기보다는 일방적이었다. 즉, 부모가 효과적으로 부모 역할을 한다면 아이의 행동이 바뀌리라는 것이 핵심 개념이었다. 그러나 최근에는 부모와 자녀 사이에 일어나는 악순환을 변화시키는 데 역점을 두는 체계론적 접근으로 변화하였다(Dishion, French, & Patterson, 1995; Dishion, Patterson, & Kavanagh, 1992; Patterson, 1995, 2002; Reid & Patterson, 1989).

　패터슨과 동료들은 특히 품행장애와 반항성 행동의 맥락에 적용할 수 있는 자녀 양육 훈련들을 만들어 발전시켜 왔다(Forgatch & Patterson, 2010; Patterson, 2005). 그들의 처치는 다양한 요소를 포함하고 있는데, 또래 관계, 학교, 지역사회를 다루기 위한 전략을 포함하며 확장되었다. 앞에서 이미 설명한 청소년의 외현적 행동장애를 위한 치료법들과 함께 이 처치 역시 청소년 사법 개입 프로그램의 일환으로 (미국의) 많은 주와 국가에서 채택하여 사용되어 왔다(Ogden, Forgatch, Askeland, Patterson, & Bullock, 2005; Parra Cardona et al., 2012). 자녀 양육 훈련, 특히 오리건주의 부모관리훈련의 사회학습모델Oregon Social Learning Model of Parent Management Training과 오리건 모델을 수정한 카즈딘 교육법Kazdin variation(주로 품행장애와 반항성장애의 중복된 분야를 대상으로 함)은 가장 실증적인 지원을 받는 증거기반 처치법 중 하나다(Kazdin, 2008, 2010; Magaletta et al., 2011; Moore & Patterson, 2008; Weisz & Kazdin, 2010). 최근에는 이 기법들을 다양한 문화적 맥락에 맞게 적응, 발전시키고 있다(Parra Cardona et al., 2012).

우울과 불안

아동 · 청소년의 우울과 불안을 치료하기 위해 아동의 행동 · 인지 · 정서 변화에 중점을 두고 개입했던 전략 중에서 가족치료와 통합을 시도한 여러 개입법이 있다(Kaslow, Broth, Smith, & Collins, 2012; Stark, Banneyer, Wang, & Arora, 2012). 예를 들어, 캐슬로, 배스킨과 와이코프(Kaslow, Baskin, & Wyckoff, 2002)는 생물학적 · 심리학적 · 사회적으로 통합된 개입을 하였는데, 아동과 가족의 치료동맹에 매우 집중한 치료였다. 여기서 사용된 구체적인 개입으로는 정신의학, 인지행동 기술, 대인관계 치료법, 다가족적multifamily 심리교육과 토론, 문제해결 가족치료 등이 있다. 또 다른 접근방식은 청소년 우울증을 완화하기 위한 애착에 초점을 두고 있다(Diamond, Siqueland, & Diamond, 2003). 서로 연관된 요소들을 가지고 구축해 나간 이러한 기법들은 그 효능을 입증할 증거들을 축적해 나가고 있다(Stark et al., 2012).

식이장애

모즐리(Maudsley) 프로그램은 신경성 식욕부진증(Dare & Eisler, 1997, 2000; Eisler, 2009; Perkins et al., 2007)을 위해 개발된 증거기반 가족 처치로서 다른 식이장애 치료로 확장되었다. 그 처치는 체중 회복 단계부터 시작하는데, 이 단계에서는 심리교육과 식사 통제권을 부모에게 부과하는 방법을 통합하여 사용한다. 다음으로 식이장애를 겪고 있던 청소년이 통제권을 회복하게 되고 신경성 식욕부진증이 청소년의 정체성에 미친 영향에 초점을 맞추고 진행한다. 무선임상실험을 통해 이 통합 기법이 개인치료보다 이러한 장애를 처치하는 데 효과적임이 밝혀졌다(Dare, Eisler, Russell, Treasure, & Dodge, 2001; Eisler et al., 1997, 2000; Godart et al., 2012). 이 프로그램은 청소년뿐만 아니라 성인들에게도 적용되었으며, 유사한 증거기반의 식이장애 가족 프로그램도 등장하였다(Lock, 2010).

아동 성 학대

바렛(Barrett)과 트레퍼(Trepper)(Barrett, Trepper, & Fish, 1991; Trepper & Barrett, 1986, 1989) 그리고 셰인버그와 프렌켈(Sheinberg & Fraenkel, 2001; Sheinberg, True, & Fraenkel, 1994)은 아동 성 학대에 대한 가족체계 처치법들을 개발하였다. 이 처치법들은 가해자가 자신의 행동에 대한 책임을 받아들이도록 돕고, 피해자가 트라우마를 다룰 수 있도록 하는 집중적인 개인치료를 제공하며, 궁극적으로는 치유를 위한 가족치료 작업을 한다. 바렛과 트레퍼의 접근방식은 가해자, 피해자, 학대하지 않은 부모를 위한 집단을 포함하고 있으며 학대 사건을 처리하는 일을 돕는다. 이 두 가지 방법은 모두 증거기반 처치 운동과는 별개로 개발되었으며, 아직 이 방법의 효과성에 대한 연구는 이루어지지 않았다.

성인 문제

성인 문제를 대상으로 한 치료들도 있다. 대부분 사례는 그 문제에 중점을 두거나 그 문제를 가진 개인과의 작업과 관련하여 커플-가족지원 개입 또는 장애에 특화된 커플 또는 가족 개입을 통합하여 치료한다.

조현병

아마도 월등한 효과를 보여 주는 커플·가족치료의 가장 좋은 예는 조현병과 이와 관련된 심각한 정신질환을 치료한 것일 것이다. 오랫동안 어떤 개입에도 반응하지 않는다고 여겨졌던 일련의 문제들이 통합적 치료에 높은 반응을 보였는데, 가족치료, 가족과 조현병 당사자의 기술 훈련, 그리고 약을 정량대로 잘 지켜 복용할 수 있도록 가족이 도와주는 것 등을 통합한 접근이었다. 이 방법은 상당한 영향력을 행사했으며 여러 유사한 그룹에 다양하게 수정·변형되어 적용되고 있다(C. Anderson et al., 1980; Falloon, 2001; Falloon, McGill, Boyd, & Pederson, 1987; Liberman et al., 1987; McFarlane et al., 1995).

이러한 가족치료법들에는 상당한 공통점이 있다. 첫째, 각 처치는 다양한 형태로 제공되지만, 가족치료를 본질적이고 고유한 것으로 여기고 있다. 이는 가족치료가 유일한 처치라는 것은 아니지만, 가족치료는 단순히 부수적인 것이 아닌 필수적 요소라는 것이다. 둘째, 각각의 처치는 조현병의 특성과 조현병 진단을 받은 당사자와 관련된 가족 상호작용에 대해 가족 심리교육의 중요성을 강조한다. 심리교육은 개별 회의, 정규적인 집단모임, 강도 높은 '일일 워크숍'에 이르기까지 다양하다. 셋째, 각각의 처치는 이 문제를 다루기 위해 고군분투하는 가족들에게 지지를 제공한다. 넷째, 이러한 가족치료법들은 모두 간단한 목표를 설정하고 낮은 강도로 진행된다. 각각은 가족 내에서 정서 표출expressed emotion(이 장애가 있는 사람과 함께 살 때 자주 동반하는 비판과 고조된 감정)을 줄이는 것을 목표로 한다. 조현병이 있는 사람들은 격한 정서 표출 앞에서 큰 어려움을 겪는다는 것이 여러 연구에서 일관되게 증명되었다(Hooley, 2007). 가장 극단적인 예로서 C. 앤더슨, 호가티와 라이스(C. Anderson, Hogarty, & Reiss, 1986)에 의해 개발된 치료법을 들 수 있는데, 이 기법에서는 될 수 있으면 가족들이 반응을 줄이고 당사자를 배려한 대응을 하는 정도의 가족치료를 제공한다. 만약 가족들이 어려움 없이 기능한다면 구태여 무거운 주제를 다루느라 스트레스의 위험에 노출되는 것보다는 오히려 회기를 매우 짧게 진행한다. 마지막으로, 이 치료법들은 필요할 때 위기상황 관리도 제공한다.

앤더슨 집단의 독특한 또 다른 공헌은 이른바 '생존기술survival skills' 워크숍에서 찾아볼 수 있는데, 이는 일일 워크숍으로 현재까지 밝혀진 조현병에 대한 지식을 가족에게 전달하는 것이다(C. Anderson et al., 1986). 이러한 워크숍은 정보를 전달하고 사회적 지원을 증가시키며, 정신건강 전문가와 장애인 가족 간에 종종 일어나는 부정적 상호작용의 회복을 목표로 하고 있다. 앤더슨 방법은 또한 구조적 가족치료의 기법도 사용하고 있다.

폴룬 집단(Falloon, 1993)의 방법 또한 가족 참여, 정서 표출의 자제, 위기관리 등을 제공하지만 행동 기술 훈련에 더 중점을 둔다. 맥팔레인 집단의 방법도 통합이라는 영역에 속하지만 다가족 집단을 서비스 전달의 핵심 단위로 사용한다는 점이 독특하다(McFarlane, 2002; McFarlane, Dixon, Luckens, & Lucksted, 2003).

일찍이 심각한 정신질환을 다루는 가족치료에 많은 가족이 비난과 불만을 품고 있었던 것과 대조적으로, 이러한 모델들에서 주목할 것은 기꺼이 가족치료를 수용하고 동참할 수 있는 길을 가족들에게 열어 주었다는 것이다. 증상, 재발, 입원, 가족기능 등을 고려할 때, 가족치료에 기반한 다원적 심리교육이 오늘날 이 문제를 위한 처치라는 것을 분명히 보여 주는 증거들이 있다(Lucksted, McFarlane, Downing, & Dixon, 2012). 모든 면에서 이러한 심리교육 기반 처치는 가장 성공적인 가족치료법 중 하나이며 조현병 치료의 표준으로 널리 보급되고 있다(Lucksted et al., 2012).

양극성장애

데이비드 미클로위츠(David Miklowitz)와 동료들은 앞에서 설명한 조현병 처치의 많은 원리를 양극성장애의 다양한 환경에 적용하여 매우 효과적인 증거기반의 양극성장애 처치를 개발하였다(Miklowitz, 2008, 2011; Miklowitz & Cichetti, 2010; Miklowitz & Goldstein, 2010). 가족중심 치료법으로는 양극성장애 및 약물치료의 중요성에 대한 심리교육, 증상 유무에 대한 체계적인 의사소통과 문제해결, 정서 표출을 최소화하기 위한 전략, 필요할 때의 위기 개입 등이 있다. 조현병 처치와 마찬가지로, 가족중심 치료는 몇 가지 요소를 포함한다. 주요 요소들은 가족 회기에 인지행동 개인치료와 약물치료를 더하는 것이다. 이 처치는 가족치료뿐 아니라 커플치료에서도 사용되며, 최근에는 양극성장애 청소년과 그 가족까지 확대되고 있다. 몇몇 임상실험에서 가족에 초점을 둔 치료법이 양극성장애, 특히 우울 증상의 재발을 개선한다는 것이 발견되었다.

우울증

우울증과 관계 갈등을 다루기 위한 인지행동치료 기법들과 결합한 몇몇 증거기반 커플치료가 성인 우울증을 대상으로 사용된다(Beach & Whisman, 2012; Whisman & Beach, 2012; Whisman, Johnson, Be, & Li, 2012). 이 처치들은 특히 우울증과 관계 갈등이 같이 나타날 때 유용하다. 관련 연구에서, 행동적 커플치료와 같이 관계 갈등을 대상으로 하는 커플치료는 우울증으로 고통을 겪는 여성들에게도 효과적이었다고 한다(Beach & O'Leary, 1992; Jacobson, Dobson, Fruzzetti, Schmaling, & Salusky, 1991; Jacobson, Fruzzetti, Dobson, Whisman, & Hops, 1993). 이와는 반대로, 관계 갈등에 개인치료의 효과는 그다지 없으며, 개인치료가 우울증에 효과를 보일 때조차 관계 갈등에는 아무런 영향을 미치지 않았다.

물질사용장애

배우자가 알코올이나 물질사용장애가 있는 커플의 회복에 초점을 맞추어 구체적인 절차를 만든 인지행동 커플치료법들이 증가하고 있다(Fals-Stewart, O'Farrell, Birchler, & Lam, 2009; McCrady, Epstein, Cook, Jensen, & Hildebrandt, 2009; Ruff, McComb, Coker, & Sprenkle, 2010). 이러한 증거기반 처치는 커플관계를 동기부여의 원천으로 사용하는 동시에, 두 사람 사이의 전형적인 관계 문제로 인한 갈등을 감소시키고 물질남용 문제의 변화와 유지에 도움을 주고 있다. 이러한 프로그램의 전략에는 금욕을 위해 배우자와 계약 맺기, 배우자가 물질남용 여부를 관찰하는 데 참여하기, 대체 행동을 위한 사회적 강화 작용에 배우자가 참여하기 등이 포함된다. 이러한 처치는 물질남용 문제 개선에 개인치료만 하는 것보다 효과적인 것으로 나타난다(O'Farrell & Clements, 2012).

외상후스트레스장애

몬슨과 프레드먼(Monson & Fredman, 2012)은 외상후스트레스장애에 대한 처치를 위해 인지행동 커플치료의 증거기반 수정 모델을 개발하였다. 처치 방법으로는 외상후스트레스장애와 안전에 중점을 둔 기초 심리교육을 한 후, 이어서 회피 성향을 다루며, 관계 증진을 목표로 하고, 마지막으로 신념을 검증하는 단계를 거친다. 이 처치법은 아무 처치도 받지 않은 그룹과의 비교 연구에서 치료 효과가 있는 것으로 나타났다.

경계선 성격장애

경계선 성격장애를 치료하는 데 독보적인 증거기반 처치인 변증법적 행동치료Dialectical Behavior Therapy: DBT에서 확장하여 프루제티(Fruzzetti)와 동료들(Fruzzetti & Fantozzi, 2008; Fruzzetti, Santisteban, & Hoffman, 2007)은 커플과 가족을 포함하는 수정 보완된 처치법을 개발하였다. 변증법적 행동치료의 전략에는 경계선 성격장애에 대한 심리교육, 마음챙김, 감정조절 훈련, 자기 진정self-soothing, 그리고 감정이 조절되지 않는 갈등 상황에서의 일시 정지 기법 등이 포함된다. 이 처치는 조절장애로 이어지는 상호작용 패턴을 최소화하고, 자기 진정과 상호 진정을 촉진하며, 조절장애의 순간을 어떻게 관리할지 계획한다. 변증법적 행동치료는 현재 그 영향력에 대한 가장 많은 증거를 가진 처치 중 하나이지만, 커플과 가족의 다양성에 대한 연구는 아직 없다. 조절장애는 경계선 성격장애의 상태나 분쟁이 심한 커플에게 공통적으로 나타나는 현상이기 때문에 프루제티는 변증법적 행동치료를 성격장애가 있든 없든 분쟁이 심한 커플에게 적용하였다(Fruzzetti, 2006).

관계 문제

이제 커플 간의 스트레스, 커플 폭력, 성 문제, 외도 등 구체적인 유형의 관계 문제를 다루기 위한 몇 가지 접근법을 살펴보고자 한다.

커플 간 스트레스

특정한 문제에 대한 특수한 처치를 다루고 있는 장에서 '고통스러운 관계에 대한 커플치료를 다루는 것이 적절할까?'라는 질문과 함께 이 장의 어느 부분에 적합할지 선택하는 것은 어려운 문제였다. 커플 간 스트레스는 커플치료를 찾는 가장 흔한 이유다. 사실, 커플치료의 전문가들이 아닌 사람들은 커플 간 스트레스를 개선하는 것이 커플치료라고 단순하게 생각하기도 한다. 커플 간 스트레스는 일단 자리를 잡고 나면 쉽게 바꾸기 어려운 문제다. 대부분의 저명한 커플치료 연구자는 스트레스를 매우 높게 받는 커플을 연구할 때 통제집단이 필요 없다고 하는데, 왜냐하면 스트레스를 받는 커플들이 저절로 변화한다는 증거가 없기 때문이다(Baucom, Hahlweg, & Kuschel, 2003).

이러한 요소들 때문에 진정성만 있다면 어떤 방법이라도 커플 문제해결에 충분한지, 아니면 더 전문적인 처치가 필요한지에 대해 상당한 논쟁이 지속되고 있다. 검증되었다면 어느 방법이라도 충분하다는 견해의 지지자들은 커플치료 연구의 메타분석을 근거로 처치들이 대동소이하다는 것을 강조하고(Shadish & Baldwin, 2005), 반면 전문적이고 특수한 처치가 필요하다고 주장하는 사람들은 커플 간 스트레스를 표적으로 하는 처치들이 심각한 문제 상황에서 아주 월등한 결과를 끌어냈다는 것을 강조하며, 이들 처치를 적용한 많은 커플이 임상적 범주를 벗어나 살고 있다는 것을 제시한다. 또한 높은 재발 위험의 문제를 가지고 있던 많은 커플이 변화된 삶을 유지하고 있다는 것을 제시한다(D. Snyder & Halford, 2012). 문제의 특수성을 고려할 때, 특히 커플 간 스트레스를 대상으로 하는 처치들이 여기에 포함된다.

정서중심 커플치료

정서중심 커플치료emotion-focused couple therapy는 부부간의 정서적 연결을 높이는 것이 목표다. 이는 레스 그린버그(Greenberg & Bolger, 2001)가 개인치료의 맥락에서 개발한 것으로, 수 존슨(Sue Johnson)과 동료들(Johnson, 2000; Johnson & Greenberg, 1992, 1994, 1995), 그리고 그린버그와 골드만(2008)에 의해 커플치료에 이용되도록 개발되었다. 정서중심 상담은 협력적인 분위기를 만든 후에 시작하며 배우자들이 서로를 자극하여 불러냈던 근본적인 정서를 다룬다. 이 작업에서 치료자는 내담자들이 1차 정서와 2차 정서를 구별하도록 돕고, 특히 더 강한 정서 뒤에 부드러운 정서가 발견될 때 정서적 연결을 재현할 수 있는 경험을 탐색한다. 존슨과 그린버그-골드만의 정서중심치료의 변형은 모두 같은 경험적 전략의 범주에서 시작하지만, 그린버그와 골드만 버전은 정체성을 더 강조하고 존슨 버전은 애착을 강조한다는 점이 다르다(Johnson, Maddeaux, & Blouin, 1998; Whiffen, Kallos-Lilly, & MacDonald, 2001). 두 접근법 모두 커플 간 스트레스에 미치는 영향에 대해 실질적이고 경험적인 지지를 얻고 있다(Lebow et al., 2012). 각각의 기법은 널리 사용되고 있으며, 특히 존슨의 버전은 가장 인기 있는 커플치료법 중 하나다.

통합적 행동 커플치료

네드 제이콥슨(Ned Jacobson)과 앤드류 크리스텐슨(Andrew Christensen)은 많은 커플이 임상적으로 유의미하고 지속적인 변화를 유지해 나가기에 행동적 커플치료behavioral couple therapy만으로는 한계가 있다고 생각하여 통합적 행동 커플치료Integrative Behavioral Couple Therapy: IBCT를 개발하였다(Christensen & Jacobson, 2000; Christensen, Jacobson, & Babcock, 1995; Jacobson & Christensen, 1996; Jacobson, Christensen, Prince, Cordova, & Eldridge, 2000). 통합적 행동 커플치료는 커플 관계의 변화 가능한 부분과 변화가 어려운 부분의 차별성을

주목하였다. 변화의 대상이 되는 부분의 치료는 의사소통과 문제해결에서의 사회적 교류와 기술 훈련과 같은 행동적 커플치료의 전통적인 기법을 사용한다. 변화할 가능성이 없다고 판단되는 것은 이에 대한 수용력을 증가시키도록 접근한다.

통합적 행동 커플치료는 커플 상호작용에 있어서 핵심 주제가 무엇인지 평가하기 위해 고안된 관계의 기능적 분석을 기반으로 한다. 기능적 분석은 커플 합동 회기와 개인 회기로 이루어져 있으며, 커플이 함께한 자리에서 처치를 위한 구체적 목표와 피드백이 사례 공식화를 이끈다. 가장 중요한 전략은 커플 관계 문제에 대해 객관적으로 합의된 지점을 찾도록 초점을 맞추는 것이다. 이렇게 함으로써 커플은 자신들의 파괴적 패턴을 이해하고, 서로 공감하며, 포용력을 높이고, 자기관리를 증진해 나가게 된다. 통합적 행동 커플치료는 매우 고통스럽고 갈등이 심했던 커플들을 대상으로 하는 임상실험에서 몇 년 후에도 커플 대부분이 변화를 유지하는 놀라운 수준의 영향력을 입증하였다(Arrington, Sullaway, & Christensen, 1988; Christensen, Atkins, Baucom, & Yi, 2010; Christensen, Atkins, Yi, Baucom, & George, 2006; Lebow et al., 2012).

세이거의 결혼계약 접근

통합적 커플치료로서의 명성을 최초로 얻은 것은 클리퍼드 세이거(Clifford Sager, 1976)의 결혼계약 접근marriage contracts approach인데, 비록 구체적 치료 방법으로 많이 사용되지는 않았지만, 오늘날에도 여전히 높은 관심을 얻고 있다. 세이거는 커플 관계에서 사회적 교환의 개념을 확장하고 다양한 경험 단계를 포함하였다. 이 접근은 의식 상태에서 명시적 행동 계약이 무엇인지 알고 협상하는 데 주의를 기울이고, 더 나아가 의식은 하고 있지만 언어화되지 않는 교환과 심지어 의식하지 못한 교환까지 확장한다(예: 권력과 통제에 관한 교환). 개입전략은 이러한 각 수준의 계약을 의식하고 명시적으로 만든 다음, 커플이 교환에 만족하는지 평가하게 하고, 상호 만족도가 낮은 교환은 재협상하도록 한다. 구체적인 개입으로는 행동 모니터링과 계약, 정신역동적 해석, 체계적 순환에 대한 인식 강화가 있다. 이 접근법에 대한 경험적 평가는 없었다.

고트먼의 건강한 부부의 집 치료

존 고트먼과 줄리 고트먼(Julie Gottman)은 J. M. 고트먼의 커플 연구(J. M. Gottman, 1999; J. M. Gottman, Driver, & Tabares, 2002; J. M. Gottman & Gottman, 2008; J. S. Gottman, 2004)에서 발전한 통합적 전략인 건강한 부부의 집sound marital house therapy을 개발했는데, 이는 고트먼 방법 치료Gottman method therapy로 알려져 있다. 성공한 부부들의 패턴에 대해 심리교육을 하고 연습하는 것이 이 접근방식의 핵심이다. 이는 인지행동 커플치료의 기술을 쌓고 긍정적인 교환의 빈도를 증가시키는 개념도 포함하고 있다. 고트먼 방식은 상호 공감을 실천하기 위한 연습, 상호 이해와 신뢰 증진을 위한 연습과 같은 숙제를 통해 긍정적 감정이 최우선시되는 것을 강조하고 있다. 감정의 표현은 권장하지만 오래된 갈등의 연속을 반복하기보다는 관계를 성장시키는 방식으로 이루어진다. 커플에게는 파괴적 갈등과 감정적 홍수의 징후가 있는지 스스로 감시하도록 가르쳐 갈등이 해소되지 않더라도 존중과 긍정적 감정이 최우선으로 보존되게 한다. 커플 상호작용 과정에 대한 증거를 바탕으로 고트먼 처치가 시작했음에도 불구하고, 아직까지 고트먼 처치에 대한 연구는 거의 없었다. 고트먼 모델도 오늘날 가장 자주 쓰이는 커플치료다.

통합적 커플치료

앨런 거먼(1992)은 통합적 커플치료에서 행동, 대상관계, 체계이론을 통합하였다. 거먼의 치료는 행동지향적 기술에 의존하지만, 커플 사이에 일어나는 대상관계를 탐색하며 적용한다. 치료는 집중적이고 단기적이다.

더그 스나이더는 또 다른 통합적 커플치료로서 통찰지향 커플치료insight-oriented couple therapy에 기반을 두고 자신의 증거를 확장하여 감정재구성 커플치료affective reconstructive couple therapy를 만들었다(D. Snyder & Mitchell, 2008). 이 처치는 정신역동 개입과 인지행동 개입을 통합하고 공유된 경험의 다양한 단계로 확장해 나간다.

모나 피시베인은 관계와 다세대 전수 과정에 대한 신경과학에 초점을 두고, 관계의 정의relational justice를 중심으로 한 접근법을 개발하였다. 그녀는 미셸 샤인크만(Michele Scheinkman)(Scheinkman & Fishbane, 2004)과 함께 커플에게 발생하는 취약성의 주기cycles of vulnerability를 설명하고, 그러한 주기에 개입하기 위한 다단계 전략을 제안하였다. 피시베인은 또한 부버(Buber)의 관계에 대한 '나-너I-Thou' 개념을 자신의 모델에 포함해 커플치료로 통합될 수 있는 개념과 전략의 범위를 보여 주며(Fishbane, 1998, 2007), 파트너를 '지배하려는 권력' 성향이 권력의 공유의식으로 변화되어 가는 과정을 강조한다(Fishbane, 2010).

스나이더 모델(D. Snyder et al., 1991)은 통찰력을 지향하는 커플치료로서 변화의 놀라운 지속성을 보여 주고 있다. 스나이더 모델 외에 이러한 접근법을 평가했던 연구는 없었다.

문화적 특성을 고려해야 하는 커플치료

커플 관계에 있어서 문화는 고려되어야 할 강력한 요소다. 따라서 문화적 독특성의 맥락 속에서 어려움을 겪는 커플들에게 적합한, 수정된 처치 모델들이 개발되어 왔다. 커플 유형을 막론하고 적용되는 커플치료의 일반 원칙도 중요하지만, 내담 커플이 속한 사회문화적 맥락의 차이를 고려한 접근 방식도 필요하다.

예를 들어, 로버트 제이 그린(Robert-Jay Green, 2007; Green & Mitchell, 2008)을 비롯한 몇몇 학자들은 게이, 레즈비언, 양성애자, 트랜스젠더GLBT 내담자와의 커플치료에서 접근법이 달라야 함의 중요성을 강조하였다. 그린은 사회적 거부와 편견의 배경, 빠르게 변화하지만 여전히 존재하는 법적 및 사회적 제한 환경, GLBT 내담자 간의 열린 관계에 대한 수용 가능성, 혈연이 아닌 선택으로 구성된 가족관계 등과 같이 이러한 커플과 상담할 때 자주 주의를 기울여야 하는 많은 특정 이슈가 추가로 있음을 강조하였다.

낸시 보이드 프랭클린(Nancy Boyd-Franklin)과 동료들(Aleman, Kloser, Kreibick, Steiner, & Boyd-Franklin, 1995; Boyd-Franklin, Kelly, & Durham, 2008), 그리고 안토니 체임버스(Anthony Chambers)(Chambers & Lebow, 2008)는 아프리카계 미국인 커플들을 처치할 때 고려해야 할 사항들을 제안하였다. 즉, 그들이 살아가는 사회로부터 느끼는 적대적인 분위기, 남성보다 여성들의 고용률이 높고 소득도 높은 경우가 종종 있다는 독특한 상황들이다.

프랭크 핀첨(Frank Fincham)과 스티븐 비치(Steven Beach)(Beach et al., 2011; Fincham, Lambert, & Beach, 2010)는 기도를 통해 문제 상황에 대처해 왔던 커플들을 치료할 때 '기도하기'를 치료법에 추가하였다. 아프리카계 미국인 커플의 연구에서, 핀첨, 램버트와 비치(Fincham, Lambert, & Beach, 2010)는 커플 간의 개입에 함께 기도하기를 추가하여 치료 효과가 향상되었음을 발견하였다. 이 외에도 이들은 커플이나 가족들을 치료할 때 효과적이었던 광범위한 전략들에 관해 설명하고 있다.

기타 커플치료

지금까지 다루어 왔던 기법 외에도 커플 간 스트레스와 어려움을 경감시키기 위한 많은 치료법이 있다. 이 책의 앞부분에서 언급했던 유명한 커플치료법들은 가족들에게도 적용된다. 대상관계 커플치료(D. Scharff & Scharff, 1991), 내러티브 커플치료(Freedman & Combs, 2008), 단기 전략적 커플치료(Shoham & Rohrbaugh, 2002), 고급 인지행동 커플치료(Epstein & Baucom, 2002) 등이 그러하다. 인지행동 커플치료는 어떤 커플치료보다 많은 양의 실험연구가 되었지만 다른 치료법들은 실험적으로 검증되지는 않았다.

커플 폭력

버지니아 골드너와 동료들은 커플 간에 발생하는 가정폭력에 대한 여성주의 체계론적 접근법을 개발하였다(Goldner, 1998; Goldner, Penn, Sheinberg, & Walker, 1990). 이 처치는 정신역동, 체계, 내러티브치료의 개념과 전략을 가정폭력에 대한 여성주의적 이해와 통합하였다. 이 접근법은 매우 영향력이 있었지만 임상 연구는 아직 되지 않았다.

샌드라 스티스(Sandra Stith), 에릭 맥컬럼(Eric McCollum), 캐런 로젠(Karen Rosen)(Stith, Rosen, McCollum, & Thompson, 2004; Stith et al., 2012)의 커플 폭력에 대한 증거기반 처치는 다양한 커플집단 형식으로 진행되며, 가정폭력의 심각성이 덜한 경우를 대상으로 설계되었다. 이 접근방식은 해결중심, 내러티브치료 및 인지행동 기술 구축 전략을 통합하였다. 먼저 남성과 여성으로 나누어 따로 만난 뒤 합동 회기에 참여한다. 첫 번째 치료 단계는 동맹과 희망, 비폭력의 비전이라고 하는 공통요인을 구축하는 데 주력하고, 비폭력 관계를 위한 보다 구체적인 기술 훈련이 뒤따른다. 이 처치법이 가정폭력을 줄이는 데 효과적이라는 것을 보여 준 임상 연구도 있다(Stith et al., 2012; Stith, Rosen, McCollum, & Thomsen, 2004).

성 문제

성 치료sex therapy에 있어서 성 문제를 다루는 구체적인 기법이 커플치료에 추가되었다. 성을 대상으로 하는 특수 개입전략은 행동 패러다임, 특히 고전적 조건형성에서 가져왔다. 이러한 전략에는 심리교육, 기술 개발, 이완훈련, 연습 등이 포함된다. 성 치료는 거의 예외 없이 각 기능장애별로 특별히 고안된 기법들과 함께 이완을 유도하고 '성감대에 초점을 맞춘' 기법들을 포함하고 있다. 이러한 핵심 개입의 많은 부분은 일찍이 매스터스와 존슨(Masters & Johnson, 1970)이 주장했던 성적 반응과 행동치료의 적은 불안이라는 점을 가지고 왔다.

행동주의 이외의 전략도 개발 초기부터 성 치료에 포함되었다. 카플란(1974)의 매우 영향력 있는 통합적 모델에는 행동적·체계론적·정신역동적 전략이 포함되어 있다. 포스트모던 성 치료법은 신체적·심리적 문제 사이의 이분법이 아닌 각각의 경우에서 다루어져야 할 신체적·심리적·관계적 문제들이 서로 연속선상에 있다고 주장한다. 그러므로 이러한 치료법은 생물학, 개인 심리학, 관계 역동에 대한 평가와 개입의 일부다. 성 치료는 실험연구에서 긍정적인 결과를 얻은 점이 매우 믿을 만하지만 이를 이어 갈 자금 후원이 여의치 않은 상황이다(LoPiccolo & Lobitz, 1973). 성 치료는 성적 문제해결을 위해 널리 선택되고 있는 처치다.

외도

외도infidelity는 헌신적인 관계에 있어서 매우 중요한 문제로, 신뢰에 대한 엄청난 위기를 가져온다. 이는 전형적인 점진적 침식이 아닌 커플 만족이 갑자기 붕괴될 수 있는 몇 안 되는 커플 간의 어려움 중 하나다.

외도가 발생한 커플을 위한 특별 프로토콜에 초점을 두고 진행하는 커플 치료 개입들이 있다(Baucom, Snyder, & Gordon, 2009; Glass & Staeheli, 2003; Gordon, Baucom, & Snyder, 2005; Gordon, Baucom, Snyder, & Dixon, 2008; Lusterman, 1998; D. Snyder, Baucom, Gordon, & Peluso, 2007; Spring, 2004; Spring & Spring, 1996). 이러한 접근방식에는 많은 공통점이 있는데, 외도자의 정직성과 인격적 통합을 일깨우는 것, 외도자의 사과, 외상으로 인한 배우자의 정서, 외도의 배경, 장기적으로 존재해 왔던 커플 문제, 상처받은 배우자의 용서, 신뢰 회복 등이다. 전형적으로 이러한 전략들은 단계적으로 진행된다. 먼저, 외도 사건의 외상적 측면을 다루고, 그다음 외도에 대한 사과와 논의, 그리고 안정화 기간을 가지며 결혼생활 관련 이슈를 탐색하게 된다. 작은 규모의 연구들은 스나이더, 보컴, 고든에 의해 이 처치가 긍정적인 효과가 있다는 것이 입증되었다(Baucom, Gordon, Snyder, Atkins, & Christensen, 2006).

성인과 아동의 건강 문제

통합적 가족치료 접근에는 신체적 건강의 문제를 안고 있는 가족을 돕기 위한 치료들이 있다. 비어트리스 우드(Beatrice Wood)(B. Wood, 1993, 1995, 2000, 2001; B. Wood, Klebba, & Miller, 2000), 존 롤랜드(John Rolland) (Rolland, 1988, 1993, 1994a, 1994b, 1998), 수잔 맥다니엘(Susan McDaniel)과 동료들(Botelho, McDaniel, & Jones, 1990; McDaniel, Campbell, & Seaburn, 1995; McDaniel, Campbell, Wynne, & Weber, 1988; McDaniel, Harkness, & Epstein, 2001; McDaniel, Hepworth, & Doherty, 1995)은 아동과 성인의 건강 문제에 초점을 맞춘 접근법을 개발하였다. 비록 구체적인 내용은 다르지만, 이러한 접근법들은 질병 관련 생물학에 대한 심리교육, 질병과 관련된 개인과 가족의 신념체계 탐색, 그리고 의료체계, 환자, 가족 및 개인과의 접점에 대한 탐색을 포함한다. 우드의 부모-자녀 간 애착, 롤랜드의 신앙체계와 가족의 회복력, 맥다니엘의 가족과 의료제공자 간의 자문에 많은 관심이 집중되어 있다. 이제는 건강 문제의 맥락에서 커플·가족치료 접근방식의 효과성에 대한 많은 증거가 나오고 있다(Shields, Finley, Chawla, & Meadors, 2012).

결론: 특수 처치법들의 역할

이 장에서 설명한 많은 처치법은 특수한 문제를 다루는 커플·가족치료의 종류와 범위에 중점을 두었다. 공간이 제한되어 있어 모든 목록을 포함하지는 못했는데, 매년 그 목록은 기하급수적으로 증가한다. 이러한 처치의 대부분은 개입을 위해 다양한 전략을 통합하고 있다. 많은 처치법이 특수한 문제를 해결하기 위해 유용한 전략을 찾는 데 있어 매우 혁신적이었다. 또한 이러한 접근방식의 대부분은 처치를 위한 한 가지 이상의 형식을 포함하기 때

문에 커플, 가족 및 개인을 위한 처치 사이의 경계가 모호해질 수밖에 없음도
설명하였다. 새로운 처치는 정부의 재정지원이라는 맥락에서 개발되는 경우
가 많아서 주로 정신질환 문제에만 초점을 맞추며 균형을 잃어버린다. 따라
서 가장 자주 접하는 가족관계 문제에 대한 처치를 다루기 어렵게 된다.

통합적 치료법은 임상가들에게 훌륭한 자원을 제공한다. 첫 번째 단계는
개입전략을 통합적으로 분류하여 특정한 장애에 대해 개입하고자 하는 사람
들이 배우고 사용할 수 있도록 한다. 여기서 더 중요한 것은, 통합적 접근은
특정한 문제를 다루기 위한 효과적이고 구체적인 전략을 제공하는데, 이것은
임상가에게 기존의 모델을 해체하고 새로운 기술을 사용할 수 있게 한다. 즉,
임상가는 특정한 문제를 다루는 데 유용한 특수한 기술과 전략을 자신의 핵
심 상담 방법에 추가할 수 있다. 이것은 궁극적으로 25가지 다른 문제에 대해
25가지 처치법을 배우는 것보다 간단하고, 실용적이며, 효과적인 해결책으
로 보인다. 아이러니하게도, 특정한 장애에 대한 특수한 치료법이 가장 가치
를 발휘하게 되는 것은 일반적인 치료법이 추가될 때다. 해당 문제의 상황에
가장 적합하도록 일반 전략 중에서 취사 선택된 전략이 하나의 도구 세트로
만들어지고, 이 도구 세트가 문제 상황에 적절히 사용될 때 최고의 효과와 가
치를 발휘하게 된다는 것이다.

제9장

변증법과 논쟁

이 책의 대부분은 커플·가족치료의 공유 기반에 초점을 맞추고 있다. 그러나 커플·가족치료자는 결코 같은 생각을 가진 적이 없다. 상충되는 생각과 상당한 의견 불일치가 남아 있는 몇 가지 이슈가 있다. 이 장에서는 커플·가족치료자들 사이에 생기는 이러한 반복되는 차이의 영역 중 일부와, 치료자들이 어떻게 통합에 도달해야 하는지에 대해 살펴본다. 대부분의 경우, 실천은 궁극적으로 상충되는 생각들 사이의 변증법dialectic[1]을 통한 합(合)synthesis으로부터 혜택을 얻는다.

전체 가족 다루기 또는 하위체계 다루기

커플·가족치료자들은 커플치료와 가족치료를 하는 데 있어 누가 치료를 받는 것이 필수적이고 또 누가 치료에 참여하는 것이 최적인가에 대한 생각이 상당히 다르다. 가족치료의 초기 모델 대부분은 처치를 위해 가족 전체가 참석하는 것을 요구하였다(S. Minuchin, 1974). 칼 휘태커는 심지어 가족구성원들이 빠지면 모인 가족원들을 보는 것도 거부하였다(Keith, Connell, & Whitaker, 1991).

그러나 가족치료의 초기부터 하위체계를 만났던 다른 치료자들도 있었고

---

1) 역자 주: 네이버 국어사전에 따르면 '변증법'의 뜻은 다음과 같다. 1. 문답에 의해 진리에 도달하는 방법. 어원은 대화의 기술이라는 뜻이다. 2. 헤겔(Hegel) 철학에서, 동일률을 근본 원리로 하는 형식 논리와 달리, 모순 또는 대립을 근본 원리로 하여 사물의 운동을 설명하려는 논리. 인식이나 사물은 정(正)·반(反)·합(合) 3단계를 거쳐 전개된다고 한다.

심지어 한 사람에 대한 개입을 통해 전체 체계를 처치할 수 있다고 주장하는 치료자들도 있었다. 보웬의 가족체계 치료자들(Bowen, 1972)과 행동주의 가족치료자들은 매우 다른 관점에서 가족의 하위체계로 작업한다. 이들 각자는 가족 구성원들을 다른 가족 구성원들과의 관계에서 코치한다.

오늘날 우리는 그러한 선택들이 근본적으로 차이가 있다고 보기보다 그 양쪽 입장을 모두 취하고자 한다. 우여곡절을 겪었지만 대부분의 가족치료자는 오래전에 모든 가족 구성원이 참석하지 않는 한, 가족을 안 만나려는 제한적인 전략에서 벗어나게 되었다. 참여를 높이고 동맹을 구축하기 위한 전략들이 참석을 둘러싼 이슈들의 해결책으로 떠올랐다.

하지만 가능한 한 가족 구성원과 함께 상담하는 것의 가치를 강조하는 치료자들과, 전체 체계와 함께 상담하는 것의 중요성을 강조하는 사람들 사이에는 여전히 강조점의 차이가 있다. 아마도 이 시점에서 우리가 할 수 있는 최선의 방법은 각 관점의 강점과 부담을 인식하는 것이 될 것이다. 가족 전체를 보는 것은 모든 가족 구성원과의 접촉을 허용하고, 간접적으로 보고되었을 때 가족 구성원들의 견해에서 불가피한 왜곡의 문제를 극복한다. 이러한 방법들은 또한 치료에 대한 모든 가족 구성원의 동맹을 강화한다. 더 작은 하위체계와 상담하는 것은 더 쉽게 집중되며, 치료에 참여하기를 원하지 않는 사람들과 동맹을 유지하는 면에서 이슈들이 더 적다. 또한 치료가 전개되는 데 더 많은 시간을 허용하는데, 그 이유는 대개 동기화가 덜 된 구성원의 존재가 종종 치료를 더 짧게 받도록 만들기 때문이다.

전체 가족을 모이게 하는 것의 어려움을 감안할 때, 오늘날 가족치료는 종종 일부 가족 구성원들과 함께하는 치료를 의미한다. 관찰에 따르면, 오늘날 대부분의 합동치료conjoint therapy는 두세 명의 사람들, 즉 대부분 커플 혹은 부모와 한 명의 아동이나 청소년을 대상으로 이루어진다. 다른 사람들을 포함하는 것은 종종 선택사항으로 여겨진다. 마찬가지로, 오늘날 일부 가족 구성원이 참석하지 않는다고 해서 회기를 취소하는 치료자는 거의 없다. 그러나 보웬 가족체계치료를 계속하는 소수의 치료자들을 제외하고는 1인 가족치료 또한 드물다고 할 수 있다. 대부분의 커플·가족치료자는 쉽게 마련될 수 있는 한 많은 체계를 보는 것을 선호한다. 커플·가족치료는 대체로 한 명 이상의 가족이 치료실에 있게 되는 치료와 동의어가 되었다. 대개 처치를 받고 있는 사람들[핀소프(1995)가 **직접적인 환자체계**라고 언급한 대로]은 초점을 두고 있는 문제에 명백하게 연결된 사람들이다.

현재에 초점 맞추기 또는 과거에 초점 맞추기

현재 일어나고 있는 일에 초점을 맞출 것이냐 아니면 과거에 초점을 맞출 것이냐는 커플·가족치료자들 사이에서 강조되는 또 다른 차이점이다. 초기 가족치료는 이 이슈에 대해 서로 상당히 달랐다. 구조적 치료(S. Minuchin, 1974)와 전략적 치료(Watzlawick, Weakland, & Fisch, 1974)는 과거에 무관심했으며, 심지어 때로는 과거에 대해 질문하는 사람들에게 상당히 비판적이기까지 했다(Haley, 1979). 대조적으로, 정신분석적 접근과 다세대적 접근은 핵가족의 초기 경험과 심지어 가족들의 다세대적 과정에 가장 많은 관심을 집중시켰다(Framo, 1992; Hetherington & Elmore, 2004; Williamson & Bray, 1988).

과거에 초점을 맞추는 것을 강조하는 사람들은 내담자의 과거에 일어났던 상담에 대한 이해와 훈습을 강조하고, 대부분은 특히 그들의 초기 경험이 변화의 과정에 결정적[거먼(1978)이 변화를 성취하기 위한 **중간 목표**라고 명명했던 것]이라고 본다. 이와는 대조적으로, 역사에 무관심한 관점을 강조하는 사람들은 이 자료가 도움이 덜 되고 심지어 의사소통을 잘 배우는 것과 같이 변화를 일으키는 치료의 핵심 과업으로부터 주의를 산만하게 하는 것으로 간주한다.

오랜 세월 동안 커플·가족치료의 실천은 이러한 갈등을 다소 완화시켰다. 처치에서 내담자로부터 가족력을 수집하는 것은 대부분의 치료에서 표준적인 측면으로 부상하였다. 대다수의 치료자는 내담자들이 세대 간에 걸친 가족 내에서의 경험과 경향을 만든 가족 사건을 파악하도록 가계도 정보를 수집한다(McGoldrick & Gerson, 1988; McGoldrick, Gerson, & Shellenberger, 1999). '순수한' 구조적 치료자와 전략적 치료자는 별로 없다. 인지행동 치료자들도 이제는 행동 패턴과 도식의 역사에 대한 정보를 그들의 치료에 통상적으로 포함시킨다.

그러나 강조에 대한 차이점은 여전히 남아 있다. 많은 사람에게 가족력에 대한 정보는 단순히 인지나 정동의 탐색과 같은 치료의 다른 근접 목표에 초점을 맞추기 위한 수단일 뿐이다. 여기에서의 역사는 대부분 개입을 위해서 더 중심적인 다른 초점으로 접근하는 지점이다. 다른 사람들에게 있어서 가계도와 형성적인 핵가족 과정 혹은 다세대 과정은, 교정적인 정서 경험을 위해 단계를 설정하는 치료의 본질을 제공한다. 이러한 차이는 그러한 역사적 사건과 통찰에 주목하는 시간과 관심에서 쉽게 드러난다. 어떤 사람들에게 이것은 다른 상담을 향하는 단순한 정류장인 반면, 다른 사람들에게는 치료의 많은 부분 혹은 심지어 대부분이 그러한 탐색에 할애될 수 있다. 따라서 역사가 중요하고 탐색할 가치가 있다는 공감대가 형성되고 있지만, 어디에 강조점을 둘지에 대해서는 분명히 차이가 있다. 이용 가능한 연구 자료가 제한되어 있다는 것은 역사적 탐색을 많이 하지 않고도 목표의 달성과 변화가 가능하다는 것을 나타낸다(많은 증거기반 치료는 이러한 탐색을 거의 진행하지 않는다). 과거에 초점을 맞추는 것은 변화에 이르는 많은 경로 중 하나인 것으로 보인다. 과거를 탐색하는 것이 도움이 되는 것처럼 보이지만, 현재와 과거를 탐색하는 것이 혼합되어 있는 전형적인 커플·가족치료에서의 성과에 그런 탐색이 기여하는 정도를 사정하는 연구들은 아직 별로 없다.

치료자의 역할

초기 가족치료는 또한 치료자의 역할에서 근본적인 차이를 그려 냈다.

구조적 전통 내에서, 치료자는 적극적으로 관여하는 강력한 선동가였고(S. Minuchin & Fishman, 1981), 전략적 전통 내에서는 냉정하게 거리를 둔 기술자였으며(Watzlawick et al., 1974), 경험적 전통 내에서는 정서를 끌어들이는 데 적극적으로 관여하는 공동참여자였고(Whitaker & Ryan, 1989), 인지행동 전통 내에서는 가족 기술에 대한 적극적인 교사였다(Weiss, 1978).

오늘날 대부분의 커플·가족치료자는 이러한 입장들 사이에서 움직인다. 대부분의 치료자는 자신의 입장을 패러다임에 따라 선택하기보다 '얼마나, 그리고 어떤 상황에서?'라는 질문에 따라 선택한다. 그럼에도 불구하고 치료자들마다 강조점의 차이가 분명하며, 자신이 취하는 입장이 다른 치료자의 입장보다 우월하다고 강력하게 주장하는 치료자들이 여전히 존재한다. 오늘날 가장 큰 분열은 치료자를 관계에 대한 지식의 보관소로 보기 때문에, 대체로 치료자를 교사로 보는 사람들(인지행동적 전통에서 가장 강력한 영향을 받는 사람들에 의해 가장 잘 대표된다.)과 로저스나 포스트모더니즘의 유산에 따라서 내담자들이 그들의 삶에서 최고의 전문가라고 보는 사람들(내러티브치료와 후기구조주의 전통에서 가장 잘 대표된다.) 사이에 있다. 이러한 패러다임들에 기반을 둔 치료자들은 매우 다른 방식으로 행동한다. 더 지시적인 치료자들은 그러한 방법이 내담자를 교육하고 내담자의 행동을 변화시킬 수 있는 가장 좋은 기회를 제공한다고 믿는 반면, 덜 지시적인 전통에서는 지시적 치료자들이 문제가 되고 궁극적으로 내담자의 목소리를 차단하는 위계적 구조를 강요한다고 주장한다(Dickerson, 2010).

오늘날 커플·가족치료자는 변화할 수 있는 경로를 제안하는 데 있어 그들이 얼마나 능동적이고 지시적인지에 차이가 있다. 관찰된 결과에 따르면, 지시적 치료자와 비지시적 치료자의 자세가 모두 효과적이라고 한다. 하지만 대부분의 치료 검증이 능동적이고 지시적인 치료에 대해 이루어졌기 때문에, 덜 지시적인 치료자가 얼마나 성공했는지에 대해서는 잘 모른다.

치료자의 정서에 관해서 보자면, 가족치료 초기 시절에는 아주 강한 정서를 실었던 치료자들도 있었고 냉정하고 초연한 치료자들도 있었지만, 이제는 이러한 치료자들 모두가 상대적으로 드물다. 치료자들이 취하는 방식은 상당한 차이가 있지만, 대부분의 치료자는 균형을 맞추면서도 정서적 연결을 하기 위해 노력한다.

내담자의 내적 경험

마음의 내적 과정에 들어가는 것은 얼마나 중요한가? 한때 아마도 이 질문만큼 커플·가족치료의 세계를 분열시킨 것은 없었을 것이다. 어떤 치료들(예: 구조적, 전략적, 해결중심적)은 처치에서 마음의 역할을 최소화한다(S. Minuchin, 1974; Watzlawick et al., 1974). 정서중심 커플치료(Johnson, 2000)와 정신역동적 치료들처럼 다른 치료들은 원칙적으로 내적 경험에 초점을 맞춘다. 오늘날 체계론적 패턴뿐만 아니라 어떤 형태로든 내면의 경험을 어느 정도 다루지 않는 커플·가족치료자를 만나는 일은 드물다. 행동치료조차도 이제 인지행동치료로서 인지에 대해 다루고 있다. 여기서 다시, 오늘날의 의미 있는 변증법은 내적 경험에 초점을 맞출 것인가, 아니면 상호작용에 초점을 맞출 것인가를 강조한다. 어떤 치료자들은 다른 치료자들보다 내적 경험을 훨씬 더 많이 탐색하고자 하며, 그러한 경험에 접근하고 변화시키는 것을 필수적이고 근접한 목표로 본다. 다른 치료자들은 행동이나 가족 구성을 변화시키는 것을 내적 경험을 변화시키는 결정적인 경로로 강조한다. 대부분의 치료자는 이러한 강조점들을 합하고자 한다.

인지 또는 정서

처치에서의 내적인 경험에 대해 치료자의 주요한 역할이 있다고 보는 커플·가족치료자의 상당수는 마음의 어떤 측면에 초점을 두어야 하는지에 관해서 입장이 다르다. 정서중심치료의 변형들(Johnson & Denton, 2002; Greenberg & Goldman, 2008; Napier & Whitaker, 1988)은 정서에 대한 접근과 작업에 우선순위를 두었다. 반대로, 인지에 기반을 둔 치료자들은 이야기와 내러티브를 강조하거나(White & Epston, 1989), 더 논리적인 사고를 하게 해서 재형성되어야 할 왜곡된 사고들을 강조한다(Epstein & Baucom, 2002). 불교와 변증법적 행동치료에서 파생된 동양 전통을 강조하는 이들은 마음챙김 mindfulness이라는 정서적/인지적 경험의 생성을 강조한다(Fruzzetti & Fantozzi, 2008). 연구에 따르면 일차적으로 이러한 모든 측면이 상호 연결된 정신 경로의 사슬에 관여한다는 것을 보여 주지만, 어떤 경로가 가장 유용하고 효율적인지에 대해서는 논쟁이 계속되고 있다. 대부분의 커플·가족치료자는 이러한 개별적 체계 각각에 접근하는 전략을 포함한다. 다시 말해서, 이 이슈는 강조사항 중 하나이며, 대부분의 치료자에게는 이것들을 합한다는 과업이 있다.

정서에 접근하는 방법

정서에 초점이 맞춰져야 할 때, 정서의 표현이라는 견지에서 중간 목표와 최종 목표는 무엇인가? 커플·가족치료는 역사적으로 처치에서 정서의 위치에 대해 의견이 분분하였다. 어떤 접근들은 강한 정서 표현을 가치 있게 여겨 왔는데, 예를 들자면, 휘태커(1992)의 경험적 치료, J. M. 고트먼의 커플치료(J. M. Gottman & Gottman, 2008) 또는 존슨(2008)의 정서중심치료 등이다. 인지행동치료와 같은 다른 접근들은 특히 추론과 의도적인 행동이 발생하는 뇌의 다른 중심부와 관계해서 정서의 영향력을 감소시키는 것을 강조한다(Baucom, Epstein, LaTaillade, & Kirby, 2008).

이러한 갈등에 대해 대부분의 커플·가족치료자는 종합해서 정서의 표현을 중시하면서도 이것을 정서 표현에 대한 의도와 결합시킨다. 치료자는 대개 기저에 있는 정서가 전달되는 기회를 촉진하지만, 정서가 전달되는 어떤 규칙이 지배하는 방식으로 이를 행한다. 갈등 회피나 처리되지 않고 흘러넘치는 분노와 같은 극단적인 상황에서는 감정 표현에 대해 상담하기 위하여 치료자의 도움을 필요로 한다는 것이 일반적으로 공감되고 있다. 그러나 그러한 표현이 얼마나 유용한지에 대해서는 치료자마다 상당한 차이가 있다. 궁극적으로, 치료는 논쟁의 여지가 적고 마음을 동요시키는 상호작용을 가장 잘 촉진하는가, 아니면 가장 직접적인 느낌의 공유를 가장 잘 촉진하는가? 여기서의 담론은 적어도 [엘리스(1962)가 인지치료의 원천으로 명시적으로 지명한] 금욕주의자들the Stoics과 쾌락주의자들the Epicureans의 오래된 논의를 다룬다. 가족들이 그들의 삶을 어떻게 살고 싶은지에 대한 결정을 내리는 경우를 제외하고는 어떤 것이 가장 좋은지 궁극적으로 대답할 수 없다. 감정을 표현할 수 없는 가족들은 감정을 표현하기 위해 도움을 필요로 하고, 원시적인 부정적 정서에 의해 지속적으로 방해를 받는 가족들은 그 정서를 처리하고 표현하는 데 도움을 필요로 한다는 것에 대해 치료자들 사이에 일반적인 합의가 있다. 하지만 중간범위에서는 치료자들마다 그 정도, 그리고 그 시기에 대해 다양한 다른 선호를 가지고 있다. 여기서 추가적인 고려사항은 가족들이 문화적으로 다양하며, 정서 표현의 역할과 형태에 대해 그들만의 고유한 방식을 갖고 있다는 것이다. 이와 같은 문화와 고유방식들은 또한 이러한 이슈들과 관련해서 특정한 가족들과의 상담을 이끄는 데 중요한 요인들이 된다 (Bernal & Domenech Rodríquez, 2012).

의학적 모델의 포용

처치에 정신질환의 의학적 모델이 통합되는 정도는 방법이 충돌하는 또 다른 이슈다. 어떤 커플·가족 모델과 치료자들은 정신질환의 의학적 모델을 전적으로 받아들이고 그것을 기반으로 한다. 그러한 처치는 아주 흔하게 기능에 심각한 어려움을 겪는 사람들에 대한 치료와 관련된다. 의학적 모델을 통합하는 증거기반 방법들은 조현병(Hogarty et al., 1991)과 양극성장애(Miklowitz, 2008), 그리고 알코올 중독과 약물중독에 대한 12단계 처치(Haaga, McCrady, & Lebow, 2006)를 위해 개발되었다. 그러나 가족치료운동은 부분적으로 그러한 모델에 대한 거부로 시작되었다. 오늘날 조현병과 양극성장애의 생리적·유전적 기반에 대해 논쟁하는 커플·가족치료자는 거의 없지만, 가족치료자들은 그 은유를 전적으로 기꺼이 받아들여서, 예를 들어 '정신병'이라고 말하는 정도가 다 다르다.

논쟁의 정도는 문제에 따라 다르다. 우울이나 불안과 같은 문제보다 조현병을 만났을 때 질병 은유의 가치에 대한 공감대가 훨씬 크다. 분명히, 어떤 문제들은 생물학적인 근거를 가지고 있지만, 이러한 관점의 과잉 접근은 많은 커플·가족치료자에게 있어서 난제다. 행동에 대한 생물학적 설명을 강조하는 가족치료 바깥에 있는 사람들은 심지어 커플과 다른 관계 문제들도 생물학적으로 추동되는 것으로 본다(D'Onofrio et al., 2006). 유전학 연구는 정말로 이혼의 빈도와 같은 가족 변인과 유전자 사이의 작은 연관성을 발견하기 때문에 이 주장에 대한 근거는 아직 남아 있다(Lykken, 2002). 그러나 거의 전적으로 이러한 연관성은 감정적 어려움을 가진 사람들이, 또한 관계에서 그러한 어려움을 드러내고 관계에서 감정적 어려움을 가진 다른 사람들을 찾을 가능성이 증가한 것으로 설명될 수 있다. 연구나 치료자 경험 중 어느 것도 과민성과 내향성-외향성 같은 성격 특성에서 생물학의 작은 역할을 넘어서 관계 문제에 대해 생물학적으로 끌어낸 설명을 지지하지 않는다.

커플·가족치료자는 종종 의료 종사자들과 상호작용을 한다. 그들은 주된 처치를 생물학적인 것으로 보고 커플·가족치료는 '부차적인' 치료로 언급하면서 특정한 증후군의 처치와 관련해 생물학의 역할에 대한 견해를 표명한다. 이러한 현실은 천성nature과 양육nurture의 조합을 대상으로 하는, 처치에 대한 가장 합리적이고 증거기반적인 '양쪽 모두'의 입장을 지지하지 못하게 한다. 의료 종사자들의 입장은 그들 자신의 방법을 특권화하는 생물학적 주장을 지지하면서 실질적으로는 다양한 서비스에 대해 환급해 주는 체계를 통제한다.

이 주제의 한 변형은 신경과학과 신경전달물질에 집중된다. '뇌의 10년 Decade of the Brain' 기간 동안의 집중적인 조사는 뇌가 어떻게 작용하는지에 초점을 맞추었고, 신경심리학이 관계적 행동에 어떤 영향을 미치는지에 대한 많은 통찰을 이끌었다. 이러한 통찰은 결국 관계적 삶을 사는 동안 일어나고 있는 일에 대한 신경학적 설명으로 이어졌으며(Siegel, Siegel, & Amiel, 2006), 그중 일부는 뇌와 행동의 상호작용을 개념화하는 데 매우 유용하다. 이러한 이해가 체계에 대한 발견을 상당히 증가시켰으며, 이러한 상호 관계에 대해 여러 가지 매우 유익한 논의가 있었다(Fishbane, 2007; Siegel, 1999). 특히 관계를 개선하려는 노력을 복잡하게 만드는 마음속의 힘을 찾아내 주는 한, 그런 개념화의 장점에 반대하는 사람은 거의 없을 것이다. 그러나 의학적 모델의 변형은 그러한 설명을 질병 은유가 우월한 것으로 보도록 만들어 버린다. 뇌는 모든 행동에 항상 관여하며, 신경과학이 밝힐 수 있는 패턴은 불가피하게 모든 행동과 연관된다. 그러나 핵심적인 질문은 뇌가 관여한다고 알려진 것이 사소한 연관성인지, 아니면 궁극적으로 감정, 생각, 그리고 행동에서의 변화를 만들어 내는 전략에 대한 지침을 진짜로 제공하는 연관성인지의 여부다.

이러한 이슈들에 대해 내 나름대로 도출한 종합적인 결론은, 비록 어떤 문제들에 관련해서 믿을 만한 사례가 병리에 대한 의학적 모델로 만들어질 수 있고 이 모델을 참조하여 작업하는 것이 도움이 되는 경우가 있지만, 치료자들이 논란 있는 그러한 문제들에 그와 같은 틀을 가져오는 데는 신중해야 한다는 것이다. 그와 같은 틀이 가족의 이해와 협력을 개선하는 데 도움이 될 수 있지만(예: 한 가족 구성원이 "나는 이제 존의 양극성 행동을 고의적이지 않은 것으로 이해할 수 있고 그 장애에 대해 상담하는 것을 배울 수 있어요."라고 말할 때), 장애와 삼각관계를 둘러싼 개인을 대상화시킬 위험성이 존재한다. 더욱이, 이 은유는 짧은 장애 목록을 넘어 확장되었을 때, 도움이 되지 않을 뿐만 아니라 단순히 부정확할 수도 있다. 따라서 조현병, 양극성장애를 넘어서는 삶의 문제들과 몇 가지 다른 문제를 접했을 때, 나는 커플·가족치료자가 그러한 은유에 조심스럽게 참여하거나 합류해야 한다고 생각한다. 마찬가지로, 신경과학의 관련성에 대해 논의할 때, 내담자의 행동에 대해 왜곡하면서 기본적으로 생물학적인 설명을 남기지 않도록 주의해야 한다. 종종 도움이 되는 한 가지 기법은 천성과 양육에 대한 논쟁의 양쪽 측면을 내담자와 논의하는 것이며, 내담자가 이 은유의 유용한 측면과 한계 모두를 이해하도록 돕는 것이다.

변화를 만드는 것의 용이성

커플·가족치료자들은 변화가 얼마나 쉽게 일어나는지에 대해 심한 양면성을 가지고 있다. 체계치료의 초기에는 항상성의 힘에 대한 개념, 즉 변화가 일어난 후에 체계가 더 전형적인 패턴으로 되돌아가는 경향의 개념이 공식화의 기초였다(Watzlawick et al., 1974). 그러나 항상성은 물리학에서 가져온 은유이며, 인간의 회복탄력성과 적응력에 대한 개념의 등장으로 가족치료에서 빛을 잃게 되었다(Walsh, 2002).

희망과 긍정적인 기대의 생성이라는 측면에서 본다면 비관적인 항상성의 시각으로부터 이동해 가는 것이 교정적 가치를 지니겠지만, 커플·가족치료(개인치료에서처럼)에서의 초기 변화 기간은 사실상 문제가 다시 생길 위험이 크다는 것 또한 명백하다. 예를 들어, 최상의 효과적인 커플치료조차 몇 년 동안 추적했을 때 약 50%의 커플들이 높은 관계 스트레스 수준으로 되돌아왔다(Christensen, Atkins, Baucom, & Yi, 2010; Jacobson, Schmaling, & Holtzworth-Munroe, 1987). 더욱이, 대부분의 연구에서 커플·가족 문제를 오랫동안 겪은 사람들 중 상당수는 그런 문제를 겪지 않은 사람들만큼 문제가 없는 수준으로 변하지 않는다. 일부는 도움 없이도 변화할 수 있지만, 커플·가족 문제의 경우 임상 범위에서 정상 범위로 이동하는 것은 어렵고, 그것이 바로 변화를 가능하게 하는 것을 전공으로 하는 전문가들이 있는 이유다.

요컨대, 항상성과 회복탄력성은 둘 다 관계치료에서 작용하는 분명한 힘이며, 사례 공식화와 치료 이후 이익을 유지하기 위한 계획에서 고려되어야 할 힘이다. 치료의 성공은 대개 처치 동안 변화에 관여하는 핵심 절차가 무엇이든 그것을 지속적으로 사용하는 것에 달려 있다. 그 핵심 절차는 행동 프로그램, 자기 대화, 정서적 초점, 마음챙김 연습, 혹은 시간에 따른 통찰 등이 될 수 있다. 이상적으로, 치료자는 회복탄력성과 항상성에 대한 생각을 모두 지니고 있으며, 전자를 구축하고 후자를 최소화하는 것을 돕기 위해 상담한다.

행동 변화 대 수용

통합적 행동 커플치료와 같은 행동치료의 제3물결은 변하지 않는 사람들을 수용하는 것에 토대를 두고 있으며, 치료에서 더 중요한 목표가 행동의 변화일지, 아니면 타인에 대한 수용일지에 대한 커플·가족치료자들 사이의 오랜 논쟁을 명시적으로 언급한다. 수년 전 세이거(1976)가 강조했듯이, 정상적 한계 내에서 관계적 삶의 성공은 사람들이 관여하는 사고, 감정과 행동의 절대적 질의 문제라기보다는 그것들이 가족 내에서의 기대와 교환의 균형이라는 맥락에서 어떻게 경험되는가의 문제다.

모든 사람은 몇 가지 모범적 특질을 가지고 있으면서도 몇 가지 문제적 패턴을 보여 주며, 모든 체계는 강점과 약점의 영역을 지니고 있다. 언제가 그러한 패턴을 변화시키기 어려운 사람들이 주로 책임을 져야 할 때이며, 또 언제가 다른 가족 구성원들이 그러한 행동을 수용할 책임을 져야 할 때인가? 분명히, 수용과 변화는 양자택일의 선택을 나타내지 않는다. 타인을 수용하는 것과 행동을 변화시키는 것은 둘 다 대부분의 커플·가족치료의 본질이다. 치료자들은 그것들 각각을 갖고서 도와줄 기술을 개발해야 하지만, 언제, 어떤 것을 강조해야 하는가?

대부분의 치료자는 먼저 문제가 있는 패턴을 변경시켜 보려 하고, 이 노력이 성공하지 못한 후에야 수용으로 이동함으로써 이 딜레마를 해결한다. 여기서 예외는 본질적으로 바꿀 수 없는 관계적 삶의 측면들에 관한 것이다. 가족 중 누군가가 특별한 병리나 성격의 유형을 가지지 않기를 바라게 되는데, 이 경우에는 수용만이 실행 가능한 해결책이다. 가족 구성원들이 오랜 기간 동안 바꾸려고 했던 이슈들과 씨름할 때, 수용을 향해 상담하는 것이 더 적절한 목표가 될 수 있을 것이다. 그러나 그러한 알고리즘은 개입을 위한 순서를 제시하면서도 많은 의문을 제기한다. 예를 들어, 패턴이 다루기 어려운 것으로 인식된다면 그때는 수용이 목표가 될 가능성이 더 커진다. 이것은 변화에 대한 의욕을 잃게 하고, 치료를 파괴적인 대인관계 게임 중 하나로 쉽게 바꿀 수 있는데, 에릭 번(Eric Berne, 1964)은 관계과학의 초창기에 이러한 게임들을 목록화했다. 수용은 최선의 해결책에 도달하기 위해 가족 구성원들이 그들의 선택을 평가하고 서로 긍정적으로 관여할 때 가능한 접근방식이다. 일단 가족 구성원들에게 수용을 증가시키는 대략적인 목표가 정해지고 난 후, 그들이 이 결정의 관계적 의미를 처리할 때 수용에 초점을 맞춘 작업이 이루어질 수 있다.

분화 촉진과 연결 촉진

커플·가족치료의 또 다른 변증법은 분화와 연결에 중점을 둔다. 자신을 타인과 연결하고 분화하는 삶의 궁극적인 목표가 매우 중요하기 때문에 이러한 단어들은 처치 모델을 설명하는 책의 제목에 자주 사용된다. 여러 해 동안, 가족사정척도는 이러한 분화와 연결을 사정하는 데 주로 초점을 맞췄다(Hampson, Prince, & Beavers, 1999; Olson & Gorall, 2003). 관계 체계에서는 두 가지가 모두 중요하지만(분화와 연결 중 다른 하나를 완전히 배제하고 하나만 가지기가 어렵다.), 어떤 것이 더 중심적 목표로서 상대적으로 중요한가에 대한 논쟁은 여전히 활발하다. 예를 들어, D. 슈나르크(2010)는 오래된 패턴으로부터 파트너를 자유롭게 하는 데는 분화가 더 핵심적으로 중요하다고 보는 반면, 피시베인(2011)은 연결의 우위를 강조한다. 합은 분화와 연결이 서로의 요소를 더 많이 취하도록 둘의 이상적인 조합을 유지하는 것이다. 대부분의 치료자는 이 영역을 목표로 한다. 그러나 현실은 종종 둘 중 어느 것 하나를 강조하게 만들며, 치료자들은 그렇게 함으로써 가족에 대한 다양한 관념과 가족 구성원들이 가장 잘 관계하는 방식으로 물러나게 된다. 이 논의는 가족생활에서 가치 있는 것이 무엇인가에 대한 논쟁으로 쉽게 넘어간다(이 책의 제10장 참조).

관계적 목표 또는 개인적 목표

가족치료는 또한 초기 시절부터 관계적 목표와 개인적 목표를 모두 강조해 왔다. 여기서도 다시 이상적으로는 어느 하나가 다른 하나의 결과를 야기시킨다. 그러나 이러한 다른 유형의 목표들은 또한 커플·가족치료에서의 목적에 대한 본질적인 이중성을 만든다. 커플 간 스트레스를 다루는 커플치료에서는 관계적 실타래를 풀기 위해 커플 관계를 개선시키는 것을 치료의 필수적인 최종 목표로 삼는다. 이와 대조적으로, 가족치료는 종종 청소년의 외현적 행동을 줄이는 것과 같은 개인적 목표 달성을 성공의 척도로 삼는다. 관계성은 이 상담에서 중요하지만 대부분 개인을 돕고 궁극적인 목표를 지향하는 중재적 목표로 여겨진다. 가장 좋은 합은 두 종류의 목표가 지니는 중요성을 인식하고, 각각의 목표에 관심을 가지며, 치료에서 그것들을 균형 있게 달성하는 것이다.

영성

가족생활 속에서 영성의 위치도 변화를 겪어 왔다. 커플·가족치료의 역사 초기에, 종교와 영성은 시야 밖에 있는 영역으로 여겨졌다. 이것은 특히 '과학적인' 커플·가족치료의 경우 더 그러했다. 보다 최근에, 영성은 실천 안으로 더 통합되게 되었다. 월시(2010)는 가족치료에서 영성에 관해 널리 알리는 책을 편집했고, 브룬린, 핀소프, 러셀과 르보(2011)는 사례 공식화에서 고려할 메타틀작업metaframework에 영성을 추가하였다. 심지어 연구기반research-based 접근에서도 영성을 통합하였다. 예를 들어, 비치 등(Beach et al., 2011)의 연구에서는 독실한 아프리카계 미국인 내담자를 대상으로 하는 커플치료에 파트너와의 관계에 대한 기도를 통합시키고 있다.

그럼에도 불구하고, 많은 사람이 이렇게 영성을 통합시키는 것에 대해 여전히 불편해하고 있다. 영성을 통합하는 것은 분명히 커플·가족치료를 많은 내담자가 더 쉽게 수용할 수 있도록 돕고, 이러한 내담자들에 대해 효과적인 전략을 제시한다. 그러나 종교는 종종 대부분의 가족치료에서 핵심을 이루는 평등주의적 관념과 상충되는 많은 가치와 연관되어 있다. 영적인 연결이 남성지배의 이념, 세상 안에서 운명을 따르는 본질적인 정의나 반동성애적 태도, 일부 조직화된 종교 내에서 길러진 모든 개념으로 쉽게 이어질 때, 치료자는 영적 연결과 같은 이슈들을 어떻게 다룰 것인가? 오늘날 많은 치료자는 영적 연결을 장려하지만, 조직화된 종교 내에서의 특정한 역기능적 신념을 문제삼음으로써 이것을 해결한다. 다른 치료자들은 그 신념이 치료에 의해 다루어지는 영역을 직접적으로 건드리지 않는다면 그러한 것을 용인하기도 한다. 커플·가족치료는 영성의 여지를 남겨 두었고 그것을 치료적 요인으로 삼아 유연하게 상담해 왔지만, 영적 신념과의 접점에서 제기되는 복잡한 문제들을 어떻게 다룰 것인가에 대해서 아주 완전하게는 합의점을 찾지 못했다.

인식론과 변화 기제

가족치료에서의 강조점은 이론에서 실용주의로 옮겨 왔다. 그러나 가족치료의 초기 수십 년의 특징이었고 이 분야의 주요 학술지인,『가족과정』의 전체 발행 호수들을 채워 온 인식론에 대한 핵심 논쟁을 어떻게 해야 할까? 이 분야가 지식의 본질에 대한 이론과 우리가 세상에 대해 알고 있는 것에 닻을 내리고자 한다면 그러한 인식론은 중요할까? 비록 오늘날 치료자들에게 그러한 질문들이 과거보다 훨씬 덜 중요하다고 가정하지만, 그러한 질문들을 다루는 것에는 분명히 큰 가치가 있다. 예를 들어, 포스트모던적 내러티브치료자들이 지식의 상대적 본질에 대한 이해를 접근의 핵심적 기초로 만든 반면, 인지행동 처치와 같은 근대론적인 과학적 접근들은 실천에 강하게 영향을 미치는 객관적 발견의 존재에 기반을 두고 있었다. 브룬린 등(2011)이 제시했듯이, 오늘날의 합의적 입장은 아마도 여러 관점의 통합뿐만 아니라 하나의 객관적 실재도 허용할 것이다. 하지만 그러한 합의가 모든 치료자에게 확대되고 있지는 않다.

이론에 대한 강력한 입장에서 벗어나려는 움직임은 또한 변화를 위한 핵심 기제의 공식화와 같은 질문들로 확장되고 있다. 심지어 한때는 존재의 한 측면에 배타적으로 초점을 맞추었던 이론들도 이제는 종종 다른 측면을 통합한다. 따라서 행동적 방법은 인지행동적 방법이 되었고, 또 인지행동적 방법은 이제 정서를 자주 포함시키고 있다. 이것은 문제의 기원과 유지에 대한 이론들을 구성하는 데 있어서 강조에서의 차이를 무시하기 위한 것이 아니라 '한 음표one note'를 좁혀 가는 것이다. 오늘날 그 이론들은 예전보다 실천에 영향을 덜 미치고 있다. 그러나 더 많은 이념적 위치에서 계속 실천하는 치료자들과 그렇지 않은 치료자들 사이에 변증법이 여전히 남아 있다. 이론이 보다 포괄적이게 되고, 존재의 본질과 사고, 행동, 감정 중 어느 것이 가장 중요한지와 같은 문제에 대해 다양한 생각을 가질 수 있게 됨에 따라, 앞으로 이런 발전들이 이 분야에 미친 영향의 평가가 이루어지게 될 것이다.

단순한 접근과 복잡한 접근

커플·가족치료에는 항상 소수의 개념들과 개입으로만 구성된 매우 단순한 접근들과 그 외의 더 큰 복잡성을 지닌 접근들이 있었다. 우리는 더 단순하거나 더 복잡한 방식으로 실천하는 두 종류의 접근들과 치료자들을 계속해서 보게 된다. 전자는 단순성의 미덕을 제공하는데, 이 방법들은 배우기 쉽고, 내담자가 이해하기 쉬우며, 핵심 개입전략에 초점을 맞추기가 쉽다. 복잡성은 내담자들에게 적응하고 맞추어 가는 데 더 큰 잠재력을 제공하기도 하지만, 치료자에게 공식화와 계획, 그리고 보다 광범위한 훈련과 더 높은 수준의 기술을 요구하기도 한다. 스펙트럼의 단순한 모델의 끝에는 해결지향적 접근들이 있고(Molnar & de Shazer, 1987), 복잡한 모델의 끝에는 다단계의 통합모델들이 있다(Liddle, 2010; W. Pinsof, Breunlin, Russell, & Lebow, 2011). 단순하고 복잡한 모델의 추종자들은 둘 중 하나의 덕성에 대해 격렬하게 논쟁한다.

스페셜리스트 또는 제너럴리스트

커플·가족치료는 심리학, 정신의학, 사회복지, 상담 등과 같은 분야 내에서 전문화되어 있으면서도, 또 많은 사람이 전공으로서 훈련받지 않고도 실천하기도 한다는 면에서 독특하다. 커플·가족치료에 특수한 기술이 필요한가? 그 대답은 의심할 여지없이 '그렇다'이다. 사실상, 훈련을 받지 않은 커플·가족치료자를 훈련받은 치료자와 비교하는 연구를 수행할 수 없을 것이다. 어떤 임상연구심의위원회institutional review board도 이러한 처치를 수행하는 역량을 훈련받지 못한 치료자를 승인하지 않을 것이다. 그러나 분야 간 조직 이슈들이 있기 때문에, 어떤 사람이 정신건강 면허를 가지고 있다면 그 사람이 커플·가족치료를 하더라도 이를 제한하기가 어렵다. 더욱이, 커플·가족치료에서 가장 분명한 기반을 가진 전문가들인 커플·가족치료자들은 개인 처치에서도 그들 자신이 유능하다는 것을 확인할 수 있도록 캠페인을 벌여 왔다. 이를 통해 커플·가족치료의 특수한 활동을 넘어서서 그 치료자들의 훈련 권한을 확대하도록 요구하였다. 이러한 활동에 대해 특수한 훈련이 필요한 것이 분명해 보이지만, 이 분야의 발달은 대개 커플·가족치료자들에게 가장 적합할 수 있는 활동을 전문화시키는 것과는 반대의 방향으로 움직여 왔다.

경제적인 힘 또한 커플·가족치료 실천의 방향을 전문화에서 벗어나 시간제로 커플·가족치료를 행하는 제너럴리스트 쪽으로 향하도록 작용하였다. 커플·가족치료에서 사전 훈련을 받지 않은 치료자들이 특정한 처치 모델에 대한 훈련을 받고 커플·가족치료를 수행하는 경우가 종종 있는데, 이제는 처치의 영향을 검증하는 연구들조차 이런 환경에서 이루어지기도 한다(Edwards, Schoenwald, Henggeler, & Strother, 2001). 커플·가족치료자들을 유능하게 훈련시키는 것이 중요하다는 것을 문제삼지 않게 되면, 커플·가족치료를 포함해 여러 양식으로 치료한 사람들이 치료자로서 자신들의 상담에 대한 긍정적인 감정 수준이 가장 높다는, 오를린스키와 론네스태드(2005b)의 연구 결과가 위안을 준다.

가족체계 또는 친족체계

가족치료는 가족 구성원이 문제를 겪고 있다는 맥락에서 핵가족을 만난 몇 명의 뛰어난 선구자로부터 시작되었다. 이것은 확대가족과의 만남과 심지어 사회관계망(Speck & Attneave, 1974)에 있는 사람들과의 만남으로까지 빠르게 움직여 갔다. 커플·가족치료는 계속 발전해 오면서, 오늘날에는 대체로 핵가족 내의 하위체계나 그 가구 안에 살고 있는 사람들을 만나는 것으로 구성된다. 하지만 보다 포괄적인 만남을 강하게 옹호하는 치료자들이 여전히 남아 있는데, 이러한 입장에는 어떠한 논리가 있다. 청소년 비행과 물질사용장애에 대한 주요한 증거기반 처치 중 하나인 다중체계적 치료는 가족 내부나 외부에 관계없이 특정한 사례와 가장 관련성이 높은 체계들에 초점을 맞추고서 그 처치를 행한다. 다른 치료자들은 가족치료운동에서의 초기 지역사회 기반 정신을 더 직접적으로 수행하고자 한다. 이들은 '하나의 마을'(Madsen, 2011; Morkel, 2011)을 이루는 치료를 제공하고, 다양한 가족 형태가 복잡하게 이루어져 있다는 사실에 주의를 환기시킨다(Bray & Kelly, 1998; Burton & Hardaway, 2012). 많은 처치에서 누구를 포함시킬 것인가에 대한 의견 차이가 더 좁아져 가고 있지만, 가족치료자들은 밀접하게 접촉하는 확대가족과 다른 사람들을 포함하도록 형식을 수정하는 것이 유익할 수 있음을 기억할 필요가 있다.

공동치료

커플·가족치료에서 공동치료cotherapy의 위치는 실천에 대한 경제학의 영향을 고려할 때 주목할 만한 점을 제공한다. 커플·가족치료의 초기 10년 동안, 공동치료는 서비스 제공을 위한 지배적인 방식이었다. 많은 서적과 논문에서는, 현재 일어나고 있는 상황의 처리를 허용하고, 치료에서의 전이를 해소하며, 두 명의 부모를 둔 가족(남녀 공동치료자가 선호되었다.)의 핵심적이고 이상적 그림(적어도 그때는)을 살피고, 스트레스를 많이 받는 상황에서 활기차게 지낼 수 있는 기반을 제공한다는 면에서 공동치료가 유리하다고 쓰여 있다(Tucker, Hart, & Liddle, 1976). 어거스터스 네이피어(Augustus Napier)와 칼 휘태커(1988)는 심지어 공동치료 관계를 집중적으로 다루는 가족치료에 대한 고전적인 책을 쓰기도 하였다. 그러나 오늘날 사람들은 훈련센터와 다가족 집단의 맥락 밖에서는 공동치료를 거의 접하지 못한다. 이 맥락에서 공동치료가 내는 성과가 더 낮다는 공식적인 증거가 부족하다는 점과 더불어(Lebow & Gurman, 1995), 그들이 들인 시간에 대해 두 명의 치료자에게 지불해야 하는 경제학은 공동치료의 실행을 끝내도록 만들었다. (공동치료에 대해) 열정적인 사람들이 아직 남아 있기는 한데, 그들은 대부분 회기들에 대해 더 적은 보수를 받아도 개의치 않는 나이 많은 사설 개업 치료자들과, 이러한 맥락에서 멘토들로부터 배우기를 열망하는 젊은 치료자들이다. 하지만 공동 치료는 대개 개업 중인 정신분석을 일주일에 네 번 하는 것과 같은 길을 가고 있다. 고도로 전문화된 훈련 환경에서는 예외로 치고, 이렇게 공동치료가 되지 않는 것은 유감스러울 수 있지만 피할 수 없는 인생의 현실인 것 같다. 그럼에도 불구하고 잃어버린 공동치료의 기술은 많은 이점을 가지고 있으므로, 그것이 더 많은 환경에서 다시 살아나거나, 적어도 공동치료가 강조하고자 하는 요인들(예: 치료자 소진, 치료자 동맹의 복잡성, 치료자 공정성, 내담자 전이)이 다른 방식으로 다루어질 수 있기를 바란다.

치료자라는 개인의 강조 또는 처치의 강조

수년간 치료자라는 개인의 강조와 변화의 주체로서 처치 사이에 관한 논쟁에는 상당한 움직임이 있었다. 하나의 입장 또는 다른 입장을 옹호하는 치료자들이 남아 있기는 하지만(제5장 참조), 커플·가족치료 분야는 이러한 강조의 문제에 대해 양쪽 모두의 입장 쪽으로 움직여 왔다. 그럼에도 불구하고, 훈련을 강조하는 추는 개인의 발달보다 기술적 전문성을 강조하는 방향으로 기울어 왔다. 훈련 상황에 있는 치료자의 사람됨에 대한 더 많은 관심은 분명히 필요하다.

치료자의 자기 노출

초기 가족모델은 상당히 다양했지만, 일반적으로 높은 수준의 치료자 자기 노출을 포함하였다. 가족이 보여 주는 친밀성은 허심탄회하게 자기 이야기를 나누는 치료자를 모방한 것이었다. 모든 방법이 이 관념을 고수한 것은 아니다. 사실상 헤일리(1987)의 문제중심적 방법과 전략적 방법(Watzlawick et al., 1974)은 치료자가 그렇게 하는 것을 강력히 반대하였다. 그러나 경험적인 것과는 거리가 먼 치료 방법에서조차도 시대정신the zeitgeist은 기본적으로 자기를 보여 주는 치료자 쪽이었다. 놀랍게도, 오늘날의 방법들은 치료자 편에서의 투명성을 거의 언급하지 않는다. 가장 눈에 띄는 것은 증거기반 처치 매뉴얼에서 자기 노출에 대해 말하는 경우가 거의 없다는 점이다. 오늘날 커플·가족치료자들은 과거에 비해 그러한 나눔의 수준이 훨씬 낮다는 관측도 있다. 분명히 노출을 더 좋아하는 측과 덜 좋아하는 측 모두 그들의 경우를 강하게 주장할 수 있다. 그러한 나눔을 지지하는 사람들은 그러한 순간에 발생하는 강력한 공통요인들을 강조하는 반면, 반대하는 사람들은 그런 나눔이 치료 상담에서 만들어 내는 산만함을 강조한다. 치료자가 전혀 나눔을 하지 않으면 동맹에 장애물이 생기고 관계적이지 않은 모델을 설정하는 반면, 나눔이 너무 많으면 진행을 방해한다. 그렇다면 얼마나 나누는 것이 최적인가? 치료자들은 이 이슈에 대해 입장이 갈린다. 답변의 일부는 그것이 치료자의 개인적인 스타일에 맞추는 문제일 수 있다는 것이다. 희망컨대, 결국 이 문제와 관련된 연구가 이 질문에 대해 응답해 줄 것이다.

연구중심 방법과 실천중심 방법

어떤 치료들은 오래된 가족치료 전통에서 발전했고, 또 어떤 치료들은 임상가에 의한 혁신적인 최신 개발에서 발전했으며, 또 어떤 치료들은 연구기반 방법에서 발전하였다. 이러한 모델 개발 방식 사이의 충돌은 (인지행동치료자가 학계와 다른 곳도 지배하고 있는) 개인치료의 세계에서만큼 두드러지지는 않지만, 증거기반 처치에 몰두한 사람들과 다른 방법을 실천하는 사람들 사이에는 여전히 괴리가 있다. 또한 타 분야의 직업 경로를 가진 사람들은 다른 모델들로 훈련하는 사람들에게서 나온 증거기반 모델로 훈련받는 경향이 있다. 오늘날 어떤 치료자들에게 한 가지 접근의 영향을 지지해 주는 연구는 특정한 개입전략을 제공하는 핵심적 이유가 되기도 하지만, 대부분의 치료자에게 그러한 연구는 개인적 경험, 개인치료, 훈련과 슈퍼비전 같은 요인들보다 덜 중요하다(Orlinsky et al., 2005). 분명히, 증거기반 모델을 사용하는 사람들과 다른 방법을 사용하는 사람들 사이에서는 더 많은 교환이 이루어져서, 그들이 서로를 더 잘 이해하고 상호 교류cross-fertilization가 발생할 수 있도록 해야 한다. 현실 세계 실천으로부터의 통찰이 연구기반 치료를 더욱 강화할 수 있는 것처럼 연구 전통은 연구에서 비롯된 치료를 강화시킬 수 있다.

내담자 문화에 대한 변용

초기 시절에 가족치료는 불변의 원칙에 대한 것이었다. 그러한 원칙이 무엇인지에 대해서는 가족치료자들 사이에 차이점이 있었지만, 문화와 관련하여 필요한 방법을 변용시키는 것에 대한 이해는 거의 없었다. 오늘날 커플·가족치료는 대개 문화 간 차이에 대해 크게 인식하고 행해진다. '규범적normal'이라는 개념의 차이로 친밀성에 대한 사회 규범이 얼마나 크게 다른지, 그리고 다양한 치료적 작업이 문화의 렌즈를 통해 어떻게 보일 필요가 있는지 알게 됨으로써 그런 상담 실천이 이루어진다.

그러나 이러한 이해를 공유한다고 해서 처치의 목표와 방법이 문화에 따라 달라져야 하는 정도가 어디까지인지에 대한 담론의 필요성이 끝난 게 아니다. 이러한 변증법의 중요한 어려움은 특정한 문화적 맥락이 가족들에서 가장 잘 작동하는 것에 대한 합의와 증거로부터 크게 벗어나는 지점에서 온다. 한 예로, 여성의 행동을 제한하고, 남성과 여성의 행동에 대한 이중기준을 규정하는 문화적 맥락이 많다. 그러한 문화는 현대의 규범에서 크게 벗어나며, 거의 모든 증거가 그러한 태도들이 비교문화적으로 가족생활에 대한 부정적인 결과를 가져온다고 지적한다. 그러한 충돌의 가장 극단적 예를 들자면, 어떤 문화권에서 가정폭력은 토착적이며 규범적으로 받아들여진다. 여기서 문화적으로 받아들여지는 행동들은, 무엇이 적절한 행동인지에 대한 현대의 관점과 대조된다. 문제는 문화가 중요한 것인지의 여부가 아니라, 문화가 어떻게 가족의 공유된 이해와 상호작용하는가 하는 것이다. 어떤 사람들은 내담자의 문화에 맞추어 조정하는 것을 더 옹호하고, 또 어떤 사람들은 이해를 초월하는 것을 더 옹호한다. 여기서 한 가지 합은 문화적 편차를 허용하면서도, 문화를 초월해서 긍정적 가족생활에 대한 명확한 기대치를 구별하고 진술하는 자세를 규정하는 것이다. 문화가 안전을 위하는 것과 같은 기본 규범을 위반할 때, 개입은 이러한 이해에 대해 문화에 민감한 방식으로 관심을 기울이고 처리하면서도, 가족이 그러한 비교문화적 이해를 통합하는 것을 가장 적절한 목표로 삼는다.

결론: 합을 향하여

이 장에서는 커플·가족치료의 실천에 수반되는 몇 가지 진행 중인 논의와 변증법을 제시하였다. 다행히 이러한 많은 이슈와 관련하여 합이 나타나서, 강력한 아이디어와 입장에 따르는 실천 지침을 제공할 수 있었다. 그러나 이러한 변증법 중 일부는 궁극적인 해결 방법이 없는 근본적인 문제들에 초점을 맞춘다. 치료자들은 아마도 항상 그것들에 대해 입장이 나뉠 것이고, 대개는 각자 서 있는 위치가 그들에게 가치를 지닐 것이다. 결정적으로 중요한 것은 치료자들이 이러한 변증법과 씨름하고 이러한 이슈들과 관련하여 의도적인(최종적이지 않더라도) 입장을 찾는 것이다.

제10장

윤리와 가치

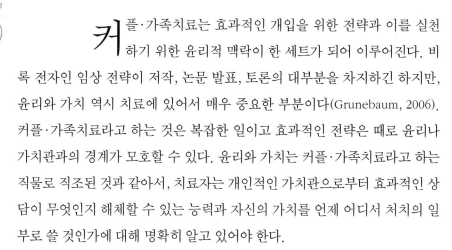

커플·가족치료는 효과적인 개입을 위한 전략과 이를 실천하기 위한 윤리적 맥락이 한 세트가 되어 이루어진다. 비록 전자인 임상 전략이 저작, 논문 발표, 토론의 대부분을 차지하긴 하지만, 윤리와 가치 역시 치료에 있어서 매우 중요한 부분이다(Grunebaum, 2006). 커플·가족치료라고 하는 것은 복잡한 일이고 효과적인 전략은 때로 윤리나 가치관과의 경계가 모호할 수 있다. 윤리와 가치는 커플·가족치료라고 하는 직물로 직조된 것과 같아서, 치료자는 개인적인 가치관으로부터 효과적인 상담이 무엇인지 해체할 수 있는 능력과 자신의 가치를 언제 어디서 처치의 일부로 쓸 것인가에 대해 명확히 알고 있어야 한다.

관념적인 면에서 이러한 구분이 단순하다고 여겨질 수 있다. 전략과 기술로서의 재정의, 다양한 종결 상황에 적용될 수 있는 방법적인 측면들, 커플은 당연히 결혼상태를 유지할 것이라고 믿는 믿음 등은 결혼이라고 하는 이슈에 대해 개인적인 입장을 담고 있는 것이다. 그러나 전략과 기법을 적용하는 것과 가치를 부과하는 것의 구분은 실제 상황에서 종종 모호해진다. 개입에 대한 선택은 복잡한 윤리적 가치관을 수반한다. 따라서 문제를 어떻게 보는가, 처치 과정에서 누구를 볼 것인가 하는 선택이 표면화되지 않은 가치관을 함축하고 있을 수 있다. 치료자의 가치관에 맞추어 내담자를 움직일 의도가 없는 치료일지라도 종종 미묘하게 내재한 가치관이 스며들어 갈 수 있다. 더 나아가, 치료는 본질적으로 가치판단적이기 때문에 몇몇 치료법은 치료자의 가치체계를 명시적으로 드러내는 것이 좋다고 주장하기도 한다(White & Epston, 1989).

누구나 최고의 상담을 하는 데 필요하다고 여기는 몇몇의 가치들도 있다.

예를 들면, 가정폭력으로부터 가족을 보호하는 것과 같은 것이다. 더 나아가, 커플·가족치료자들은 사회적 가치와 가족의 가치를 향상하는 기능도 담당해야 한다. 예를 들어, 커플·가족치료자의 리더십은 체벌을 줄이고, 양성평등을 촉진하는 데 영향력을 행사하며, 게이, 레즈비언, 양성애자, 성전환자, 동거커플, 재혼가정 등 새로운 가족형태에 대한 수용력을 증진시키는 것을 포함한다. 그러나 과학적 정보와 개인의 가치관 사이의 경계는 모호해질 때가 있다. 평등주의자인 커플의 커플 만족도가 더 높은 것과 같이 새롭고 확실한 증거가 있어도 많은 가족은 이를 거부하고 자신들이 성공적인 가족생활로 간주하던 것을 고수하는 것이다. 게다가, 치료자의 가치관을 내담자에게 알리는 것이 적절한가에 대한 의견이 커플·가족치료자 간에 분분하다. 특별히 그 가치가 사회를 분열시키는 것이라면 더욱 그러하다. 사회의 발전을 이끄는 데 가족치료자가 핵심적 기능을 해야 한다고 보는 치료자가 있는가 하면, 가족들이 스스로 문제를 해결할 수 있도록 돕고 사회정의와 같은 문제에 대해서는 가족들에게 그들 스스로 결정하도록 남겨 두는 치료자도 있다.

커플·가족치료자들은 가치관을 가지고 일할 수밖에 없다. 바슬라빅, 바벨러스와 잭슨(Watzlawick, Bavelas, & Jackson, 2011)의 말을 빌리자면, "가치관을 가지지 않을 수는 없다."(p. 48)라고 하였다. 치료자들은 언제 가치관을 적용해야 할지 알아야 하며, 개인적으로 선호하는 가치와 전문적인 가치를 구분해야 하고 이러한 가치에 대해서 내담자와 대화할 준비가 되어 있어야 한다.

가치관의 충돌

가치관의 충돌은 개인치료보다 커플·가족치료에서 훨씬 더 많이 발생한다. 이러한 충돌은 수많은 공통의 초점을 가지고 발생한다.

개인의 행복인가 관계의 행복인가

커플·가족치료자들과 개인을 주로 상담하는 치료자를 구분하는 것은 가족의 행복이 우선인가, 개인의 행복이 우선인가 하는 가치관의 충돌일 것이다. 이 차이는 커플·가족치료자 중에서도 두 가지 차원 중 어느 것을 강조하는가 하는 문제로 확대된다. 사람들이 치료를 받으려는 맥락은 체계의 긍정적 변화를 위해 싸우겠다는 것보다는 개인의 긍정적인 변화를 원하는 것이다. 예를 들어, 우울한 가족원이 있던 가정은 그 가족원이 우울하지 않게 되면 행복해지고 기능도 더 잘하게 된다. 또한 전형적으로 관계의 문제가 개선되면 모두가 더 잘 기능하게 된다.

그런데도 개인의 복지와 집단의 복지가 서로 다른 방향으로 향하는 경우도 많다. 다음의 예를 생각해 보자. 오랜 기간 남편은 혐오스러운 직장에서 일하느라 불만이 누적되고 있다. 그는 대부분 시간을 기분부전장애dysthymic disorder 상태로 지내며 행복하지 않은 직장생활에 매여 있는 것이다. 하지만 이 힘든 직장생활이 가족이 필요로 하는 수입을 제공하기 때문에 이직에 대한 가능성이 거론된다면 배우자와 십대 자녀들의 불안 수준이 급증하게 된다. 이론상으로는 남편이 불만을 터트리지 않고 자신에게 적절한 직업을 찾아간다면 모든 사람이 행복해지지 않겠냐고 하겠지만, 현실에서는 함께 살아가는 가족으로서 남편의 목표와 나머지 가족들의 목표가 충돌하게 된다. 남편은 힘들어도 가족을 위해서 현재의 직장을 유지해야 하는가, 아니면 가족들이 당장 직면하게 될 어려움을 무릅쓰고 이직하고자 하는 남편의 마음을 받아들여야 하는가?

대부분의 심리치료에서는 개인의 욕구를 집단의 욕구보다 중요한 것으로 여긴다(Doherty 1995). 예를 들면, 엘리스(1962)는 많은 영향력을 미쳤던 합리적 정서치료에서 타인의 관심사보다 자아의 관심사를 치료의 중심에 두었다. 엘리스가 자주 사용했던 경구인 "무엇을 해야만 한다고 하는 것은 빌어먹을 일이다!Should-hood is shit-hood!"를 인용하여 구절의 의미를 해체해 보면,

이는 단순히 구습에 따라 행동하는 것이 유용하지 않다는 의미를 넘어 자신에게 어떤 것이 최상인지 생각해 보라는 뜻이다. 이와 유사하게 프리츠 펄스 (Fritz Perls, 1969)의 게슈탈트 기도는 "나는 내 일을 하고 너는 너의 일을 한다. 나는 너의 기대에 부응하기 위해 이 세상에 있는 것이 아니다. 그리고 너는 나의 기대에 부응하기 위해 이 세상에 있는 것이 아니다. 너는 너고 나는 나다. 그리고 만약 우연히 우리가 서로를 발견하게 된다면 그것은 아름다운 일이다."와 같이 제안한다(p.82).

이러한 뿌리에서 흘러나와, 원가족이나 핵가족의 현재 삶을 거부하고, 새로운 방향성과 에너지를 추구하며, 예전의 삶을 거부함으로써 얻어진 삶을 재활성화할 수 있고 공통요인들을 활용할 수 있는 단순한 틀은 심리치료에 생기를 불어넣으며 개인의 증상을 감소시키고자 하였다. 심리치료의 세계는 이러한 대본을 만들어 내고 부모와 자식 간에 분열을 경험하게 하며 이혼율을 증가하는 데 이바지하였다.

개인의 복지보다 집단의 복지가 더 중요하다며 매우 다른 비전을 제시하는 가족치료자들도 있었다. 빌 도허티(Bill Doherty, 1997, 2001)는 특히 치료자가 의도적으로 결혼과 가족의 안녕에 초점을 두어야 한다고 주장했고, 많은 심리치료가 개인지향적인 해결책을 암묵적으로 주장하는 것이 문제라고 지적하였다.

치료의 목표와 복지에 있어서 개인과 가족 간에 충돌이 생길 수 있다는 것은 매우 중요한 이슈이지만, 치료의 측면에서 아직 충분히 탐색되지 않았다. 치료자들에 따라 이 문제에 대한 의견이 다양하지만, 가족의 입장과 가족 구성원으로서 개인의 입장 모두가 치료에 있어서 유지되어야 한다. 도허티의 입장을 따른다면, 커플·가족치료에서는 관계를 희생하고 개인에 우선하는 해결책을 고려하기 이전에 관계 증진의 해결책을 모색하는 것이 필수적일 것이다. 대부분의 커플·가족치료자는 가족과 개인의 목표가 충돌할 때 가족으로서의 목표가 우선시되어야 함에 동의한다. 나(Lebow) 역시 개인이 되었건, 집단이 되었건, 어느 한 극단에만 속하는 개입은 '심리치료psychotherapy'가 아닌 다른 어떤 이름으로 불려야 하지 않을까 생각한다.

문화적 가치

또 하나의 충돌은 한 개인이 그들의 삶 속에 들여오는 정치적·문화적 가치를 둘러싸고 일어난다. 어떻게 사는 것이 잘사는 것인가는 철학과 종교가 역사를 통틀어 고심해 온 주제이며, 이것은 심리치료의 화두이기도 했다(London, 1964; Rieff, 1979, 1987). 오늘날 사람들은 이 질문에 대한 응답의 차이를 두고 충돌한다. 경제적 성공은 인생의 다른 생활방식과 비교해 얼마나 중요한가? 사회의 필요와 비교할 때 가족의 필요는 얼마나 고려되어야 하는가? 성별이 개인의 기대치에 미치는 영향은 어느 정도여야 하는가? 가족 구성원의 행동이 어떠하든 간에 가족에 대한 충성심을 유지하는 강력한 집단적 신념과 전통도 있는데, 이는 가족에 대한 충성심이 어느 정도까지 확장되는 것이 적절한가 하는 의문을 가지게 한다.

그 결과는 커플·가족치료의 실천이 종종 특정 이슈에 대하여 특정한 가치를 다루게 된다는 것이다. 행동주의 치료자가 개인 내담자의 불안을 다루기 위해 자신감 향상을 위한 훈련을 하지만, 커플·가족치료자는 가족들의 신념, 의미, 열망에 대해 듣고 반응해야 한다.

수 세기 동안, 이 주제에 대한 논쟁은 이어져 왔지만, 아직 아무도 제기된 질문에 완벽한 답을 내놓지는 못했다. 많은 주제에 대해 다양한 집단이 다양한 답을 발견하였다. 이러한 답 일부는 스토아학파로부터 시작하여 인지치료가 제시하는 해답에 이르기도 하고, 쾌락주의자로부터 경험적 치료, 아리스토텔레스로부터 고트먼 치료에 이르는 것과 같이 오랜 시간에 걸쳐 확장되기도 하였다.

치료자들이 이러한 이슈들을 다루는 방법은 다양하다. 중립을 지키고 가족의 세계관을 존중하며 그 안에서만 작업하기도 하고 특정한 방향에 대해 자신의 선호도와 지지를 표현하기도 한다. 그러한 문제에 대해 중립성을 유지해야 한다는 것이 한때 커플·가족치료자들의 매우 강한 신념이었지만 (Cecchin, 1987), 그중 일부는 이러한 신념을 진보된 사회를 지지하는 의제로 대체하기도 하였다(White & Denborough, 2011).

치료자의 중립성에 대한 논쟁은 사회정의의 이슈에 맞물려 복잡해진다. 데리다(Derrida & Stocker, 2007)로부터 시작되어 화이트와 사회구성주의 (White & Denborough, 2011)로 확장된 포스트모던 관점은 치료자의 역할의 본질이 권력과 특권의 불평등을 인정하고 재조정하는 것이라는, 논리적이고 윤리적인 주장을 정교하게 만들어 내었다.

세련되지 못한 미사여구와 논리로 정치적 우파의 사람들은 가치관과 관련하여 치료자의 역할에 대해 더욱더 노골적인 개념을 제시하였다. 즉, 동성애자를 변화시킨다거나 두 부모 핵가족의 우월함을 재확인하거나, 자녀들이 부모에게 복종하도록 하는 것과 같은 명시적인 가치를 강조하고 목표의 중심으로 삼는 처치를 구성하였다(Blankenhorn, 1996). 이들의 생각에는 성공적인 가정생활에 관한 많은 연구와 일치하지 않기 때문에 쉽게 거부할 수 있는 것들이 있다. 예를 들면, 성적 지향성이 바뀔 수 있다는 증거가 없다거나, 한쪽으로 몰린 권력의 위계질서가 심각한 문제로 이어질 수 있다는 것 등이다. 하지만 이들이 주장하는 가치 중에는 자녀를 위해 결혼을 유지해야 한다는 것과 같이 쉽게 거부할 수 없는 것들도 있다.

치료자들이 반드시 알고 있어야 하는 것은 그들의 신념의 세계가 어디에 닻을 내리고 있는지, 그리고 그들의 신념이 가족 구성원 간에 어떻게 상호작용하고 있는지에 대한 것이다. 또한 치료자들이 그러한 문제에 대한 관점의 차이가 가져오는 함축성과 복잡성을 예측하는 것도 중요하다.

나(Lebow)의 관점에서, 가치관을 중심으로 가족과 상호작용할 때 치료자가 어떻게 기능하는가는 관련된 이슈의 성격에 따라 달라진다고 본다. 치료자의 전문지식이 가치관에 대한 갈등을 바로 파악할 수 있게 하는 상황도 있다. 때때로 가족들은 단순히 잘못된 믿음을 가지고 있을 수 있다. 그럴 때 치료자의 기능은 (내가 보기에) 능숙하게 그 정보를 대화에 끌어들이는 것이다.

예를 들어, 어떤 사람들은 외부인과 갈등이 있을 때 항상 가족을 지지해야 한다고 믿는다. 하지만 항상 가족을 지지한다는 이 입장이 가족체계의 갈등이 심각하고 지속적일 때는 도움이 되지 않는다. 재닛 존스톤(Janet Johnston)(Johnston & Campbell, 1986)이 이혼을 '친족전쟁kin-wars'이라고 묘사한 것을 보면 이 입장으로는 설명되지 않는 것이다. 마찬가지로, 게이, 레즈비언, 양성애자, 트랜스젠더 가족에 대한 잘못된 생각은 수정되어야 한다(Green & Mitchell, 2008). 치료자들은 결국 인간의 기능에 대해 알려진 것과 삶이 어떻게 이해될 수 있는지의 정보를 제공할 수 있을 뿐이다.

그러나 실제 상황은 양쪽에서 관련된 가치를 쉽게 주장할 수 있는 상황과는 다르다. 예를 들어, 포스트모던 치료자들은 가족 자체가 최고의 전문가라는 강한 주장을 펴 왔다(H. Anderson, 2012). 치료자들이 이 개념을 완전히 받아들이든 아니든 간에, 삶의 수많은 측면이 치료자가 아닌 가족의 영역에 속한다는 것이다. 물론 가족생활에 대해 일반적으로 합의된 원칙을 가르치는 것과 토론에 참여하는 것 사이에 정확히 선을 긋기는 쉽지 않은 일이다. 가정폭력의 위험성을 생각할 때 대부분의 치료자는 가정의 안정보다는 개인의 안전이 더 시급하다고 주장할 것이다. 하지만 학대 피해자가 가족을 버리지 못하고 헌신하겠다며 가해자와 함께 지내려고 하는 의사를 피력할 때 이는 종종 안전을 우선시해야 하는 목표와 상치하게 된다. 여성주의 치료자들조차 이러한 현실을 고민하게 된다는 것이다(Goldner, Penn, Sheinberg, & Walker, 1990).

그렇다면 이러한 복잡한 선택 과정에서 치료자의 역할은 무엇인가? 그 어떤 관점도 우세하다고 볼 수 없을 것이다. 하지만 나(Lebow)는 이러한 이슈들을 다루는 치료자들을 위하여 몇몇 원칙들이 합의되기 시작했다고 본다.

첫째, 치료자들은 그들이 가지고 있는 가치관들이 치료에 있어서 강력한 잠재력으로 작용할 수 있다는 것을 인식할 필요가 있다. 자신의 견해가 무엇인지를 인식하고 있는 것은 항상 도움이 된다. 결혼을 유지하고자 하는 사람들, 이혼을 선택한 사람들, 부모와 자녀의 역할, '구식old-fashioned' 생활방식(함께 이야기하고 함께 일하며 작은 기쁨을 누리는 것)과 신식 생활방식(일주일 내내, 온종일 문자 보내고 트윗을 날리고 여러 분야에서 다중 생활을 하는 것 등) 등 다양한 가족형태에 적절히 반응하고 합류하는 것이 중요하다.

둘째, 치료자들은 자신의 가치관이 치료에 영향을 미칠 때 내담자에게 알려야 할 의무가 있다. 투명성은 내담자들에게 숙련된 전문가로서 치료자의 역할과 치료자의 의견을 구분하도록 한다는 점에서 중요하다. 대부분의 경우에 치료자들은 가공되지 않은 자신의 견해가 처치에 영향을 미치지 않는 한, 내담자가 문제와 씨름하는 것을 도울 수 있다.

여기서 밀접하게 연관된 것은 커플·가족치료자들이 치료자라는 위치에서 잠재된 힘을 이해하는 것의 중요성이다. 즉, 후기구조주의 치료자들에 의해 조명된 위계적이라는 말에 숨겨진 의미다. 치료자가 택할 수 있는 입장은 많지만, 그 입장이 어떤 영향력을 행사할 수 있는지 치료자는 알고 있어야 한다.

이 영역에서, 치료자의 개인적 가치관이 치료에서 가지는 역할에 대해 항상 의견이 분분할 수 있다. 하지만 치료자들이 공감대를 형성하는 부분은 치료자들이 무엇을 하고 있는지, 그리고 그것이 가족에게 어떤 영향을 미치는지 파악하는 것이 필수적이라는 것이다. 과학은 종종 단순히 신념에 관한 논쟁으로 이어 갈 수 있는 사안들에 대해 명확히 할 가능성을 제공하기 때문에 이 부분에 도움이 될 수 있다.

외도

커플·가족치료자들은 외도infidelity를 예측 가능한 장애 행동으로 여기고 그 해결책은 외도를 저지른 측에서 자신의 잘못을 인정하고 파트너에게 보상해야 한다고 생각한다(Pittman & Wagers, 2005). 하지만 이 관점은 가정생활에 대한 도덕관을 너무 단순하게 다루고 있다. 외도가 개인의 정신병리적 요소나 여타의 개인 문제에서 발생하기도 하지만, 이 관점은 1세대 가족치료자의 주요 공헌 중 하나였던 복잡한 체계적 이해를 무시하고 있다. 외도가 이미 삐걱거리기 시작한 부부체계의 파탄을 심각하게 만드는 경우가 많다. 가치관의 충돌이 일어나는 일촉즉발의 상황에서 혼외관계를 결혼이라는 복잡한 문제의 자연스러운 해결책으로 여기는 견해가 등장하였고, 문화에 따라서 이러한 행동에 관대한 태도를 보이는 곳도 있었다(Perel, 2006; Scheinkman & Werneck, 2010). 이러한 정보를 알고 있는 치료자들은 이 경험을 어떻게 처리할 것인지 혹은 처리하지 않을 것인지에 대한 선택의 폭을 넓힐 수 있다고 생각한다.

치료자는 누구의 관점을 따라야 하는가? 치료자는 어디에 초점을 맞춰야 하며, 외도는 어떻게 여겨야 하는가? 치료자는 상처의 형태와 무관하게 상처 입은 파트너를 지지해야 하는가? 일부의 제안대로 모든 외도는 공개되어야 하는가, 아니면 이러한 외도는 공유된 대화에서 배제되어야 하는가? 외도를 둘러싼 도덕성에 대해 치료자마다 의견이 다를 수 있다. 다행스러운 것은 그 결과에 대해 무엇을 해야 하는지에 대해서는 공통된 부분이 있다. 필요한 것은 해당 가족의 맥락에서 외도가 무엇을 의미하는지 신중하게 분석하고 각 파트너와 동맹을 맺는 것, 그리고 그 가족이 대두된 문제들을 해결하는 데 어떻게 도움을 줄 것인가에 대한 계획이다. 어떤 면에서 이 계획은 어쩔 수 없이 치료자가 각 파트너의 견해를 들어 보고 존중하는 것을 의미하기도 한다. 궁극적으로, 치유되는 방향으로 나아가는 패턴이 있는가 하면 그렇지 못한 패턴도 있다. 외도를 한 사람은 배우자와 다른 가족들에게 정신적 충격을 주었기 때문에 치료자는 외도로 인해 생긴 상처에 대해 적절한 반영을 해 주어야 한다. 그러나 모두 자신들만의 이야기를 하고 있으며 때로는 외도가 일어났고, 이는 반드시 처리되어야 하는 많은 상처 중 하나에 불과한 것으로 여겨지기도 한다. 스나이더, 보컴, 고든과 펠루소(D. Snyder, Baucom, Gordon, & Peluso, 2007)는 외도 문제를 다루면서 드러난 합의를 반영하여 단계별로 순차적으로 다룰 것을 제안하였다.

이혼

커플·가족치료에 있어서 이혼 여부에 관한 결정 과정만큼 논쟁의 여지가 많았던 것은 없을 것이다(Lebow, 2008b). 적어도 커플 중의 한 명은 이혼에 따른 손익을 진지하게 고려해 보려고 부부치료를 찾는 경우가 종종 있다. 게다가 이혼은 커플치료의 아주 특별한 결과물이기도 하다. 이혼은 커플 간의 만족도를 향상하려 했던 커플처치가 실패했다는 명백한 증거가 될 수도 있지만, 커플 중 한 명이나 둘 모두에게 개인적인 기능이 향상되고 개선될 수 있는 움직임이기도 하다. 내담자의 보고는 종종 나뉘는데, 한 파트너는 이혼이 필요하고 도움이 된다고 보는가 하면 다른 파트너는 부정적인 결과로 보기도 한다.

커플·가족치료자들은 모두 결혼을 강력히 지지하기 때문에 이혼을 통해 삶의 변화를 추구하려는 파트너의 고집스러움을 조심스럽게 탐색한다. 치료자들 또한 거의 모든 경우에 무엇보다도 먼저 화해의 가능성이 남아 있는지 탐색한다. 그러나 치료자들은 이 문제를 다루는 과정에서 양 당사자와 공감대를 형성하기 위해 노력해야 한다.

이러한 노력 외에도 이혼 의사가 표현된 상황에서, 치료자로서 어떤 태도를 가지며 어떤 메시지를 전달할 것인가에 대해 치료자마다 의견이 다양하다. 이 스펙트럼의 한쪽 끝에는 자칭 결혼 옹호자이며 치료자로서 이혼이나 별거 결정에 강력하게 반대해야 한다고 주장하는 '이혼 단속반divorce busters' (Weiner-Davis, 1987, 1992)이 있다. 도허티(1999, 2001)는 이 입장보다는 다소 완화된 방법을 제안하였다. 즉, 치료자들은 결혼을 유지하는 쪽에 서서 가족 중심적인 강력한 선언을 하여 결혼을 다시 살리는 데 초점을 맞추고, 가능한 모든 노력을 다 한 후에만 이혼을 지지해야 한다는 것이다. 도허티(2011)는 최근 이혼을 원하지만 아직은 모호한 상태인 사람들에게 6개월의 숙려기간 동안 **분별 상담**discernment counseling을 시도하고 그 효과를 탐색하였다. 이 처치법은 각 파트너와 별도로 만나며, 이혼 절차를 늦추면서 결혼 유지를 위해 더 노력해야 할 부분은 없는지에 대한 현명한 결정을 할 수 있도록 돕는다.

이와는 대조적으로, 『창조적인 이혼Creative Divorce』과 같은 인기 있는 책의 작가들(Krantzler 1973; Krantzler & Krantzler, 1999)은 이혼을 결혼 유지와 똑같이 받아들이고 심지어 삶을 향상시킬 수 있는 선택이 될 수 있다며 지지한다. 아론스(Ahrons, 1994, 2004; Ahrons & Rodgers, 1987)는 완화된 형태로 이혼을 바라보고 긍정적인 결과를 가져올 수도 있다고 제안하는데, 이혼을 잘하는 사람과 그렇지 못한 사람의 차이점을 강조하고 사람에 따라서는 결혼이 결코 효과적이지 못하거나 되살릴 수 없는 경우도 있는 것이 현실임을 강조하였다. 가치관의 영역에 있어서 하위집단 간의 차이를 강조하는 경우도 있는데, 예를 들어 자식 없이 일찌감치 이혼하는 경우와 자녀가 있는 상태에서의 이혼이 미치는 영향력의 차이 같은 것이다(Amato, 2006).

결혼을 유지해야 한다고 주장하는 사람들은 치료자와 사회가 이혼 결정을 너무 쉽게 묵인한다고 보지만, 치료자들이 자신의 도덕적 기준을 내담자에게 적용하려고 해서는 안 된다고 주장하는 사람들도 있다. 커플·가족치료자의 대다수가 결혼을 매우 강력하게 지지하고 있지만, 이혼을 선택사항으로 보기도 하며 이러한 견해는 연속선상에 분포되어 있다.

기타 가족 이슈들

외도와 이혼 결정에 대한 논쟁의 원형은 직업 상태, 성 역할, 자녀들의 학교생활, 대가족과의 친밀도 등 가족들이 힘들어하는 다른 많은 문제로 확장된다. 커플·가족치료는 종종 어떻게 삶을 살 것인가에 대한 가치로 가득한 문제들을 다룬다. 종종 이러한 문제에 대한 가족 내에서의 논쟁은 여러 세대에 걸쳐 내려온 가족 신념에 뿌리를 두고 있으며, 각자는 자기들의 입장이 옳다고 믿는다. 세이거(1976)에 따르면, 커플(가족도 포함할 수 있는데)은 서로의 기대치에 대한 동기나 교환이 명확하지 않은 문제들에 대해 복잡한 계약을 맺곤 한다. 그래서 파트너나 가족 구성원이 계약 조건을 위반한 것으로 인식

될 때 어려움이 뒤따르는 경우가 많다. 성별과 같은 요소들이 그런 갈등을 알려 준다. 남성 파트너가 자기가 원하는 방식으로 집을 깔끔하게 정리하지 못한 것에 대해 여성 파트너에게 화를 낸다면 우리는 어떻게 해야 할까? 같은 이유로 여성 파트너가 남성 파트너에게 화가 났을 때 또는 남성 파트너 두 명이 관련되었을 때 암시되는 다른 무언가가 있는가? 이러한 갈등에서 성별은 종종 기대를 나타내는 각 파트너의 상대적 힘이 큰 차이를 만든다(남성은 일반적으로 더 많은 권력을 가지고 있다).

커플·가족치료자들은 종종 그러한 가치관에 대한 갈등의 맥락에서 일해야 한다. 이러한 갈등 상황에 대해 부분적 처방을 하려면, 치료자가 문제에 대한 자신의 의견에서 벗어날 수 있는 상태에서 일해야 하는 것이다(예: 결혼 계약 교섭에 대한 세이거의 개념). 이 과정에서 치료자는 (성 평등의 장점과 같이) 이러한 문제 영역의 과학적 지식과 관련한 심리교육을 논쟁과 의견으로부터 분리해야 한다. 내담자가 커플·가족에 대한 지식과 일치하지 않는 견해를 갖는다면 그러한 지식을 받아들이도록 노력하게 하는 것이 치료자 역할의 일부가 된다.

이를 위해서 치료자는 탄탄한 연구기반을 가져야 하고, 연구 결과에 대해 보수적이면서도 명백한 결론을 도출하고 진술해야 한다. 이와는 대조적으로 개인 선호 영역(예: 시댁이나 처가 식구들을 얼마나 자주 방문할 것인가)에서는 가족들이 내리는 결정에 간여하지 않는 것이 좋으며, 대신 그 과정에 초점을 맞추는 것이 좋다. 불가피하게 치료자로서 우리는 우리의 가치와 그러한 상황에서 그들이 어떤 영향을 끼치는지 알아야 하며, 그것을 내담자에게 강요하지 않고 대신에 그러한 대화에서 동등한 목소리를 낼 수 있도록 해야 한다.

잠재적인 윤리 문제

커플·가족치료는 윤리적 실천과정을 동반한다(Gottlieb, Lasser, & Simpson,

2008). 커플·가족치료에서의 윤리적 실천은 전문적인 윤리 행동 강령 내에서 실천에 대한 보다 광범위한 요구를 포함하지만, 개인치료와는 다른 추가적인 강조점들을 포함하고 있다. 이 절에서는 커플·가족치료에서 나타나는 특수한 문제를 살펴보고자 한다. 실천가들은 미국심리학회American Psychological Association(2010)의 **심리학자의 윤리원칙과 행동강령**Ethical Principles of Psychologists and Code of Conduct(특히 사전동의, 비밀 유지, 커플 또는 가족을 포함하는 치료, 다중 관계 작업과 관련된 표준 및 원칙)과, 미국결혼가족치료학회American Association for Marriage and Family Therapy(2012)의 **윤리강령**the Code of Ethics과 같은 이 분야의 윤리적 실천을 알려 주는 관련 지침을 숙지할 것을 권고한다. 보다 광범위한 행동 강령에 대한 논의는 바넷과 존슨(2008), L. 캠벨, 바스케스, 벵크와 킨셔프(L. Campbell, Vasquez, Behnke, & Kinscherff, 2010), 내프, 고틀립, 한델스만과 반더크릭(Knapp, Gottlieb, Handelsman, & VandeCreek, 2012), 나지(2011)에게 제공된다.

공정성과 균형

커플·가족치료자들은 격동적이고 과도기적인 시대에 가족 문제와 관련한 논의들 중 이해 가능하고 유효한 입장들이 다수가 있음을 인식해야 한다. 이러한 문제에 대한 그들 자신의 견해와 그들이 만나는 가족들에게 자신의 감정이 미친 영향력은 무엇이며, 어떻게 영향을 미치는지에 대해 지속적인 자기 점검을 할 필요가 있다. 치료자들은 이러한 문제에 대해 자신의 견해를 고수하되, 때로는 내담자들에게 그러한 견해를 분명히 밝혀야 하며, 개인적인 의견과 전문지식을 분리할 수 있어야 한다. 물론 궁극적으로, 치료자들은 가족 구성원들이 이러한 문제들에 대해 그들 자신의 입장을 찾도록 도울 필요가 있다.

다부분적 동맹

보조르메니-나지(1987)는 모든 가족 구성원과 공정하고 균형 잡힌 다부분적 동맹multipartial alliance이 있어야 함을 밝혔다. 보조르메니-나지는 모든 가족 구성원과 좋은 동맹을 맺는 전략적 가치와 더불어 관련된 윤리적 의무를 강조하였다. 즉, 가족 구성원 개개인은 치료자가 자신의 입장을 이해하고 받아들일 수 있도록 할 권리가 있다는 것이다. 치료자는 특정 문제에 대해 중립적 입장에서 벗어날 수도 있지만, 항상 각 개인의 관심과 세계관에 대한 이해와 대응의 기초를 가지고 있어야 한다. 그런 다원적 위치를 찾는 것은 커플·가족치료자에게 필수적인 기술이다.

치료 계약

제7장에 기술된 윤리와 관련된 치료 계약의 요소들은 명확하게 진술되고 이해될 필요가 있다. 가장 중요한 것은 누가 내담자인지를 명확히 하는 것이다. 등장인물이 내담자가 되는 개인치료의 단순한 세계와는 달리, 커플·가족치료는 이 문제에 있어서 큰 복잡성을 야기할 수 있다. 부모 두 명이 아들의 행동을 걱정하기 때문에 아들과 함께 치료를 받을 수도 있다. 그렇다면 내담자는 누구인가? 3인 가족치료에서 아들이 부모보다 덜 중요한가? 그렇다면 그의 걱정은 부모의 걱정보다 덜 중요한가, 아니면 모든 걱정이 동등한가? 치료와 치료의 목적에 대해 누가 무슨 말을 했는지에 대해 공통된 이해가 필요하다.

직접적/간접적 내담자 체계

핀소프(1995)는 치료를 받으러 오는 가족 구성원으로 구성된 직접적인 환자체계와, 치료에 적극적으로 참여하지 않지만 치료의 영향을 받는 간접적인 환자체계를 구분하였다. 체계론적 관점이 내포하고 있는 것은 치료가 다른 사람들에게 영향을 미치고, 다른 치료의 필요 또한 치료의 한 부분이 되어야 한다는 것이다. 이러한 논리에 따라, 외도와 같은 행동의 의미는 치료 중인 내담자의 행복뿐만 아니라 내담자의 세계에 있는 다른 사람들의 행복의 관점에서도 고려될 필요가 있다.

하지만 계약은 다른 사람들이 아닌 치료를 받는 사람들과만 체결된다. 치료자는 치료를 받는 내담자를 위해 치료 과정을 만들어 갈 때 이 과정이 치료실 밖의 내담자와 친밀한 사람들에게 어떻게 경험될 것인가도 고려해야 한다.

내담자의 관점과 경쟁하기

가족치료의 모든 내담자는 내담자로서의 동등한 지위를 갖는다. 따라서 가족 구성원들이 치료의 가치나 목표에 대해 다른 생각을 하고 있을 때 처치의 복잡성을 초래할 수 있다. 동맹의 수준이나 내담자 행동에 따라 치료자들이 더 쉽게 공감할 수 있는 가족 구성원들이 있을 수 있다. 그런데도 모든 가족 구성원은 내담자와 같은 권리를 가진다. 물론 한 구성원의 관점이 효과적인 가족관계 생활에 대한 전체적인 정보와 일치할 때, 그 사람의 의견에 힘을 실어 주는 것이 때때로 치료자의 역할이 될 수 있다. 그러나 이렇게 편을 들어 주는 것이 반복되고 고착될 때, 치료자들은 동맹을 분열시킬 수 있음을 경계해야 한다. 이러한 상황을 유의하고 동맹 문제가 있다면 수정하고 재균형을 잡아야 한다.

비밀

가족 구성원과 커플·가족치료자 사이의 비밀이 있다는 것은 많은 논쟁의 대상이다. 만약 내담자가 동등한 대우를 받을 자격이 있다면, 이것은 비밀을 공유할 수 있는 동등한 능력을 의미하는 것인가, 아니면 다른 가족 구성원이 치료자와 비밀을 공유할 가능성에서 벗어난다는 뜻인가? 내담자들이 치료자와 나눌 비밀이 있다는 사실을 다른 가족에게 알리려고 하는 경우는 매우 드물어서, 이 문제는 더욱 복잡해진다. 대신, 그들은 다른 가족 구성원들 모르게 비밀에 관해 이야기할 방법을 찾는다.

대부분의 커플·가족치료자는 이런 식의 비밀이 있다면 치료를 저해하기 때문에 있어서는 안 된다고 명백히 설명한다. 실제적으로는 내담자에게 치료자만 알고 있는 비밀이 없을 것이라고 확신을 주는 것이 비교적 쉬울 것이다. 대부분의 숙련된 치료자는 가족과의 대화를 모두가 모이는 경우로 제한한다. 가족과 공유되지 않은 행동이나 외도를 저지를 계획과 같은 문제에 대해 개별적으로 연락하며 정보가 나오기 시작한다면, 치료자는 속히 치료자와 공유하는 정보가 다른 가족과도 공유되어야 한다는 사실을 가족치료에 참석한 모두에게 상기시켜야 한다. 이 과정은 사실상 치료자와 내담자 둘만의 비밀 공유가 없다는 것을 확실히 하는 것이다.

하지만 일부 커플·가족치료자들은 만약 개인적으로 들은 비밀을 지키는 것에는 개방적인 태도를 보이고 비밀을 들으려고 하지 않는다면, 가족과 함께 상담하는 데 도움이 될 수 있는 중요한 정보가 제한될 수 있다고 주장한다. 이러한 치료자들은 가족이 비밀을 다루는 데 도움을 주는 최선의 방법이 해당 문제에 대한 비밀을 허용하여 문제가 나타나고 처리될 수 있도록 하는 것이라고 제안한다(Scheinkman & Werneck, 2010).

비밀에 대한 각기 다른 입장은 저마다의 장점이 있다. 각 치료자들은 내담자 비밀을 지키는 데 드는 비용과 이득에 대한 이해에 도달해야 한다. 비밀을 허락하지 않는 것은 치료자들이 중립성을 지키고 모든 참석자와의 동맹 유지를 수월하게 하며, 문제 상황이나 비밀이 드러났을 때 치료자도 이미 알고 있었다는 것 때문에 다른 가족원들이 느낄 수 있는 배신감을 피해 갈 수 있게 한다. 이와는 대조적으로, 비밀을 지키고 있는 것은 치료자가 비밀 자료를 가지고 상담할 기회를 주고 종종 극복할 수 없는 부분을 피해서 처치해 가며(예를 들어, 한 가족원이 비밀을 가지고 있으면 가족치료가 이루어질 가능성이 희박해진다.) 결국 비밀이 밝혀지도록 돕는다. 자신의 선택과는 상관없이 치료자들은 비밀에 대한 태도를 분명히 밝히고 가족들과 비밀스러운 내용을 교류해야 할 때는 공정성과 균형을 유지하는 것이 필수적이다. 여기서 주의할 점은 비밀을 간직하는 것이 확실히 초보 치료자에게는 적당하지 않다는 것이다. 보수적이고 훨씬 안전한 전략은 비밀을 허용하지 않는 정책을 세우는 것이다.

목표

내담자의 목표가 서로 다르다면 이는 비밀을 가지고 상담하는 것보다 더 복잡할 수 있다. 실천적 차원에서 내담자의 목표를 명확히 하고, 이를 커플·가족치료의 상위목표superordinate couple and family goals를 구체화하는 데 도움을 주는 기술은 커플·가족치료자에게 필수적인 기술이다. 일부 가족들은 가족 모두가 동일한 궁극적인 목표(예: 분노를 줄이고 친밀감을 높이는 것)를 가지고 시작하는 반면에, 많은 가족이 근본적으로 분열된 목표를 가지고 있다. 한 파트너는 이혼을 원하지만 다른 파트너는 결혼을 유지하고 싶어 하거나, 한 구성원은 나이 든 어머니와 맞서고 싶어 하지만 다른 사람들은 어머니를 방해하고 싶어 하지 않을 수 있다. 대체로 능숙한 커플·가족치료자는 공동의 의제로 함께하는 방법을 찾아간다. 치료자들은 이러한 다양한 관점을 통합할 수 있는 작업 의제를 찾기 위해 도구(제5장 및 제6장 참조)를 작성한다.

그러나 이를 위한 노련한 노력에도 여전히 큰 격차가 있다면 어떻게 해야 할까? 처치를 할 때 누구의 목표가 더 중요한가? 이에 대한 합의된 의견은 거의 없다고 본다. 스펙트럼의 포스트모던적 극단에 있는 사람들은 대화에 참석한 모든 사람이 동등한 목소리를 내어야 하며 치료자는 그 어느 구조적 암시도 해서는 안 된다고 할 것이지만, 동시에 힘이 약한 사람들의 목소리를 배려하고 그들을 위한 공간을 만들어 주는 것은 예외라고 할 것이다. 인지행동치료자들은 기술이 부족해 보이는 가족원에게, 그리고 여성주의 치료자들은 성차별적 이슈가 보이는 가족원에게 훨씬 더 개입하려는 경향이 있다.

그러한 차이에 대해 나(Lebow)는 다시 치료자의 '치료적' 역할과 '윤리적' 역할을 구분해야 한다는 견해를 가지고 있다. 나(Lebow)는 다루어야 할 문제가 치료자의 전문적 지식에 관한 것이라면 자신의 생각을 밝히고 한 가족 구성원의 장점을 편들어 주는 것이 타당하다고 본다. 안 그러면 약물중독자의 배우자가 지지받지 못한다고 느낄 수 있고 약물중독자는 치료자가 문제에 대해 제대로 합의하지 않았음을 지적할 가능성이 커진다. 그러나 단순히 세계관이나 우선순위의 차이(자녀를 낳을 것인가 말 것인가, 이혼을 할 것인가 말 것인가, 상황을 어렵게 만드는 가족원과 다시 연락할 것인가 말 것인가?) 등의 문제에 부딪힐 때 치료자들은 가족 편에 서는 것이 잘하는 것이며, 무언가를 해결할 필요를 제외한 모든 것에 관한 대화를 다방면의 입장에서 이끌어 가는 것이 중요하다(그리고 서로 다른 견해가 있을 수 있음을 단순히 받아들이고 이를 토대로 발전해 나갈 계획을 세워 가는 가능성을 남겨 둔다). 또한 내러티브치료자들이 제안하듯이, 나(Lebow)는 이러한 대화에서 힘이 약한 구성원들의 목소리를 들어 주고 동등한 중요성을 부여하는 것이 특히 중요하다고 생각한다.

결론

윤리와 가치는 커플·가족치료에서 충분한 관심을 받지 못하였다. 가치와 관련된 문제는 종종 처치의 초점이 되거나 언급되지 않은 하위주제로 쉽게 떠오른다. 이러한 문제에 대한 갈등은 일반적으로 옳고 그름의 해답을 갖고 있지 않기 때문에, 커플·가족치료자로서의 가장 좋은 역할은 이러한 문제에 대한 치료자 자신의 입장이 무엇인지 먼저 이해하고, 가족이 각자의 입장을 찾고 해결하는 데 도움을 주는 것이다. 또한 가족이 결정을 내리는 데 도움이 되는 관련 심리교육을 제공하는 것이다. 커플·가족치료자들은 이 상담에 수반되는 특별한 윤리적 쟁점들도 이해하고 대응할 필요가 있다.

제11장

개인화된 접근의 형성

이 책은 커플·가족치료의 실천을 탐구해 왔다. 이 분야는 아이디어, 개념, 전략의 역사가 풍부하다. 지금껏 많은 처치방법이 시도되어 왔다. 그중 어떤 것들은 대부분의 치료자가 행하는 치료에서 중심적인 것으로 떠오른 반면, 다른 어떤 것들은 잘 쓰이지 않아 역사를 더듬는 각주 처리에 등장하는 상황이 되었다. 하나의 분야로 성장한 커플·가족치료에는 다양한 이념과 방법을 가진 실천가들이 있기도 하지만, 이 분야에는 또한 원칙, 개념, 전략 그리고 공통요인에서의 공유된 기반이 새롭게 부상하고 있기도 하다.

현재의 실천은 커플·가족치료에 대한 고정관념과 다소 상충된다. 이는 이러한 치료들에 대한 외부인들의 견해에서 가장 명백하게 드러나는데, 그러한 견해는 한 세대 전의 치료들을 떠올리게 한다. 그러한 괴리는 또한 내부자들의 발표에서도 분명하게 나타나는데, 그들의 발표가 특정한 이름을 붙인 접근법들에만 초점을 맞추기 때문이다. 현재 수백 가지의 커플·가족치료들이 있으며, 그것들 각각은 효과적인 실천을 위해 선호되는 방법들로 제시되고 있다(Lebow, 2005).

지금은 발전해 가는 합의의 시기이기도 하지만, 또한 특정 접근들에 대한 강력한 지지자가 있는 시기이기도 하다. 더욱이, 대부분의 치료자가 통합을 하고 있지만, 그들이 통합하는 것은 모두 다르다. 특히 방법에서 중심을 차지하는 것으로 기술을 가르치는 커플·가족치료자들(인지, 행동, 자기 이해나 마음챙김 기술)과, 가르치는 것을 기피하면서 후기구조주의적 전통 안에서 상담하는(내러티브치료와 그와 관련된 모델들에 영향을 받는) 커플·가족치료자들 간에는 상당한 차이가 있다. 어떤 동일한 전략들(예: 가계도, 의례, 인지 작업)이 사용될 수 있지만, 일부 치료자들은 내담자와 관련해서 그들이 상정하는 입장이 다른 치료자들과 명확하게 구별된다.

그렇다면 특정한 모델과 치료자로서의 위치에 전념하도록 하는 많은 것이 여전한 시점에서, 한 분야로서의 커플·가족치료, 그리고 개별 실천가들은 통합적 실천을 선호하는 새로운 합의를 어떻게 다룰 수 있을 것인가? 첫 번째 단계는 지금이 커플·가족치료의 실천에서 과도기이며, 통합적 실천이라는 새로운 규범과 특정한 접근들의 지지자들을 다 허용하는 양쪽 모두의 포괄성을 갖는 것이 필수적임을 인식하는 것이다. 통합과 함께 발전한 방법들의 혼합은 진전을 나타내지만, 다양한 접근의 실천을 제한하거나 축소해서는 안 된다. 특수한 모델들에는 그러한 실천 모델들을 선택한 헌신적인 추종자들이 있다. 공통요인과 치료자의 발달에 대해 우리가 알고 있는 것들을 고려해 보건대, 이 치료자들이 최고의 실천이라고 간주하는 것을 바꾸려고 시도할 생각은 없다. 통합은 안에서 밖으로 나올 때 가장 잘 진화한다. 또한 오늘날 커플·가족치료에서 가장 널리 행해지고 있는 많은 '특수한 모델들'은 실제로 이 책에서 강조된 커플·가족치료의 몇 가지 핵심적 요소들을 이미 통합하고 있다. 통합적인 접근과 좀 더 좁게 초점을 맞춘 접근들 둘 다에 대한 존중이 필요하다. 이것은 또한 기술을 가르치는 입장을 강하게 선호하는 치료자나 비지시적인 치료자에게도 적용된다. 각 입장에서 실천하는 효과적인 치료자들이 있다(나는 그렇게 하는 데 있어서 동일한 공통요인과 많은 공유된 전략을 추가할 것이다).

통합적 실천은 또 하나의 다른 실천 방법으로 생각되어서는 안 되며, 가장 효과적인 방법이 무엇인지에 대한 치료 전쟁의 또 다른 경쟁자로 생각되어서도 안 된다. 통합적 방법은 그 자체가 광범위하게 다양하다. 통합은 일차적으로 특수한 방법이라기보다는 과정에 관한 것이다.

통합적 실천을 위한 도식

통합적 접근에 다양한 실천의 여지가 있다고 가정할 때, 통합적 실천이 어떻게 더 발전할 수 있으며, 이 분야는 통합적 실천가로서 기술을 개발하고자 하는 임상가를 어떻게 지원할 수 있을까? 커플과 가족에 대한 통합적 실천을 구성하기 위한 대안적인 네 가지 도식이 제안되는데, 이들은 서로 중복되는 점들이 있다.

첫 번째 도식은 다양한 공식화와 개입전략에 맞는 포괄적인 틀을 제시한다. 통합적 문제중심 메타틀작업Integrative problem-centered metaframeworks(Breunlin, Pinsof, Russell, & Lebow, 2011; W. Pinsof, Breunlin, Russell, & Lebow, 2011)은 프렌켈(2009)의 치료적 팔레트therapeutic palate와 같은 틀을 제시한다(둘 다 제4장에서 설명되고 있다). 그러한 메타이론들은 하나 또는 두 개의 선호되는 개입전략들을 구분하지 않고 개입을 위한 매트릭스를 제시한다. 이러한 모델들은 사례 공식화에 따라 사례별로 가장 적절하고 효과적인 개입을 선택하기 위한 알고리즘과 지침을 제공한다.

두 번째 대안은 통합적 실천의 특수한 모델인데, 개입을 위한 특정한 방법을 지정한다. 제8장에서 설명한 특정한 문제를 대상으로 한 증거기반 치료 중 많은 것이 이 범주에 들어맞는다(Alexander & Sexton, 2002; J. M. Gottman & Gottman, 2008; Liddle, 2009). 이러한 방법들은 대개 두세 가지의 특수한 접근들의 요소를 공통요인 원리와 합치는 통합적인 틀 안에서 선호되는 개입의 간단한 목록을 임상가들에게 제시한다. 개입전략의 특정 조합이 얼마나 영향력이 있는지에 대한 이전의 검증을 살펴보면서, 이러한 처방적 접근들은 전통적 실천 학파 안에서 이루어졌던 개입보다 더 광범위한 개입이 갖는 이점을 임상가들에게 제공한다.

세 번째 도식 내에서, 치료자는 주로 하나의 특수한 틀의 맥락에서 작업하지만 다른 전략들의 측면을 혼합하여 동화시킨다. 하나의 예는 일차적으로는 일련의 경험적 전략을 포함하지만 또한 다른 요소들도 포함하는 정서중심 치료다(Johnson, 2008). 이러한 도식은 하나의 개입전략을 선호하지만 다른 방법들을 섞어서 통합한다.

네 번째 도식은 가장 자주 접할 수 있지만(이에 대한 정확한 통계는 없지만) 가장 적게 거론되었을 수도 있다. 여기에서 치료자들은 다양한 출처에서 끌어낸, 자기가 성공적으로 수행했고 가장 편안히 여기는 전략들을 가장 잘 나타내는 자신만의 개인화된 실천 방법을 만든다. 그러한 방법들은 치료자에게 가장 개별적으로 맞춰지지만 임상가에게는 가장 어려운 방법이기도 하다. 이러한 인생 프로젝트life project에는 상당한 공이 들어가야 하고, 또 전략들을 모으는 과정에서 결함이 생길 수도 있다.

커플·가족치료에 접근해 가는 이러한 각 패러다임과 관련된 상대적인 장점과 위험은 토론거리가 될 수 있다. 치료자들은 융통성과 구체적인 사례에 맞추어 조정하는 능력이 필요한데, 그러한 조정 능력은 어느 정도가 적절한 것인가? 구조화시키는 것은 어느 정도가 도움이 될 것인가? 불행히도, 치료자들이 취하는 방법의 즉흥성과 선택이 내담자의 진전을 얼마나 돕거나 방해하는지를 보여 주는 연구는 없다. 미리 설계된 통합을 추종하는 사람들은 전략과 개입 순서를 상세히 언급하는 매뉴얼(Henggeler, Schoenwald, Liao, Letourneau, & Edwards, 2002)을 따르지 않을 때 처치가 덜 효과적이라는 연구 결과를 제시하며, 그러한 결과로부터 처치가 지정된 본보기template에 맞추는 방식으로 이루어질 때 그 처치가 더 효과적이라고 추론한다. 그러나 그러한 연구는 특정한 방법을 고수하는 것만큼이나 치료자의 보다 더 일반적인 기술을 조사하여, 그런 추론을 확장시킬 가능성이 높다. 설득력 있는 증거가 없는 한, 이 논쟁은 결국 치료자의 즉흥성에 대해 어떻게 느끼는가에 달려 있게 되는데, 이 즉흥성에 대해 어떤 사람들은 좋은 처치의 정수라고 보고, 또 다른 사람들은 문제가 있다고 본다.

서로 다르지만, 이 네 가지의 도식은 차이점보다는 공통점이 더 많다. 이러한 도식들 각각은 접근방식을 뛰어넘는 커플·가족치료에 대해 메타수준의 실천과 지식이 있다는 공유된 이해에 기반을 두고 있다. 거의 모든 경우(특히 도식 1과 4)에서 치료자는 개입전략에 대한 실제 선택에서의 의사결정자로 남아 있다. 여기에서는 개념적 목적을 위한 네 가지 다른 도식들이 제시되었지만, 이는 상당한 중복이 있고 그 도식들은 서로 혼합되어 있다.

개인화된 처치 방법의 형성

통합적 실천을 위한 네 가지 도식은 각각 커플·가족치료자가 효과적인 통합을 실천하도록 잠재적인 경로를 제공하지만, 이 기술craft을 배우는 커플·가족치료자 또는 학생들은 어떻게 그들의 영향을 극대화하는 실천방식을 수립하고 유지할 수 있을까? 이 장의 나머지 부분에서는 치료자가 통합적 실천 방법을 어떻게 가장 효과적이고 간결하게 만들 수 있을까에 중점을 둔다. 이 논의의 대부분은 치료자가 자신의 실천 모델을 형성하는 네 번째 도식의 관점에서 이루어진다. 그러나 통합적 치료자는 다른 세 가지 도식에서도 실천 방법을 선택하고 변용시키기 때문에, 지침은 통합을 위한 다른 도식들의 맥락에서도 적용할 수 있다.

커플·가족치료자들이 실천 방법을 형성하는 데 있어서는 할 말이 많다. 치료자들이 실천 방법을 형성하는 데 있어서 새로운 치료 모델이나 개입 방법을 만들어 내지는 않는다. 대신, 그들은 공통요인을 이해하고 효과적인 처치 전략을 선택해서 자신에게 가장 최상의 그리고 가장 효과적인 작업방식을 만들어 낸다. 그러한 방법은 효과적인 커플·가족치료의 토대가 되는 공유된 이해를 기반으로 한다. 나는 다음에서 치료자들이 그들만의 방법을 형성하는 지침을 설명할 것이다.

이 논의를 시작할 때, 몇 가지 주의사항을 언급하는 것이 중요하다. 첫째, 자기 자신의 통합을 개발하는 것은 초보 치료자를 위한 과업이 아니다. 초보적인 경력 단계에서, 통합적 실천을 추구하고자 하는 치료자들은 확립된 통합적 모델 안에서 생각하고 작업하며, 그들 경력의 처음 몇 년 동안에는 숙달하고 싶은 영역에 대한 계획을 세워 결국 자신이 가장 잘하는 실천 방법에 도달하도록 하는 것이 더 좋다. 치료자로서 시작하는 일은 너무 어렵고 임상적 결정은 너무 많은 측면을 가지고 있으므로 경력 초기에 치료자들이 자기 자신의 상담 방법을 만들어 내려고 해서는 안 된다.

둘째, 치료자들은 평생 변하지 않는 하나의 방법에 도달하지 못한다. 치료자들은 거의 항상 그들의 경력이 쌓여 감에 따라 접근 방식을 바꾸게 되고, 삶의 다른 단계들에서는 다양한 방법이 더 잘 들어맞는다. 오를린스키와 론네스태드(2005a, 2005c)의 심리치료자 발달에 대한 연구는 치료자가 생활주기에 걸쳐 변화한다는 것과, 연령이나 경험에 상관없이 치료자의 효과성에 대한 의식에서 주요한 요인이 되는 것이 바로 지속적으로 성장해 간다는 의식임을 보여 준다.

이러한 주의사항을 언급하면서, 핵심적인 질문은 '어떻게 하면 치료자가 그러한 방법을 가장 잘 형성하고 개발할 수 있을까?'가 된다. 이 목적에 도달하는 데는 여러 방식이 있지만, 처치에 대한 의도적인 접근이 더 나은 성과를 가능하게 하는 것처럼 목적을 가진 의도적인 접근이 도움이 된다.

치료자들이 실천 방법 전반에 걸쳐 개념과 기법을 가장 잘 통합할 수 있는 과정에 대한 공식적인 문헌이나 훈련 프로그램의 초점이 거의 없었기 때문에, 치료자들은 대부분 그들 자신의 방법으로 개입해 왔다. 그 과정은 특히 치료자의 경력 제도에 걸쳐 종종 매우 잘 작동되기도 한다. 임상가는 대개 커플·가족치료의 특정한 방법 또는 약물남용 청소년과 그 가족과 같이 특정한 모집단과의 상담에 대한 훈련을 받는다. 그런 다음, 그들은 방법을 변형시키는 방식으로 다른 개입 방법들을 이 접근에 동화시킨다. 치료자들은 궁극적으로 이러한 새로운 아이디어를 그들의 방법에 통합하기 위한 최적의 전략을 찾고, 그들의 상담에서 효과가 있고 그들에게 잘 맞는 것을 취하며, 그렇지 않은 것은 남겨 둔다. 그런 다음 새로 얻게 된 정보의 관점에서 그들의 개인적인 패러다임을 재고해 보면서, 개념이나 개입을 임상적으로 실험한다. 이 과정에서 임상가에게 효과적이고 자신의 성격에 잘 맞는 통합이 모습을 드러내게 될 뿐만 아니라, 과정 그 자체가 에너지와 더 큰 개인적 효능감을 생성함으로써 덜 직접적인 방식으로 치료적 효능감을 더한다(Bootzin & Bailey, 2005; Hrobjartsson & Gotzsche, 2004).

하지만 어떤 하나의 방법이 지닌 한계를 뛰어넘는 것만으로 그것이 곧 처치를 개선하는 것은 아니다. 기능적인 조직 패러다임에 도달하지 못하거나, 혼란을 조장하고 덜 효과적인 실천으로 이끄는 방식을 통해 개념과 기법을 포함 시켜서, 커플·가족치료의 통합적 실천이 어려움을 겪게 될 수도 있다. 치료 과정과 성과를 제한할 수 있기는 해도 예측 가능한 영향을 미칠 수 있는 규정된 방법의 제약에서 벗어나기 때문에, 이러한 처치들은 최선이 될 수도 있지만 최악이 될 수도 있다. 다음에 제공된 지침들은 강점을 기반으로 하고, 치료자 발달과 효과적인 실천을 위한 최상의 경로를 가능하게 하는 데 있어서의 골칫거리들을 제한하도록 고안되었다.

통합적 커플 · 가족치료의 예술

커플·가족치료는 단순한 과학이 아니다. 그것은 또한 예술이며 기술이고 이상적으로는 과학에 강한 기반을 둔 예술이다. 소설, 영화, 시, 노래와 철학적 논문은 모두 가족생활과 좋은 기억을 떠올리게 하는 경험에 대한 유용한 아이디어로 가득 차 있다. 치료자들은 그들 자신의 개인적인 경험을 포함해 많은 방식으로 가족생활에 대해 배우게 되고, 그들이 치료자로서 어떻게 행동하는가는 그들이 원래 훈련받았던 모델보다 훨씬 더 많은 것에 의해 결정된다.

오래전 휘태커(1973), 로저스(1952)와 프랭크(1973)와 같이 사려 깊은 해설자들이 지적했듯이, 치료자들이 효과적이기 위해서는 치료의 상담이 흥미롭고 도전적이며 생생해야 한다. 효과적인 실천을 위한 공식을 암기해서 일반적 처방을 따르는 생기 없는 상태로 진행하면 실패할 가능성이 있다. 이러한 과정에는 내담자를 참여시키는 것이 훨씬 더 중요하다. 일련의 전략들은 '의사가 지시하는 것처럼' 될 수 있지만, 바로 그러한 개입들이 내담자에게 받아들여지지 않거나 과제가 무시되면 가치가 별로 없어진다. 대부분의 경우 커플·가족치료는 내담자를 위해 노력해야 하고, 그러한 것으로 생각되어야 한다. 그러나 커플치료나 가족치료에 들어갈 때 내담자들은 대개 합동회기로 첫 번째 회기를 시작하게 되고, 이러한 맥락은 매우 낯선 영역이 될 수 있다. 치료자들은 치료가 내담자의 관점에서 어떻게 보이는지를 유념할 필요가 있다.

내러티브치료자들이 잘 강조했듯이, 치료는 치료자와 커플이나 가족의 공동구성coconstruction이 되어야 한다. 이야기를 나눔으로써, 내담자는 자신이 원하는 것을 이상적으로 파악하고 치료자는 그들이 도울 수 있는 것을 설명한다. 여기서 가족은 항상 (내담자의 모든 권리를 가진) 내담자이지만, 처치 목표를 달성하기 위한 가장 효과적인 방법을 반드시 아는 것은 아님을 강조해야 한다(그들이 이것을 사전에 알고 있다면, 치료자의 필요성이 줄어들 것이다). 치료자들은 치료 문제에 대한 더 많은 경험을 가지고 있으며, 일반적으로 무엇이 진정으로 연구되어야 하고 무엇이 도움이 될지에 대한 더 나은 감각을 가지고 있다. 내담자에게 가장 유용한 것을 파악하고, 변화의 단계를 거치며, 역량을 구축할 수 있도록 상담해 나가면서, 내담자와 치료자는 궁극적으로 협력에 관한 대화를 나누어야 한다.

개인화된 실천 방법의 형성을 위한 지침

성공적인 커플·가족치료자의 상담을 관찰하면서, 나는 그들이 내담자와 함께 상담하고 관계를 맺는 다양한 방식에 놀라움을 금치 못하였다. 치료자가 하는 상담에서 대부분의 측면은 이 책에 설명된 공통요인, 전략, 기술에 속하지만, 이러한 것들이 구사되는 방법에서의 편차는 엄청나다. 이 절에서

나는 커플·가족치료에서 개인 실천 모델의 형성에 대한 지침을 제안한다. 이러한 지침들은 엄격한 매개변수parameters로서 의도된 것이 아니라 통합적 실천을 구성하기 위한 과정을 제안하는 것을 목표로 한다. 그것들은 수년간 숙련된 통합적 실천가들이 상담하는 방식을 관찰해 온 것에 기반을 두고 있다. 개별 실천가에게 적용하는 것을 넘어서서, 이러한 지침들은 공식적으로 제시된 통합적 커플·가족치료 모델의 토대가 될 수도 있다.

일관성과 의도성

지침 1 치료자는 자신의 방법을 명확하고 일관되게 하는 것을 목표로 해야 한다. 특정한 치료자는 광범위한 전략을 통합할 수 있지만 이러한 방법이 내담자에게 전달되는 방식은 일관되고 내적으로 일치되어야 한다. 치료자의 상담 형태가 우아할 필요는 없지만, 내담자나 관찰자에 의해 쉽게 이해될 수 있고 내적으로 모순되지 않아야 한다.

경험이 풍부한 치료자들은 종종 전의식적preconscious 수준에서 이러한 일관성을 달성한다. 이러한 치료자들은 마치 사람들이 종종 차를 운전하면서 충분한 의식적conscious 인식 없이 표지판과 신호에 적절하게 반응하며 운전하는 것처럼 치료실에서 작업한다. 다양한 분야에서 경험 많은 실천가들을 대상으로 한 연구에 따르면, 이것이 전문가들이 작업하는 방식의 전형이다(Kramer, 1980, 2000). 그러한 전의식 형태는 또한 치료에서의 다양한 종류의 선택사항, 지금의 지점에서의 진행 방법에 매겨지는 우선순위, 제9장과 제10장에서 논의된 골치 아픈 이슈들에 일관된 전략을 적용하는 데에도 대개 작동된다. 부분적으로, 이것은 치료자들이 '대문자 T' 이론 없이도 잘 기능할 수 있지만 적어도 전의식적 수준에서는 실천을 이끌기 위한 형태가 있어야 한다는 것을 의미한다. 가장 절실하게는 치료에서 언제 무엇을 해야 하는지에 대한 의사결정 나무decision tree로 이끌어 주는, 사례 공식화의 어떤 일치된 방법이 필수적이다(Pinsof et al., 2011).

치료자가 도구 키트의 구성요소, 공식화의 중심에 있는 아이디어, 변화 과정 공식화에 대한 알고리즘을 정확하게 설명하는 것이 도움이 될까? 안타깝게도, 치료자에 대한 연구는 처치에 대한 연구에 비해 드물기 때문에 그러한 질문에 답할 수 있는 관련 자료가 없다. 관찰에 따르면, 많은 치료자가 그들이 무엇을 하고 있는지, 어떤 이론과 전략이 발동되고 있는지를 완전하고 충분하게 설명하지 못한 채 매우 잘하고 있다고 한다. 우리 중 대부분은 자신이 하는 일에 대해 그다지 잘 이해하지 못하더라도 꽤 효과적으로 수행하고 있는 치료자들을 알고 있다. 공통요인 구성요소(공감, 배려, 희망을 소통하는 능력 등)가 매우 높으면 이론 및 사례 공식화에서의 결점을 극복할 수 있다.

그럼에도 불구하고, 대부분의 치료자에게 최선의 실천은 그들이 어떻게 실천하고 그들이 구사하는 개념, 전략 및 기술을 명확하게 표현할 수 있는가를 포함한다. 자신만의 개인적인 통합을 실천하는 치료자들은 이상적으로 그들의 실천 방법을 이해하고 설명하기 위한 협력적 노력을 한다. 자신의 처치 모델을 요약하는 것은 항상 매우 유용한 연습이다. 해결해야 할 질문은 다음과 같다. 치료의 목적은 무엇인가? 변화의 소재locus는 어디에 있고 어느 수준인가? 변화는 어떻게 일어나는가? 내담자의 경험에서 가장 중요한 측면은 무엇인가? 처치에서 가장 중요한 궁극적인 목표는 무엇이며, 이러한 목적을 달성하기 위해 초점을 맞춘 중간 목표는 무엇인가?

리들(1982)은 오래전에 각 커플·가족치료자가 자신이 무엇을 하고 있는지 그리고 왜 그것을 하는지를 명확히 밝히기 위해 인식론적 점검을 수행할 것을 제안하였다. 각 치료자가 개인적인 패러다임을 형성하고 그것에 대해 저술하는 것은 매우 큰 도움이 된다. 여기서의 목표는 융통성 없는 체계를 구축하는 것이 아니며, 또 가능한 모든 상황에서 행해질 수 있는 모든 것을 강박적으로 고려하는 것도 아니다. 커플·가족치료처럼 복잡한 활동에서는 메워야 할 격차와 풀리지 않는 질문이 있을 것이다. 예외와 불확실한 관계는 어떤 논의에도 들어갈 것이다. 목표는 치료자가 자신이 무엇을 하고 있는지와, 왜 그것을 하는지를 가능한 한 명확하게 표현할 수 있도록 하여 치료자가 가능한 가장 견고한 기반에서 상담할 수 있도록 하는 것이다. 치료자가 어느 한 사례에 개입해서 보다가 패러다임으로 돌아가 상담하는 것도 도움이 된다. 그루네바움(1988, 2006)은 커플치료의 한 사례 보기에서 그가 했던 처치 방법과 알고리즘을 선임 치료자가 해체하는 최고의 예를 제공하였다.

지침 2 🖳 치료자의 공식화는 그 공식화와 일치하는 실천 방법으로 이어져야 한다. 처치 계획은 이상적으로 목적이 있고 간결하며 구체적인 목적을 위해 고안된다. 치료자는 개입전략의 많은 구체적인 질문에 대한 답을 분명히 하는 것이 도움이 된다. 예를 들면, '어떤 특정한 제시 상황에서 어떤 유형의 사례에 대해 어떤 전략이 선호되는가? 다양한 제시 상황을 고려할 때 처치에 참여해야 할 사람은 누구인가? 제시되는 문제나 사례 유형에 따라 전략은 어떻게 달라지는가? 전략은 어떤 순서로 사용될 것 같은가? 치료는 내담자의 목표나 치료자가 관찰하는 어려움에 얼마나 초점을 맞출 것인가?'와 같다. 다시 말하지만, 접근을 명확히 하는 것은 큰 가치를 가지고 있다. 그러한 접근이 의도적일수록 성공 가능성은 더 높아진다.

포함되어야 하는 내용

지침 3 🖳 치료는 공통요인을 기반으로 하고 이를 강화시키기 위해 상담한다. 공통요인은 커플·가족치료에서 가장 중요한 하나의 조건을 나타내며, 성공적인 치료의 필수적인 요소다(Sprenkle, Davis, & Lebow, 2009). 따라서 개인치료와 공유하는 공통요인들과 커플·가족치료에 고유한 공통요인들(제5장에서 설명)을 생성하고 강화하기 위한 언어적·비언어적 노력은 효과적인 처치의 필수적인 측면이다. 특히 성공적인 커플·가족치료를 위해서는 동맹, 피드백, 희망의 생성, 관계적 틀의 유지가 중요하다.

지침 4 체계이론은 필수적인 구성개념이다. 체계이론은 모든 커플·가족치료에서의 핵심적인 결정요소다. 한때 체계이론은 지배적이었고, 때로는 처치에 통합된 유일한 이해의 집합이었다(Watzlawick, Weakland, & Fisch, 1974). 커플·가족치료의 실천은 그러한 시절을 훌쩍 뛰어넘게 되었다. 그러나 커플·가족치료자들은 가족 내 패턴의 이해, 그리고 가장 특수하게는 맥락과 피드백을 이해하는 것의 결정적 중요성이 이러한 실천 방법의 필수적인 성분임을 공통적으로 이해하고 있다.

지침 5 이러한 필수적인 성분들 외에도, 치료는 선택적인 커플 · 가족 개념과 전략의 핵심 세트를 도출하고 조합한다. 제2장, 제4장, 제6장에서 제시했듯이 커플·가족치료는 크기는 하지만 방대하지는 않은 성분들의 목록과 관련 치료 기술 세트로 인해 쉽게 해체될 수 있다. 대부분의 숙련된 커플·가족치료자는 이러한 핵심 요소들을 통합하는 방법을 배웠다. 치료자의 숙련도는 부분적으로 이러한 요소들을 효과적으로 조합시키는 데 있다.

지침 6 커플 · 가족치료자는 요소 목록에서 개념, 전략 및 기법의 조합을 자기 나름대로 구성할 수 있다. 치료자들은 그들이 차용하는 처치에서의 모든 개념을 통합할 필요가 없다. 즉, 그들은 그 처치들 중에서 선택한다. 어떤 사람들에게 통합은 또 다른 접근에서 몇 가지 개념이나 기술을 일차적 지향에 동화시키는 것을 의미한다. 다른 사람들에게 이 통합 방법은 개별 구성성분들에 근거해서 만들어진다. 어떤 방법의 일부를 동화시킬 때, 치료자는 새로운 기법이나 법칙이 접근에 미치는 영향을 조사하기만 하면 된다(Messer, 1992; Shapiro, Barkham, Reynolds, Hardy, & Stiles, 1992). 독특한 방법을 형성하는 치료자는 또한 처치의 국지local 이론을 만든다. 대부분의 치료자는 서로 다른 접근들에서 온 몇 가지 핵심 개념과 전략을 끌어들이고 자리 잡게 함으로써, 이러한 극단 사이에서의 한 길을 선택한다.

지침 7 치료자의 상담 모델에 포함된 변화를 위한 틀을 모두 사용을 하는 것이 관찰되어야 하는 것은 아니다. 치료자들은 어떤 한 접근에서 온 전략을 그들의 개인 모델에 적극적으로 포함시킬 수 있지만, 그들이 어떤 방법을 끌어들인 것을 그 관점으로부터 보는 정도의 수동적인 이해로 제한할 수도 있다. 커플 문제를 처치하기 위한 행동 교환 전략을 생각해 보라. 이러한 전략을 사용함에 있어 치료자는 단순히 행동적 패러다임 내에서의 개입을 고려할 수 있지만, 또한 행동 교환과 관련하여 일어나고 있는 일을 고려하기 위한 틀을 확장하여 내담자의 개인적인 역동, 커플의 상호작용에 있어서의 체계적 요인, 또는 확대가족 및 더 넓은 사회체계의 영향을 포함할 수 있다. 그러한 추가적인 관점이 개입 자체를 수행하는 행동을 바꿀 수는 없지만, 추가적인 틀은 전략에 대한 맥락을 바꾸므로, 현재 무엇이 일어나고 있는가를 이해하는 것은 궁극적으로 다른 전략의 사용을 이끌 수 있다. 개입에 대한 그러한 여러 관점은 일반적으로 매우 유용하다.

전략에 대한 추가적인 관점을 포함하는 것은 또한 우리 분야의 주요 문제인, 전문용어로 유지되는 편협함을 개선하는 데 도움이 될 수 있다(Goldfried & Castonguay, 1992). 치료자들이 서로 배타적이지 않은 개념을 논의하고 있다는 것을 이해할 때, 접근들과 치료자들 사이에 연결은 더욱 쉽게 될 것이다.

방법과 관점 추가하기

지침 8 개념, 전략과 기법은 동시다발적으로 더 큰 효과를 가져올 수도 있고, 전반적인 효과를 감소시키는 부정적인 상호작용을 초래할 수도 있다. 어느 쪽이든, 그들의 의미는 새로운 맥락에서 적용됨에 따라 바뀔 수 있다. 개념과 기법을 추가하는 것이 반드시 더 큰 효과로 이어지지는 않는다. 처치의 측면들 간 부정적인 상호작용 가능성도 고려하고 신중하게 모니터링되어야 한다.

일부 전략과 개념화는 다른 것들보다 더 쉽게 통합할 수 있다. 훌륭한 요리사처럼, 커플·가족치료자는 성분들이 어떻게 함께 섞일 수 있는지 알고 있어야 한다. 활동 지향적인 지시적 치료는 쉽게 혼합된다. 따라서 행동주의자들은 종종 분리된 치료법을 제시하지 않고 자신들의 처치에 인지, 마음챙김과 게슈탈트 개입을 추가한다. 내러티브치료와 포스트모던 협력치료와 같은 비지시적 전략은 유사하고 쉽게 혼합된다. 치료자의 본질적인 위치는 각 개입전략에서 비교할 수 있다.

치료자를 뚜렷하게 구분하는 다른 입장으로 이동시키는 개입전략의 조합은 더 어렵다. 예를 들어, 역설적 개입전략을 치료적으로 거리가 먼 위치의 지지적 성격을 갖는 처치에 추가하면, 연결이라는 핵심적인 과정목표를 쉽게 훼손시킬 수 있다. 내러티브치료의 협력적 입장에서 지시적 입장으로 움직이는 것 또한 원래 입장에서의 목표를 훼손할 수 있다. 이것은 그러한 전략 변경이 이루어질 수 없다는 것을 암시하는 것이 아니고, 그러한 요소들의 상호작용에 상당한 주의가 필요하다는 것이다.

치료적 전략은 대개 일련의 행동뿐만 아니라 그러한 전략이 개발된 이론의 맥락에서 그러한 행동과 관련된 의미를 인식하는 것 또한 중요하다. 예를 들어, 내러티브치료적 실천에서 증인되기witnessing는 치료자가 전적으로 협력적인 비전문가의 입장을 취하는 것과 관련된 특정한 의미를 지닌다. 그 의미는 증인되기가 지시나 심리교육과 같은 다른 전략으로 확대될 때 바뀔 수 있다. 전략은 접근에서 해체되어 주된 이론host theory과는 별도로 사용될 수 있지만, 새로운 맥락에서 전략의 의미는 그것이 출현한 모델에서의 의미로 이해되기도 하고 분화되기도 할 필요가 있다.

지침 9 📖 문제는 여러 수준에서 동시에 나타난다. 어느 한 수준도 더 중요하거나 '더 깊은' 것으로 특권화되어서는 안 된다.   많은 수준의 경험이 제4장에서 설명한 커플·가족치료의 많은 모델에서 다루어지고 명명되었다. 그 수준들은 개인적 혹은 정신 내적, 신경생물학적, 행동적, 인지적, 정서적, 핵가족적, 광범위한 친족체계적, 다세대 가족적, 그리고 거시체계적인 것으로 명명되었다. 인간과 그들의 문제는 불가피하게 생물심리사회적bio-psychosocial이다.

한 수준의 변화가 어떤 다른 수준의 변화보다 더 중요한 것은 아니다. 나아가, 인간 경험의 어떤 측면에서의 변화는 거의 불가피하게 다른 수준에서의 변화를 일으킬 것이다. 모델중심적 사고model-centric thinking는 대개 인간 경험의 어떤 측면이 가장 중요한 것으로 간주되는지에 대한 이론을 기반으로 한다. 그런데 나타나는 증거는 "모든 것이 상을 받아야 한다."(Luborsky, Diguer, Luborsky, & Schmidt, 1999)라는 것을 강력히 암시한다. 즉, 각 수준에서 일어나고 있는 모든 것이 매우 중요하며, 그것은 다른 수준에서 일어나고 있는 것에 영향을 미친다. 어떤 수준의 개입도 다른 수준에 영향을 미친다.

통합적인 관점에서, 경험의 각 측면은 중요하다. 이러한 가정을 고려할 때, 결정적으로 중요한 질문은 문제가 어디에 있는가를 단순히 생각하는 것으로부터 사례 공식화가 시사하는 가장 수용할 만하고, 접근할 수 있으며, 효율적이고, 지속적인 변화 경로가 될 가능성이 높은 것은 무엇인지에 대한 보다 미묘한 질문으로 이동해 간다. 그러한 공식화에 기초하여, 치료자들은 처치에서의 근접 목표와 최종 목표의 달성에 가장 효과적이고, 신속하며, 오래 지속될 것이 어떤 것일지를 강조하는 전략을 선택한다. 선택은 정확한 관점과 부정확한 관점 사이에서가 아니라, 서로 다른 수준에서 유용성을 갖는 여러 관점 사이에서 이루어진다.

지침 10 🗐 커플 · 가족치료에서 주요한 방법으로 사용되는 요소의 수는 제한되어야 한다. 조합될 수 있는 많은 요소가 있지만, 주요 요소가 너무 많으면 산만해진다. 따라서 각 치료에는 몇 가지 핵심 전략이 가장 적합하다. 전문적 기술은 그루네바움(1988)이 제공하는 사례 예시에서와 같이 다른 개념과 전략으로 간단히 확장하는 것을 포함할 수 있지만, 그러한 간단한 확장이 치료를 지나치게 복잡하게 만들지는 않는다.

체계론적인 고려사항

지침 11 📑 개입전략을 선택할 때 커플 · 가족치료자는 누가 참여해야 하는가에 대해서뿐만 아니라 무엇이 행해져야 하는가에 대해서 상당히 중요한 선택을 한다. 개인치료를 하는 심리치료자는 마치 개인치료가 유일한 양식인 것처럼 심리치료를 논의한다. 커플·가족치료자는 회기 형식에 대해 지속적이고 진화해 가는 선택을 한다. 필수적인 질문은 "어떤 처치 목표를 가지고 어떤 방식의 면담으로 누구를 포함시킬 것인가?"이다.

치료자는 또한 여러 형식이 관련될 때 하나의 처치 양식이 다른 처치 양식에 어떤 영향을 미치는지 모니터링해야 한다. 자녀를 개별적으로 본다면 그리고 가족과 함께 본다면, 개인적 맥락에서 자녀의 솔직성과 치료자를 신뢰하려는 가족의 의지에 어떠한 영향을 미치는가? 더 나아가는 질문은 이러한 양식들에 걸친 처치를 같은 치료자가 제공할 것인가, 아니면 다른 치료자가 제공할 것인가에 관한 것이다. 가족 안의 핵심 문제를 보는 데 있어 제각각인 치료자들 간의 어려움은 종종 그러한 다중치료자들이 수행하는 치료가 갖는 골칫거리다. 이러한 치료들이 치료 과정과 궁극적인 목표를 향해 나아가는 데 최대한 일치해야 한다면 별개의 처치들 간 적극적인 조정이 거의 항상 필요하다. 유감스럽게도, 제공자가 받는 스트레스와 부담을 고려할 때, 그러한 조정은 종종 이상적 기대치에 미치지 못하는 아주 낮은 수준에 있다.

처치의 단계들

지침 12 📑 처치의 각 공식적 단계는 처치가 진행됨에 따라 초점이 맞춰져야 하고, 처치 계획은 각각의 단계를 강조할 필요가 있다. 제7장에서 설명한 바와 같이, 몇 회기 이상의 모든 치료에는 참여 과정, 몇몇 유형의 사례 사정/공식화, 치료 계약(공식 또는 비공식), 상담의 중간 단계, 종결 등이 포함된다. 치료자들은 각 단계에서 필요한 목표의 달성에 초점을 맞추는 것이 중요하다.

치료자의 역할

지침 13 기법은 치료적 기술을 대체할 수 없다. 수년 전 거먼과 크니스컨 (Gurman & Kniskern, 1978)은 치료적 관계와 다른 덜 구체적인 요인을 배제하는 처치에서 기법에 대한 과도한 의존을 언급하기 위해 **기법숭배주의**technolatry 라는 용어를 만들었다. 제5장에서 논의된 바와 같이, 치료에서 치료자의 개인적 자질과 내담자와 치료자 간의 관계는 적어도 개입전략의 형태만큼 중요하다.

치료자는 기법과 이론을 선택할 때 자신이 어떤 사람인지에 대해 관심을 가져야 한다. 주요한 부분에서 개입전략이 전달되는 스타일과 맥락은 그 개입이 어떻게 경험될 것인지를 결정한다. 초보 치료자들 사이에서 종종 기법과 치료자가 잘 맞지 않는 경우를 보게 된다. 개입은 기법적으로 정확한 방식으로 전달될 수 있지만, 그것은 심리치료적 주체의 질이 고려되지 않은 것이다. 심리치료적 주체의 질은 치료자들이 그들의 성격과 선택된 방법이 잘 맞는지에 대해 주의를 기울일 때 좋아진다.

지침 14 커플 · 가족치료의 훈련은 기법과 이론을 가르칠 뿐만 아니라 치료자가 치료적 자세를 만들어 내는 것을 분명히 강조해야 한다. 참여하는 느낌과 행동, 희망, 공감, 적극성, 적절한 도전, 집중은 모두 치료자의 일부분이다. 때때로 이러한 태도와 기술은 자연스럽게 나타나지만, 이러한 입장은 또한 배울 수 있는 기술을 포함한다. 치료자를 위한 개인치료도 자기의 이러한 부분들을 발견하는 데 있어서의 장애물을 극복하도록 도움을 준다. 각 치료자는 궁극적으로 편안하고 자신이 사용하는 개념, 전략, 기법을 성공적으로 혼합시킨 작동양식(혹은 양식들)을 찾아야 한다.

지침 15 통합적 치료자는 개인적 가치와 커플 · 가족치료에서 고유한 윤리적 문제를 조율해야 한다. 제10장에서 설명한 것처럼 커플·가족치료의 실천에서는 과학적 원칙이 적용될 뿐만 아니라, 그 실천이 개인적 가치와 상호작용하기도 한다. 커플·가족치료자는 전략이 성공할 가능성뿐만 아니라, 전략의 선택이 개인적 가치에 의해 영향을 받는지, 그리고 어떻게 영향을 받는지를 고려해야 한다. 치료자가 만성적으로 역기능적인 결혼생활을 구제하려고 끈질기게 시도하는 커플들을 지켜보고, 또 이러한 입장과 자신과의 접점을 다루어야 할 때처럼, 때때로 가치관의 영향이 분명하게 나타난다. 치료자가 어떤 사례에 대해서는 원가족 이슈 탐색을 통해 자기를 더 잘 알아 가도록 강조하거나 또 다른 사례에 대해서는 행동적 역량 구축을 목표로 삼을 때처럼, 때에 따라 다른 가치의 선택들은 더욱 미묘하다. 어떤 요인들이 이 선택을 좌우하는가? 치료자가 어느 한 집단의 내담자들에 대해서는 어떤 한 세트의 목표와 전략을 선호하고, 다른 집단의 내담자들에 대해서는 또 다른 세트의 목표와 전략을 선호하는가? 가치관이 실천에 미치는 영향이 반드시 해로운 것은 아니지만, 이러한 영향의 범위와 방향은 이해될 필요가 있고, 가치에 대한 것과 최선의 실천에 관한 것은 분리된다. 내담자는 커플·가족치료라는 복잡한 사회적·심리적·윤리적 활동에 대한 치료자의 신념을 이해할 권리가 있다.

지침 16 🖥 커플·가족치료자는 커플·가족치료자가 된다는 것이 무엇을 의미하는지 다루어야 한다. 커플·가족치료자는 이 분야에서 작용하는 특정한 스트레스를 이해하고 적응할 필요가 있다. 그들은 자신들이 처치하는 가족의 트라우마를 대리로 경험하며, 또한 치료실에서 큰 고통의 순간을 직접적으로 경험한다(Geller & Greenberg, 2012a). 커플치료나 가족치료에 내담자로 참여해 보는 것도 치료자의 이해를 높이는 데 큰 도움이 된다.

구체적인 사례들에 맞추기

지침 17 🖥 협력적인 처치 목표를 설정하는 것은 필수적인 단계다. 커플·가족치료에서 가능한 한 옵션을 다양하게 고려할 때, 협력적인 목표 설정은 처치에서 결정적으로 중요한 단계가 된다. 치료자는 내담자와 협력하여 최종 목표와, 사례 공식화와 최종 목표 달성을 위한 내담자의 변화 단계에 맞는 근접 목표를 설정한다. 이것은 다시 목표에 대한 가족 구성원들 간의 협상을 포함할 수 있다. 목표 설정에서의 주요한 결정은 커플 또는 가족 자체의 관계가 얼마나 변화의 초점이 되는가에 중점을 둔다. 대부분의 커플·가족치료는 개인적 변화의 과정에서도 도움이 될 수 있는 관계적 목표를 표적으로 한다. 그러나 어떤 커플·가족치료는 관계적 변화를 표적으로 하지 않고 단순히 가족 구성원의 개인적 변화를 위해 관계체계의 긍정적인 특성을 사용하기도 한다 (Baucom, Shoham, Mueser, Daiuto, & Stickle, 1998). 관계적 변화가 처치의 초점이 되는 정도는 이분법적인 선택보다 연속선으로 더 잘 설명되는데, 특정한 가족과의 상담이 이루어지는 그 연속선상 어느 지점에 커플·가족치료의 방향과 초점을 가리키는 필수적 표지판이 놓여 있다.

지침 18 📑 각 사례에 있어, 커플 또는 가족과 협력하는 치료자는 사례 공식화와 일치하는 구체적 목표를 최대한으로 달성할 수 있는 전략들을 선택한다. 어떤 구체적 사례에든, 어떤 일이 일어나고 있는지에 대한 일련의 설명과 그 특정한 상황을 바꿀 수 있는 일련의 잠재적인 개입이 항상 병행되어 있을 것이다. 커플·가족치료자는 내담자와 함께 상담할 수 있는 잠재적 경로를 확인하고, 처치 목표를 달성할 가능성과 효율성을 극대화하는 개입을 위해 상담의 사례 공식화와 전략에 도달한다. 이 계획은 시간이 지남에 따라 발전하며, 처치 과정 동안의 진전 혹은 진전의 부족, 그리고 기타 새로운 정보 등에 의해 영향을 받는다. 브룬린 등(2011)은 각 사례에 대한 청사진을 만드는 데 기반을 둔 치료적 의사 결정을 위한 유용한 틀을 제공한다. 각 사례는 가설 세우기, 계획하기, 대화하기, 그리고 개입전략 선택에 대한 피드백과 매트릭스를 포함한다.

지침 19 🖥 특정한 개입전략을 선택할 때, 치료자는 또한 그 개입전략이 내담자에게 수용될 수 있는 가능성과, 이 특정한 사례에 도움이 되는 자원과 같은 실용적인 요인들을 고려해야 한다. 처치 수용성의 개념은 커플·가족치료를 고려할 때 종종 무시되는 개념이다. 처치는 내담자가 참여에 동의하고 그 처치가 전달되도록 허용하는 경우에만 효과적일 수 있다(Lebow, 1982). 더욱이, 내담자들이 얼마나 오랫동안 참여할 준비가 되어 있는지는 대체로 사람에 따라 다르다. 처치 실패의 주요 요인은 치료의 조기 종결인데, 이는 종종 내담자에게 수용될 수 없는 개입 방법을 제시함에 따르는 부산물이다. 커플은 커플 문제를 처리하는 데 자연스러운 단위이고 가족은 가족 문제를 처리하는 데 자연스러운 단위이기 때문에, 내담자들은 흔히 커플·가족치료를 아주 잘 수용한다. 그러나 치료의 새로운 맥락에서 여러 목소리들, 때로는 상충되는 목소리들이 존재할 수 있다. 특히 거의 항상 어떤 가족 구성원들은 치료에 대한 관심이 별로 없는 상태에서 시작하게 되므로(처치를 추구하는 것이 다른 누군가의 생각이라는 점을 고려한다면), 커플·가족치료는 처치 수용성에 쉽게 문제가 생길 수 있다. 이렇게 되면 이 낮은 수용성으로 인해 효과적일 수 있을 치료 회기 수가 불충분하게 될 수 있다.

처치의 맥락 또한 매우 중요하다. 입원환자와 외래환자 정신건강센터, 주간 병원과 외래환자 사설 개업 등 여러 환경에 따라 다양한 전략이 선호될 수 있다. 보험이 어떤 서비스를 처리해 주는가가 접근성, 면담 빈도와 내담자가 기꺼이 참여할 수 있는 치료의 종류를 결정하는 데 점점 더 필수적이다. 어느 한 환경에서 가장 좋은 전략일 수 있는 것이 또 다른 환경에서는 단순히 사용할 수 없거나 적용되지 않을 수 있다.

통합적 방법의 구축

지침 20 🖥 통합적 접근으로 움직여 갈 때, 치료자는 어느 정도 제한된 범위의 개입으로 처치 방식을 최적화시켜 시작한다. 숙련된 통합적 치료자를 관찰해 보면, 대개 일련의 기술과 개념을 창의적으로 혼합했다는 것이 아주 인상적이다. 그 치료자는 한 시간 내에 행동적, 체계론적, 그리고 정신역동적 수준에서의 목표를 추구해서, 행동 과제, 새로운 내러티브의 생성과 다세대적 가족 경로를 기반으로 한 해석을 끌어들일 수 있다. 처치 시간 동안, 치료자는 가족 전체 외에 다른 하위체계를 볼 수 있다. 종종 초보 치료자들이 그러한 숙달을 모방해 보지만, 그러한 모방은 이따금 실패로 귀결된다. 커플·가족치료를 배우는 것은 매우 복잡한 작업이다(Kramer, 2000). 초보 치료자들은 이론과 기법을 익히는 것 외에도, 문제를 가진 다른 사람들을 다루는 것에 대한 두려움, 새로운 활동을 시작하는 것에 대한 불안감, 치료적 역할을 수행할 수 있는 그들의 개인적 능력에 대한 감정, 그리고 처치 회기를 시작하고 끝내는 방법에서부터 내담자의 자살 가능성을 판단하는 방법까지, 거의 끝없는 무지의 영역 목록을 직면해야 한다. 훈련 중인 치료자가 슈퍼바이저가 취하는 복잡한 개입전략들을 따라 하면서도 치료적일 수 있게 되기에는 처리할 정보가 너무 많다. 치료자도 비생산적인 방식으로 스트레스를 받을 수 있겠지만, 대부분의 훈련 현장에서 이렇게 비약을 하게 되면 진짜 괴로울 사람은 실제 내담자들이 될 것이다.

통합적 실천을 향한 전형적이고 더 효과적인 두 가지 경로들이 있다. 하나는 특정한 개입전략의 기반에서 잘 훈련된 다음, 점차 이론과 기법의 기반을 확장하고 그것에 맞추는 것이다. 두 번째 경로는 소수의 개입전략들로 시작하여 시간이 지남에 따라 확장되는 통합적 모델을 공식적으로 보여 주는 것을 기반으로 한다. 통합적 모델을 배우는 것은 초기에는 혼란을 줄 가능성이 많기 때문에, 개념적으로 통합적 틀을 이해해야 하는 훈련생들은 처음에는 복잡하다고 생각된다. 그러나 통합적 모델을 배우는 것은 또한 훈련생을 통합적 자세로 지향시키고, 복잡성을 허용하고 관리하면서도 향후 개인 발달을 하게 하는 실천 구조를 제공한다는 상당한 이점을 제공한다. 이러한 맥락 내에서 훈련생은 항상 역량에 기반을 두고 상담하면서, 한 번에 한두 개씩 특정한 개념들과 개입전략들을 순차적으로 숙달할 수 있다. 두 가지 학습 방식의 상대적인 장점들을 논할 수 있겠지만, 어느 쪽이든 경험이 풍부한 치료자의 수준으로 뻗어 나가기에는 시기상조인 것이 분명한 듯하다.

지침 21 📝 통합적 접근은 정적인 실체가 아니라 진화하는 방법, 즉 새로운 입력에 개방된 하나의 체계다.   커플·가족치료자가 사용하는 구체적 방법은 시간이 지남에 따라 변경될 수 있다. 이상적으로 통합적 방법은 치료자가 이 분야의 발전과 함께 진화해 가는 복잡한 알고리즘이 된다. 전문적인 발달뿐만 아니라 개인의 성장도 포함하는 평생의 과정이 수반된다. 삶의 경험, 워크숍, 독서, 동료들과의 토론, 연구 결과에 관심 갖는 것 등이 그러한 발달의 귀중한 투입물들이다. 커플·가족치료의 독특한 특성 때문에, 실천을 형성하는 가장 중요한 경험과 정보는 이 분야의 밖에서도 나올 수 있다.

지침 22 📝 개념과 전략은 신중하게 핵심 모델에 추가되어야만 한다.   새로운 방법에 대한 실험이 시도되기 전에 절차에 대한 기술적 이해가 요구되어야 한다. 통합적 실천은 수많은 새로운 기법을 속사포같이 추가한다고 해서 이익을 얻는 것이 아니다. 대신, 각 개념이나 전략에 대한 주의를 기울이고 소화해 내는 것이 도움이 된다. 중요한 목표는 주의를 분산시키는 것이 아니라, 현재 내담자와의 상담에 새로운 방법을 추가시키는 것이다. 임상가는 그들의 내담자에 대해 그것을 사용하기 전 절차의 인지적·정서적 측면에 숙달해야 할 윤리적 의무를 지니고 있다.

지침 23 📝 훈련은 통합적 개념과 개입전략에 더 명시적으로 초점을 맞추고 통합을 향한 경로를 제안해야 한다.   대부분의 치료자에게 많은 중심적 업무인, 처치를 위한 개인적 전략의 개발은 거의 전적으로 임상가에게 맡겨진다. 대부분의 치료자가 궁극적으로 자신을 절충적 또는 통합적이라고 분류하지만, 어떤 수준의 프로그램도 개인적 통합을 만드는 방법에 대한 훈련을 거의 제공하지 않는다. 임상가가 이러한 경로들을 탐구하는 경향을 고려할 때, 훈련 프로그램을 가장 엄격하게 주장하는 것이 향후 모델 구축을 위해 임상가를 보다 명시적으로 준비시키는 데 효과적일 것이다.

통합적 관점에서 훈련시키는 좋은 예는 노스웨스턴가족연구소the Family Institute at Northwestern의 가족치료 프로그램 석사과정 내에서 제공되고 있다. 여기서 훈련은 통합적인 문제중심 메타틀작업 모델의 맥락에서 이루어진다(Breunlin et al., 2011; W. Pinsof et al., 2011). 시작할 때는 훈련생에게 통합적 모델의 개요와 구체적 개입양식과 관련된 구체적 설명이 제공된다. 이러한 설명의 맥락에서, 치료자를 가르치고 개입 방법에 대한 특정한 역량을 확립시키기 위해 고안된 구체적인 처치 전략을 연습시킨다. 훈련생은 또한 지속적인 슈퍼비전을 받고, 훈련생들이 수행하는 처치를 관찰하고 슈퍼바이저의 개입을 모델링하게 하는 다양한 실시간 슈퍼비전에 참여한다. 이러한 종합적인 훈련 프로그램은 훈련생의 문제를 최소화하고 학습 경험을 극대화할 수 있다.

통합적 모델이 구체적으로 커리큘럼의 초점인지 아닌지에 상관없이, 훈련 프로그램은 이러한 예시들로부터 이득을 얻을 수 있다. 통합의 개념은 향후 개발을 위한 틀을 제공하면서, 훈련 초기에 학생들에게 성공적으로 제시될 수 있다. 다양한 아이디어와 전략에 대한 초기 노출은 학생들에게 도움이 되는 것으로 널리 알려졌다. 개방적인 탐구정신이 촉진되고 다양한 개념과 역량에 대한 지적 숙달이 표적화되며 개발을 위한 일련의 경로가 제시된다면, 학생들은 자신이 개발할 수 있는 견고한 기반을 갖게 된다. 어떤 방법들은 한동안 휴면 상태에 있을 수 있지만, 임상가로 성숙해 감에 따라 그것을 사용할 수도 있다.

결론: 변증법적 과정을 열어 놓기

나는 이 책에서 커플·가족치료의 분야를 보기 위해 약간의 다른 렌즈를 제시하였다. 이 책은 커플·가족치료의 단일 모델이라는 보다 전형적인 틀 안에서 상담하기보다는, 이 분야의 다양한 전경을 담아내려고 노력하였다. 부분적으로, 이 책은 이 분야의 현 상황을 요약하였는데, 가장 많이 실천된 모델들, 그 실천을 위한 과학적 토대들, 그리고 이 분야에서 가장 두드러진 이슈들을 검토하였다.

커플·가족치료는 간단하면서도 강력한 세 가지 아이디어로 시작한다. 첫 번째는 관계적 체계가 변화를 위해 참여할 수 있는 관련자들에게 큰 영향을 미친다는 것이다. 두 번째는 개인과 체계가 서로 끝없이 회귀적으로 영향을 미친다는 것이다. 세 번째는 커플과 가족 관계가 최적으로 작용하기 위해 종종 도움을 필요로 한다는 것이다. 이러한 단순한 아이디어들이 커플과 가족을 돕고 가족 관계를 개인적 변화의 중요한 원천으로 사용하는, 광범위하고 효과적인 방법들을 발전시켰다.

과학이 가족생활에 대해, 그리고 다양한 상황에서 가장 변화를 가능하게 하는 것이 무엇인지에 대해 알려 준다는 점에서 관계적 삶을 변화시키는 과정은 과학에 기반을 두고 있다. 그러나 어떤 특정한 커플이나 가족의 변화 과정은 제각기 다르다. 많은 전략이 변화를 촉진한다. 대부분의 경우, 몇 가지 대안 전략들과 치료자들이 도움이 될 가능성이 높다. 다른 경우에는, 특정한 방법이나 매우 특별한 치료자만이 효과적일 수 있다. 잘 제시된 사례 공식화와 효과적인 치료 기술은 이 과정을 더 쉽게 만들지만, 가족이 그들의 차이점을 해결하고 서로에 대해 더 기분 좋게 느끼도록 하는 것은 항상 과학인 동시에 애매한 기술이기도 하다. 이러한 기술은 치료자가 변화를 위해 가족이 이용할 수 있는 요점들과 변화 단계에 맞추어 가는 것이다. 때때로 이것은 기술, 지식과 치료에 참석하는 것 외에도 시행착오와 상당한 인내심을 포함한다.

커플·가족치료는 항상 아이디어들과 방법들이 토론되어 왔던 시도였고, 그 안에는 치료자의 적절한 역할부터 과학의 객관성에 대한 신뢰, 커플치료에서 이혼의 여지와 같이 가치가 실린 이슈들까지, 많은 이슈에 대한 강력하고 다양한 입장이 존재해 왔다. 그러나 나(Lebow)는 또한 이러한 논쟁의 소음과는 별도로, 어떤 다른 통로에서는 커플·가족치료 실천의 많은 측면에 대한 합의가 나타나고 있다고 믿고 있다. 저명한 커플·가족치료자들이 무엇이 가장 중요한지에 대해 논쟁을 하기도 하지만, 그들은 종종 가족을 돕기 위해 동일한 일련의 전략들을 도출해 내기도 한다. 커플·가족치료는 여러 핵심 개념 및 전략과 임상 실천의 기초가 되는 일련의 핵심 역량들로 해체될 수 있다. 대부분의 커플·가족치료자는 처치 개발자들과 그들의 처치를 연구하는 사람들(흔히 같은 사람들)의 모델 중심model-centric 세계에서 벗어나 이러한 관점을 혼합하는 방법에 매료되고 있다.

나(Lebow)는 또한 이 새로운 통합적 커플·가족치료에 대한 전망을 제안하였다. 이 전망은 통합적인 방법을 만병통치약으로 제시하는 것이 아니라, 단순히 더 좁게 초점을 맞춘 방법들에 비해 상당한 이점을 가지고 있다고 보는 것이다. 처치들의 파노라마 속에서, 나는 더 좁게 초점을 맞춘 접근들을 위한 여지도 구상하지만, 통합적인 방법이 임상 실천의 미래로 진화하는 과정 안에 있는 것으로 본다.

이 마지막 장에서 나는 통합적 실천을 형성하는 의도적인 접근을 주장해왔다. 나는 또한 커플·가족치료에서 효과적인 전략과 공통요인의 목록에서 개인적인 처치 방법을 형성하는 것이 치료자에게 주는 혜택을 이야기하였다. 이 장에서 제시한 지침은 통합을 위한 이론적 근거를 검토하고, 사용된 전략과 기법이 이 패러다임과 관련이 있으며, 특정한 사례의 처치가 더 넓은 이론, 전략과 연결된다는 처치 관점을 강조한다. 이러한 관점은 또한 공통요인과 구체적인 처치 전략 두 가지 모두뿐만 아니라 치료자의 사람됨, 내담자-치료자 관계와 처치의 내용에도 관심의 균형을 맞춘다. 그것은 또한 커플·가족치료의 일반적인 원칙이 있다는 것과, 이 원칙을 구체적인 커플 또는 가족 처치와 관련시킬 필요가 있다는 것 모두를 가정하는 유리한 위치이기도 하다. 나의 견해로는 치료자와 그가 처치에서 사용하는 개념과 방법 사이의 적합성이 매우 중요하다. 궁극적으로, 나는 대부분의 커플·가족치료자가 그들 자신의 최선의 실천 방법을 만들고, 그 방법대로 할 때 가장 효과적이라고 믿는다.

이 책의 중심을 차지하고 있는 아이디어와 변증법은 여기서의 논의로 완

전히 해결되기는 어렵다. 다른 사람들과 심지어 독자들도 내가 논의하는 몇
몇 질문에 대해 다른 답을 할 수 있으며, 이 책에서 다루지 않은 이슈들을 제
기할 수 있다. 우리는 이러한 혼합된 처치의 시대에 이 같은 실천 안에서 커
플·가족치료의 실천과 통합적 방법을 둘러싼 수많은 질문의 표면을 이제 겨
우 깨뜨리기 시작하였다. 이 책에서의 논의는 이른 종결을 위한 노력이 아니
라, 우리 분야에서 아주 중요한 관심사가 무엇인지에 대한 진전된 대화를 열
기 위한 것이다. 궁극적으로, 나는 이 분야가 우리 방법의 핵심에 대해 진정
으로 말하는, 합의된 최고의 실천원칙에 도달할 수 있기를 바란다. 나는 또한
이 책이 어떤 이들에게는 그 분야를 조금 더 잘 이해할 수 있도록, 다른 이들
에게는 그들만의 통합적인 실천 방법을 향해 나아가도록, 그리고 또 다른 이
들에게는 커플·가족치료의 실천을 위한 원칙과 지침에 대해 더 깊이 생각해
볼 수 있도록 이끌어 주기를 바란다.

참고문헌

Ackerman, N. W. (1958). *The psychodynamics of family life*. Oxford, England: Basic Books.

Ackerman, N. W. (1968). *Treating the troubled family*. Oxford, England: Basic Books.

Ackerman, N. W. (1970). *Family therapy in transition*. Oxford, England: Little, Brown.

Ahrons, C. R. (1994). *The good divorce: Keeping your family together when your marriage comes apart*. New York, NY: HarperCollins.

Ahrons, C. R. (2004). *We're still family: What grown children have to say about their parents' divorce*. New York, NY: HarperCollins.

Ahrons, C. R., & Rodgers, R. H. (1987). *Divorced families: A multidisciplinary developmental view*. New York, NY: Norton.

Aldarondo, E., & Straus, M. A. (1994). Screening for physical violence in couple therapy: Methodological, practical, and ethical considerations. *Family Process, 33*, 425-439. doi:10.1111/j.1545-5300.1994.00425.x

Aleman, J. C., Kloser, P., Kreibick, T., Steiner, G. L., & Boyd-Franklin, N. (1995). Women and HIV/AIDS. In N. Boyd-Franklin, G. L. Steiner, & M. G. Boland (Eds.), *Children, families, and HIV/AIDS: Psychosocial and therapeutic issues* (pp. 90-111). New York, NY: Guilford Press.

Alexander, J. (1967). Time and the metapsychological concept of adaptation. *Psyche: Zeitschrift fur Psychoanalyse und ihre Anwendungen, 21*, 693-698.

Alexander, J., Waldon, H. B., Newberry, A. M., & Liddle, N. (1990). The functional family therapy model. In A. S. Friedman & S. Granick (Eds.), *Family therapy for adolescent drug abuse* (pp. 183-199). Lexington, MA: Lexington Books.

Alexander, J. F., Holtzworth-Munroe, A., & Jameson, P. B. (1994). The process and outcome of marital and family therapy: Research review and evaluation. In A. E. Bergin & S. L. Garfield (Eds.),

Handbook of psychotherapy and behavior change (4th ed., pp. 595-630). Oxford, england: Wiley.

Alexander, J. F., & Robbins, M. S. (2010). Functional family therapy: A phase-based and multi-component approach to change. In R. C. Murrihy, A. D. Kidman, & T. H. Ollendick (Eds.), *Clinical handbook of assessing and treating conduct problems in youth* (pp. 245-271). New York, NY: Springer Science + Business Media.

Alexander, J. F., Robbins, M. S., & Sexton, T. L. (2000). Family-based interventions with older, at-risk youth: From promise to proof to practice. *Journal of Primary Prevention, 42*, 185-205.

Alexander, J. F., & Sexton, T. L. (2002). Functional family therapy: A model for treating high-risk, acting-out youth. In F. W. Kaslow (Ed.), *Comprehensive handbook of psychotherapy: Vol. 4. Integrative/eclectic* (pp. 111-132). Hoboken, NJ: Wiley.

Alexander, J. F., Sexton, T. L., & Robbins, M. S. (2002). The developmental status of family therapy in family psychology intervention science. In H. A. Liddle, D. A. Santisteban, Levant, R. F., & Bray, J. H. (Eds.), *Family psychology: Science-based interventions* (pp. 17-40). Washington, DC: American Psychological Association.

Alvarenga, J., Jr. (Director). (2009). *In therapy* [Motion picture]. Brazil: Globo Filmes.

Amato, P. R. (2006). Marital discord, divorce, and children's well-being: Results from a 20-year longitudinal study of two generations. In A. Clarke-Stewart & J. Dunn (Eds.), *Families count: Effects on child and adolescent development* (pp. 179-202). New York, NY: Cambridge University Press.

American Association for Marriage and Family Therapy. (2012). *Code of ethics.* Retrieved from http://www.aamft.org/imis15/Content/Legal_ethics/Code_of_ethics.aspx

American Psychiatric Association. (1994). *Diagnostic and statistical manual of mental disorders* (4th ed.). Washington, DC: Author.

American Psychiatric Association. (2013). *Diagnostic and statistical manual of mental disorders* (5th ed.). Washington, DC: Author.

American Psychological Association. (2010). *Ethical principles of psychologists and code of conduct* (2002, Amended June 1, 2010). Retrieved from http://www.apa.org/ethics/code/index.aspx

Anderson, C. M., Hogarty, G. E., & Reiss, D. J. (1980). Family treatment of adult schizophrenic patients: A psycho-educational approach. *Schizophrenia Bulletin, 6*, 490-505. doi:10.1093/schbul/6.3.490

Anderson, C. M., Hogarty, G. E., & Reiss, D. J. (1986). *Schizophrenia and the family.* New York, NY: Guildford Press.

Anderson, H. (1993). On a roller coaster: A collaborative language systems approach to therapy. In S. Friedman (Ed.), *The new language of change: Constructive collaboration in psychotherapy* (pp. 323-344). New York, NY: Guilford Press.

Anderson, H. (1997). *Conversation, language, and possibilities: A postmodern approach to therapy.*

New York, NY: Basic Books.

Anderson, H. (2003). Postmodern social construction therapies. In T. L. Sexton, G. R. Weeks, & M. S. Robbins (Eds.), *Handbook of family therapy: The science and practice of working with families and couples* (pp. 125-146). New York, NY: Brunner-Routledge.

Anderson, H. (2012). Collaborative relationships and dialogic conversations: Ideas for a relationally responsive practice. *Family Process, 51*, 8-24. doi:10.1111/ j.1545-5300.2012.01385.x

Anderson, H., & Goolishian, H. (1992). *The client is the expert: A not-knowing approach to therapy as social construction* (pp. 25-39). Thousand Oaks, CA: Sage.

Anderson, H., & Goolishian, H. A. (1988). Human systems as linguistic systems: Preliminary and evolving ideas about the implications for clinical theory. *Family Process, 27*, 371-393. doi:10.1111/j.1545-5300.1988.00371.x

Anderson, H., & Levin, S. B. (1998). Generative conversations: A postmodern approach to conceptualizing and working with human systems. In M. F. Hoyt (Ed.), *The handbook of constructive therapies: Innovative approaches from leading practitioners* (pp. 46-67). San Francisco, CA: Jossey-Bass.

Anker, M. G., Duncan, B. L., & Sparks, J. A. (2009). Using client feedback to improve couple therapy outcomes: A randomized clinical trial in a naturalistic setting. *Journal of Consulting and Clinical Psychology, 77*, 693-704. doi:10.1037/a0016062

Anker, M. G., Owen, J., Duncan, B. L., & Sparks, J. A. (2010). The alliance in couple therapy: Partner influence, early change, and alliance patterns in a naturalistic sample. *Journal of Consulting and Clinical Psychology, 78*, 635-645. doi:10.1037/a0020051

Annunziata, D., Hogue, A., Faw, L., & Liddle, H. A. (2006). Family functioning and school success in at-risk, inner-city adolescents. *Journal of Youth and Adolescence, 35*(1), 100-108. doi:10.1007/s10964-005-9016-3

Archer, J., & McCarthy, B. (1988). Personal biases in student assessment. *Educational Research, 30*(2), 142-145. doi:10.1080/0013188880300208

Arrington, A., Sullaway, M., & Christensen, A. (1988). Behavioral family assessment. In I. R. H. Falloon (Ed.), *Handbook of behavioral family therapy* (pp. 78-106). New York, NY: Guilford Press.

Asay, T. P., & Lambert, M. J. (1999). The empirical case for the common factors in therapy: Quantitative findings. In B. L. Duncan, S. D. Miller, B. E. Wampold, & M. A. Hubble (Eds.), *The heart and soul of change: What works in therapy* (pp. 23-55). Washington, DC: American Psychological Association.

Atkins, D. C., Berns, S. B., George, W. H., Doss, B. D., Gattis, K., & Christensen, A. (2005). Prediction of response to treatment in a randomized clinical trial of marital therapy. *Journal of Consulting and Clinical Psychology, 73*, 893-903. doi: http://dx.doi.org/10.1037/0022-006X.73.5.893

Atkins, D. C., Dimidjin, S., & Christensen, A. (2003). Behavioral couple therapy: Past, present, and future. In T. L. Sexton, G. R. Weeks, & M. S. Robbins (Eds.), *Handbook of family therapy: The science and practice of working with families and couples* (pp. 281-302). New York, NY: Brunner-Routledge.

Baer, R. A. (2003). Mindfulness training as a clinical intervention: A conceptual and empirical review. *Clinical Psychology: Science and Practice, 10*, 125-143. doi:10.1093/clipsy.bpg015

Baldwin, S. A., Christian, S., Berkeljon, A., & Shadish, W. R. (2012). The effects of family therapies for adolescent delinquency and substance abuse: A meta-analysis. *Journal of Marital and Family Therapy, 38*(1), 281-304. doi:10.1111/j.1752-0606. 2011.00248.x

Bandura, A. (1969). *Principles of behavior modification.* New York, NY: Holt, Rinehart and Winston.

Bandura, A. (1977). *Social learning theory.* Englewood Cliffs, NJ: Prentice Hall.

Bank, L., Forgatch, M. S., Patterson, G. R., & Fetrow, R. A. (1993). Parenting practices of single mothers: Mediators of negative contextual factors. *Journal of Marriage and Family, 55*, 371-384. doi:10.2307/352808

Barnett, J. E., & Johnson, W. B. (2008). *Ethics desk reference for psychologists.* Washington, DC: American Psychological Association.

Barrett, M. J., Trepper, T. S., & Fish, L. S. (1990). Feminist-informed family therapy for the treatment of intrafamily child sexual abuse. *Journal of Family Psychology, 4*, 151-165.

Barrett, M. J., Trepper, T. S., & Fish, L. S. (1991). "Feminist-informed family therapy for the treatment of intrafamily child sexual abuse": Response. *Journal of Family Psychology, 4*(4), 513-514.

Bateson, G. (1967). Cybernetic explanation. *American Behavioral Scientist, 10*(8), 29-32.

Bateson, G. (1972a). Pathologies of epistemology. In W. P. Lebra (Ed.), *Transcultural research in mental health* (pp. 383-390). Honolulu: University of Hawaii Press.

Bateson, G. (1972b). *Steps to an ecology of mind: Collected essays in anthropology, psychiatry, evolution, and epistemology.* Northvale, NJ: Aronson.

Bateson, G., & Donaldson, R. E. (1991). *A sacred unity: Further steps to an ecology of mind.* New York, NY: HarperCollins.

Bateson, G., Held, B. S., Pols, E., Erickson, G. D., Keeney, B. P., & Sprenkle, D. H. (1992). Philosophical issues of the family systems approach. In R. B. Miller (Ed.), *The restoration of dialogue: Readings in the philosophy of clinical psychology* (pp. 437-495). Washington, DC: American Psychological Association.

Bateson, G., Jackson, D. D., Haley, J., & Weakland, J. (1956). Toward a theory of schizophrenia. *Behavioral Science, 1*, 251-264. doi:10.1002/bs.3830010402

Baucom, D. H., & Epstein, N. (1990). *Cognitive-behavioral marital therapy.* Philadelphia, PA: Brunner/Mazel.

Baucom, D. H., Epstein, N. B., Kirby, J. S., & LaTaillade, J. J. (2010). Cognitive-behavioral couple therapy. In K. S. Dobson (Ed.), *Handbook of cognitive-behavioral therapies* (3rd ed., pp. 411-444). New York, NY: Guilford Press.

Baucom, D. H., Epstein, N. B., LaTaillade, J. J., & Kirby, J. S. (2008). Cognitive-behavioral couple therapy. In A. S. Gurman (Ed.), *Clinical handbook of couple therapy* (4th ed., pp. 31-72). New York, NY: Guilford Press.

Baucom, D. H., Gordon, K. C., Snyder, D. K., Atkins, D. C., & Christensen, A. (2006). Treating affair couples: Clinical considerations and initial findings. *Journal of Cognitive Psychotherapy, 20,* 375-392. doi:10.1891/jcpiq-v20i4a004

Baucom, D. H., Hahlweg, K., & Kuschel, A. (2003). Are waiting-list control groups needed in future marital therapy outcome research? *Behavior Therapy, 34,* 179-188. doi:10.1016/S0005-7894(03)80012-6

Baucom, D. H., Shoham, V., Mueser, K. T., Daiuto, A. D., & Stickle, T. R. (1998). Empirically supported couple and family interventions for marital distress and adult mental health problems. *Journal of Consulting and Clinical Psychology, 66,* 53-88. doi:10.1037/0022-006X.66.1.53

Baucom, D. H., Snyder, D. K., & Gordon, K. C. (2009). *Helping couples get past the affair: A clinician's guide.* New York, NY: Guilford Press.

Baucom, D. H., Whisman, M. A., & Paprocki, C. (2012). Couple-based interventions for psychopathology. *Journal of Family Therapy, 34,* 250-270. doi:10.1111/ j.1467-6427.2012.00600.x

Beach, S. R., & Cassidy, J. F. (1991). The marital discord model of depression. *Comprehensive Mental Health Care, 1*(2), 119-136.

Beach, S. R., & O'Leary, K. (1992). Treating depression in the context of marital discord: Outcome and predictors of response of marital therapy versus cognitive therapy. *Behavior Therapy, 23,* 507-528. doi:10.1016/S0005-7894(05)80219-9

Beach, S. R. H., Hurt, T. R., Fincham, F. D., Franklin, K. J., McNair, L. M., & Stanley, S. M. (2011). Enhancing marital enrichment through spirituality: Efficacy data for prayer focused relationship enhancement. *Psychology of Religion and Spirituality, 3,* 201-216. doi:10.1037/a0022207

Beach, S. R. H., & Whisman, M. A. (2012). Affective disorders. *Journal of Marital and Family Therapy, 38,* 201-219. doi:10.1111/j.1752-0606.2011.00243.x

Beavers, R. W., & Hampson, R. B. (2003). Measuring family competence: The Beavers systems model. In F. Walsh (Ed.), *Normal family processes* (3rd ed., pp. 549-584). New York, NY: Guilford Press.

Beck, A. T. (1976). *Cognitive therapy and the emotional disorders.* Oxford, England: International Universities Press.

Beck, A. T. (1991). Cognitive therapy: A 30-year retrospective. *American Psychologist, 46,* 368-375. doi:10.1037/0003-066X.46.4.368

Beels, C. (2011). Family process 1962-1969. *Family Process, 50,* 4-11. doi:10.1111/j.1545-5300. 2010.01342.x

Benjamin, L. S., Rothweiler, J. C., & Critchfield, K. L. (2006). The use of structural analysis of social behavior (SASB) as an assessment tool. *Annual Review of Clinical Psychology, 2,* 83-109. doi:10.1146/annurev.clinpsy.2.022305.095337

Benson, L. A., McGinn, M. M., & Christensen, A. (2012). Common principles of couple therapy. *Behavior Therapy, 43,* 25-35. doi:10.1016/j.beth.2010.12.009

Berg, I. K., & de Shazer, S. (1993). Making numbers talk: Language in therapy. In S. Friedman (Ed.), *The new language of change: Constructive collaboration in psychotherapy* (pp. 5-24). New York, NY: Guilford Press.

Berke, D. M., Rozell, C. A., Hogan, T. P., Norcross, J. C., & Karpiak, C. P. (2011). What clinical psychologists know about evidence-based practice: Familiarity with online resources and research methods. *Journal of Clinical Psychology, 67,* 329-339. doi:10.1002/jclp.20775

Bernal, G. (2006). Intervention development and cultural adaptation research with diverse families. *Family Process, 45,* 143-151. doi:10.1111/j.1545-5300. 2006.00087.x

Bernal, G., & Domenech Rodríguez, M. M. (2009). Advances in Latino family research: Cultural adaptations of evidence-based interventions. *Family Process, 48,* 169-178. doi:10.1111/j.1545-5300.2009.01275.x

Bernal, G., & Domenech Rodríguez, M. M. (Eds.). (2012). *Cultural adaptations: Tools for evidence-based practice with diverse populations.* Washington, DC: American Psychological Association.

Bernal, G., Jiménez-Chafey, M. I., & Domenech Rodríguez, M. M. (2009). Cultural adaptation of treatments: A resource for considering culture in evidence-based practice. *Professional Psychology: Research and Practice, 40,* 361-368. doi:10.1037/ a0016401

Bernal, G., & Sáez-Santiago, E. (2006). Culturally centered psychosocial interventions. *Journal of Community Psychology, 34,* 121-132. doi:10.1002/jcop.20096

Berne, E. (1964). *Games people play: The psychology of human relationships.* New York, NY: Grove Press.

Bertalanffy, L. V. (1973). *General system theory: Foundations, development, applications* (Rev. ed.). New York, NY: Braziller.

Blankenhorn, D. (1996). *Fatherless America: Confronting our most urgent social problem.* New York, NY: HarperPerennial.

Blumstein, P., & Schwartz, P. (1983). *American couples: Money, work, sex.* New York, NY: Morrow.

Bootzin, R. R., & Bailey, E. T. (2005). Understanding placebo, nocebo, and iatrogenic treatment effects. *Journal of Clinical Psychology, 61,* 871-880. doi:10.1002/ jclp.20131

Borduin, C. M., & Henggeler, S. W. (1990). A multisystemic approach to the treatment of serious delinquent behavior. In R. J. McMahon, & R. D. Peters (Eds.), *Behavior disorders of adolescence: Research, intervention, and policy in clinical and school settings* (pp. 63-80). New York, NY: Plenum Press.

Borkovec, T. (2004). Research in training clinics and practice research networks: A route to the integration of science and practice. *Clinical Psychology: Science and Practice, 11*, 211-215. doi:10.1093/clipsy.bph073

Boscolo, L., Bertrando, P., & Thorne, S. (1993). *The times of time: A new perspective in systemic therapy and consultation.* New York, NY: Norton.

Boscolo, L., Cecchin, G., Hoffman, L., & Penn, P. (1987). *Milan systemic family therapy: Conversations in theory and practice.* New York, NY: Basic Books.

Boss, P. (1999). *Ambiguous loss: Learning to live with unresolved grief.* Cambridge, MA: Harvard University Press.

Boszormenyi-Nagy, I. (1974). Ethical and practical implications of intergenerational family therapy. *Psychotherapy and Psychosomatics, 24*, 261-268. doi:10.1159/ 000286741

Boszormenyi-Nagy, I. (1987). *Foundations of contextual therapy: Collected papers of Ivan Boszormenyi-Nagy, M. D.* Philadelphia, PA: Brunner/Mazel.

Boszormenyi-Nagy, I., & Framo, J. L. (1985). *Intensive family therapy: Theoretical and practical aspects.* New York, NY: Brunner/Mazel.

Boszormenyi-Nagy, I., & Spark, G. M. (1973). *Invisible loyalties: Reciprocity in intergenerational family therapy.* Oxford, england: Harper & Row.

Botelho, R. J., McDaniel, S. H., & Jones, J. E. (1990). A family systems Balint group: A case report from a C. M. E. course. *Family Systems Medicine, 8*, 265-271. doi:10.1037/h0089177

Bowen, M. (1961). The family as the unit of study and treatment: I. Family psychotherapy. Workshop, 1959. *American Journal of Orthopsychiatry, 31*, 40-60.

Bowen, M. (1972). Family therapy and family group therapy. In H. I. Kaplan, & B. J. Sadock (Eds.), *Group treatment of mental illness.* New York, NY: Dutton.

Bowen, M. (1978). *Family therapy in clinical practice.* New York, NY: Aronson.

Bowlby, J. (1988). *A secure base: Parent-child attachment and healthy human development:* New York, NY: Basic Books.

Boyd-Franklin, N. (2003). *Black families in therapy: Understanding the African American experience* (2nd ed.). New York, NY: Guilford Press.

Boyd-Franklin, N., Kelly, S., & Durham, J. (2008). African American couples in therapy. In A. S. Gurman (Ed.), *Clinical handbook of couple therapy* (4th ed., pp. 681-697). New York, NY: Guilford Press.

Bradbury, T. N., Fincham, F. D., & Beach, S. R. H. (2000). Research on the nature and determinants of marital satisfaction: A decade in review. *Journal of Marriage and Family, 62,* 964-980. doi:10.1111/ j.1741-3737.2000.00964.x

Bradley, B., & Furrow, J. L. (2004). Toward a mini-theory of the blamer softening event: Tracking the moment-by-moment process. *Journal of Marital and Family Therapy, 30,* 233-246. doi:10.1111/ j.1752-0606.2004.tb01236.x

Braverman, L. (1988a). *A guide to feminist family therapy.* New York, NY: Harrington Park Press.

Braverman, L. (1988b). *Women, feminism, and family therapy.* New York, NY: Haworth Press.

Bray, J. H. (1999). From marriage to remarriage and beyond: Findings from the Developmental Issues in Stepfamilies Research Project. In E. Hetherington (Ed.), *Coping with divorce, single parenting, and remarriage: A risk and resiliency perspective* (pp. 253-271). Mahwah, NJ: Erlbaum.

Bray, J. H., & Berger, S. H. (1992). Stepfamilies. In M. E. Procidano & C. B. Fisher (Eds.), *Contemporary families: A handbook for school professionals* (pp. 57-80). New York, NY: Teachers College Press.

Bray, J. H., & Kelly, J. (1998). *Stepfamilies: Love, marriage, and parenting in the first decade.* New York, NY: Broadway Books.

Bray, J. H., & Stanton, M. (Eds.). (2009). *The Wiley-Blackwell handbook of family psychology.* Chichester, West Sussex, England: Wiley-Blackwell.

Breunlin, D. C. (1999). Toward a theory of constraints. *Journal of Marital and Family Therapy, 25,* 365-382. doi:10.1111/j.1752-0606.1999.tb00254.x

Breunlin, D. C., & Mac Kune-Karrer, B. (2002). Metaframeworks. In F. W. Kaslow (Ed.), *Comprehensive handbook of psychotherapy: Vol. 4. Integrative/eclectic* (pp. 367-385). New York, NY: Wiley.

Breunlin, D. C., Pinsof, W., Russell, W. P., & Lebow, J. (2011). Integrative problem-centered metaframeworks therapy I: Core concepts and hypothesizing. *Family Process, 50,* 293-313. doi:10.1111/j.1545-5300.2011.01362.x

Breunlin, D. C., Schwartz, R. C., & Mac Kune-Karrer, B. (1997). *Metaframeworks: Transcending the models of family therapy* (Rev.). San Francisco, CA: Jossey-Bass.

Bronfenbrenner, U. (1979). *The ecology of human development: Experiments by nature and design.* Cambridge, MA: Harvard University Press.

Brown, R. M. (Ed.). (1987). *The essential Reinhold Niebuhr.* New Haven, CT; Yale University Press.

Brown, T. L., Henggeler, S. W., Schoenwald, S. K., Brondino, M. J., & Pickrel, S. G. (1999). Multisystemic treatment of substance abusing and dependent juvenile delinquents: Effects on school attendance at posttreatment and 6-month follow-up. *Children's Services: Social Policy, Research, and Practice, 2,* 81-93. doi:10.1207/ s15326918cs0202_2

Brown, T. L., Swenson, C. C., Cunningham, P. B., Henggeler, S. W., Schoenwald, S. K., & Rowland,

M. D. (1997). Multisystemic treatment of violent and chronic juvenile offenders: Bridging the gap between research and practice. *Administration and Policy in Mental Health, 25*, 221-238.

Brunk, M. A., Henggeler, S. W., & Whelan, J. P. (1987). Comparison of multisystemic therapy and parent training in the brief treatment of child abuse and neglect. *Journal of Consulting & Clinical Psychology, 55*, 171-178.

Bulik, C. M., Baucom, D. H., Kirby, J. S., & Pisetsky, E. (2011). Uniting couples (in the treatment of) anorexia nervosa (UCAN). *International Journal of Eating Disorders, 44*(1), 19-28. doi:10.1002/eat.20790

Burton, L. M., & Hardaway, C. R. (2012). Low-income mothers as "othermothers" to their romantic partners' children: Women's coparenting in multiple partner fertility relationships. *Family Process, 51*, 343-359. doi:10.1111/j.1545-5300. 2012.01401.x

Campbell, D. T., & Fiske, D. W. (1959). Convergent and discriminant validation by the multitrait-multimethod matrix. *Psychological Bulletin, 56*, 81-105. doi: 10.1037/h0046016

Campbell, L., Vasquez, M., Behnke, S., & Kinscherff, R. (2010). *APA Ethics Code commentary and case illustrations*. Washington, DC: American Psychological Association.

Cano, A., Christian-Herman, J., O'Leary, K., & Avery-Leaf, S. (2002). Antecedents and consequences of negative marital stressors. *Journal of Marital and Family Therapy, 28*(2), 145-151. doi:10.1111/j.1752-0606.2002.tb00352.x

Cano, A., O'Leary, K., & Heinz, W. (2004). Short-term consequences of severe marital stressors. *Journal of Social and Personal Relationships, 21*, 419-430. doi:10.1177/0265407504044838

Capaldi, D. M., Pears, K. C., Patterson, G. R., & Owen, L. D. (2003). Continuity of parenting practices across generations in an at-risk sample: A prospective comparison of direct and mediated associations. *Journal of Abnormal Child Psychology, 31*(2), 127-142. doi: 10.1023/a:1022518123387

Carter, B., & McGoldrick, M. (Eds.). (1988). *The changing family life cycle: A framework for family therapy* (2nd ed.). New York, NY: Gardner Press.

Carter, E. A., & McGoldrick, M. (2005). *The expanded family life cycle: Individual, family, and social perspectives* (3rd ed.). New York, NY: Pearson Allyn & Bacon.

Castonguay, L. G., & Beutler, L. E. (2006). *Principles of therapeutic change that work*. New York, NY: Oxford University Press.

Castonguay, L. G., Reid, J. J., Jr., Halperin, G. S., & Goldfried, M. R. (2003). Psychotherapy integration. In G. Stricker & T. A. Widiger (Eds.), *Handbook of psychology: Clinical psychology* (Vol. 8, pp. 327-366). New York, NY: Wiley.

Catherall, D. R. (2007). *Emotional safety: Viewing couples through the lens of affect*. New York, NY: Routledge.

Cecchin, G. (1987). Hypothesizing, circularity, and neutrality revisited: An invitation to curiosity. *Family Process, 26*, 405-413. doi:10.1111/j.1545-5300.1987.00405.x

Chambers, A. L. (2012). A systemically infused integrative model for conceptually couple problems: The four session evolution. *Couple and Family Therapy, 1*, 31-47.

Chambers, A. L., & Lebow, J. (2008). Common and unique factors in assessing African American couples. In L. L'Abate (Ed.), *Toward a science of clinical psychology: Laboratory evaluations and interventions* (pp. 263-281). Hauppauge, NY: Nova Science.

Chambless, D. L. (1996). In defense of dissemination of empirically supported psychological interventions. *Clinical Psychology: Science and Practice, 3*, 230-235. doi:10.1111/j.1468-2850.1996.tb00074.x

Chambless, D. L., Bryan, A. D., Aiken, L. S., Steketee, G., & Hooley, J. M. (2001). Predicting expressed emotion: A study with families of obsessive-compulsive and agoraphobic outpatients. *Journal of Family Psychology, 15*(2), 225-240. doi:10.1037/0893-3200.15.2.225

Chambless, D. L., Miklowitz, D. J., & Shoham, V. (2012). Beyond the patient: Couple and family therapy for individual problems. *Journal of Clinical Psychology, 68*, 487-489. doi:10.1002/jclp.21858

Chao, R. K. (1994). Beyond parental control and authoritarian parenting style. *Child Development, 65*, 1111-1119.

Chao, R. K., & Aque, C. (2009). Interpretations of parental control by Asian immigrant and european American youth. *Journal of Family Psychology, 23*, 342-354. doi:10.1037/a0015828

Cherlin, A. (2010). Demographic trends in the United States: A review of research in the 2000s. *Journal of Marriage and Family, 72*, 403-419. doi:10.1111/ j.1741-3737.2010.00710.x

Cherlin, A. J. (2004). The deinstitutionalization of American marriage. *Journal of Marriage and Family, 66*, 848-861. doi:10.1111/j.0022-2445.2004.00058.x

Christensen, A., Atkins, D. C., Baucom, B., & Yi, J. (2010). Marital status and satisfaction five years following a randomized clinical trial comparing traditional versus integrative behavioral couple therapy. *Journal of Consulting and Clinical Psychology, 78*, 225-235. doi:10.1037/a0018132

Christensen, A., Atkins, D. C., Berns, S., Wheeler, J., Baucom, D. H., & Simpson, L. E. (2004). Traditional versus integrative behavioral couple therapy for significantly and chronically distressed married couples. *Journal of Consulting and Clinical Psychology, 72*, 176-191. doi:10.1037/0022-006X.72.2.176

Christensen, A., Atkins, D. C., Yi, J., Baucom, D. H., & George, W. H. (2006). Couple and individual adjustment for 2 years following a randomized clinical trial comparing traditional versus integrative behavioral couple therapy. *Journal of Consulting and Clinical Psychology, 74*, 1180-1191. doi:10.1037/0022-006X.74.6.1180

Christensen, A., & Heavey, C. L. (1993). Gender differences in marital conflict: The demand/withdraw interaction pattern. In S. Oskamp & M. Costanzo (Eds.), *Gender issues in contemporary society* (pp. 113-141). Thousand Oaks, CA: Sage.

Christensen, A., & Jacobson, N. S. (2000). *Reconcilable differences.* New York, NY: Guilford Press.

Christensen, A., Jacobson, N. S., & Babcock, J. C. (1995). Integrative behavioral couple therapy. In N. S. Jacobson & A. S. Gurman (Eds.), *Clinical handbook of couple therapy* (pp. 31-64). New York, NY: Guilford Press.

Coatsworth, J. D., Santisteban, D. A., McBride, C. K., & Szapocznik, J. (2001). Brief strategic family therapy versus community control: Engagement, retention, and an exploration of the moderating role of adolescent symptom severity. *Family Process, 40,* 313-332. doi:10.1111/j.1545-5300.2001.4030100313.x

Collins, F. L., & Thompson, J. K. (1988). On the use of symbolic labels in psychotherapy outcome research: Comment on Wills, Faitler, and Snyder. *Journal of Consulting and Clinical Psychology, 56,* 932-933. doi:10.1037/0022-006X.56.6.932

Cowan, C. P., & Cowan, P. A. (1992). *When partners become parents: The big life change for couples.* New York, NY: Basic Books.

Crane, D. R. (2008). The cost-effectiveness of family therapy: A summary and progress report. *Journal of Family Therapy, 30,* 399-410. doi:10.1111/ j.1467-6427.2008.00443.x

Dare, C., & Eisler, I. (1997). Family therapy for anorexia nervosa. In D. M. Garner & P. E. Garfinkel (Eds.), *Handbook of treatment for eating disorders* (2nd ed., pp. 307-324). New York, NY: Guilford Press.

Dare, C., & Eisler, I. (2000). A multi-family group day treatment programme for adolescent eating disorder. *European Eating Disorders Review, 8*(1), 4-18. doi:10.1002/(SICI)1099-0968(200002)8:1⟨4::AID-eRV330⟩3.0.CO;2-P

Dare, C., Eisler, I., Russell, G., Treasure, J., & Dodge, L. (2001). Psychological therapies for adults with anorexia nervosa: Randomised controlled trial of outpatient treatments. *The British Journal of Psychiatry, 178,* 216-221. doi:10.1192/ bjp.178.3.216

Dattilio, F. M. (2010). *Cognitive-behavioral therapy with couples and families: A comprehensive guide for clinicians.* New York, NY: Guilford Press.

Davila, J., Stroud, C. B., Starr, L. R., Gotlib, I. H., & Hammen, C. L. (2009). Depression in couples and families. In I. H. Gotlib & C. L. Hammen (Eds.), *Handbook of depression* (2nd ed., pp. 467-491). New York, NY: Guilford Press.

Dell, P. F. (1986). In defense of "lineal causality." *Family Process, 25,* 513-525. doi:10.1111/j.1545-5300.1986.00513.x

Dell, P. F. (1987). Maturana's constitutive ontology of the observer [Comment/Reply]. *Psychotherapy:*

Theory, Research, Practice, Training, 24, 462-466. doi:10.1037/ h0085742

Derrida, J., & Dufourmantelle, A. (2000). *Of hospitality.* Stanford, CA: Stanford University Press.

Derrida, J., & Stocker, B. (2007). *Jacques Derrida: Basic writings.* London and New York, NY: Routledge.

de Shazer, S. (1985). *Keys to solution in brief therapy.* New York, NY: Norton.

de Shazer, S. (1988). *Clues: Investigating solutions in brief therapy.* New York, NY: Norton.

Dessaulles, A., Johnson, S. M., & Denton, W. H. (2003). Emotion-focused therapy for couples in the treatment of depression: A pilot study. *American Journal of Family Therapy, 31,* 345-353. doi:10.1080/01926180390232266

Diamond, G., Siqueland, L., & Diamond, G. M. (2003). Attachment-based family therapy for depressed adolescents: Programmatic treatment development. *Clinical Child and Family Psychology Review, 6,* 107-127. doi:10.1023/A:1023782510786

Dickerson, V. C. (2010). Positioning oneself within an epistemology: Refining our thinking about integrative approaches. *Family Process, 49,* 349-368. doi:10.1111/ j.1545-5300.2010.01327.x

Dickerson, V. C.(2011). Insiderknowledge. *Family Process, 50,* 561-566. doi:10.1111/ j.1545-5300.2011.01368.x

Dickerson, V. C., & Crocket, K. (2010). El tigre, el tigre: A story of narrative practice. In A. S. Gurman (Ed.), *Clinical casebook of couple therapy* (pp. 153-180). New York, NY: Guilford Press.

Dimen, M., & Goldner, V. (2005). Gender and sexuality. In E. Person, A. Cooper, & G. Gabbard (Eds.), *The American psychiatric publishing textbook of psychoanalysis* (pp. 93-114). Washington, DC: American Psychiatric Publishing.

Dishion, T. J., French, D. C., & Patterson, G. R. (1995). The development and ecology of antisocial behavior. In D. Cicchetti & D. J. Cohen (Eds.), *Developmental psychopathology: Vol. 2. Risk, disorder, and adaptation* (pp. 421-471). Oxford, England: Wiley.

Dishion, T. J., Patterson, G. R., & Kavanagh, K. A. (1992). An experimental test of the coercion model: Linking theory, measurement, and intervention. In J. McCord & R. E. Tremblay (Eds.), *Preventing antisocial behavior: Interventions from birth through adolescence* (pp. 253-282). New York, NY: Guilford Press.

Doherty, W. J. (1995). *Soul searching: Why psychotherapy must promote moral responsibility.* New York, NY: Basic Books.

Doherty, W. J. (1997). *The intentional family: How to build family ties in our modern world.* Reading, MA: Addison-Wesley.

Doherty, W. J. (1999). Morality and spirituality in therapy. In F. Walsh (Ed.), *Spiritual resources in family therapy* (pp. 179-192). New York, NY: Guilford Press.

Doherty, W. J. (2001). *Take back your marriage: Sticking together in a world that pulls us apart.* New

York, NY: Guilford Press.

Doherty, W. J. (2011). Treating the mixed agenda couple. *Psychotherapy Networker*, 15-18.

D'Onofrio, B. M., Turkheimer, E., Emery, R. E., Slutske, W. S., Heath, A. C., Madden, P. A., & Martin, N. G. (2006). A genetically informed study of the processes underlying the association between parental marital instability and offspring adjustment. *Developmental Psychology, 42*, 486-499. doi:10.1037/ 0012-1649.42.3.486

Doss, B. D., Thum, Y. M., Sevier, M., Atkins, D. C., & Christensen, A. (2005). Improving relationships: Mechanisms of change in couple therapy. *Journal of Consulting and Clinical Psychology, 73*, 624-633. doi: http://dx.doi. org/10.1037/0022-006X.73.4.624

Driver, J., Tabares, A., Shapiro, A., Nahm, E. Y., & Gottman, J. M. (2003). Interactional patterns in marital success and failure: Gottman laboratory studies. In F. Walsh (Ed.), *Normal family processes: Growing diversity and complexity* (3rd ed., pp. 493-513). New York, NY: Guilford Press. doi:10.4324/9780203428436_ chapter_18

Duncan, B. L. (2012). The Partners for Change Outcome Management System (PCOMS): The Heart and Soul of Change Project. *Canadian Psychology/Psychologie canadienne, 53*, 93-104. doi: 10.1037/ a0027762

Duncan, B. L., Hubble, M. A., & Miller, S. D. (1997). *Psychotherapy with "impossible" cases: The efficient treatment of therapy veterans.* New York, NY: Norton.

Duncan, B. L., Miller, S. D., Wampold, B. E., & Hubble, M. A. (Eds.). (2010). *The heart and soul of change: Delivering what works in therapy* (2nd ed.). Washington, DC: American Psychological Association. doi:10.1037/12075-000

Duncan, B. L., Sparks, J. A., & Miller, S. D. (2006). Client, not theory, directed: Integrating approaches one client at a time. In G. Stricker & J. Gold (Eds.), *A casebook of psychotherapy integration* (pp. 225-240). Washington, DC: American Psychological Association.

Dylan, B. (2004). *Lyrics, 1962-2001.* New York, NY: Simon & Schuster.

Edwards, D. L., Schoenwald, S. K., Henggeler, S. W., & Strother, K. B. (2001). A multi-level perspective on the implementation of multisystemic therapy (MST): Attempting dissemination with fidelity. In G. A. Bernfeld & D. P. Farrington (Eds.), *Offender rehabilitation in practice: Implementing and evaluating effective programs Wiley series in forensic clinical psychology* (pp. 97-120). New York, NY: Wiley.

Eisler, I. (2009). Anorexia nervosa and the family. In J. H. Bray & M. Stanton (Eds.), *The Wiley-Blackwell handbook of family psychology* (pp. 551-563). Chichester, West Sussex, England: Wiley-Blackwell.

Eisler, I., Dare, C., Hodes, M., Russell, G., Dodge, E., & Le Grange, D. (2000). Family therapy for adolescent anorexia nervosa: The results of a controlled comparison of two family interventions.

Journal of Child Psychology and Psychiatry, 41, 727-736. doi:10.1111/1469-7610.00660

Eisler, I., Dare, C., Russell, G. F. M., Szmukler, G., Le Grange, D., & Dodge, E. (1997). Family and individual therapy in anorexia nervosa: A 5-year follow-up. *Archives of General Psychiatry, 54*, 1025-1030. doi:10.1001/archpsyc.1997.01830230063008

Eldridge, K. A., Christensen, A., Noller, P., & Feeney, J. A. (2002). Demand-withdraw communication during couple conflict: A review and analysis. In P. Noller & J. A. Feeney (Eds.), *Understanding marriage: Developments in the study of couple interaction* (pp. 289-322). New York, NY: Cambridge University Press.

Eldridge, K. A., Sevier, M., Jones, J., Atkins, D. C., & Christensen, A. (2007). Demand-withdraw communication in severely distressed, moderately distressed, and nondistressed couples: Rigidity and polarity during relationship and personal problem discussions. *Journal of Family Psychology, 21*, 218-226. doi:10.1037/0893-3200.21.2.218

Ellis, A. (1962). *Reason and emotion in psychotherapy*. Oxford, England: Lyle Stuart.

Ellis, A., & Dryden, W. (1997). *The practice of rational emotive behavior therapy* (2nd ed.). New York, NY: Springer.

Epstein, N. B., Baldwin, L. M., & Bishop, D. S. (1983). The McMaster family assessment device. *Journal of Marital and Family Therapy, 9*, 171-180. doi:10.1111/j.1752-0606.1983.tb01497.x

Epstein, N. B., & Baucom, D. H. (2002). *Enhanced cognitive-behavioral therapy for couples: A contextual approach*. Washington, DC: American Psychological Association. doi:10.1037/10481-000

Epstein, N. B., Bishop, D. S., & Levin, S. (1978). The McMaster model of family functioning. *Journal of Marital and Family Counseling, 4*, 19-31. doi:10.1111/j.1752-0606.1978.tb00537.x

Eysenck, H. J. (Ed.). (1994). *The big five or giant three: Criteria for a paradigm*. In C. F. Halverson, G. A. Kohnstamm, & R. P. Martin (Eds.), *The developing structure of temperament and personality from infancy to adulthood* (pp. 37-51). Hillsdale, NJ: Erlbaum.

Falicov, C. J. (1995). Training to think culturally: A multidimensional comparative framework. *Family Process, 34*, 373-388. doi:10.1111/j.1545-5300.1995.00373.x

Falicov, C. J. (1998). *Latino families in therapy: A guide to multicultural practice*. New York, NY: Guilford Press.

Falloon, I. R., Boyd, J. L., McGill, C. W., Williamson, M., Razani, J., Moss, H. B., . . . Simpson, G. M. (1985). Family management in the prevention of morbidity of schizophrenia: Clinical outcome of a two-year longitudinal study. *Archives of General Psychiatry, 42*, 887-896. doi:10.1001/archpsyc.1985.01790320059008

Falloon, I. R., McGill, C. W., Boyd, J. L., & Pederson, J. (1987). Family management in the prevention of morbidity of schizophrenia: Social outcome of a two-year longitudinal study. *Psychological Medicine, 17*(01), 59-66. doi:10.1017/S0033291700012988

Falloon, I. R. H. (1993). Behavioral family therapy for schizophrenic and affective disorders. In A. S. Bellack & M. Hersen (Eds.), *Handbook of behavior therapy in the psychiatric setting* (pp. 595-611). New York, NY: Plenum Press.

Falloon, I. R. H. (2001). Stress management and schizophrenia. *The British Journal of Psychiatry, 179*, 76-77. doi:10.1192/bjp.179.1.76

Fals-Stewart, W., Birchler, G. R., & Kelley, M. L. (2006). Learning sobriety together: A randomized clinical trial examining behavioral couples therapy with alcoholic female patients. *Journal of Consulting and Clinical Psychology, 74*, 579-591. doi:10.1037/0022-006X.74.3.579

Fals-Stewart, W., Kashdan, T. B., O'Farrell, T. J., & Birchler, G. R. (2002). Behavioral couples therapy for drug-abusing patients: Effects on partner violence. *Journal of Substance Abuse Treatment, 22*(2), 87-96. doi:10.1016/ S0740-5472(01)00218-5

Fals-Stewart, W., O'Farrell, T. J., Birchler, G. R., & Lam, W. (2009). Behavioral couples therapy for alcoholism and drug abuse. In J. H. Bray & M. Stanton (Eds.), *The Wiley-Blackwell handbook of family psychology* (pp. 388-401). Chichester, West Sussex, England: Wiley-Blackwell.

Feldman, L. B., & Pinsof, W. M. (1982). Problem maintenance in family systems: An integrative model. *Journal of Marital and Family Therapy, 8*, 295-308. doi:10.1111/j.1752-0606.1982.tb01453.x

Fincham, F. D. (2003). Marital conflict: Correlates, structure, and context. *Current Directions in Psychological Science, 12*(1), 23-27. doi:10.1111/1467-8721.01215

Fincham, F. D., & Beach, S. R. H. (2002). Forgiveness in marriage: Implications for psychological aggression and constructive communication. *Personal Relationships, 9*(3), 239-251. doi:10.1111/1475-6811.00016

Fincham, F. D., & Beach, S. R. H. (2010). Marriage in the new millennium: A decade in review. *Journal of Marriage and Family, 72*, 630-649. doi:10.1111/ j.1741-3737.2010.00722.x

Fincham, F. D., Beach, S. R. H., & Kemp-Fincham, S. I. (1997). Marital quality: A new theoretical perspective. In R. J. Sternberg & M. Hojjat (Eds.), *Satisfaction in close relationships* (pp. 275-304). New York, NY: Guilford Press.

Fincham, F. D., Lambert, N. M., & Beach, S. R. H. (2010). Faith and unfaithfulness: Can praying for your partner reduce infidelity? *Journal of Personality and Social Psychology, 99*, 649-659. doi:10.1037/a0019628

Fincham, F. D., & Linfield, K. J. (1997). A new look at marital quality: Can spouses feel positive and negative about their marriage? *Journal of Family Psychology, 11*, 489-502. doi:10.1037/0893-3200.11.4.489-502

Fincham, F. D., Paleari, F., & Regalia, C. (2002). Forgiveness in marriage: The role of relationship quality, attributions, and empathy. *Personal Relationships, 9*(1), 27-37. doi:10.1111/1475-6811.00002

Fishbane, M. D. (1998). I, thou, and we: A dialogical approach to couples therapy. *Journal of Marital & Family Therapy, 24*, 41-58. doi: http://dx.doi.org/ 10.1111/j.1752-0606.1998.tb01062.x

Fishbane, M. D. (2007). Wired to connect: Neuroscience, relationships, and therapy. *Family Process, 46*, 395-412. doi: http://dx.doi.org/10.1111/j.1545- 5300.2007.00219.x

Fishbane, M. D. (2010). Relational empowerment in couple therapy: An integrative approach. In A. S. Gurman (Ed.), *Clinical casebook of couple therapy* (pp. 208-231). New York, NY: Guilford Press.

Fishbane, M. D. (2011). Facilitating relational empowerment in couple therapy. *Family Process, 50*, 337-352. doi:10.1111/j.1545-5300.2011.01364.x

Forgatch, M. S., & Patterson, G. R. (2010). Parent management training-Oregon model: An intervention for antisocial behavior in children and adolescents. In J. R. Weisz & A. E. Kazdin (Eds.), *Evidence-based psychotherapies for children and adolescents* (2nd ed., pp. 159-177). New York, NY: Guilford Press.

Foucault, M. (1976). *Mental illness and psychology.* New York, NY: Harper & Row.

Foucault, M., Rabinow, P., Hurley, R., & Faubion, J. D. (1997). *The essential works of Michel Foucault, 1954-1984.* New York, NY: New Press.

Fraenkel, P. (2009). The therapeutic palette: A guide to choice points in integrative couple therapy. *Clinical Social Work Journal, 37*, 234-247. doi:10.1007/ s10615-009-0207-3

Framo, J. L. (1979). Family theory and therapy. *American Psychologist, 34*, 988-992. doi:10.1037/0003-066X.34.10.988

Framo, J. L. (1982). *Explorations in marital and family therapy: Selected papers of James L. Framo.* New York, NY: Springer.

Framo, J. L. (1992). *Family-of-origin therapy: An intergenerational approach.* Philadelphia, PA: Brunner/Mazel.

Framo, J. L., Weber, T. T., & Levine, F. B. (2003). *Coming home again: A family-of-origin consultation.* New York, NY: Brunner-Routledge.

Frank, J. D. (1973). *Persuasion and healing: A comparative study of psychotherapy* (Rev.). Oxford, England: Schocken.

Frank, J. D., & Frank, J. B. (1991). *Persuasion and healing: A comparative study of psychotherapy* (3d ed.). Baltimore, MD: Johns Hopkins University Press.

Frankl, V. E. (1963). *Man's search for meaning: An introduction to logotherapy* (Rev.). New York, NY: Pocket Books.

Freedman, J., & Combs, G. (2008). Narrative couple therapy. In A. S. Gurman (Ed.), *Clinical handbook of couple therapy* (4th ed., pp. 229-258). New York, NY: Guilford Press.

Freedman, J. M. S. W., & Combs, G. (1996). *Narrative therapy: The social construction of preferred realities.* New York, NY: Norton.

Freud, S. (2003). The origin and development of psychoanalysis. In M. Munger (Ed.), *The history of psychology: Fundamental questions* (pp. 258-269). New York, NY: Oxford University Press.

Friedlander, M. L., Escudero, V., & Heatherington, L. (2006). *Therapeutic alliances in couple and family therapy: An empirically informed guide to practice*. Washington, DC: American Psychological Association. doi:10.1037/11410-000

Friedlander, M. L., Escudero, V., Heatherington, L., & Diamond, G. M. (2011). Alliance in couple and family therapy. *Psychotherapy: Theory, Research, & Practice, 48*(1), 25-33. doi:10.1037/a0022060

Friedlander, M. L., Escudero, V., Horvath, A. O., Heatherington, L., Cabero, A., & Martens, M. P. (2006). System for observing family therapy alliances: A tool for research and practice. *Journal of Counseling Psychology, 53*, 214-225. doi:10.1037/0022-0167.53.2.214

Fruzzetti, A. E. (2006). *The high-conflict couple: A dialectical behavior therapy guide to finding peace, intimacy & validation*. Oakland, CA: New Harbinger.

Fruzzetti, A. E., & Fantozzi, B. (2008). Couple therapy and the treatment of borderline personality and related disorders. In A. S. Gurman (Ed.), *Clinical handbook of couple therapy* (4th ed., pp. 567-590). New York, NY: Guilford Press.

Fruzzetti, A. E., Santisteban, D. A., & Hoffman, P. D. (2007). Dialectical behavior therapy with families. In L. A. Dimeff & K. Koerner (Eds.), *Dialectical behavior therapy in clinical practice: Applications across disorders and settings* (pp. 222-244). New York, NY: Guilford Press.

Gattis, K. S., Berns, S., Simpson, L. E., & Christensen, A. (2004). Birds of a feather or strange birds? Ties among personality dimensions, similarity, and marital quality. *Journal of Family Psychology, 18*, 564-574. doi: http://dx.doi.org/10.1037/0893-3200.18.4.564

Geller, S. M., & Greenberg, L. S. (2012a). Challenges to therapeutic presence. In S. M. Geller & L. S. Greenberg (Eds.), *Therapeutic presence: A mindful approach to effective therapy* (pp. 143-159). Washington, DC: American Psychological Association. doi:10.1037/13485-008

Geller, S. M., & Greenberg, L. S. (2012b). Experiential approaches: Somatic, emotion-focused, creative, and relational approaches to cultivating therapeutic presence. In S. M. Geller & L. S. Greenberg (Eds.), *Therapeutic presence: A mindful approach to effective therapy* (pp. 207-230). Washington, DC: American Psychological Association. doi:10.1037/13485-011

Gendlin, E. T. (1978). *Focusing*. New York, NY: Everest House.

Gifford-Smith, M., Dodge, K. A., Dishion, T. J., & McCord, J. (2005). Peer influence in children and adolescents: Crossing the bridge from developmental to intervention science. *Journal of Abnormal Child Psychology, 33*, 255-265. doi:10.1007/s10802-005-3563-7

Gilovich, T., Griffin, D. W., & Kahneman, D. (Eds.). (2002). *Heuristics and biases: The psychology of intuitive judgement*. New York, NY: Cambridge University Press. doi:10.1017/CBO9780511808098

Glass, S. P., & Staeheli, J. C. (2003). *Not "just friends": Protect your relationship from infidelity and heal* the trauma of betrayal. New York, NY: Free Press.

Godart, N., Berthoz, S., Curt, F., Perdereau, F., Rein, Z., Wallier, J., . . . Jeammet, P. (2012). A randomized controlled trial of adjunctive family therapy and treatment as usual following inpatient treatment for anorexia nervosa adolescents. *PLoS ONE, 7*(1), e28249. doi:10.1371/journal.pone.0028249

Goldfried, M. R. (1982). *Converging themes in psychotherapy: Trends in psychodynamic, humanistic, and behavioral practice.* New York, NY: Springer.

Goldfried, M. R., & Castonguay, L. G. (1992). The future of psychotherapy integration. *Psychotherapy: Theory, Research, Practice, Training, 29,* 4-10. doi:10.1037/0033-3204.29.1.4

Goldner, V. (1985a). Feminism and family therapy. *Family Process, 24,* 31-47. doi:10.1111/j.1545-5300.1985.00031.x

Goldner, V. (1985b). Warning: Family therapy may be hazardous to your health. *Family Therapy Networker, 9*(6), 19-23.

Goldner, V. (1991). Feminism and systemic practice: Two critical traditions in transition. *Journal of Strategic & Systemic Therapies, 10*(3-4), 118-126.

Goldner, V. (1998). The treatment of violence and victimization in intimate relationships. *Family Process, 37,* 263-286. doi:10.1111/j.1545-5300.1998.00263.x

Goldner, V., Penn, P., Sheinberg, M., & Walker, G. (1990). Love and violence: Gender paradoxes in volatile attachments. *Family Process, 29,* 343-364. doi:10.1111/ j.1545-5300.1990.00343.x

Goldstein, M. J., Miklowitz, D. J., Strachan, A. M., Doane, J. A., Nuechterlein, K. H., & Feingold, D. (1989). Patterns of expressed emotion and patient coping styles that characterise the families of recent onset schizophrenics. *British Journal of Psychiatry Supplement, 5,* 107-111.

Gordon, K. C., Baucom, D. H., & Snyder, D. K. (2005). Treating couples recovering from infidelity: An integrative approach. *Journal of Clinical Psychology, 61,* 1393-1405. doi:10.1002/jclp.20189

Gordon, K. C., Baucom, D. H., Snyder, D. K., & Dixon, L. J. (2008). Couple therapy and the treatment of affairs. In A. S. Gurman (Ed.), *Clinical handbook of couple therapy* (4th ed., pp. 429-458). New York, NY: Guilford Press.

Gottlieb, M. C., Lasser, J., & Simpson, G. L. (2008). Legal and ethical issues in couple therapy. In A. S. Gurman (Ed.), *Clinical handbook of couple therapy* (4th ed., pp. 698-717). New York, NY: Guilford Press.

Gottman, J., Notarius, C., Markman, H., Bank, S., Yoppi, B., & Rubin, M. E. (1976). Behavior exchange theory and marital decision making. *Journal of Personality and Social Psychology, 34*(1), 14-23. doi:10.1037/0022-3514.34.1.14

Gottman, J. M. (1999). *The marriage clinic: A scientifically-based marital therapy.* New York, NY: Norton.

Gottman, J. M. (2011). *The science of trust: Emotional attunement for couples*. New York, NY: Norton.

Gottman, J. M., Driver, J., & Tabares, A. (2002). Building the sound marital house: An empirically derived couple therapy. In A. S. Gurman & N. S. Jacobson (Eds.), *Clinical handbook of couple therapy* (3rd ed., pp. 373-399). New York, NY: Guilford Press.

Gottman, J. M., & Gottman, J. S. (2008). Gottman method couple therapy. In A. S. Gurman (Ed.), *Clinical handbook of couple therapy* (4th ed., pp. 138-164). New York, NY: Guilford Press.

Gottman, J. M., & Levenson, R. W. (2002). A two-factor model for predicting when a couple will divorce: Exploratory analyses using 14-year longitudinal data. *Family Process, 41*(1), 83-96. doi:10.1111/j.1545-5300.2002.40102000083.x

Gottman, J. M., & Notarius, C. I. (2000). Decade review: Observing marital interaction. *Journal of Marriage and Family, 62*, 927-947. doi:10.1111/j.1741- 3737.2000.00927.x

Gottman, J. M., Ryan, K. D., Carrère, S., & Erley, A. M. (2002). Toward a scientifically based marital therapy. In H. A. Liddle, D. A. Santisteban, R. F. Levant, & J. H. Bray (Eds.), *Family psychology: Science-based interventions* (pp. 147-174). Washington, DC: American Psychological Association. doi:10.1037/10438-008

Gottman, J. M., & Silver, N. (1999). *The seven principles for making marriage work*. New York, NY: Crown.

Gottman, J. S. (Ed.). (2004). *The marriage clinic casebook*. New York, NY: W. W. Norton.

Green, R. -J. (Ed.). (2007). *Gay and lesbian couples in therapy: A social justice perspec tive*. Mahwah, NJ: erlbaum.

Green, R. -J., & Mitchell, V. (2008). Gay and lesbian couples in therapy: Minority stress, relational ambiguity, and families of choice. In A. S. Gurman (Ed.), *Clinical handbook of couple therapy* (4th ed., pp. 662-680). New York, NY: Guilford Press.

Green, R. -J., & Werner, P. D. (1996). Intrusiveness and closeness-caregiving: Rethinking the concept of family enmeshment. *Family Process, 35*, 115-136. doi:10.1111/j.1545-5300.1996.00115.x

Greenberg, L., Warwar, S., & Malcolm, W. (2010). Emotion-focused couples therapy and the facilitation of forgiveness. *Journal of Marital and Family Therapy, 36*, 28-42. doi:10.1111/j.1752-0606.2009.00185.x

Greenberg, L. S., & Bolger, E. (2001). An emotion-focused approach to the over-regulation of emotion and emotional pain. *Journal of Clinical Psychology, 57*, 197-211.

Greenberg, L. S., & Elliott, R. (2002). Emotion-focused therapy. In F. W. Kaslow (Ed.), *Comprehensive handbook of psychotherapy: Vol. 4. Integrative/eclectic* (pp. 213-240). New York, NY: Wiley.

Greenberg, L. S., & Goldman, R. N. (2008). *Emotion-focused couples therapy: The dynamics of emotion, love, and power*. Washington, DC: American Psychological Association. doi:10.1037/11750-000

Greenberg, L. S., Warwar, S. H., & Malcolm, W. M. (2008). Differential effects of emotion-focused therapy and psychoeducation in facilitating forgiveness and letting go of emotional injuries. *Journal of Counseling Psychology, 55*, 185-196. doi:10.1037/0022-0167.55.2.185

Greene, S. M., Anderson, E. R., Hetherington, E., Forgatch, M. S., & DeGarmo, D. S. (2003). Risk and resilience after divorce. In F. Walsh (Ed.), *Normal family processes: Growing diversity and complexity* (3rd ed., pp. 96-120). New York, NY: Guilford Press.

Grunebaum, H. (1988). The relationship of family theory to family therapy. *Journal of Marital and Family Therapy, 14*, 1-14. doi:10.1111/j.1752-0606.1988.tb01644.x

Grunebaum, H. (2006). On wisdom. *Family Process, 45*, 117-132. doi:10.1111/j.1545-5300.2006. 00084.x

Gunnan, A. S. (1979). Dimensions of marital therapy: A comparative analysis. *Journal of Marital and Family Therapy, 5*, 5-16. doi:10.1111/j.1752-0606.1979. tb00549.x

Gurman, A. S. (1978). Contemporary marital therapies: A critique and comparative analysis of psychoanalytic, behavioral and systems theory approaches. In T. J. Paolino & B. S. McCrady (Eds.), *Marriage and marital therapy: Psychoanalytic, behavioral and systems theory perspectives* (pp. 445-566). Oxford, England: Brunner/Mazel.

Gurman, A. S. (1992). Integrative marital therapy: A time-sensitive model for working with couples. In S. H. Budman, M. F. Hoyt, & S. Friedman (Eds.), *The first session in brief therapy* (pp. 186-203). New York, NY: Guilford Press.

Gurman, A. S. (2001). Brief therapy and family/couple therapy: An essential redundancy. *Clinical Psychology-Science & Practice, 8*, 51-65.

Gurman, A. S. (2005). Brief integrative marital therapy: An interpersonal-intrapsychic approach. In J. L. Lebow (Ed.), *Handbook of clinical family therapy* (pp. 353-383). Hoboken, NJ: Wiley.

Gurman, A. S. (Ed.). (2008). *Clinical handbook of couple therapy* (4th ed.). New York, NY: Guilford Press.

Gurman, A. S. (Ed.). (2010). *Clinical casebook of couple therapy*. New York, NY: Guilford Press.

Gurman, A. S. (2011). Couple therapy research and the practice of couple therapy: Can we talk? *Family Process, 50*, 280-292. doi:10.1111/j.1545-5300. 2011.01360.x

Gurman, A. S., & Fraenkel, P. (2002). The history of couple therapy: A millennial review. *Family Process, 41*, 199-260. doi:10.1111/j.1545-5300.2002.41204.x

Gurman, A. S., & Kniskern, D. P. (1978). Technolatry, methodolatry, and the results of family therapy. *Family Process, 17*, 275-281. doi:10.1111/j.1545-5300. 1978.00275.x

Gurman, A. S., & Kniskern, D. P. (1981). *Handbook of family therapy* (Vol. 1). New York, NY: Brunner/Mazel.

Gurman, A. S., & Kniskern, D. P. (1991). *Handbook of family therapy* (Vol. 11). New York, NY:

Brunner/Mazel.

Gurman, A. S., & Knudson, R. M. (1978). Behavioral marriage therapy: I. A psychodynamic-systems analysis and critique. *Family Process, 17*, 121-138. doi:10.1111/j.1545-5300.1978.00121.x

Gurman, A. S., Knudson, R. M., & Kniskern, D. P. (1978). Behavioral marriage therapy: IV. Take two aspirin and call us in the morning. *Family Process, 17*, 165-180. doi:10.1111/j.1545-5300.1978.00165.x

Haaga, D. A., McCrady, B., & Lebow, J. (2006). Integrative principles for treating substance use disorders. *Journal of Clinical Psychology, 62*, 675-684. doi:10.1002/ jclp.20257

Haley, J. (1963). *Strategies of psychotherapy.* Oxford, England: Grune & Stratton.

Haley, J. (1973). Strategic therapy when a child is presented as the problem. *Journal of the American Academy of Child Psychiatry, 12*, 641-659. doi:10.1016/S0002- 7138(09)61273-5

Haley, J. (1975). Why a mental health clinic should avoid family therapy. *Journal of Marital and Family Counseling, 1*, 3-13. doi:10.1111/j.1752-0606.1975.tb00065.x

Haley, J. (1979). Ideas that handicap therapy with young people. *International Journal of Family Therapy, 1*, 29-45. doi:10.1007/BF00926787

Haley, J. (1985). Conversations with Erickson. *Family Therapy Networker, 9*(2), 30-35, 39-43.

Haley, J. (1986). *Uncommon therapy: The psychiatric techniques of Milton H. Erikson, M.D.* New York, NY: Norton.

Haley, J. (1987). *Problem-solving therapy* (2nd ed.). San Francisco, CA: Jossey-Bass.

Haley, J. (1997). *Leaving home: The therapy of disturbed young people* (2nd ed.). Philadelphia, PA: Brunner/Mazel.

Haley, J., & Lebow, J. L. (2010). Ideas that have handicapped therapists. In M. Richeport-Haley, J. Carlson, & J. Haley (Eds.), *Jay Haley revisited* (pp. 337- 369). New York, NY: Routledge/Taylor & Francis.

Halford, W. K., Hayes, S., Christensen, A., Lambert, M., Baucom, D. H., & Atkins, D. C. (2012). Toward making progress feedback an effective common factor in couple therapy. *Behavior Therapy, 43*(1), 49-60. doi:10.1016/j.beth.2011.03.005

Hampson, R. B., Prince, C. C., & Beavers, W. R. (1999). Marital therapy: Qualities of couples who fare better or worse in treatment. *Journal of Marital and Family Therapy, 25*, 411-424. doi:10.1111/ j.1752-0606.1999.tb00259.x

Hare-Mustin, R. T. (1989). The problem of gender in family therapy theory. In M. McGoldrick, C. M. Anderson, & F. Walsh (Eds.), *Women in families: A framework for family therapy* (pp. 61-77). New York, NY: Norton.

Hare-Mustin, R. T. (1992). Family change and gender differences: Implications for theory and practice. In J. S. Bohan (Ed.), *Seldom seen, rarely heard: Women's place in psychology* (pp. 355-370).

Boulder, CO: Westview Press.

Harmon, S. C., Lambert, M. J., Smart, D. M., Hawkins, E., Nielsen, S. L., Slade, K., & Lutz, W. (2007). Enhancing outcome for potential treatment failures: Therapist-client feedback and clinical support tools. *Psychotherapy Research, 17*, 379-392. doi:10.1080/10503300600702331

Hawkins, M. W., Carrère, S., & Gottman, J. M. (2002). Marital sentiment override: Does it influence couples' perceptions? *Journal of Marriage and Family, 64*, 193-201. doi:10.1111/j.1741-3737.2002.00193.x

Heatherington, L., & Friedlander, M. L. (1990). Couple and Family Therapy Alliance Scales: Empirical considerations. *Journal of Marital and Family Therapy, 16*, 299-306. doi:10.1111/j.1752-0606.1990.tb00851.x

Heidegger, M. (1993). *Basic concepts*. Bloomington: University of Indiana Press.

Henggeler, S. W. (2011). Efficacy studies to large-scale transport: The development and validation of multisystemic therapy programs. *Annual Review of Clinical Psychology, 7*, 351-381. doi:10.1146/annurev-clinpsy-032210-104615

Henggeler, S. W., & Borduin, C. M. (1995). Multisystemic treatment of serious juvenile offenders and their families. In I. M. Schwartz & P. AuClaire (Eds.), *Home-based services for troubled children. Child, youth, and family services series* (pp. 113-130). Lincoln: University of Nebraska Press.

Henggeler, S. W., Schoenwald, S. K., Borduin, C. M., Rowland, M. D., & Cunningham, P. B. (1998). *Multisystemic treatment of antisocial behavior in children and adolescents*. New York, NY: Guilford Press.

Henggeler, S. W., Schoenwald, S. K., Borduin, C. M., Rowland, M. D., & Cunningham, P. B. (2009). *Multisystemic therapy for antisocial behavior in children and adolescents* (2nd ed.). New York, NY: Guilford Press.

Henggeler, S. W., Schoenwald, S. K., Liao, J. G., Letourneau, E. J., & Edwards, D. L. (2002). Transporting efficacious treatments to field settings: The link between supervisory practices and therapist fidelity in MST programs. *Journal of Clinical Child and Adolescent Psychology, 31*, 155-167.

Henggeler, S. W., & Sheidow, A. J. (2012). Empirically supported family-based treatments for conduct disorder and delinquency in adolescents. *Journal of Marital and Family Therapy, 38*, 30-58. doi:10.1111/j.1752-0606.2011.00244.x

Henggeler, S. W., Sheidow, A. J., & Lee, T. (2009). Multisystemic therapy (MST). In J. H. Bray & M. Stanton (Eds.), *The Wiley-Blackwell handbook of family psychology* (pp. 370-387). Chichester, West Sussex, England: Wiley-Blackwell.

Hetherington, E. M. (1979). Divorce: A child's perspective. *American Psychologist, 34*, 851-858.

Hetherington, E. M. (1993). An overview of the Virginia longitudinal study of divorce and remarriage with a focus on early adolescence. *Journal of Family Psychology, 7*(1), 39-56. doi:10.1037/0893-

3200.7.1.39

Hetherington, E. M., & Arasteh, J. D. (1988). *Impact of divorce, single parenting, and stepparenting on children*. Hillsdale, NJ: Erlbaum.

Hetherington, E. M., & Elmore, A. M. (2004). The intergenerational transmission of couple instability. In P. Lindsay Chase, K. Kiernan, & R. J. Friedman (Eds.), *Human development across lives and generations: The potential for change* (pp. 171-203). New York, NY: Cambridge University Press.

Hetherington, E. M., Parke, R., Gauvain, M., & Locke, V. (2005). *Child psychology: A contemporary viewpoint* (6th ed.). New York, NY: McGraw-Hill.

Hetherington, E. M., Stanley-Hagan, M., & Anderson, E. R. (1989). Marital transitions: A child's perspective. *American Psychologist, 44*, 303-312. doi:10.1037/ 0003-066X.44.2.303

Heyman, R. E., & Hunt, A. N. (2007). Replication in observational couples research: A commentary. *Journal of Marriage and Family, 69*, 81-85. doi:10.1111/j.1741-3737.2006. 00345.x

Heyman, R. E., & Neidig, P. H. (1999). A comparison of spousal aggression prevalence rates in U.S. Army and civilian representative samples. *Journal of Consulting and Clinical Psychology, 67*, 239-242. doi:10.1037/0022-006X.67.2.239

Hoffman, L. (2002). *Family therapy: An intimate history*. New York, NY: Norton.

Hogarty, G. E., Anderson, C. M., Reiss, D. J., Kornblith, S. J., Greenwald, D. P., Ulrich, R. F., & Carter, M. (1991). Family psychoeducation, social skills training, and maintenance chemotherapy in the aftercare treatment of schizophrenia: II. Two-year effects of a controlled study on relapse and adjustment. *Archives of General Psychiatry, 48*, 340-347. doi:10.1001/ archpsyc.1991.01810280056008

Holtzworth-Munroe, A. (2000). A typology of men who are violent toward their female partners: Making sense of the heterogeneity in husband violence. *Current Directions in Psychological Science, 9*, 140-143. doi:10.1111/1467-8721.00079

Hooley, J. M. (2004). Do psychiatric patients do better clinically if they live with certain kinds of families? *Current Directions in Psychological Science, 13*(5), 202-205. doi:10.1111/j.0963-7214.2004.00308.x

Hooley, J. M. (2007). Expressed emotion and relapse of psychopathology. *Annual Review of Clinical Psychology, 3*, 329-352. doi:10.1146/annurev.clinpsy.2.022305.095236

Hooley, J. M., Gruber, S. A., Parker, H. A., Guillaumot, J., Rogowska, J., & Yurgelun-Todd, D. A. (2009). Cortico-limbic response to personally challenging emotional stimuli after complete recovery from depression. *Psychiatry Research 172*(1), 83-91. doi:10.1016/ j.pscychresns.2009.02.001

Horigian, V. E., Suarez-Morales, L., Robbins, M. S., Zarate, M., Mayorga, C. C., Mitrani, V. B., & Szapocznik, J. (2005). Brief strategic family therapy for adolescents with behavior problems. In J.

L. Lebow (Ed.), *Handbook of clinical family therapy* (pp. 73-102). Hoboken, NJ: Wiley.

Horvath, A. O. (Ed.). (1994). *Empirical validation of Bordin's pantheoretical model of the alliance: The Working Alliance Inventory perspective*. Oxford, England: Wiley.

Hoyt, M. F., & Gurman, A. S. (2012). Whither couple/family therapy? *The Family Journal, 20*(1), 13-17. doi:10.1177/1066480711420050

Hrobjartsson, A., & Gotzsche, P. C. (2004). Placebo interventions for all clinical conditions. *Cochrane Database of Systematic Reviews, 3*. CD003974. doi: 10.1002/14651858.CD003974.pub3.

Hubble, M. A., Duncan, B. L., & Miller, S. D. (Eds.). (1999). *The heart and soul of change: What works in therapy*. Washington, DC: American Psychological Association. doi:10.1037/11132-000

Huey, S. J., Jr., Henggeler, S. W., Brondino, M. J., & Pickrel, S. G. (2000). Mechanisms of change in multisystemic therapy: Reducing delinquent behavior through therapist adherence and improved family and peer functioning. *Journal of Consulting & Clinical Psychology, 68*, 451-467.

Imber-Black, E. (1991). Rituals and the healing process. In F. Walsh & M. McGold-rick (Eds.), *Living beyond loss: Death in the family* (pp. 207-223). New York, NY: Norton.

Imber-Black, E. (Ed.). (1993). *Secrets in families and family therapy*. New York, NY: Norton.

Imber-Black, E., Roberts, J., & Whiting, R. A. (Eds.). (1988). *Rituals in families and family therapy*. New York, NY: Norton.

Jackson, D. D., & Haley, J. (1963). Transference revisited. *Journal of Nervous and Mental Disease, 137*, 363-371. doi:10.1097/00005053-196310000-00008

Jackson-Gilfort, A., Liddle, H. A., Tejeda, M. J., & Dakof, G. A. (2001). Facilitating engagement of African American male adolescents in family therapy: A cultural theme process study. *Journal of Black Psychology, 27*, 321-340. doi:10.1177/0095798401027003005

Jacobson, N. S. (1984). A component analysis of behavioral marital therapy: The relative effectiveness of behavior exchange and communication/problem-solving training. *Journal of Consulting and Clinical Psychology, 52*, 295-305. doi:10.1037/0022-006X.52.2.295

Jacobson, N. S. (1989). The maintenance of treatment gains following social learning-based marital therapy. *Behavior Therapy, 20*, 325-336. doi:10.1016/ S0005-7894(89)80053-X

Jacobson, N. S., & Christensen, A. (1996). *Integrative couple therapy: Promoting acceptance and change*. New York, NY: Norton.

Jacobson, N. S., Christensen, A., Prince, S. E., Cordova, J., & Eldridge, K. (2000). Integrative behavioral couple therapy: An acceptance-based, promising new treatment for couple discord. *Journal of Consulting and Clinical Psychology, 68*, 351-355. doi:10.1037/0022-006X.68.2.351

Jacobson, N. S., Dobson, K., Fruzzetti, A. E., Schmaling, K. B., & Salusky, S. (1991). Marital therapy as a treatment for depression. *Journal of Consulting and Clinical Psychology, 59*, 547-557. doi:10.1037/0022-006X.59.4.547

Jacobson, N. S., & Follette, W. C. (1985). Clinical significance of improvement resulting from two behavioral marital therapy components. *Behavior Therapy, 16*, 249-262. doi:10.1016/S0005-7894(85)80013-7

Jacobson, N. S., Fruzzetti, A. E., Dobson, K., Whisman, M., & Hops, H. (1993). Couple therapy as a treatment for depression: II. The effects of relationship quality and therapy on depressive relapse. *Journal of Consulting and Clinical Psychology, 61*, 516-519. doi:10.1037/0022-006X.61.3.516

Jacobson, N. S., & Gottman, J. M. (1998). *When men batter women: New insights into ending abusive relationships.* New York, NY: Simon & Schuster.

Jacobson, N. S., & Margolin, G. (1979). *Marital therapy: Strategies based on social learning and behavior exchange principles.* Larchmont, NY: Brunner/Mazel.

Jacobson, N. S., Schmaling, K. B., & Holtzworth-Munroe, A. (1987). Component analysis of behavioral marital therapy: 2-year follow-up and prediction of relapse. *Journal of Marital and Family Therapy, 13*, 187-195. doi:10.1111/j.1752-0606.1987.tb00696.x

Jewell, T. C., McFarlane, W. R., Dixon, L., & Miklowitz, D. J. (Eds.). (2005). Evidence-based family services for adults with severe mental illness. In C. E. Stout & R. A. Hayes (Eds.), *The evidence-based practice: Methods, models, and tools for mental health* (pp. 56-84). Hoboken, NJ: Wiley.

Johnson, S. (2000). Emotionally focused couples therapy. In F. M. Dattilio & L. J. Bevilacqua (Eds.), *Comparative treatments for relationship dysfunction. Springer series on comparative treatments for psychological disorders* (pp. 163-185). New York, NY: Springer.

Johnson, S., & Sims, A. (2000). Attachment theory: A map for couples therapy. In T. M. Levy (Ed.), *Handbook of attachment interventions* (pp. 169-191). San Diego, CA: Academic Press.

Johnson, S., Woolley, S. R., & Gabbard, G. O. (2009). Emotionally focused couples therapy: An attachment-based treatment. In G. O. Gabbard (Ed.), *Textbook of psychotherapeutic treatments* (pp. 553-579). Arlington, VA: American Psychiatric Publishing..

Johnson, S. M. (1996). *The practice of emotionally focused marital therapy: Creating connection.* Philadelphia, PA: Brunner/Mazel.

Johnson, S. M. (2008). Emotionally focused couple therapy. In A. S. Gurman (Ed.), *Clinical handbook of couple therapy* (4th ed., pp. 107-137). New York, NY: Guilford Press.

Johnson, S. M. (2011). The attachment perspective on the bonds of love: A prototype for relationship change. In J. L. Furrow, S. M. Johnson, & B. A. Bradley (Eds.), *The emotionally focused casebook: New directions in treating couples* (pp. 31-58). New York, NY: Routledge/Taylor & Francis.

Johnson, S. M., & Denton, W. (2002). Emotionally focused couple therapy: Creating secure connections. In A. S. Gurman & N. S. Jacobson (Eds.), *Clinical handbook of couple therapy* (3rd ed., pp. 221-250). New York, NY: Guilford Press.

Johnson, S. M., & Greenberg, L. S. (1985). Emotionally focused couples therapy: An outcome study. *Journal of Marital and Family Therapy, 11*, 313–317. doi:10.1111/j.1752-0606.1985.tb00624.x

Johnson, S. M., & Greenberg, L. S. (1992). Emotionally focused therapy: Restructuring attachment. In S. H. Budman & M. F. Hoyt (Eds.), *The first session in brief therapy* (pp. 204-224). New York, NY: Guilford Press.

Johnson, S. M., & Greenberg, L. S. (1994). Emotion in intimate relationships: Theory and implications for therapy. In S. M. Johnson & L. S. Greenberg (Eds.), *The heart of the matter: Perspectives on emotion in marital therapy* (pp. 3-22). Philadelphia, PA: Brunner/Mazel.

Johnson, S. M., & Greenberg, L. S. (1995). The emotionally focused approach to problems in adult attachment. In N. S. Jacobson & A. S. Gurman (Eds.), *Clinical handbook of couple therapy* (pp. 121-141). New York, NY: Guilford Press.

Johnson, S. M., Hunsley, J., Greenberg, L., & Schindler, D. (1999). Emotionally focused couples therapy: Status and challenges. *Clinical Psychology: Science and Practice, 6*(1), 67-79. doi:10.1093/clipsy.6.1.67

Johnson, S. M., Maddeaux, C., & Blouin, J. (1998). Emotionally focused family therapy for bulimia: Changing attachment patterns. *Psychotherapy: Theory, Research, Practice, Training, 35*, 238-247.

Johnston, J. R., & Campbell, L. E. (1986). Tribal warfare: The involvement of extended kin and significant others in custody and access disputes. *Conciliation Courts Review, 24*(1), 1-16. doi:10.1111/j.174-1617.1986.tb00124.x

Jordan, J. V., & Stone Center for Developmental Services and Studies. (1991). *Women's growth in connection: Writings from the Stone Center.* New York, NY: Guilford Press.

Jordan, J. V., & Stone Center for Developmental Services and Studies. (1997). *Women's growth in diversity: More writings from the Stone Center.* New York, NY: Guilford Press.

Kabacoff, R. I., Miller, I. W., Bishop, D. S., Epstein, N. B., & Keitner, G. I. (1990). A psychometric study of the McMaster family assessment device in psychiatric, medical, and nonclinical samples. *Journal of Family Psychology, 3*, 431-439. doi:10.1037/h0080547

Kahneman, D. (2011). *Thinking, fast and slow.* New York, NY: Farrar, Straus and Giroux.

Kahneman, D., & Tversky, A. (2000). *Choices, values, and frames.* New York, NY: Cambridge University Press.

Kantor, D., & Lehr, W. (1975). *Inside the family.* San Francisco, CA: Jossey-Bass.

Kaplan, H. S., (1974). *New sex therapy: Active treatment of sexual dysfunctions.* New York, NY: Brunner-Routledge.

Kaslow, N. J., Baskin, M. L., & Wyckoff, S. C. (2002). A biopsychosocial treatment approach for depressed children and adolescents. In F. W. Kaslow (Ed.), *Comprehensive handbook of psychotherapy: Vol. 4. Integrative/eclectic* (pp. 31-57). New York, NY: Wiley.

Kaslow, N. J., Broth, M. R., Smith, C. O., & Collins, M. H. (2012). Family-based interventions for child and adolescent disorders. *Journal of Marital and Family Therapy, 38*(1), 82-100. doi:10.1111/j.1752-0606.2011.00257.x

Kaslow, N. J., Celano, M. P., & Stanton, M. (2009). Training in family psychology: A competencies-based approach. In J. H. Bray & M. Stanton (Eds.), *The Wiley-Blackwell handbook of family psychology* (pp. 112-128). Chichester, West Sussex, England: Wiley-Blackwell.

Kazdin, A. E. (2000). Parent management training. In A. E. Kazdin (Ed.), *Encyclopedia of psychology.* Washington, DC: American Psychological Association.

Kazdin, A. E. (2005). *Parent management training: Treatment for oppositional, aggressive, and antisocial behavior in children and adolescents.* New York, NY: Oxford University Press.

Kazdin, A. E. (2008). *The Kazdin method for parenting the defiant child: With no pills, no therapy, no contest of wills.* Boston, MA: Houghton Mifflin.

Kazdin, A. E. (2010). Problem-solving skills training and parent management training for oppositional defiant disorder and conduct disorder. In J. R. Weisz & A. E. Kazdin (Eds.), *Evidence-based psychotherapies for children and adolescents* (2nd ed., pp. 211-226). New York, NY: Guilford Press.

Kazdin, A. E., Nathan, P. E., & Gorman, J. M. (2007). Psychosocial treatments for conduct disorder in children and adolescents. In P. E. Nathan & J. M. Gorman (Eds.), *A guide to treatments that work* (3rd ed., pp. 71-104). New York, NY: Oxford University Press.

Kazdin, A. E., & Weisz, J. R. (Eds.). (2003). *Evidence-based psychotherapies for children and adolescents.* New York, NY: Guilford Press.

Kazdin, A. E., Whitley, M., & Marciano, P. L. (2006). Child-therapist and parent-therapist alliance and therapeutic change in the treatment of children referred for oppositional, aggressive, and antisocial behavior. *Journal of Child Psychology and Psychiatry, 47,* 436-445. doi: http://dx.doi.org/10.1111/j.1469-7610.2005.01475.x

Kazdin, A. E., & Whitley, M. K. (2003). Treatment of parental stress to enhance therapeutic change among children referred for aggressive and antisocial behavior. *Journal of Consulting and Clinical Psychology, 71,* 504-515. doi:10.1037/ 0022-006X.71.3.504

Kazdin, A. E., & Whitley, M. K. (2006). Pretreatment social relations, therapeutic alliance, and improvements in parenting practices in parent management training. *Journal of Consulting and Clinical Psychology, 74,* 346-355. doi: http://dx.doi. org/10.1037/0022-006X.74.2.346

Keeney, B. P., & Morris, J. (1985). Implications of cybernetic epistemology for clinical research: A reply to Howard. *Journal of Counseling & Development, 63,* 548-550. doi:10.1002/j.1556-6676.1985.tb00677.x

Keeney, B. P., & Sprenkle, D. H. (1992). Ecosystemic epistemology: Critical implications for the aesthetics and pragmatics of family therapy. In R. B. Miller (Ed.), *The restoration of dialogue: Readings in the philosophy of clinical psychology* (pp. 477-495). Washington, DC: American Psychological Association. doi:10.1037/10112-041

Keith, D. V., Connell, G. M., & Whitaker, C. A. (1991). A symbolic-experiential approach to the resolution of therapeutic obstacles in family therapy. *Journal of Family Psychotherapy, 2*(3), 41-56. doi:10.1300/j085V02N03_03

Kenny, D. A., & Campbell, D. T. (1989). On the measurement of stability in over-time data. *Journal of Personality, 57.* 445-481.

Kerr, M. E., & Bowen, M. (1988). *Family evaluation: An approach based on Bowen theory.* New York, NY: Norton.

Kessler, R. C., Price, R. H., & Wortman, C. B. (1985). Social factors in psychopathology: Stress, social support, and coping processes. *Annual Review of Psychology, 36,* 531-572. doi:10.1146/annurev. ps.36.020185.002531

Kiecolt-Glaser, J. K., Bane, C., Glaser, R., & Malarkey, W. B. (2003). Love, marriage and divorce: Newlyweds' stress hormones foreshadow relationship changes. *Journal of Consulting and Clinical Psychology, 7,* 176-188.

Kim, E. Y., & Miklowitz, D. J. (2004). Expressed emotion as a predictor of outcome among bipolar patients undergoing family therapy. *Journal of Affective Disorders, 82,* 343-352.

Knapp, S. J., Gottlieb, M. C., Handelsman, M. M., & VandeCreek, L. D. (2012). *APA handbook of ethics in psychology: Vol. 2. Practice, teaching, and research.* Washington, DC: American Psychological Association.

Knobloch-fedders, L. M., Pinsof, W. M., & Mann, B. J. (2004). The formation of the therapeutic alliance in couple therapy. *Family Process, 43,* 425-442. doi:10.1111/j.1545-5300.2004.00032.x

Knobloch-fedders, L. M., Pinsof, W. M., & Mann, B. J. (2007). Therapeutic alliance and treatment progress in couple psychotherapy. *Journal of Marital & Family Therapy, 33,* 245-257. doi: http://dx.doi.org/10.1111/j.1752-0606.2007.00019.x

Knudson-Martin, C. (2008). Gender issues in the practice of couple therapy. In A. S. Gurman (Ed.), *Clinical handbook of couple therapy* (4th ed., pp. 641-661). New York, NY: Guilford Press.

Knudson-Martin, C., & Huenergardt, D. (2010). A socio-emotional approach to couple therapy: Linking social context and couple interaction. *Family Process, 49,* 369-384. doi:10.1111/j.1545-5300.201β0.01328.x

Knudson-Martin, C., & Mahoney, A. R. (2009a). Addressing gendered power: A guide for practice. In A. R. Mahoney & C. Knudson-Martin (Eds.), *Couples, gender, and power: Creating change in intimate relationships* (pp. 317-336). New York, NY: Springer.

Knudson-Martin, C., & Mahoney, A. R. (2009b). Beyond gender: The processes of relationship equality. In A. R. Mahoney & C. Knudson-Martin (Eds.), *Couples, gender, and power: Creating change in intimate relationships* (pp. 63-78). New York, NY: Springer.

Knudson-Martin, C., & Mahoney, A. R. (2009c). *Couples, gender, and power: Creating change in intimate relationships.* New York, NY: Springer.

Kotkin, M., Daviet, C., & Gurin, J. (1996). The consumer reports mental health survey. *American Psychologist, 51*, 1080-1082. doi:10.1037/0003-066X.51.10.1080

Kramer, C. H. (1980). *Becoming a family therapist: Developing an integrated approach to working with families.* New York, NY: Human Sciences Press.

Kramer, C. H. (2000). *Therapeutic mastery: Becoming a more creative and effective psychotherapist.* Phoenix, AZ: Zeig, Tucker.

Krantzler, M. (1973). *Creative divorce: A new opportunity for personal growth.* New York, NY: M. Evans.

Krantzler, M., & Krantzler, P. B. (1999). *The new creative divorce: How to create a happier, more rewarding life during-and after-your divorce.* Holbrook, MA: Adams Media.

Kuhn, T. S. (1970). *The structure of scientific revolutions* (2nd ed.). Chicago, IL: University of Chicago Press.

Lambert, M. J. (1986). Some implications of psychotherapy outcome research for eclectic psychotherapy. *Journal of Integrative & Eclectic Psychotherapy, 5*(1), 16-45.

Lambert, M. J. (2010). Yes, it is time for clinicians to routinely monitor treatment outcome. In B. L. Duncan, S. D. Miller, B. E. Wampold, & M. A. Hubble (Eds.), *The heart and soul of change: Delivering what works in therapy* (2nd ed., pp. 239-266). Washington, DC: American Psychological Association. doi:10.1037/12075-008

Lambert, M. J., & Barley, D. E. (2001). Research summary on the therapeutic relationship and psychotherapy outcome. *Psychotherapy: Theory, Research, Practice, Training, 38*, 357-361. doi:10.1037/0033-3204.38.4.357

Lambert, M. J., & Bergin, A. E. (1994). The effectiveness of psychotherapy. In A. E. Bergin & S. L. Garfield (Eds.), *Handbook of psychotherapy and behavior change* (4th ed., pp. 143-189). Oxford, England: Wiley.

Lambert, M. J., & Finch, A. E. (1999). The Outcome Questionnaire. In M. E. Maruish (Ed.), *The use of psychological testing for treatment planning and outcomes assessment* (2nd ed., pp. 831-869). Mahwah, NJ: Erlbaum.

Lambert, M. J., Whipple, J. L., Smart, D. W., Vermeersch, D. A., Nielsen, S. L., & Hawkins, E. J. (2001). The effects of providing therapists with feedback on patient progress during psychotherapy: Are outcomes enhanced? *Psychotherapy Research, 11*(1), 49-68. doi:10.1080/713663852

Lasch, C. (1979). *The culture of narcissism: American life in an age of diminishing expectations.* New

York, NY: Warner Books.

Lazarus, A. A., & Messer, S. B. (1991). Does chaos prevail? An exchange on technical eclecticism and assimilative integration. *Journal of Psychotherapy Integration, 1*(2), 143-158.

Leary, T. (1957). *Interpersonal diagnosis of personality: A functional theory and methodology for personality evaluation.* New York, NY: Ronald Press.

Lebow, J. (1982). Consumer satisfaction with mental health treatment. *Psychological Bulletin, 91*, 244-259. doi:10.1037/0033-2909.91.2.244

Lebow, J. (1997). The integrative revolution in couple and family therapy. *Family Process, 36*(1), 1-17. doi: http://dx.doi.org/10.1111/j.1545-5300.1997.00001.x

Lebow, J. (2001). Conducting integrative therapy over time: A case example of open-ended therapy. In S. H. McDaniel, D.-D. Lusterman, & C. L. Philpot (Eds.), *Casebook for integrating family therapy: An ecosystemic approach* (pp. 21-32). Washington, DC: American Psychological Association. doi:10.1037/10395-002

Lebow, J. (2002). Integrative and eclectic therapies at the beginning of the twenty-first century. In F. W. Kaslow (Ed.), *Comprehensive handbook of psychotherapy: Integrative/eclectic* (Vol. 4, pp. 1-10). New York, NY: Wiley.

Lebow, J. L. (1987a). Developing a personal integration in family therapy: Principles of model construction and practice. *Journal of Marital and Family Therapy, 13*(1), 1-14. doi:10.1111/j.1752-0606.1987.tb00678.x

Lebow, J. L. (1987b). Integrative family therapy: An overview of major issues. *Psychotherapy: Theory, Research, Practice, Training, 24*(3S), 584-594. doi:10.1037/ h0085756

Lebow, J. L. (1995). Open-ended therapy: Termination in marital and family therapy. In R. H. Mikesell, D.-D. Lusterman, & S. H. McDaniel (Eds.), *Integrating family therapy: Handbook of family psychology and systems theory* (pp. 73-86). Washington, DC: American Psychological Association. doi:10.1037/10172-004

Lebow, J. L. (2003). Integrative approaches to couple and family therapy. In T. L. Sexton, G. R. Weeks, & M. S. Robbins (Eds.), *Handbook of family therapy: The science and practice of working with families and couples* (pp. 201-225). New York, NY: Brunner-Routledge.

Lebow, J. L. (Ed.). (2005). *Handbook of clinical family therapy.* Hoboken, NJ: Wiley.

Lebow, J. L. (2006a). Integrative couple therapy. In G. Stricker & J. Gold (Eds.), *A casebook of psychotherapy integration* (pp. 211-223). Washington, DC: American Psychological Association. doi:10.1037/11436-016

Lebow, J. L. (2006b). *Research for the psychotherapist: From science to practice.* New York, NY: Routledge/Taylor & Francis.

Lebow, J. L. (2008a). Couple and family therapy. In J. L. Lebow (Ed.), *Twenty-first century psychotherapies: Contemporary approaches to theory and practice* (pp. 307- 346). Hoboken, NJ: Wiley.

Lebow, J. (2008b). Separation and divorce issues in couple therapy. In A. S. Gurman (Ed.), *Clinical handbook of couple therapy* (4th ed., pp. 459-477). New York, NY: Guilford Press.

Lebow, J. L., Chambers, A. L., Christensen, A., & Johnson, S. M. (2012). Research on the treatment of couple distress. *Journal of Marital and Family Therapy, 38,* 145-168. doi:10.1111/j.1752-0606.2011.00249.x

Lebow, J. L., & Gurman, A. S. (1995). Research assessing couple and family therapy. *Annual Review of Psychology, 46,* 27-57. doi:10.1146/annurev. ps.46.020195.000331

Lebow, J. L., Mikesell, R. H., Lusterman, D.-D., & McDaniel, S. H. (1995). Open-ended therapy: Termination in marital and family therapy. In R. Mikesell, D. D. Lusterman, & S. H. McDaniel (Eds.), *Integrating family therapy: Handbook of family psychology and systems theory* (pp. 73-86). Washington, DC: American Psychological Association. doi:10.1037/10172-004

Lebow, J. L., Rekart, K. N., & Jordan, K. (2008). Integrative couple and family therapy. In K. Jordan (Ed.), *The quick theory reference guide: A resource for expert and novice mental health professionals* (pp. 461-473). Hauppauge, NY: Nova Science.

Lebow, J. L., & Stroud, C. B. (2012). Assessment of effective couple and family functioning. In F. Walsh (Ed.), *Normal family processes* (pp. 501-528). New York, NY: Guildford Press.

Lederer, W. J., & Jackson, D. D. (1968). *The mirages of marriage.* New York, NY: W. W. Norton.

Leonard, R. (2010). *Von Neumann, Morgenstern, and the creation of game theory: From chess to social science,* 1900-1960. New York, NY: Cambridge University Press.

Liberman, R. P., Cardin, V., McGill, C. W., Falloon, I. R., et al. (1987). Behavioral family management of schizophrenia: Clinical outcome and costs. *Psychiatric Annals, 17,* 610-619.

Liddle, H. A. (1982). On the problems of eclecticism: A call for epistemologic clarification and human-scale theories. *Family Process, 21,* 243-250. doi:10.1111/ j.1545-5300.1982.00243.x

Liddle, H. A. (1994). The anatomy of emotions in family therapy with adolescents. *Journal of Adolescent Research, 9,* 120-157. doi: 10.1177/074355489491009

Liddle, H. A. (2009). Multidimensional family therapy: A science-based treatment system for adolescent drug abuse. In J. H. Bray & M. Stanton (Eds.), *The Wiley-Blackwell handbook of family psychology* (pp. 341-354). Chichester, West Sussex, england: Wiley-Blackwell.

Liddle, H. A. (2010). Multidimensional family therapy: A science-based treatment system. *Australian and New Zealand Journal of Family Therapy, 31,* 133-148. doi:10.1375/anft.31.2.133

Liddle, H. A., Dakof, G., Diamond, G., Holt, M., Aroyo, J., & Watson, M. (1992). The adolescent module in multidimensional family therapy. In G. W. Lawson & A. W. Lawson (Eds.), *Adolescent substance abuse: Etiology, treatment, and prevention* (pp. 165-186). Gaithersburg, MD: Aspen.

Liddle, H. A., Dakof, G. A., Parker, K., Diamond, G. S., Barrett, K., & Tejeda, M. (2001). Multidimensional family therapy for adolescent drug abuse: Results of a randomized clinical trial. *The American Journal of Drug and Alcohol Abuse, 27*, 651-688. doi:10.1081/ADA-100107661

Liddle, H. A., Rodriguez, R. A., Dakof, G. A., Kanzki, E., & Marvel, F. A. (2005). Multidimensional family therapy: A science-based treatment for adolescent drug abuse. In J. Lebow (Ed.), *Handbook of clinical family therapy* (pp. 128-163). Hoboken, NJ: Wiley.

Lidz, T. (1959). Schizophrenia and the family. *Psyche, 13*, 257-267.

Lock, J. (2010). Treatment of adolescent eating disorders: Progress and challenges. *Minerva Psichiatrica, 51*(3), 207-216.

Locke, H. J., & Wallace, K. M. (1959). Short marital-adjustment and prediction tests: Their reliability and validity. *Marriage and Family Living, 21*(3), 251-255.

London, P. (1964). *The modes and morals of psychotherapy.* New York, NY: Holt.

LoPiccolo, J., & Lobitz, W. (1973). Behavior therapy of sexual dysfunction. In L. A. Hamerlynck, L. C. Handy, & E. J. Mash (Eds.), *Behavioral change: Methodology, concepts, and practice.* Champaign, IL: Research Press.

Luborsky, L., Diguer, L., Luborsky, E., & Schmidt, K. A. (Eds.). (1999). The efficacy of dynamic versus other psychotherapies: Is it true that "everyone has won and all must have prizes?"—An update. *Clinical Psychology: Science and Practice, 6*, 95-132.

Luborsky, L., Singer, B., & Luborsky, L. (1975). Comparative studies of psychotherapies: Is it true that "everyone has won and all must have prizes?" *Archives of General Psychiatry, 32*, 995-1007. doi:10.1001/archpsyc.1975.01760260059004

Lucksted, A., McFarlane, W., Downing, D., & Dixon, L. (2012). Recent developments in family psychoeducation as an evidence-based practice. *Journal of Marital and Family Therapy, 38*(1), 101-121. doi:10.1111/j.1752-0606.2011.00256.x

Lusterman, D.-D. (1998). *Infidelity: A survival guide.* Oakland, CA: New Harbinger.

Lykken, D. T. (Ed.). (2002). How relationships begin and end: A genetic perspective. In A. L. Vangelisti, H. T. Reis, & M. A. Fitzpatrick (Eds.), *Stability and change in relationships* (pp. 83-102). New York, NY: Cambridge University Press.

Lyons, J. S., Howard, K. I., O'Mahoney, M. T., & Lish, J. D. (1997). *The measurement & management of clinical outcomes in mental health.* New York, NY: Wiley.

Madanes, C. (1981). *Strategic family therapy* (1st ed.). San Francisco, CA: Jossey-Bass.

Madsen, W. C. (2011). Collaborative helping maps: A tool to guide thinking and action in family-centered services. *Family Process, 50*, 529-543. doi:10.1111/ j.1545-5300.2011.01369.x

Magaletta, P. R., Patry, M. W., Gross, N. R., Butterfield, P. M., McLearen, A. M., Patterson, K. L., & Norcross, J. C. (2011). Clinical practice in corrections: Providing service, obtaining experience.

Psychological Services, 8, 343-355. doi:10.1037/a0025315

Makinen, J. A., & Johnson, S. M. (2006). Resolving attachment injuries in couples using emotionally focused therapy: Steps toward forgiveness and reconciliation. *Journal of Consulting and Clinical Psychology, 74*, 1055-1064. doi:10.1037/0022- 006X.74.6.1055

Markman, H. J., & Rhoades, G. K. (2012). Relationship education research: Current status and future directions. *Journal of Marital and Family Therapy, 38*, 169-200. doi:10.1111/j.1752-0606.2011.00247.x

Markman, H. J., Stanley, S., & Blumberg, S. L. (2010). *Fighting for your marriage: A deluxe revised edition of the classic best seller for enhancing marriage and preventing divorce* (3rd ed.). San Francisco, CA: Jossey-Bass.

Mas, C. H., Alexander, J. F., & Turner, C. W. (1991). Dispositional attributions and defensive behavior in high-and low-conflict delinquent families. *Journal of Family Psychology, 5*, 176-191.

Masters, W. H., & Johnson, V. E. (1970). *Human sexual inadequacy.* Boston, MA: Little, Brown.

Masters, W. H., & Johnson, V. E. (1976). Principles of the new sex therapy. *The American Journal of Psychiatry, 133*, 548-554.

Maturana, H. R., & Varela, F. J. (1980). *Autopoiesis and cognition: The realization of the living.* Dordrecht, Holland: D. Reidel.. doi:10.1007/978-94-009-8947-4

McAdams, D. P. (2006). *The person: A new introduction to personality psychology.* Retrieved from http://catdir.loc.gov/catdir/enhancements/fy0626/2005277513-d.html

McCarthy, B. (1989). A cognitive-behavioral approach to sex therapy. In A. Freeman, L. E. Beutler, & K. M. Simon (Eds.), *Comprehensive handbook of cognitive therapy* (pp. 435-447). New York, NY: Plenum Press.

McCarthy, B., & McCarthy, E. (2003). *Rekindling desire: A step-by-step program to help low-sex and no-sex marriages.* New York, NY: Brunner-Routledge.

McCarthy, B., & Thestrup, M. (2008). Integrating sex therapy interventions with couple therapy. *Journal of Contemporary Psychotherapy, 38*, 139-149. doi:10.1007/ s10879-008-9083-3

McCrady, B. S., Epstein, E. E., Cook, S., Jensen, N., & Hildebrandt, T. (2009). A randomized trial of individual and couple behavioral alcohol treatment for women. *Journal of Consulting and Clinical Psychology, 77*, 243-256. doi:10.1037/a0014686

McDaniel, S. H., Campbell, T., Wynne, L. C., & Weber, T. (1988). Family systems consultation: Opportunities for teaching in family medicine. *Family Systems Medicine, 6*, 391-403. doi:10.1037/ h0089758

McDaniel, S. H., Campbell, T. L., & Seaburn, D. B. (1995). Principles for collaboration between health and mental health providers in primary care. *Family Systems Medicine, 13*(3-4), 283-298. doi:10.1037/h0089075

McDaniel, S. H., Harkness, J. L., & Epstein, R. M. (2001). Medical family therapy for a woman with end-stage Crohn's disease. *American Journal of Family Therapy, 29*, 375–395.

McDaniel, S. H., Hepworth, J., & Doherty, W. J. (1995). Medical family therapy with somatizing patients: The co-creation of therapeutic stories. In R. H. Mikesell, D.-D. Lusterman, & S. H. McDaniel (Eds.), *Integrating family therapy: Handbook of family psychology and systems theory* (pp. 377–388). Washington, DC: American Psychological Association.

McFarlane, W. R. (2002). *Multifamily groups in the treatment of severe psychiatric disorders.* New York, NY: Guilford Press.

McFarlane, W. R., Dixon, L., Lukens, E., & Lucksted, A. (2003). Family psychoeducation and schizophrenia: A review of the literature. *Journal of Marital and Family Therapy, 29*, 223–245. doi:10.1111/j.1752-0606.2003.tb01202.x

McFarlane, W. R., Lukens, E., Link, B., Dushay, R., Deakins, S. A., Newmark, M., . . . Toran, J. (1995). Multiple-family groups and psychoeducation in the treatment of schizophrenia. *Archives of General Psychiatry, 52*, 679–687. doi:10.1001/ archpsyc.1995.03950200069016

McGoldrick, M. (1988). Ethnicity and the family life cycle. In B. Carter & M. McGoldrick (Eds.), *The changing family life cycle: A framework for family therapy* (2nd ed., pp. 69–90). New York, NY: Gardner Press.

McGoldrick, M. (1991a). Echoes from the past: Helping families mourn their losses. In F. Walsh & M. McGoldrick (Eds.), *Living beyond loss: Death in the family* (pp. 50–78). New York, NY: W. W. Norton.

McGoldrick, M. (1991b). The legacy of loss. In F. Walsh & M. McGoldrick (Eds.), *Living beyond loss: Death in the family* (pp. 104–129). New York, NY: W. W. Norton.

McGoldrick, M. (Ed.). (1998). *Re-visioning family therapy: Race, culture, and gender in clinical practice.* New York, NY: Guilford Press.

McGoldrick, M. (2001). Re-visioning family therapy: Race, culture, and gender in clinical practice. *Family Therapy, 28*, 116–117.

McGoldrick, M. (2011). *The genogram journey: Reconnecting with your family* (Rev. ed.). New York, NY: W. W. Norton.

McGoldrick, M., Anderson, C. M., & Walsh, F. (Eds.). (1989). *Women in families: A framework for family therapy.* New York, NY: W. W. Norton.

McGoldrick, M., & Gerson, R. (1988). Genograms and the family life cycle. In B. Carter & M. McGoldrick (Eds.), *The changing family life cycle: A framework for family therapy* (2nd ed., pp. 164–189). New York, NY: Gardner Press.

McGoldrick, M., Gerson, R., & Petry, S. S. (2008). *Genograms: Assessment and intervention* (3rd ed.). New York, NY: W. W. Norton.

McGoldrick, M., Gerson, R., & Shellenberger, S. (1999). *Genograms: Assessment and intervention* (2nd ed.). New York, NY: W. W. Norton.

McGoldrick, M., Giordano, J., & Garcia-Preto, N. (2005). *Ethnicity and family therapy* (3rd ed.). New York, NY: Guilford Press.

McGoldrick, M., & Hardy, K. V. (2008). *Re-visioning family therapy: Race, culture, and gender in clinical practice* (2nd ed.). New York, NY: Guilford Press.

McGoldrick, M., Preto, N. G., Hines, P. M., & Lee, E. (1991). Ethnicity and family therapy. In A. S. Gurman & D. P. Kniskern (Eds.), *Handbook of family therapy* (Vol. 2, pp. 546-582). Philadelphia, PA: Brunner/Mazel.

Mead, G. H. (1934). *Mind, self, and society: From the standpoint of a social behaviorist.* Chicago, IL: University of Chicago Press.

Meneses, C. W., & Greenberg, L. S. (2011). The construction of a model of the process of couples' forgiveness in emotion-focused therapy for couples. *Journal of Marital and Family Therapy, 37,* 491-502. doi:10.1111/j.1752-0606.2011.00234.x

Messer, S. B. (1990). Integration and eclecticism in counselling and psychotherapy: Cautionary notes. In W. Dryden & J. C. Norcross (Eds.), *Eclecticism and integration in counselling and psychotherapy* (pp. 71-88). Loughton, England: Gale Centre.

Messer, S. B. (1992). A critical examination of belief structures in integrative and eclectic psychotherapy. In J. C. Norcross & M. R. Goldfried (Eds.), *Handbook of psychotherapy integration* (pp. 130-165). New York, NY: Basic Books.

Miklowitz, D. J. (2007). The role of the family in the course and treatment of bipolar disorder. *Current Directions in Psychological Science, 16,* 192-196. doi: http:// dx.doi.org/10.1111/j.1467-8721.2007.00502.x

Miklowitz, D. J. (2008). *Bipolar disorder: A family-focused treatment approach* (2nd ed.). New York, NY: Guilford Press.

Miklowitz, D. J. (2011). *The bipolar disorder survival guide: What you and your family need to know* (2nd ed.). New York, NY: Guilford Press.

Miklowitz, D. J., & Cichetti, D. (Eds.). (2010). *Understanding bipolar disorder: A developmental psychopathology perspective.* New York, NY: Guilford Press.

Miklowitz, D. J., & Goldstein, T. R. (2010). Family-based approaches to treating bipolar disorder in adolescence: Family-focused therapy and dialectical behavior therapy. In D. J. Miklowitz & D. Cicchetti (Eds.), *Understanding bipolar disorder: A developmental psychopathology perspective* (pp. 466-493). New York, NY: Guilford Press.

Miklowitz, D. J., & Hooley, J. M. (1998). Developing family psychoeducational treatments for patients with bipolar and other severe psychiatric disorders: A pathway from basic research to clinical trials. *Journal of Marital and Family Therapy, 24*, 419-435.

Miklowitz, D. J., & Morris, C. D. (2003). Bipolar disorder. In D. K. Snyder & M. A. Whisman (Eds.), *Treating difficult couples: Helping clients with coexisting mental and relationship disorders* (pp. 114-136). New York, NY: Guilford Press.

Miklowitz, D. J., Otto, M. W., Frank, e., Reilly-Harrington, N. A., Kogan, J. N., Sachs, G. S., . . . Wisniewski, S. R. (2007). Intensive psychosocial intervention enhances functioning in patients with bipolar depression: Results from a 9-month randomized controlled trial. *American Journal of Psychiatry, 164*, 1340-1347. doi: http://dx.doi.org/10.1176/appi.ajp.2007.07020311

Mikulincer, M., Florian, V., Cowan, P. A., & Cowan, C. P. (2002). Attachment security in couple relationships: A systemic model and its implications for family dynamics. *Family Process, 41*, 405-434. doi:10.1111/j.1545-5300.2002.41309.x

Miller, S. D., & Donahey, K. M. (2012). Feedback-informed treatment (FIT): Improving the outcome of sex therapy one person at a time. In P. J. Kleinplatz (Ed.), *New directions in sex therapy: Innovations and alternatives* (2nd ed., pp. 195-211). New York, NY: Routledge/Taylor & Francis.

Miller, S. D., & Duncan, B. L. (2000). Paradigm lost: From model-driven to client-directed, outcome-informed clinical work. *Journal of Systemic Therapies, 19*(1), 20-34.

Miller, S. D., Duncan, B. L., & Hubble, M. A. (1997). *Escape from Babel: Toward a unifying language for psychotherapy practice.* New York, NY: W. W. Norton.

Miller, S. D., Duncan, B. L., & Hubble, M. A. (2002). Client-directed, outcome-informed clinical work. In F. W. Kaslow & J. Lebow (Eds.), *Comprehensive handbook of psychotherapy: Vol. 4. Integrative/eclectic* (pp. 185-212). Hoboken, NJ: Wiley.

Miller, S. D., Hubble, M. A., Duncan, B. L., & Wampold, B. E. (2010). Delivering what works. In B. L. Duncan, S. D. Miller, B. E. Wampold, & M. A. Hubble (Eds.), *The heart and soul of change: Delivering what works in therapy* (2nd ed., pp. 421-429). Washington, DC: American Psychological Association. doi:10.1037/12075-014

Miller, W. R., & Rollnick, S. (1991). *Motivational interviewing: Preparing people to change addictive behavior.* New York, NY: Guilford Press.

Minuchin, P., Colapinto, J., & Minuchin, S. (2007). *Working with families of the poor* (2nd ed.). New York, NY: Guilford Press.

Minuchin, S. (1974). *Families & family therapy.* Cambridge, MA: Harvard University Press.

Minuchin, S., & Fishman, H. C. (1981). *Family therapy techniques.* Cambridge, MA: Harvard University Press.

Minuchin, S., Lee, W.-Y., & Simon, G. M. (2006). *Mastering family therapy: Journeys of growth and transformation* (2nd ed.). Hoboken, NJ: John Wiley.

Mitchell, S. A. (2003). *Can love last?: The fate of romance over time.* New York, NY: W. W. Norton.

doi:10.1037/0736-9735.20.2.395

Moawad, H. (Producer). (2012). *Couples therapy* [TV series]. United States: VH1.

Molnar, A., & de Shazer, S. (1987). Solution-focused therapy: Toward the identification of therapeutic tasks. *Journal of Marital and Family Therapy, 13,* 349-358. doi:10.1111/j.1752-0606.1987.tb00716.x

Monson, C. M., & Fredman, S. J. (2012). *Cognitive-behavioral conjoint therapy for PTSD: Harnessing the healing power of relationships.* New York, NY: Guilford Press.

Monson, C. M., Fredman, S. J., Macdonald, A., Pukay-Martin, N. D., Resick, P. A., & Schnurr, P. P. (2012). Effect of cognitive-behavioral couple therapy for PTSD: A randomized controlled trial. *Journal of the American Medical Association, 308,* 700-709. doi:10.1001/jama.2012.9307

Moore, K. J., & Patterson, G. R. (2008). Parent training. In W. T. O'Donohue & J. E. Fisher (Eds.), *Cognitive behavior therapy: Applying empirically supported techniques in your practice* (2nd ed., pp. 383-389). Hoboken, NJ: Wiley.

Moos, R. H. (1990). Conceptual and empirical approaches to developing family-based assessment procedures: Resolving the case of the Family environment Scale. *Family Process, 29,* 199-208. doi:10.1111/j.1545-5300.1990.00199.x

Moos, R. H., & Moos, B. S. (1983). Adaptation and the quality of life in work and family settings. *Journal of Community Psychology, 11,* 158-170. doi:10.1002/ 1520-6629(198304) 11:2⟨158::AID-JCOP2290110209⟩3.0.CO;2-Z

Morkel, E. (2011). A participatory approach to healing and transformation in South Africa. *Family Process, 50,* 486-502. doi:10.1111/j.1545-5300.2011.01376.x

Morris, S. B., Alexander, J. F., & Turner, C. W. (1991). Do reattributions of delinquent behavior reduce blame? *Journal of Family Psychology, 5,* 192-203.

Morris, S. B., Alexander, J. F., & Waldron, H. (1988). Functional family therapy. In I. R. H. Falloon (Ed.), *Handbook of behavioral family therapy* (pp. 107-127). New York, NY: Guilford Press.

Muir, J. A., Schwartz, S. J., & Szapocznik, J. (2004). A program of research with Hispanic and African American families: Three decades of intervention development and testing influenced by the changing cultural context of Miami. *Journal of Marital and Family Therapy, 30,* 285-303. doi:10.1111/j.1752-0606.2004.tb01241.x

Nagy, T. F. (2011). A brief history and overview of the APA Ethics Code. In *Essential ethics for psychologists: A primer for understanding and mastering core issues* (pp. 29-48). Washington, DC: American Psychological Association. doi:10.1037/12345-002

Napier, A., & Whitaker, C. A. (1988). *The family crucible.* New York, NY: Harper-Perennial.

Neiderhiser, J. M., Reiss, D., Hetherington, E., & Plomin, R. (1999). Relationships between parenting and adolescent adjustment over time: Genetic and environmental contributions. *Developmental Psychology, 35,* 680-692. doi:10.1037/0012-1649.35.3.680

Newberry, A. M., Alexander, J. F., & Turner, C. W. (1991). Gender as a process variable in family therapy. *Journal of Family Psychology, 5*, 158-175. doi: 10.1037/0893-3200.5.2.158

Nichols, M. P. (2009). *The lost art of listening: How learning to listen can improve relationships* (2nd ed.). New York, NY: Guilford Press.

Nock, M. K., & Kazdin, A. E. (2005). Randomized controlled trial of a brief intervention for increasing participation in parent management training. *Journal of Consulting and Clinical Psychology, 73*, 872-879. doi: http://dx.doi. org/10.1037/0022-006X.73.5.872

Norcross, J. C., Krebs, P. M., & Prochaska, J. O. (2011). Stages of change. *Journal of Clinical Psychology, 67*, 143-154. doi:10.1002/jclp.20758

Norcross, J. C., & Lambert, M. J. (2011). Psychotherapy relationships that work. II. *Psychotherapy, 48*(1), 4-8. doi:10.1037/a0022180

Norcross, J. C., & Wampold, B. E. (2011). evidence-based therapy relationships: Research conclusions and clinical practices. *Psychotherapy, 48*(1), 98-102. doi:10.1037/a0022161

O'Farrell, T. J., & Clements, K. (2012). Review of outcome research on marital and family therapy in treatment for alcoholism. *Journal of Marital and Family Therapy, 38*, 122-144. doi:10.1111/j.1752-0606.2011.00242.x

Ogden, T., Forgatch, M. S., Askeland, E., Patterson, G. R., & Bullock, B. M. (2005). Implementation of parent management training at the national level: The case of Norway. *Journal of Social Work Practice, 19*, 317-329. doi:10.1080/ 02650530500291518

O'Hanlon, W. H., & Beadle, S. (1997). *A guide to possibility land: Fifty-one methods for doing brief, respectful therapy*. New York, NY: Norton.

O'Hanlon, W. H., & Weiner-Davis, M. (1989). *In search of solutions: A new direction in psychotherapy*. New York, NY: Norton.

O'Leary, K. (2002). Treatment of marital discord and coexisting depression. In S. G. Hofmann & M. C. Tompson (Eds.), *Treating chronic and severe mental disorders: A handbook of empirically supported interventions* (pp. 175-190). New York, NY: Guilford Press.

O'Leary, K., & Arias, I. (1988). Assessing agreement of reports of spouse abuse. In G. T. Hotaling, D. Finkelhor, J. T. Kirkpatrick, & M. A Strauss (Eds.), *Family abuse and its consequences: New directions in research* (pp. 218-227). Thousand Oaks, CA: Sage.

O'Leary, K., & Murphy, C. (1992). Clinical issues in the assessment of spouse abuse. In R. T. Ammerman & M. Hersen (Eds.), *Assessment of family violence: A clinical and legal sourcebook* (pp. 26-46). Oxford, England: Wiley.

O'Leary, K. D., Barling, J., Arias, I., Rosenbaum, A., Malone, J., & Tyree, J. (1989). Prevalence and stability of physical aggression between spouses: A longitudinal analysis. *Journal of Consulting and Clinical Psychology, 57*, 263-268. doi:10.1037/0022-006X.57.2.263

O'Leary, K. D., & Beach, S. R. (1990). Marital therapy: A viable treatment for depression and marital discord. *The American Journal of Psychiatry, 147*(2), 183-186.

Olson, D. H. (2000). Circumplex model of marital and family systems. *Journal of Family Therapy, 22*, 144-167.

Olson, D. H. (2011). FACES IV & the circumplex model: A validation study. *Journal of Marital and Family Therapy, 37*, 64-80.

Olson, D. H., & Gorall, D. M. (2003). Circumplex model of marital and family systems. In F. Walsh (Ed.), *Normal family process: Growing diversity and complexity* (3rd ed., pp. 514-547). New York, NY: Guilford Press. doi:10.4324/9780203428436_chapter_19

Orlinsky, D. E., & Howard, K. I. (1987). A generic model of psychotherapy. *Journal of Integrative & Eclectic Psychotherapy, 6*(1), 6-27.

Orlinsky, D. E., & Ronnnestad, M. H. (2005a). Career development: Correlates of evolving expertise. In D. E. Orlinsky & M. H. Ronnestad (Eds.), *How psychotherapists develop: A study of therapeutic work and professional growth* (pp. 131-142). Washington, DC: American Psychological Association. doi:10.1037/11157-009

Orlinsky, D. E., & Ronnestad, M. H. (Eds.). (2005b). *How psychotherapists develop: A study of therapeutic work and professional growth*. Washington, DC: American Psychological Association. doi:10.1037/11157-000

Orlinsky, D. E., & Ronnnestad, M. H. (2005c). Theoretical integration: Cycles of work and development. In D. E. Orlinsky & M. H. Ronnestad (Eds.), *How psychotherapists develop: A study of therapeutic work and professional growth* (pp. 161-180). Washington, DC: American Psychological Association. doi:10.1037/11157-011

Orlinsky, D. E., Ronnestad, M. H., Gerin, P., Davis, J. D., Ambuhl, H., Davis, M. L., & Schroder, T. A. (2005). The development of psychotherapists. In D. E. Orlinsky & M. H. Ronnestad (Eds.), *How psychotherapists develop: A study of therapeutic work and professional growth* (pp. 3-13). Washington, DC: American Psychological Association. doi:10.1037/11157-001

Paleari, F. G., Regalia, C., & Fincham, F. (2005). Marital quality, forgiveness, empathy, and rumination: A longitudinal analysis. *Personality and Social Psychology Bulletin, 31*, 368-378. doi:10.1177/0146167204271597

Papp, P. (1990). The use of structured fantasy in couple therapy. In R. Chasin, H. Grunebaum, & M. Herzig (Eds.), *One couple, four realities: Multiple perspectives on couple therapy* (pp. 25-48). New York, NY: Guilford Press.

Papp, P., Scheinkman, M., & Malpas, J. (2013). Breaking the mold: Sculpting impasses in couples' therapy. *Family Process, 20*(1), 33-45. doi: 10.1111/famp.12022

Parra Cardona, J. R., Domenech-Rodríguez, M., Forgatch, M., Sullivan, C., Bybee, D., Holtrop,

K.…Bernal, G. (2012). Culturally adapting an evidence-based parenting intervention for Latino immigrants: The need to integrate fidelity and cultural relevance. *Family Process, 51*(1), 56-72. doi:10.1111/j.1545-5300.2012.01386.x

Parsons, B. V., & Alexander, J. F. (1973). Short-term family intervention: A therapy outcome study. *Journal of Consulting & Clinical Psychology, 41*, 195-201.

Patterson, G. R. (1995). Coercion as a basis for early age of onset for arrest. In J. McCord (Ed.), *Coercion and punishment in long-term perspectives* (pp. 81-105). New York, NY: Cambridge University Press. doi:10.1017/CBO9780511527906.005

Patterson, G. R. (1996). Some characteristics of a developmental theory for early-onset delinquency. In M. F. Lenzenweger & J. J. Haugaard (Eds.), *Frontiers of developmental psychopathology* (pp. 81-124). London, england: Oxford University Press.

Patterson, G. R. (2002). The early development of coercive family process. In J. B. Reid, G. R. Patterson, & J. Snyder (Eds.), *Antisocial behavior in children and adolescents: A developmental analysis and model for intervention* (pp. 25-44). Washington, DC: American Psychological Association. doi:10.1037/10468-002

Patterson, G. R. (2005). The next generation of PMTO models. *Behavior Therapist, 28*(2), 27-33.

Patterson, G. R., Bank, L., & Stoolmiller, M. (1990). The preadolescent's contributions to disrupted family process. In R. Montemayor, G. R. Adams, & T. Gullotta (Eds.), *From childhood to adolescence: A transitional period? Advances in adolescent development: An annual book series* (Vol. 2, pp. 107-133). Thousand Oaks, CA: Sage.

Patterson, G. R., & Chamberlain, P. (1994). A functional analysis of resistance during parent training therapy. *Clinical Psychology: Science and Practice, 1*(1), 53-70. doi:10.1111/j.1468-2850.1994.tb00006.x

Patterson, G. R., & Fagot, B. I. (1967). Selective responsiveness to social reinforcers and deviant behavior in children. *The Psychological Record, 17*, 369-378.

Patterson, G. R., & Fisher, P. A. (2002). Recent developments in our understanding of parenting: Bidirectional effects, causal models, and the search for parsimony. In M. H. Bornstein (Ed.), *Handbook of parenting: Vol. 5. Practical issues in parenting* (2nd ed., pp. 59-88). Mahwah, NJ: Erlbaum.

Patterson, G. R., Reid, J. B., & Eddy, J. (2002). A brief history of the Oregon model. In J. B. Reid, G. R. Patterson, & J. Snyder (Eds.), *Antisocial behavior in children and adolescents: A developmental analysis and model for intervention* (pp. 3-20). Washington, DC: American Psychological Association.

Percevic, R., Lambert, M. J., & Kordy, H. (2006). What is the predictive value of responses to psychotherapy for its future course? Empirical explorations and consequences for outcome monitoring. *Psychotherapy Research, 16*, 364-373. doi:10.1080/10503300500485524

Perel, E. (2006). *Mating in captivity: Reconciling the erotic and the domestic.* New York, NY: HarperCollins.

Perkins, S., Schmidt, U., Eisler, I., Treasure, J., Berelowitz, M., Dodge, E., & Yi, L. (2007). Motivation to change in recent onset and long-standing bulimia nervosa: Are there differences? *Eating and Weight Disorders, 12*(2), 61-69.

Perls, F. S. (1969). *In and out the garbage pail.* Lafayette, CA: Real People Press.

Pinsof, W., Breunlin, D. C., Russell, W. P., & Lebow, J. (2011). Integrative problem-centered metaframeworks therapy II: Planning, conversing, and reading feedback. *Family Process, 50*, 314-336. doi:10.1111/j.1545-5300.2011.01361.x

Pinsof, W. M. (1983). Integrative problem-centered therapy: Toward the synthesis of family and individual psychotherapies. *Journal of Marital and Family Therapy, 9*(1), 19-35. doi:10.1111/j.1752-0606.1983.tb01481.x

Pinsof, W. M. (1988). The therapist-client relationship: An integrative systems perspective. *Journal of Integrative & Eclectic Psychotherapy, 7*, 303-313.

Pinsof, W. M. (1994a). An integrative systems perspective on the therapeutic alliance: Theoretical, clinical, and research implications. In A. O. Horvath & L. S. Greenberg (Eds.), *The working alliance: Theory, research, and practice* (pp. 173-195). Oxford, England: Wiley.

Pinsof, W. M. (1994b). An overview of integrative problem centered therapy: A synthesis of family and individual psychotherapies. *Journal of Family Therapy, 16*, 103-120.

Pinsof, W. M. (1995). *Integrative problem-centered therapy: A synthesis of family, individual, and biological therapies.* New York, NY: Basic Books.

Pinsof, W. M., & Catherall, D. R. (1986). The integrative psychotherapy alliance: Family, couple and individual therapy scales. *Journal of Marital and Family Therapy, 12*(2), 137-151. doi:10.1111/j.1752-0606.1986.tb01631.x

Pinsof, W. M., & Chambers, A. L. (2009). Empirically informed systemic psychotherapy: Tracking client change and therapist behavior during therapy. In J. H. Bray & M. Stanton (Eds.), *The Wiley-Blackwell handbook of family psychology* (pp. 431-446). Chichester, West Sussex, england: Wiley-Blackwell.

Pinsof, W. M., & Wynne, L. C. (2000). Toward progress research: Closing the gap between family therapy practice and research. *Journal of Marital and Family Therapy, 26*(1), 1-8. doi:10.1111/j.1752-0606.2000.tb00270.x

Pinsof, W. M., Zinbarg, R., & Knobloch-Fedders, L. M. (2008). Factorial and construct validity of the Revised Short Form Integrative Psychotherapy Alliance Scales for family, couple, and individual therapy. *Family Process, 47*, 281-301. doi:10.1111/j.1545-5300.2008.00254.x

Pinsof, W. M., Zinbarg, R. E., Lebow, J. L., Knobloch-Fedders, L. M., Durbin, E., Chambers, A., . . . Friedman, G. (2009). Laying the foundation for progress research in family, couple, and individual therapy: The development and psychometric features of the initial systemic therapy inventory of change. *Psychotherapy Research, 19*, 143-156. doi:10.1080/10503300802669973

Pittman, F. S., III, & Wagers, T. P. (2005). Teaching fidelity. *Journal of Clinical Psychology, 61*, 1407-1419. doi:10.1002/jclp.20190

Pretzer, J., Epstein, N., & Fleming, B. (1991). Marital Attitude Survey: A measure of dysfunctional attributions and expectancies. *Journal of Cognitive Psychotherapy, 5*, 131-148.

Prochaska, J. M., Prochaska, J. O., & Levesque, D. A. (2001). A transtheoretical approach to changing organizations. *Administration & Policy in Mental Health, 28*, 247-261.

Prochaska, J. O., & DiClemente, C. C. (1982). Transtheoretical therapy: Toward a more integrative model of change. *Psychotherapy: Theory, Research, & Practice, 19*, 276-288.

Prochaska, J. O., & Norcross, J. C. (2002). Stages of change. In J. C. Norcross (Ed.), *Psychotherapy relationships that work: Therapist contributions and responsiveness to patients* (pp. 303-313). New York, NY: Oxford University Press.

Real, T. (2002). *How can I get through to you?: Reconnecting men and women.* New York, NY: Scribner.

Real, T. (2008). *The new rules of marriage: What you need to know to make love work.* New York, NY: Ballantine Books.

Reid, J. B., & Patterson, G. R. (1989). The development of antisocial behaviour patterns in childhood and adolescence. *European Journal of Personality, 3*(2), 107-119. doi:10.1002/per.2410030205

Reis, H. T. (2001). Relationship experiences and emotional well-being. In C. D. Ryff & B. H. Singer (Eds.), *Emotion, social relationships, and health* (pp. 56-86). New York, NY: Oxford University Press. doi:10.1093/acprof:oso/9780195145410.003.0003

Reis, H. T. (2012). A history of relationship research in social psychology. In A. W. Kruglanski & W. Stroebe (Eds.), *Handbook of the history of social psychology* (pp. 363-382). New York, NY: Psychology Press.

Reiss, D., & Neiderhiser, J. M. (2000). The interplay of genetic influences and social processes in developmental theory: Specific mechanisms are coming into view. *Development and Psychopathology, 12*, 357-374. doi:10.1017/ S0954579400003060

Reiss, D., Neiderhiser, J. M., Hetherington, E. M., & Plomin, R. (2000). *The relationship code: Deciphering genetic and social influences on adolescent development.* Cambridge, MA: Harvard University Press.

Rekart, K. N., & Lebow, J. (2007). Families. In N. Kazantzis & L. L'Abate (Eds.), *Handbook of homework assignments in psychotherapy: Research, practice, prevention* (pp. 203-223). New

York, NY: Springer Science + Business Media.

Rieff, P. (1979). *Freud, the mind of the moralist* (3rd ed.). Chicago, IL: University of Chicago Press.

Rieff, P. (1987). *The triumph of the therapeutic: Uses of faith after Freud.* Chicago, IL: University of Chicago Press.

Robbins, M. S., Feaster, D. J., Horigian, V. E., Puccinelli, M. J., Henderson, C., & Szapocznik, J. (2011). Therapist adherence in brief strategic family therapy for adolescent drug abusers. *Journal of Consulting and Clinical Psychology, 79*, 43-53. doi:10.1037/a0022146

Robbins, M. S., Mayorga, C. C., & Szapocznik, J. (2003). The ecosystemic "lens" to understanding family functioning. In T. L. Sexton, G. R. Weeks, & M. S. Robbins (Eds.), *Handbook of family therapy: The science and practice of working with families and couples* (pp. 21-36). New York, NY: Brunner-Routledge.

Robbins, M. S., Schwartz, S., & Szapocznik, J. (2004). Structural ecosystems therapy with Hispanic adolescents exhibiting disruptive behavior disorders. In J. R. Ancis (Ed.), *Culturally responsive interventions: Innovative approaches to working with diverse populations* (pp. 71-99). New York, NY: Brunner-Routledge.

Rogers, C. R. (1952). "Client-centered" psychotherapy. *Scientific American, 187*(5), 66-74. doi:10.1038/scientificamerican1152-66

Rogers, C. R. (1957). The necessary and sufficient conditions of therapeutic personality change. *Journal of Consulting and Clinical Psychology, 21*, 95-103.

Rogers, C. R. (1992). The necessary and sufficient conditions of therapeutic personality change. *Journal of Consulting and Clinical Psychology, 60*, 827-832. doi:10.1037/0022-006X.60.6.827

Rohrbaugh, M. J., Kogan, A. V., & Shoham, V. (2012). Family consultation for psychiatrically complicated health problems. *Journal of Clinical Psychology, 68*, 570-580. doi:10.1002/jclp.21856

Rolland, J. S. (1988). A conceptual model of chronic and life-threatening illness and its impact on families. In C. Chilman, F. Cox, & E. Nunnally (Eds.), *Chronic illness and disability. Families in trouble series* (Vol. 2, pp. 17-68). Thousand Oaks, CA: Sage.

Rolland, J. S. (1993). Mastering family challenges in serious illness and disability. In F. Walsh (Ed.), *Normal family processes* (2nd ed., pp. 444-473). New York, NY: Guilford Press.

Rolland, J. S. (1994a). *Families, illness, and disability: An integrative treatment model.* New York, NY: Basic Books.

Rolland, J. S. (1994b). In sickness and in health: The impact of illness on couples' relationships. *Journal of Marital and Family Therapy, 20*, 327-347. doi:10.1111/j.1752-0606.1994.tb00125.x

Rolland, J. S. (1998). Beliefs and collaboration in illness: Evolution over time. *Families, Systems, & Health, 16*(1-2), 7-25. doi:10.1037/h0089839

Rowe, C. L. (2012). Family therapy for drug abuse: Review and updates 2003-2010. *Journal of Marital and Family Therapy, 38,* 59-81. doi:10.1111/j.1752-0606. 2011.00280.x

Ruff, S., McComb, J. L., Coker, C. J., & Sprenkle, D. H. (2010). Behavioral couples therapy for the treatment of substance abuse: A substantive and methodological review of O'Farrell, Fals-Stewart, and colleagues' program of research. *Family Process, 49,* 439-456. doi:10.1111/j.1545-5300.2010.01333.x

Russ, S. W., & Ollendick, T. H. (Eds.). (1999). *Handbook of psychotherapies with children and families.* Dordrecht, Netherlands: Kluwer Academic. doi:10.1007/978-1-4615-4755-6

Ryan, C. E., Epstein, N. B., Keitner, G. I., Miller, I. W., & Bishop, D. S. (2005). *Evaluation and treating families: The McMaster approach.* New York, NY: Routledge/Taylor & Francis.

Sager, C. J. (1976). *Marriage contracts and couple therapy: Hidden forces in intimate relationships.* Oxford, England: Brunner/Mazel.

Santisteban, D. A., Coatsworth, J., Perez-Vidal, A., Kurtines, W. M., Schwartz, S. J., LaPerriere, A., & Szapocznik, J. (2003). Efficacy of brief strategic family therapy in modifying Hispanic adolescent behavior problems and substance use. *Journal of Family Psychology, 17,* 121-133. doi:10.1037/0893-3200.17.1.121

Santisteban, D. A., Szapocznik, J., Perez-Vidal, A., Kurtines, W. M., Murray, E. J., & LaPerriere, A. (1996). Efficacy of intervention for engaging youth and families into treatment and some variables that may contribute to differential effectiveness. *Journal of Family Psychology, 10,* 35-44. doi:10.1037/ 0893-3200.10.1.35

Santisteban, D. A., Szapocznik, J., & Rio, A. T. (1993). Family therapy for Hispanic substance abusing youth. In R. S. Mayers, B. L. Kail, & T. D. Watts (Eds.), *Hispanic substance abuse* (pp. 157-173). Springfield, IL: Charles C Thomas.

Satir, V. (1967). Family systems and approaches to family therapy. *Journal of the Fort Logan Mental Health Center, 4,* 81-93.

Satir, V. (1988). *The new peoplemaking.* Palo Alto, CA: Science & Behavior Books.

Satir, V., Bitter, J. R., & Krestensen, K. K. (1988). Family reconstruction: The family within—a group experience. *Journal for Specialists in Group Work, 13,* 200-208. doi:10.1080/01933928808411877

Scharff, D. E., & Scharff, J. S. (1987). *Object relations family therapy.* Lanham, MD: Aronson.

Scharff, D. E., & Scharff, J. S. (1991). *Object relations couple therapy.* Lanham, MD: Aronson.

Scharff, J. S., & de Varela, Y. (2000). Object relations therapy. In F. Dattilio & L. Bevilacqua (Eds.), *Comparative treatments for relationship dysfunction* (pp. 81-101). New York, NY: Springer.

Scharff, J. S., & Scharff, D. E. (2008). Object relations couple therapy. In A. S. Gurman (Ed.), *Clinical handbook of couple therapy* (4th ed., pp. 167-195). New York, NY: Guilford Press.

Scheinkman, M., & Fishbane, M. D. (2004). The vulnerability cycle: Working with impasses in couple therapy. *Family Process, 43,* 279-299. doi: http://dx.doi. org/10.1111/j.1545-5300.2004.00023.x

Scheinkman, M., & Werneck, D. (2010). Disarming jealousy in couples relationships: A multidimensional approach. *Family Process, 49*, 486-502. doi:10.1111/j.1545-5300.2010.01335.x

Schielke, H. J., Stiles, W. B., Cuellar, R. E., Fishman, J. L., Hoener, C., Del Castillo, D., . . . Greenberg, L. S. (2011). A case study investigating whether the process of resolving interpersonal problems in couple therapy is isomorphic to the process of resolving problems in individual therapy. *Pragmatic Case Studies in Psychotherapy, 7*, 477-528.

Schnarch, D. (2010). Using crucible therapy to treat sexual desire disorders. In S. R. Leiblum (Ed.), *Treating sexual desire disorders: A clinical casebook* (pp. 44-60). New York, NY: Guilford Press.

Schnarch, D. M. (1991). *Constructing the sexual crucible: An integration of sexual and marital therapy.* New York, NY: W. W. Norton.

Schnarch, D. M. (2009). *Passionate marriage: Love, sex and intimacy in emotionally committed relationships.* New York, NY: W. W. Norton.

Schoenwald, S. K., Borduin, C. M., & Henggeler, S. W. (1998). Multisystemic therapy: Changing the natural and service ecologies of adolescents and families. In M. H. epstein, K. Kutash, & A. J. Duchnowski (Eds.), *Outcomes for children and youth with emotional and behavioral disorders and their families: Programs and evaluation best practices* (pp. 485-511). Austin, TX: PRO-eD.

Schoenwald, S. K., Ward, D. M., Henggeler, S. W., & Rowland, M. D. (2000). Multisystemic therapy versus hospitalization for crisis stabilization of youth: Placement outcomes 4 months postreferral. *Mental Health Services Research, 2*(1), 3-12. doi:10.1023/A:1010187706952

Schwartz, P., & Rutter, V. (1998). *The gender of sexuality.* Thousand Oaks, CA: Pine Forge Press.

Schwartz, R. C. (1995). *Internal family systems therapy.* New York, NY: Guilford Press.

Schwartz, R. C., & Blow, A. J. (2010). Creating self-to-self intimacy: Internal family systems therapy with couples. In A. S. Gurman (Ed.), *Clinical casebook of couple therapy* (pp. 375-398). New York, NY: Guilford Press.

Seligman, M. E. P. (1995). The effectiveness of psychotherapy: The Consumer Reports study. *American Psychologist, 50*, 965-974. doi:10.1037/0003-066X.50.12.965

Selvini Palazzoli, M., Boscolo, L., Cecchin, G. F., & Prata, G. (1977). Family rituals: A powerful tool in family therapy. *Family Process, 16*, 445-453. doi:10.1111/j.1545-5300.1977.00445.x

Selvini Palazzoli, M., Cirillo, S., Selvini, M., & Sorrentino, A. M. (1989). The individual in a game situation: II. Therapeutic strategies and knowledge advances. *Terapia Familiare, 31* (Special issue), 65-72.

Selvini Palazzoli, M., & Viaro, M. (1988). The anorexic process within the family: A 6-stage model of individual treatment. *Family Process, 27*, 129-148.

Sexton, T., Gordon, K. C., Gurman, A., Lebow, J., Holtzworth-Munroe, A., & Johnson, S. (2011). Guidelines for classifying evidence-based treatments in couple and family therapy. *Family*

Process, 50, 377-392. doi:10.1111/ j.1545-5300.2011.01363.x

Sexton, T. L., & Alexander, J. F. (2003). Functional family therapy: A mature clinical model for working with at-risk adolescents and their families. In T. L. Sexton, G. R. Weeks, & M. Robbins (Eds.), *Handbook of family therapy: The science and practice of working with families and couples* (pp. 323-348). New York, NY: Brunner-Routledge.

Sexton, T. L., & Alexander, J. F. (2005). Functional family therapy for externalizing disorders in adolescents. In J. L. Lebow (Ed.), *Handbook of clinical family therapy* (pp. 164-191). Hoboken, NJ: Wiley.

Sexton, T. L., & Ridley, C. R. (2004). Implications of a moderated common factors approach: Does it move the field forward? *Journal of Marital and Family Therapy, 30,* 159-163. doi:10.1111/j.1752-0606.2004.tb01231.x

Sexton, T. L., Weeks, G. R., & Robbins, M. S. (Eds.). (2003). *Handbook of family therapy: The science and practice of working with families and couples.* New York, NY: Brunner-Routledge.

Shadish, W. R., & Baldwin, S. A. (2003). Meta-analysis of MFT interventions. *Journal of Marital and Family Therapy, 29,* 547-570. doi:10.1111/j.1752-0606.2003. tb01694.x

Shadish, W. R., & Baldwin, S. A. (2005). Effects of behavioral marital therapy: A meta-analysis of randomized controlled trials. *Journal of Consulting and Clinical Psychology, 73,* 6-14. doi:10.1037/0022-006X.73.1.6

Shadish, W. R., Baldwin, S. A., & Sprenkle, D. H. (2002). Meta-analysis of MFT interventions. In D. H. Sprenkle (Ed.), *Effectiveness research in marriage and family therapy* (pp. 339-370). Alexandria, VA: American Association for Marriage and Family Therapy.

Shapiro, D. A., Barkham, M., Reynolds, S., Hardy, G., & Stiles, W. B. (1992). Prescriptive and exploratory psychotherapies: Toward an integration based on the assimilation model. *Journal of Psychotherapy Integration, 2,* 253-272.

Sheidow, A. J., Henggeler, S. W., & Schoenwald, S. K. (2003). Multisystemic therapy. In T. L. Sexton, G. R. Weeks, & M. S. Robbins (Eds.), *Handbook of family therapy: The science and practice of working with families and couples* (pp. 303-322). New York, NY: Brunner-Routledge.

Sheinberg, M., & Fraenkel, P. (2001). *The relational trauma of incest: A family-based approach to treatment.* New York, NY: Guilford Press.

Sheinberg, M., True, F., & Fraenkel, P. (1994). Treating the sexually abused child: A recursive, multimodal program. *Family Process, 33,* 263-276. doi:10.1111/ j.1545-5300.1994.00263.x

Shields, C. G., Finley, M. A., Chawla, N., & Meadors, P. (2012). Couple and Family Interventions in Health Problems. *Journal of Marital and Family Therapy, 38*(1), 265-280. doi:10.1111/j.1752-0606.2011.00269.x

Shields, C. G., Wynne, L. C., McDaniel, S. H., & Gawinski, B. A. (1994). The marginalization of family therapy: A historical and continuing problem. *Journal of Marital and Family Therapy, 20*, 117-138. doi:10.1111/j.1752-0606.1994. tb01021.x

Shoham, V., & Rohrbaugh, M. J. (2002). Brief strategic couple therapy. In A. S. Gurman & N. S. Jacobson (Eds.), *Clinical handbook of couple therapy* (3rd ed., pp. 5-25). New York, NY: Guilford Press.

Shoham, V., Rohrbaugh, M. J., & Cleary, A. A. (2008). Brief strategic couple therapy. In A. S. Gurman (Ed.), *Clinical handbook of couple therapy* (4th ed., pp. 299-322). New York, NY: Guilford Press.

Siegel, D. J. (1999). *The developing mind: Toward a neurobiology of interpersonal experience.* New York, NY: Guilford Press.

Siegel, D. J. (2007). *The mindful brain: Reflection and attunement in the cultivation of well-being.* New York, NY: Norton.

Siegel, D. J. (2012). *The developing mind: How relationships and the brain interact to shape who we are* (2nd ed.). New York, NY: Guilford Press.

Siegel, D. J., Siegel, A. W., & Amiel, J. B. (2006). Mind, brain, and behavior. In D. Wedding & M. L. Stuber (Eds.), *Behavior & medicine* (4th ed., pp. 3-22). Ashland, OH: Hogrefe & Huber.

Sigmarsdóttir, M., & Guðmundsdóttir, E. V. (2012). Implementation of arent management training—Oregon Model (PMTOTM) in Iceland: Building sustained fidelity. *Family Process.* doi: 10.1111/j.1545-5300.2012.01421.x

Silverstein, L. B., & Goodrich, T. J. (Eds.). (2003). *Feminist family therapy empowerment in social context.* Psychology of women book series. Washington, DC: American Psychological Association.

Simon, G. M. (2012a). The role of the therapist: What effective therapists do. *Journal of Marital and Family Therapy, 38*, 8-12. doi:10.1111/j.1752-0606.2009.00136.x

Simon, G. M. (2012b). The role of the therapist in common factors: Continuing the dialogue. *Journal of Marital and Family Therapy, 38*, 1-7. doi:10.1111/ j.1752-0606.2009.00135.x

Simpson, D., & Bruckheimer, J. (Producers), & Demme, T. (Director). (1994). *The ref* [Motion picture]. United States: Disney.

Snyder, D. K., & Aikman, G. G. (1999). Marital Satisfaction Inventory-Revised. In M. E. Maruish (Ed.), *The use of psychological testing for treatment planning and outcomes assessment* (2nd ed., pp. 1173-1210). Mahwah, NJ: Erlbaum.

Snyder, D. K., Baucom, D. H., Gordon, K. C., & Peluso, P. R. (2007). Treating infidelity: An integrative approach to resolving trauma and promoting forgiveness. In P. R. Peluso (Ed.), *Infidelity: A practitioner's guide to working with couples in crisis* (pp. 99-125). New York, NY: Routledge/Taylor & Francis.

Snyder, D. K., Castellani, A. M., & Whisman, M. A. (2006). Current status and future directions in couple therapy. *Annual Review of Psychology, 57*, 317-344. doi:10.1146/annurev. psych.56.091103.070154

Snyder, D. K., & Halford, W. K. (2012). Evidence-based couple therapy: Current status and future directions. *Journal of Family Therapy, 34*, 229-249. doi:10.1111/j.1467-6427.2012.00599.x

Snyder, D. K., Heyman, R. E., & Haynes, S. N. (2005). Evidence-based approaches to assessing couple distress. *Psychological Assessment, 17*, 288-307.

Snyder, D. K., & Mitchell, A. E. (2008). Affective-reconstructive couple therapy: A pluralistic, developmental approach. In A. S. Gurman (Ed.), *Clinical handbook of couple therapy* (4th ed., pp. 353-382). New York, NY: Guilford Press.

Snyder, D. K., & Wills, R. M. (1989). Behavioral versus insight-oriented marital therapy: Effects on individual and interspousal functioning. *Journal of Consulting and Clinical Psychology, 57*, 39-46. doi:10.1037/0022-006X.57.1.39

Snyder, D. K., Wills, R. M., & Grady-Fletcher, A. (1991). Long-term effectiveness of behavioral versus insight-oriented marital therapy: A 4-year follow-up study. *Journal of Consulting and Clinical Psychology, 59*, 138-141. doi:10.1037/0022-006X.59.1.138

Snyder, J., Reid, J., & Patterson, G. (2003). A social learning model of child and adolescent antisocial behavior. In B. B. Lahey, T. E. Moffitt, & A. Caspi (Eds.), *Causes of conduct disorder and juvenile delinquency* (pp. 27-48). New York, NY: Guilford Press.

South, S. C., Doss, B. D., & Christensen, A. (2010). Through the eyes of the beholder: The mediating role of relationship acceptance in the impact of partner behavior. *Family Relations, 59*, 611-622.

Spanier, G. B. (1988). Assessing the strengths of the Dyadic Adjustment Scale. *Journal of Family Psychology, 2*, 92-94. doi:10.1037/h0080477

Spanier, G. B., & Thompson, L. (1982). A confirmatory analysis of the Dyadic Adjustment Scale. *Journal of Marriage and Family, 44*, 731-738. doi:10.2307/351593

Sparks, J. A., & Duncan, B. L. (2010). Common factors in couple and family therapy: Must all have prizes? In B. L. Duncan, S. D. Miller, B. E. Wampold, & M. A. Hubble (Eds.), *The heart and soul of change: Delivering what works in therapy* (2nd ed., pp. 357-391). Washington, DC: American Psychological Association. doi:10.1037/12075-012

Sparks, J. A., Duncan, B. L., & Miller, S. D. (2008). Common factors in psychotherapy. In J. L. Lebow (Ed.), *Twenty-first century psychotherapies: Contemporary approaches to theory and practice* (pp. 453-497). Hoboken, NJ: Wiley.

Speck, R. V., & Attneave, C. L. (1974). *Family networks.* New York, NY: Vintage Books.

Sprenkle, D. H. (2012). Intervention research in couple and family therapy: A methodological and substantive review and an introduction to the special issue. *Journal of Marital and Family Therapy,*

38(1), 3-29. doi:10.1111/j.1752-0606.2011.00271.x

Sprenkle, D. H., & Blow, A. J. (2004). Common factors and our sacred models. *Journal of Marital and Family Therapy, 30*, 113-129. doi:10.1111/j.1752-0606.2004. tb01228.x

Sprenkle, D. H., Davis, S. D., & Lebow, J. L. (2009). *Common factors in couple and family therapy: The overlooked foundation for effective practice.* New York, NY: Guilford Press.

Spring, J. A. (2004). *How can I forgive you?: The courage to forgive, the freedom not to.* New York, NY: HarperCollins.

Spring, J. A., & Spring, M. (1996). *After the affair.* New York, NY: HarperCollins.

Stanley, S. M., Blumberg, S. L., & Markman, H. J. (1999). Helping couples fight for their marriages: The PREP approach. In R. Berger & M. T. Hannah (Eds.), *Preventive approaches in couples therapy* (pp. 279-303). Philadelphia, PA: Brunner/Mazel.

Stanley, S. M., Bradbury, T. N., & Markman, H. J. (2000). Structural flaws in the bridge from basic research on marriage to interventions for couples. *Journal of Marriage and Family, 62*(1), 256-264. doi:10.1111/j.1741-3737.2000.00256.x

Stanley, S. M., Markman, H. J., & Whitton, S. W. (2002). Communication, conflict and commitment: Insights on the foundations of relationship success from a national survey. *Family Process, 41*, 659-675. doi:10.1111/j.1545-5300.2002.00659.x

Stark, K. D., Banneyer, K. N., Wang, L. A., & Arora, P. (2012). Child and adolescent depression in the family. *Couple and Family Psychology, 1*(3), 161-184. doi:10.1037/a0029916

Steinglass, P., Bennett, L. A., Wolin, S. J., & Reiss, D. (1987). *The alcoholic family.* New York, NY: Basic Books.

Stierlin, H. (1977). *Psychoanalysis and family therapy: Selected papers.* New York, NY: Aronson.

Stiles, W. B., Glick, M. J., Osatuke, K., Hardy, G. E., Shapiro, D. A., Agnew-Davies, R., . . . Barkham, M. (2004). Patterns of alliance development and the rupture-repair hypothesis: Are productive relationships U-shaped or V-shaped? *Journal of Counseling Psychology,* 51, 81-92. doi:10.1037/0022-0167.51.1.81

Stith, S. M., McCollum, E. E., Amanor-Boadu, Y., & Smith, D. (2012). Systemic perspectives on intimate partner violence treatment. *Journal of Marital and Family Therapy, 38*, 220-240. doi:10.1111/ j.1752-0606.2011.00245.x

Stith, S. M., Rosen, K. H., McCollum, E. E., & Thomsen, C. J. (2004). Treating intimate partner violence within intact couple relationships: Outcomes of multicouple versus individual couple therapy. *Journal of Marital and Family Therapy, 30*, 305-318. doi:10.1111/j.1752-0606.2004.tb01242.x

Strachey, J. (Ed. & Trans.). (1953). *The standard edition of the complete psychological works of Sigmund Freud.* London, England: Hogarth Press.

Stratton, P., Bland, J., Janes, E., & Lask, J. (2010). Developing an indicator of family function and a practicable outcome measure for systemic family and couple therapy: The SCORE. *Journal of Family Therapy, 32*, 232-258. doi:10.1111/ j.1467-6427.2010.00507.x

Straus, M. A. (1979). Measuring intrafamily conflict and violence: The Conflict Tactics (CT) Scales. *Journal of Marriage and Family, 41*, 75-88. doi:10.2307/351733

Straus, M. A. (1991). Family violence in American families: Incidence rates, causes, and trends In D. D. Knudsen & J. L. Miller (Eds.), *Abused and battered: Social and legal responses of family violence* (pp. 17-34). Hawthorne, NY: Aldine de Gruyter.

Straus, M. A. (2004). Cross-cultural reliability and validity of the revised Conflict Tactics Scales: A study of university student dating couples in 17 nations. *Cross-Cultural Research: The Journal of Comparative Social Science, 38*, 407-432. doi:10.1177/1069397104269543

Straus, M. A., Hamby, S. L., Boney-McCoy, S., & Sugarman, D. B. (1996). The revised Conflict Tactics Scales (CTS2): Development and preliminary psychometric data. *Journal of Family Issues, 17*, 283-316. doi:10.1177/019251396017003001

Stricker, G., & Trierweiler, S. J. (1995). The local clinical scientist: A bridge between science and practice. *American Psychologist, 50*, 995-1002. doi:10.1037/ 0003-066X.50.12.995

Stuart, R. B. (1980). *Helping couples change: A social learning approach to marital therapy*. New York, NY: Guilford Press.

Sullivan, H. S. (1953). *The interpersonal theory of psychiatry*. New York, NY: W. W. Norton.

Swenson, C. C., Henggeler, S. W., Taylor, I. S., & Addison, O. W. (2005). *Multi-systemic therapy and neighborhood partnerships: Reducing adolescent violence and substance abuse*. New York, NY: Guilford Press.

Swindle, R., Jr., Heller, K., Pescosolido, B., & Kikuzawa, S. (2000). Responses to nervous breakdowns in America over a 40-year period: Mental health policy implications. *American Psychologist, 55*, 740-749. doi:10.1037/0003-066X.55.7.740

Szapocznik, J., Kurtines, W., Santisteban, D. A., Pantin, H., Scopetta, M., Mancilla, Y.. . . . Coatsworth, J. D. (1997). The evolution of structural ecosystemic theory for working with Latino families. In J. G. Garcia & M. C. Zea (Eds.), *Psychological interventions and research with Latino populations* (pp. 166-190). Needham Heights, MA: Allyn & Bacon.

Szapocznik, J., & Williams, R. A. (2000). Brief strategic family therapy: Twenty-five years of interplay among theory, research and practice in adolescent behavior problems and drug abuse. *Clinical Child and Family Psychology Review, 3*, 117-134. doi:10.1023/A:1009512719808

Tarragona, M. (2008). Postmodern/poststructuralist therapies. In J. L. Lebow (Ed.), *Twenty-first century psychotherapies: Contemporary approaches to theory and practice* (pp. 167-205). Hoboken, NJ: Wiley.

Thase, M. E., & Denko, T. (2008). Pharmacotherapy of mood disorders. *Annual Review of Clinical*

참고문헌 405

Psychology, 4, 53-91. doi:10.1146/annurev.clinpsy. 2.022305.095301

Thibaut, J. W., & Kelley, H. H. (1959). The social psychology of groups. New York, NY: Wiley.

Tienari, P., Wynne, L. C., Laksy, K., Moring, J., Nieminen, P., Sorri, A., . . . Wahlberg, K.-E. (2003). Genetic boundaries of the schizophrenia spectrum: Evidence from the Finnish adoptive family study of schizophrenia. The American Journal of Psychiatry, 160, 1587-1594. doi:10.1176/appi.ajp.160.9.1587

Tomm, K. (1984a). One perspective on the Milan systemic approach: I. Overview of development, theory and practice. Journal of Marital and Family Therapy, 10, 113-125. doi:10.1111/j.1752-0606.1984.tb00001.x

Tomm, K. (1984b). One perspective on the Milan systemic approach: II. Description of session format, interviewing style and interventions. Journal of Marital and Family Therapy, 10, 253-271. doi:10.1111/j.1752-0606.1984.tb00016.x

Trepper, T. S., & Barrett, M. J. (1986). Treating incest: A multimodal systems perspective: Introduction. Journal of Psychotherapy & the Family, 2, 96-101.

Trepper, T. S., & Barrett, M. J. (1989). Systemic treatment of incest: A therapeutic handbook. Philadelphia, PA: Brunner/Mazel.

Tucker, B. Z., Hart, G., & Liddle, H. A. (1976). Supervision in family therapy: A developmental perspective. Journal of Marital and Family Counseling, 2, 269-276. doi:10.1111/j.1752-0606.1976.tb00419.x

Wachtel, E. F. (1992). An integrative approach to working with troubled children and their families. Journal of Psychotherapy Integration, 2(3), 207-224.

Wachtel, P. L. (2011). Inside the session: What really happens in psychotherapy. Washington, DC: American Psychological Association. doi:10.1037/12321-000

Waite, L. J., & Bachrach, C. (2000). The ties that bind: Perspectives on marriage and cohabitation. New York, NY: Aldine de Gruyter.

Waite, L. J., & Gallagher, M. (2000). The case for marriage: Why married people are happier, healthier, and better off financially. New York, NY: Doubleday.

Wallerstein, J. S., & Lewis, J. M. (2004). The unexpected legacy of divorce: Report of a 25-year study. Psychoanalytic Psychology, 21, 353-370. doi:10.1037/0736-9735.21.3.353

Walsh, F. (1995). From family damage to family challenge. In R. H. Mikesell, D.-D. Lusterman, & S. H. McDaniel (Eds.), Integrating family therapy: Handbook of family psychology and systems theory (pp. 587-606). Washington, DC: American Psychological Association.

Walsh, F. (1998a). Beliefs, spirituality, and transcendence: Keys to family resilience. In M. McGoldrick (Ed.), Re-visioning family therapy: Race, culture, and gender in clinical practice (pp. 62-77). New York, NY: Guilford Press.

Walsh, F. (1998b). *Strengthening family resilience*. New York, NY: Guilford Press.

Walsh, F. (2002). A family resilience framework: Innovative practice applications. *Family Relations: An Interdisciplinary Journal of Applied Family Studies, 51*, 130-137.

Walsh, F. (2003a). Changing families in a changing world: Reconstructing family normality. In F. Walsh (Ed.), *Normal family processes: Growing diversity and complexity* (3rd ed., pp. 3-26). New York, NY: Guilford Press. doi:10.4324/9780203428436

Walsh, F. (2003b). Family resilience: A framework for clinical practice. *Family Process, 42*(1), 1-18. doi:10.1111/j.1545-5300.2003.00001.x

Walsh, F. (2006). *Strengthening family resilience* (2nd ed.). New York, NY: Guilford Press.

Walsh, F. (2010). Spiritual diversity: Multifaith perspectives in family therapy. *Family Process, 49*, 330-348. doi:10.1111/j.1545-5300.2010.01326.x

Walsh, F. (Ed.). (2012). *Normal family processes: Growing diversity and complexity* (4th ed.). New York, NY: Guilford Press.

Walsh, F., & McGoldrick, M. (Eds.). (1991). *Living beyond loss: Death in the family*. New York, NY: W. W. Norton.

Wampold, B. E., Mondin, G. W., Moody, M., Stich, F., Benson, K., & Ahn, H.-n. (1997). A meta-analysis of outcome studies comparing bona fide psychotherapies: Empirically, "all must have prizes." *Psychological Bulletin, 122*, 203-215. doi:10.1037/0033-2909.122.3.203

Watson, J. C., Goldman, R. N., & Greenberg, L. S. (2011). Humanistic and experiential theories of psychotherapy. In J. C. Norcross, G. R. VandenBos, & D. K. Freedheim (Eds.), *History of psychotherapy: Continuity and change* (2nd ed., pp. 141-172). Washington, DC: American Psychological Association. doi:10.1037/12353-005

Watzlawick, P. (1978). *The language of change: Elements of therapeutic communication*. New York, NY: W. W. Norton.

Watzlawick, P., Bavelas, J. B., & Jackson, D. D. (1967). *Pragmatics of human communication: A study of interactional patterns, pathologies, and paradoxes*. New York, NY: W. W. Norton.

Watzlawick, P., Bavelas, J. B., & Jackson, D. D. (2011). *Pragmatics of Human Communication: A Study of Interactional Patterns, Pathologies and Paradoxes*. W. W. Norton & Company.

Watzlawick, P., Beavin, J. H., & Jackson, D. D. (1969). *Human communication: Forms, disturbances, paradoxes*: Oxford, England: Hans Huber.

Watzlawick, P., Weakland, J. H., & Fisch, R. (1974). *Change: Principles of problem formation and problem resolution*: Oxford, England: W. W. Norton.

Weiner-Davis, M. (1987). Confessions of an unabashed marriage saver. *Family Therapy Networker, 11*(1), 53-56.

Weiner-Davis, M. (1992). *Divorce busting: A revolutionary and rapid program for staying together*.

New York, NY: Summit Books.

Weingarten, K. (2003). *Common shock: Witnessing violence every day: How we are harmed, how we can heal.* New York, NY: Dutton/Penguin Books.

Weingarten, K. (2004). Witnessing the effects of political violence in families: Mechanisms of intergenerational transmission and clinical interventions. *Journal of Marital and Family Therapy, 30*(1), 45-59. doi:10.1111/j.1752-0606.2004. tb01221.x

Weingarten, K. (2010). Reasonable hope: Construct, clinical applications, and supports. *Family Process, 49*(1), 5-25. doi:10.1111/j.1545-5300.2010.01305.x

Weingarten, K. (2012). Sorrow: A therapist's reflection on the inevitable and the unknowable. *Family Process, 51*, 440-455. n/a-n/a. doi: 10.1111/j.1545-5300. 2012.01412.x

Weiss, R. L. (1975). Contracts, cognition, and change: A behavioral approach to marriage therapy. *The Counseling Psychologist, 5*(3), 15-26. doi:10.1177/ 001100007500500303

Weiss, R. L. (1978). The conceptualization of marriage from a behavioral perspective. In T. J. Paolino & B. S. McCrady (Eds.), *Marriage and marital therapy: Psychoanalytic, behavioral and systems theory perspectives* (pp. 165-239). Oxford, England: Brunner/Mazel.

Weiss, R. L. (1980). Strategic behavioral therapy: Toward a model for assessment and intervention. In I. P. Vincent (Ed.), *Advances in family assessment, intervention, and theory* (Vol. 1, pp. 229-271). Greenwich, CT: JAI Press.

Weiss, R. L., & Cerreto, M. C. (1980). The Marital Status Inventory: Development of a measure of dissolution potential. *American Journal of Family Therapy, 8*, 80-85. doi:10.1080/ 01926188008250358

Weiss, R. L., & Heyman, R. E. (1990). Marital distress. In A. S. Bellack, M. Hersen, & A. E. Kazdin (Eds.), *International handbook of behavior modification and therapy* (2nd ed., pp. 475-501). New York, NY: Plenum Press.

Weiss, R. L., & Heyman, R. E. (1997). A clinical-research overview of couples interactions. In W. Halford & H. J. Markman (Eds.), *Clinical handbook of marriage and couples interventions* (pp. 13-41). New York, NY: Wiley.

Weiss, R. L., Hops, H., & Patterson, G. R. (1973). A framework for conceptualizing marital conflict, a technology for altering it, some data for evaluating it. In L. A. Hamerlynk, L. C. Handy, & E. J. Mash (Eds.), *Behavioral change: Methodology, concepts, and practice* (pp. 309-342). Champaign, IL: Research Press.

Weisz, J. R., & Kazdin, A. E. (2010). The present and future of evidence-based psychotherapies for children and adolescents. In J. R. Weisz & A. E. Kazdin (Eds.), *Evidence-based psychotherapies for children and adolescents* (2nd ed., pp. 557-572). New York, NY: Guilford Press. doi:10.1111/ j.1475-3588.2007.00475.x

Whiffen, V. E., Kallos-Lilly, A. V., & MacDonald, B. J. (2001). Depression and attachment in couples. *Cognitive Therapy & Research, 25*, 577-590.

Whisman, M. A. (2007). Marital distress and DSM-IV psychiatric disorders in a population-based national survey. *Journal of Abnormal Psychology, 116*, 638- 643. doi:10.1037/0021-843X.116.3.638

Whisman, M. A., & Beach, S. R. H. (2012). Couple therapy for depression. *Journal of Clinical Psychology, 68*, 526-535. doi:10.1002/jclp.21857

Whisman, M. A., Johnson, D. P., Be, D., & Li, A. (2012). Couple-based interventions for depression. *Couple and Family Psychology: Research and Practice, 1*, 185-198. doi:10.1037/a0029960

Whisman, M. A., & Uebelacker, L. A. (2003). Comorbidity of relationship distress and mental and physical health problems. In D. K. Snyder & M. A. Whisman (Eds.), *Treating difficult couples: Helping clients with coexisting mental and relationship disorders* (pp. 3-26). New York, NY: Guilford Press.

Whisman, M. A., & Uebelacker, L. A. (2006). Impairment and distress associated with relationship discord in a national sample of married or cohabiting adults. *Journal of Family Psychology, 20*, 369-377. doi:10.1037/0893-3200.20.3.369

Whisman, M. A., Uebelacker, L. A., Tolejko, N., Chatav, Y., & McKelvie, M. (2006). Marital discord and well-being in older adults: Is the association confounded by personality? *Psychology and Aging, 21*, 626-631. doi:10.1037/ 0882-7974.21.3.626

Whitaker, C. A. (1958). *Psychotherapy of chronic schizophrenic patients*. Oxford, England: Little, Brown.

Whitaker, C. A. (1973). My philosophy of psychotherapy. *Journal of Contemporary Psychotherapy, 6*(1), 49-52. doi:10.1007/BF01796033

Whitaker, C. A. (1992). Symbolic experiential family therapy: Model and methodology. In J. K. Zeig (Ed.), *The evolution of psychotherapy: The second conference* (pp. 13-23). Philadelphia, PA: Brunner/Mazel.

Whitaker, C. A., & Bumberry, W. M. (1988). *Dancing with the family: A symbolic-experiential approach*. New York, NY: Brunner/Mazel.

Whitaker, C. A., & Ryan, M. O. (1989). *Midnight musings of a family therapist*. New York, NY: W. W. Norton.

White, M., & Denborough, D. (2011). *Narrative practice: Continuing the conversations*. New York, NY: Norton.

White, M., & Epston, D. (1989). *Literate means to therapeutic ends*. Adelaide, Australia: Dulwich Centre Publications.

Wiener, N. (1961). *Cybernetics: Or control and communication in the animal and the machine*.

Cambridge, MA: MIT Press.

Wile, D. B. (1981). *Couples therapy: A nontraditional approach.* New York, NY: Wiley.

Williamson, D. S., & Bray, J. H. (1988). Family development and change across the generations: An intergenerational perspective. In C. J. Falicov (Ed.), *Family transitions: Continuity and change over the life cycle* (pp. 357-384). New York, NY: Guilford Press.

Wills, R. M., Faitler, S. L., & Snyder, D. K. (1987). Distinctiveness of behavioral versus insight-oriented marital therapy: An empirical analysis. *Journal of Consulting and Clinical Psychology, 55,* 685-690. doi:10.1037/0022-006X.55.5.685

Wood, B. L. (1993). Beyond the "psychosomatic family": A biobehavioral family model of pediatric illness. *Family Process, 32,* 261-278. doi:10.1111/j.1545- 5300.1993.00261.x

Wood, B. L. (1995). A developmental biopsychosocial approach to the treatment of chronic illness in children and adolescents. In R. H. Mikesell, D.-D. Lusterman, & S. H. McDaniel (Eds.), *Integrating family therapy: Handbook of family psychology and systems theory* (pp. 437-455). Washington, DC: American Psychological Association.

Wood, B. L. (2000). Disentangling pathways of effect in family intervention for chronic illness. *Families, Systems, & Health, 18,* 419-422. doi:10.1037/ h0091865

Wood, B. L. (2001). Physically manifested illness in children and adolescents: A biobehavioral family approach. *Child and Adolescent Psychiatric Clinics of North America, 10,* 543-562.

Wood, B. L., Klebba, K. B., & Miller, B. D. (2000). evolving the biobehavioral family model: The fit of attachment. *Family Process, 39,* 319-344. doi:10.1111/ j.1545-5300.2000.39305.x

Woods, L. N., & Emery, R. E. (2002). The cohabitation effects on divorce: Causation or selection? *Journal of Divorce & Remarriage, 37*(3-4), 101-122. doi:10.1300/ J087v37n03_06

Wynne, L. C. (1988). An epigenetic model of family processes. In C. J. Falicov (Ed.), *Family transitions: Continuity and change over the life cycle* (pp. 81-106). New York, NY: Guilford Press.

Wynne, L. C., McDaniel, S. H., & Weber, T. T. (Eds.). (1987). *Systems consultation: A new perspective for family therapy.* New York, NY: Guilford Press. doi:10.2307/584662

Wynne, L. C., McDaniel, S. H., & Weber, T. T. (1988). Family therapy, family consultation, and systematic consultation. *Terapia Familiare,* no. 27, 43-57.

Wynne, L. C., Ryckoff, I. M., Day, J., & Hirsch, S. I. (1958). Pseudo-mutuality in the family relations of schizophrenics. *Psychiatry, 21,* 205-220.

Wynne, L. C., & Singer, M. T. (1963). Thought disorder and family relations of schizophrenics: II. A classification of forms of thinking. *Archives of General Psychiatry, 9,* 199-206. doi:10.1001/ archpsyc.1963.01720150009002

찾아보기

인명

A

Ackerman, N. 24, 28, 37, 56

Ahrons, C. 319

Alto, P. 55, 141

Anderson, C. 129, 267

Anderson, H. 159, 188

B

Baldwin, S. 121, 124

Barnett, J. 321

Barrett, M. 266

Baskin, M. 265

Bateson, G. 36, 38, 75

Baucom, D. 34, 126, 184, 278, 317

Bavelas, J 310

Beach, S. 125, 276, 297

Beck, A. 85

Behnke, S. 321

Benjamin, L. 222

Berg, I. 160

Berne, E. 295

Beutler, L. 222

Blow, A. 58, 173

Bordin, E. 176

Boscolo, L. 144, 145

Boss, P. 155

Boszormenyi-Nagy, I. 37, 155, 179, 322

Bowen, M. 3, 24, 28, 36, 37, 56, 153, 173, 284

Bowlby, J. 87, 116

Boyd-Franklin, N. 276

Breunlin, D. 13, 78, 94, 95, 165, 234, 297, 298, 347

Bronfenbrenner, U. 76, 263

Buber, M. 275

C

Campbell, L. 321

Castonguay, L. 222

Cecchin, G. 144, 145

Chamberlain, P. 133

Chambers, A. 276

Chao, R. 243

내용

저자 소개

제이 르보(Jay L. Lebow), PhD, ABPP, LMFT

제이 르보(Jay L. Lebow) 박사는 미국 노스웨스턴 대학교Northwestern University 심리학과
의 임상교수이며, 노스웨스턴 가족연구소 소속의 저명 학자다. 노스웨스턴 대학교에서 학
부, 석사, 박사 학위를 받았으며, 가족연구소 박사후과정 훈련프로그램을 이수하였다. 또
한 부부 · 가족치료 프로그램 석사과정에서 강의를 했으며, 노스웨스턴 대학교 임상심리
학과 박사과정에서 실습 집단을 이끌었다.

이와 더불어 가족심리학 자격위원으로 활동했으며, 2012년 이래로 학술지『가족과정
Family Process』의 주 편집장을 맡기도 하였다. 그는 100여 개가 넘는 책과 논문을 저술했는
데, 이러한 저작 출판은 커플 · 가족치료의 실천, 연구와 실천의 관계, 통합적 치료 실천 그
리고 이혼가족에 대한 개입전략에 초점을 맞추고 있다.『심리치료자를 위한 연구Research
for the Psychotherapist』『가족치료 임상핸드북Clinical Handbook of Family Therapy』『21세기의
가족치료Twenty-First Century Psychotherapies』『가족치료 핸드북Handbook of Family Therapy』
『커플치료 임상핸드북Clinical Handbook of Couple Therapy』을 저술하거나 편집했으며, 더그 스
프렌클(Doug Sprenkle), 션 데이비스(Sean Davis)와 함께『커플 · 가족치료에서의 공통
요인Common Factors in Couple and Family Therapy』을 저술하였다. 그리고 1970년대 이래로 커
플 · 가족치료 분야에서 임상 실천, 슈퍼비전, 연구를 수행해 왔으며, 통합적 치료방법의
주요 주창자로서 커플 · 가족치료에서 이론, 실천 그리고 연구의 상황을 요약하는 수많은
리뷰 논문을 저술하였다.

르보 박사는 미국결혼가족치료학회(American Association for Marriage and Family
Therapy: AAMFT)의 인증 슈퍼바이저와 임상회원이며, 미국심리학회(American
Psychological Association: APA)의 12분과(임상심리학회)와 43분과(커플 · 가족심리학
회), 가족심리학회(Academy of Family Psychology) 그리고 미국가족치료학회(American
Family Therapy Academy: AFTA)의 회원이다. APA 43분과의 회장, 미국가족심리위원회
와 AFTA의 이사를 역임하였다.

그는 AFTA가 수여하는 '평생업적상(Lifetime Achievement Award)'과 APA 43분과가
수여하는 '올해의 가족심리학자상(Family Psychologist of the Year Award)'의 2006년 수
상자다.

역자 소개

■ **최연실**(Younshil Choi)

서울대학교 석사(가족학)
서울대학교 박사(가족학)
전 한국가족관계학회 회장 역임
    한국가정관리학회 회장 역임
    한국가족치료학회 회장 역임
현 상명대학교 가족복지학과 교수
    상명가족아동상담교육연구소 운영위원

〈자격〉
한국가족치료학회 부부가족상담 전문가 슈퍼바이저
한국상담학회 부부가족상담분과학회 1급 전문상담사(슈퍼바이저)
한국가족관계학회 가족상담사 슈퍼바이저

■ **안미옥**(Meeock Ahn)

미국 트리니티 인터내셔널 대학교(Trinity International University) 석사(상담심리학)
미국 세인트메리 대학교(St. Mary's University) 석사후과정(부부 · 가족치료)
미국 루터 세미나리(Luther Seminary) 박사(목회상담학)
현 상명대학교 통합심리치료 대학원 초빙교수
    마음나루심리상담연구소 소장

〈자격〉
한국가족치료학회 부부가족상담 전문가 슈퍼바이저
한국상담학회 부부가족상담분과학회 1급 전문상담사(슈퍼바이저)
한국가족관계학회 가족상담사 슈퍼바이저

통합적 접근으로 바라보는
커플·가족치료

Couple and Family Therapy
– An Integrative Map of the Territory –

2023년 9월 10일 1판 1쇄 인쇄
2023년 9월 20일 1판 1쇄 발행

지은이 • Jay L. Lebow
옮긴이 • 최연실 · 안미옥
펴낸이 • 김진환
펴낸곳 • ㈜ 학지사

　　　　 04031 서울특별시 마포구 양화로 15길 20 마인드월드빌딩
대표전화 • 02-330-5114　　 팩스 • 02-324-2345
등록번호 • 제313-2006-000265호

홈페이지 • http://www.hakjisa.co.kr
인스타그램 • https://www.instagram.com/hakjisabook

ISBN 978-89-997-2981-2 93180

정가 24,000원

출판미디어기업 학지사

간호보건의학출판 **학지사메디컬** www.hakjisamd.co.kr
심리검사연구소 **인싸이트** www.inpsyt.co.kr
학술논문서비스 **뉴논문** www.newnonmun.com
교육연수원 **카운피아** www.counpia.com